北京市"高等教育精品教材"建设

管理信息系统基础教程

高学东　武　森
喻　斌　宫　雨　编著

经济科学出版社

图书在版编目（CIP）数据

管理信息系统基础教程/高学东等编著．—北京：经济科学出版社，2007.12（2017.3 重印）
北京市“高等教育精品教材”建设
ISBN 978－7－5058－6748－2

Ⅰ．管…　Ⅱ．高…　Ⅲ．管理信息系统－高等学校－教材
Ⅳ．C931.6

中国版本图书馆 CIP 数据核字（2007）第 183448 号

前　　言

信息时代的企业除了必须具备管理和应用企业本身不断产生的反映企业状态的数据信息和描述管理活动的控制信息外，还必须具备从企业环境中获取、处理和应用信息的能力。

管理信息系统就是应用计算机及其网络技术，融合现代化的管理方法，辅助管理人员完成企业信息及环境信息管理和应用的系统。

正是管理信息系统在企业管理中所发挥的巨大作用，《管理信息系统》已成为大多数管理类本科专业和工商管理硕士专业的主干课程。

本系列教程是作者在北京科技大学本科生和工商管理硕士研究生（MBA）《管理信息系统》课程讲义的基础上编写的，包括《管理信息系统基础教程》、《管理信息系统案例教程》和《管理信息系统实验教程》。

《管理信息系统基础教程》共分九章，包括管理信息系统概论、管理信息系统的计算机网络基础、企业计算模式、管理信息系统的系统规划、管理信息系统的系统分析、管理信息系统的系统设计、管理信息系统的实施、管理信息系统的运行维护与评价、管理信息系统的项目管理。

《管理信息系统基础教程》的第一章总结了管理信息系统开发的工作内容，论述了管理信息系统开发的两种开发方法。第二章从应用的角度介绍了计算机网络建设的技术基础。第三章讲述了管理信息系统的技术生命线——管理信息系统的企业计算模式及其实现技术。在讲述管理信息系统开发过程及开发方法的第四、五、六、七、八章中，我们应用情景案例帮助学生了解管理信息系统的开发过程，并从中总结归纳出相应的工作内容、需要解决的问题及用到的方法和工具。第九章讲述了管理信息系统项目管理的内容、方法和应注意的问题。

在《管理信息系统基础教程》每一章结束后，给出了与本章内容相关的管理与技术视点，它们就像一个个通向更广阔天地的窗口，引导读者进一步拓展提高。

本书可作为高等院校管理类本科专业及工商管理硕士（MBA）《管理信息系统》课程的教材，也可作为计算机应用系统开发人员的参考书。

在本教程的编写过程中，参阅了许多管理信息系统、计算机及其网络、企业流程再造、计算机程序设计方面的教材和著作，在书后的参考文献中主要列出了管理信息系统方面的参考文献。

本教程课件请在经济科学出版社网站下载。读者在阅读本书时，如果发现问题，请与作者联系，我们的联系地址是：北京科技大学经济管理学院，邮编100083。

编　者

2007年11月

目　　录

管理信息系统概论

第一章

提要：

本章介绍管理信息系统的基本概念，讲述管理信息系统的结构以及管理信息系统的两种开发方法：结构化的生命周期法和快速原型法。

通过本章的学习，读者应充分认识到管理信息系统的功能结构、软件结构、硬件结构是管理信息系统规划、分析、设计的主要对象，并重点理解和掌握结构化的生命周期法及快速原型法的特点和适用情况。

第一节 管理信息系统的概念及其发展

组织的每一项管理工作都是借助信息处理的方式完成的，组织的职员每天花费大量的时间用于记录、查找、汇总和使用信息。

自 1946 年世界上第一台电子计算机出现以来，人们按信息处理所期望达到的目的，对组织中用于管理的计算机应用系统进行了归纳，认为信息处理经历了以提高数据处理速度为目的的电子数据处理系统（Electronic Data Processing System—EDPS），以实现整个组织信息管理的系统化为目的的管理信息系统（Management Information System—MIS），以对企业决策问题提供信息支持为目的的决策支持系统（Decision Support System—DSS）三个阶段。

1. 电子数据处理系统。

电子数据处理系统的特点是数据处理的计算机化，主要目的是提高数据处理速度。按数据的综合处理程度，电子数据处理系统又分为单项数据处理阶段（50 年代中期到 60 年代中期）和综合数据处理阶段（60 年代中期到 70 年代初期）。其中单项数据处理阶段是用计算机实现某个单项处理的手工操作，如工资计算、报表统计和打印等，这个阶段的应用系统的功能由单机完成。在综合数据处理阶段，计算机的运算能力有了很大提高，通过带动多个终端，对多个业务过程进行综合处理，但此时的数据处理方式仍然为集中式数据处理方式。

2. 管理信息系统。

管理信息系统是随着数据库技术和网络技术的发展而产生并成熟起来的一种计算机应用系统，它能系统地组织、保存、处理组织的信息，以达到辅助管理的目的。从技术角度来看，管理信息系统的外在标志是应用了数据库管理系统及计算机网络技术而使系统本身具备了分布式数据处理能力，从而实现了真正意义上的组织信息管理的系统化。

管理信息系统不仅用于组织内部的各部门，还可通过计算机网络把分散在不同地区的计算机互连，如通过互连网络与企业的供应商、客户建立数据联系，将供应商和客户也作为企业的一种资源进行管理，形成了企业资源规划系统（Enterprise Resource Planning System—ERP 系统）。

3. 决策支持系统。

决策支持系统从其功能来讲是通过人和计算机交互帮助决策者探索和评价可能的方案，为管理者决策提供所需的信息，由于这类系统只能通过信息服务辅助决策者进行决策，因此称为决策支持系统。

由于支持决策是管理信息系统的功能之一，因此决策支持系统无疑是管理信息系统的重要组成部分。同时决策支持系统以管理信息系统所产生的信息为基础，应用模型或其他方法和手段（如数据仓库（Data Warehouse）技术、知识发现方法、经济管理数学模型等）实现辅助决策和预测功能，从这个意义上讲，也可以认为决策支持系统是管理信息系统发展的新阶段。

应当指出的是，自美国学者 Michael S. Scott Marton 首次提出了决策支持系统的概念后，虽经多年的努力，学术界对决策支持系统的真正内涵、构架及具体实现方式仍未形成统一认识。

上述信息处理不同发展阶段中的“电子数据处理系统”、“管理信息系统”、“决策支持系统”都是服务于组织管理的信息系统，均属于本教材中所涉及的“管理信息系统”范畴。

对于管理信息系统的本质，目前普遍认为：管理信息系统是对一个组织进行系统化管理的人机结合系统，它综合运用计算机及网络通讯技术、管理和决策方法，融合现代化的管理思想和手段，辅助管理人员的业务管理和决策。

管理信息系统的发展与计算机技术和管理科学的发展紧密相关。在三者的关系中，管理科学总是不断地提出新的管理方法和新的企业运行方式，计算机技术为上述管理方法提供技术手段，管理信息系统通过技术手段成为先进管理方法的载体，帮助管理人员通过信息处理的方式应用这些先进的管理方法完成管理工作。

第二节　管理信息系统的作用与结构

一、管理信息系统的作用

管理信息系统作为辅助管理的重要手段，从企业信息管理的角度对组织的管理有如下主要作用：

1. 准备和提供统一的信息。

对管理人员来讲，统一的信息（格式）无论从组织机构的全局还是从某个局部来讲都是非常重要的，这直接影响到信息的处理效率及应用的正确性和有效性。

例如在我们日常生活中有许多事物可能有不同的称谓，如在北京我们提到“北京科技大学”、“科技大学”、“北科大”、“科大”时指的都是同一所高校，而这却可能对相关的信息管理造成歧义。假如北京科技大学的上级主管部门在统计各大学相关的数据时，有可能将“北京科技大学”、“科技大学”及“北科大”误认为是三个不同的单位。

管理信息系统采用相关的技术手段统一这些局部的和全局的信息格式，避免由于信息格式的不统一而造成信息处理及使用上的问题。

2. 全面系统地组织和保存信息。

通过合理地分析信息管理的需求而建设的管理信息系统可全面系统地组织需要纳入管理的信息并通过相应的技术手段（如数据库管理系统及大容量高速度的存储设备等）保存这些信息，为有效地处理和应用这些信息奠定数据基础。

3. 及时、准确地提供不同要求和不同详细程度的信息。

基于对信息的合理组织和保存，管理信息系统可向管理人员提供（或管理人员通过管理信息系统获取）满足不同要求及不同详细程度的信息以达到完成某项管理业务的目的，例如企业的地区销售经理可通过管理信息系统的客户管理子系统获取客户按地区分布的情况。

二、管理信息系统的结构

管理信息系统的结构是指组成管理信息系统各部件的构成框架。对部件的不同理解，就产生了管理信息系统的各种结构，其中最重要的有概念结构、功能结构、硬件结构和软件结构。

（一）管理信息系统的概念结构

从概念上看，管理信息系统由信息源、信息处理器、信息用户和信息管理者四大部件组成（见图1－1）。

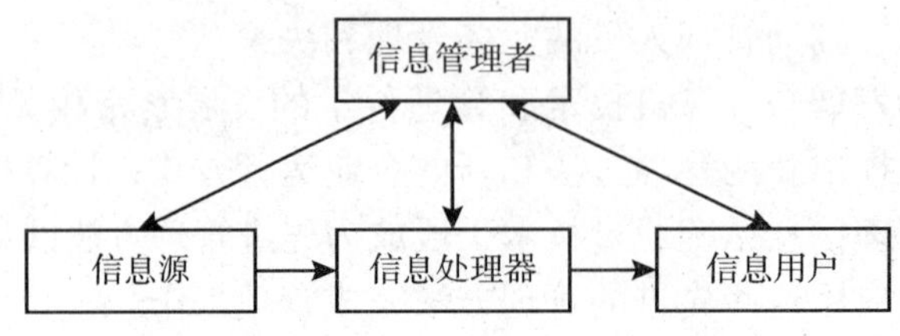

图1－1 管理信息系统的概念结构

这里信息源是信息产生地，信息处理器担负信息的保存、处理任务，信息用户是信息的使用者，他应用信息进行管理和决策工作。信息管理者负责信息系统的设计实现，并在实现以后负责信息系统的运行和协调。

信息系统的概念结构是对信息系统的一种"全息性"功能抽象，这在我们对管理信息系统的每一局部组成部分深入了解之后就会有升华性的认识。在后面的章节中我们可以看到管理信息系统的每一项具体功能都是由概念结构中的主要结构（输入—处理—输出）构成的。

（二）管理信息系统的功能结构

一个管理信息系统从使用者的角度看，它总是由多种功能组成的，这些功能通过信息的使用和产生形成联系，并构成一个有机的整体，表现出系统的特征，在这个整体中功能之间的组成方式就称为管理信息系统的功能结构（如图1－2）。

在管理信息系统的功能结构中，标明了管理信息系统各功能子系统及各功能模块之间的联系方式。如图1－2中"原材料采购计划制定"这个功能模块是参考"主生产计划制定"产生的"主生产计划"与技术子系统中"技术数据管理"模块提供的"产品/原材料消耗指标"通过综合平衡完成的。

管理信息系统的功能结构是企业各种管理过程的缩影。

在图1－2给出的管理信息系统功能结构中描述的管理过程为：

计划子系统中的"市场预测"模块通过市场预测制定主生产计划（有时称为产品产量的总量计划），并进一步制定生产作业计划。

供应子系统的"原料采购计划制定"模块依据计划子系统的主生产计划及技术子系统的"技术数据管理"模块产生的产品/原材料消耗指标数据（包含生产单位产品所需要的原材料的数量指标）计算并汇总整个企业在计划时间内所需的全部原材料的数量，并以此为参考制定得到整个企业的原材料采购计划，且据此进行原材料库存管理。

生产子系统依据计划子系统提供的生产作业计划、供应子系统提供的原材料库存数据及技术子系统提供的技术数据（如"能源及材料消耗指标"、"技术标准"）组织生产。

销售子系统负责产品的库存管理、运输管理和销售管理。

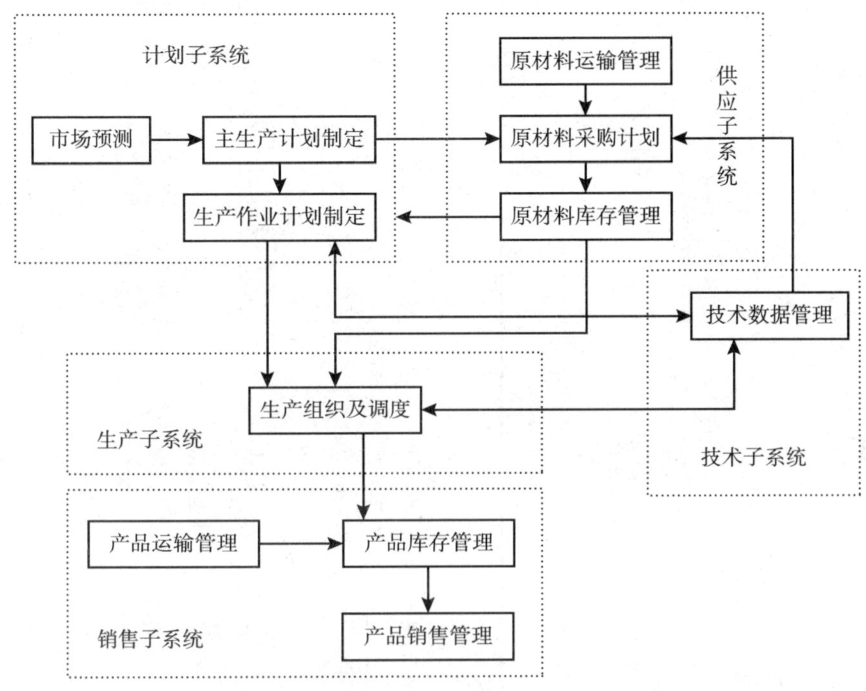

图1－2　管理信息系统功能结构

由于管理信息系统的功能结构描述的是管理信息系统的功能构成及功能联系，因此它是管理信息系统开发过程中的重要关注对象，对现有管理系统的分析及对未来系统的设计都离不开对管理信息系统功能结构的描述，可以说，管理信息系统的功能结构是管理信息系统规划、分析和设计的主线。

（三）管理信息系统的硬件结构

管理信息系统的硬件结构描述的是管理信息系统所依托的计算机及其网络系统的硬件设备组成及其联结方式、各硬件设备的功能和技术参数。管理信息系统的硬件结构一般以硬件设备的物理位置安排、拓扑结构等方式给出（见图1－3）。

（四）管理信息系统的软件结构

用于构建管理信息系统而在管理信息系统的硬件设备上（主要是计算机上）安装的系统软件及由管理信息系统开发人员开发的应用软件模块所组成的系统结构称为管理信息系统的软件结构。

管理信息系统的软件结构包括两个方面：一方面是依附于硬件结构的管理信息系统的系统软件结构，在这个结构中描述硬件设备中所安装的系统软件分布，如所采用的操作系统、数据库管理系统、各种服务器软件、应用开发工具等。由于系统软件分布同硬件设备密切相关，管理信息系统的系统软件结构一般和硬件结构一同给出。

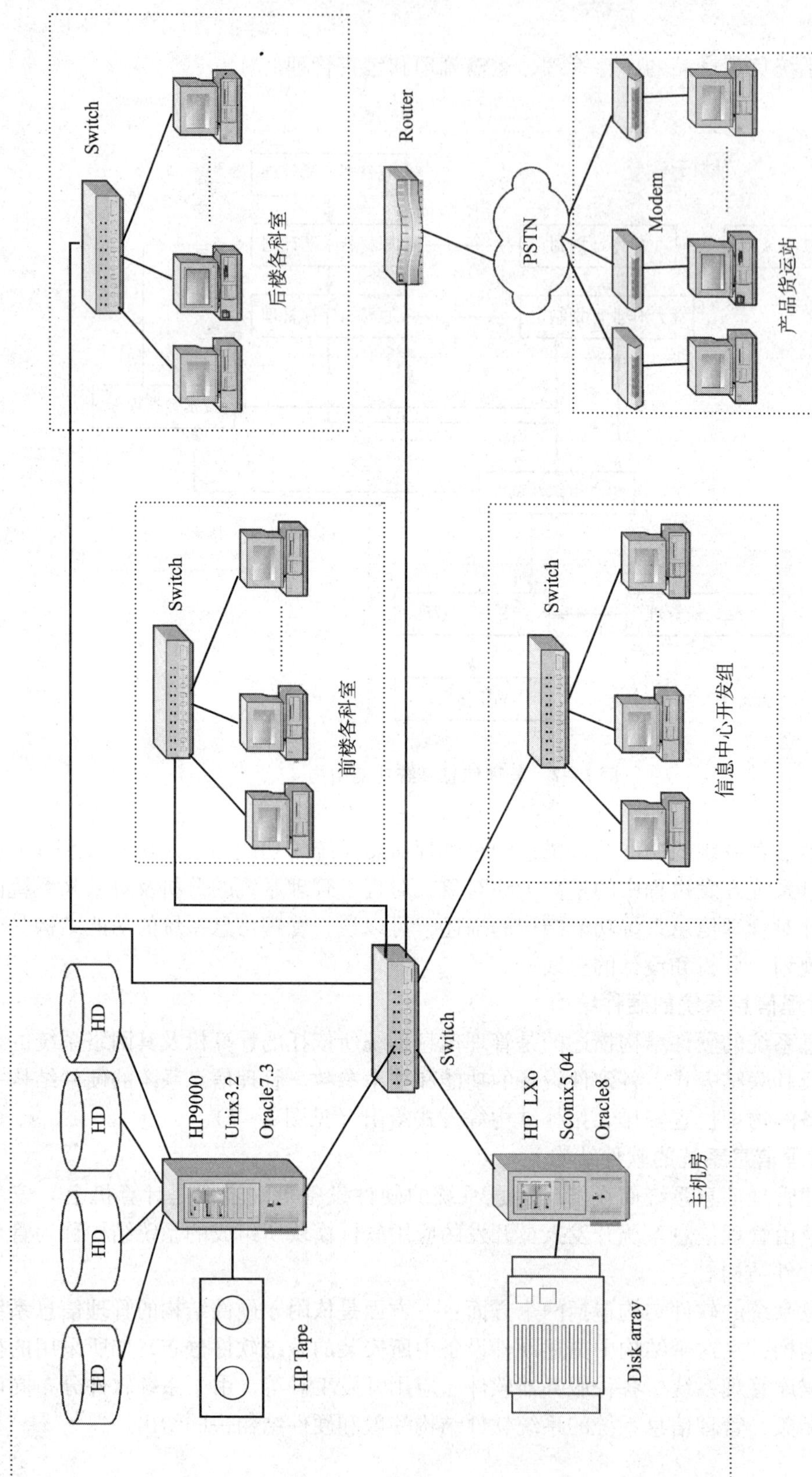

图 1-3 管理信息系统的硬件结构

管理信息系统软件结构的另一方面描述管理信息系统各应用软件功能模块组成的应用软件系统结构。管理信息系统的应用软件结构一般用分层的树状结构图来表示（见图1－4、图1－5），直到所有模块不可再分解为止。

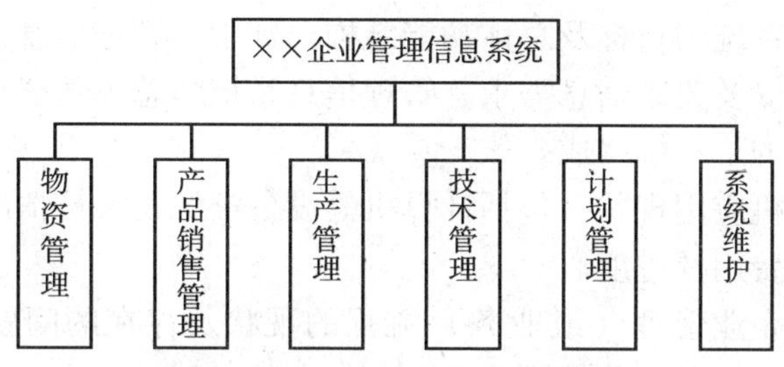

图1－4　管理信息系统应用软件结构例（一）

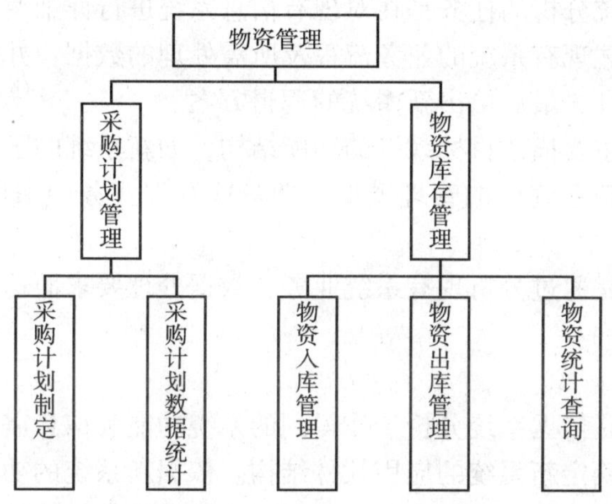

图1－5　管理信息系统应用软件结构例（二）

管理信息系统的功能结构（见图1－2）有时也采用树状结构图的形式来描述，但此时为了说明各模块间、各子系统间的连接方式，一般增加文字说明。

一般情况下，在描述现有系统（旧系统）时采用功能结构，而在描述目标系统（新系统）时采用应用软件结构。

第三节　管理信息系统的开发方法

管理信息系统的开发工作过程是一项复杂的系统工程。本节首先介绍管理信息系统开发所涉及的工作内容，针对这些工作内容的不同完成方式讲述管理信息系统的两种开发方法。

一、管理信息系统开发工作的内容

管理信息系统开发工作的内容一般认为包括5个大的方面，它们分别称为系统规划、系统分析、系统设计、系统实施、系统运行维护与评价。

1. 系统规划。

管理信息系统的系统规划是企业战略规划的组成部分，是关于管理信息系统的长远发展规划。系统规划工作一般包括：

①确定管理信息系统的目标及总体功能结构。其中，管理信息系统的目标决定了管理信息系统的关键功能及关键信息需求。管理信息系统的总体功能结构给出了系统的总体功能划分，即系统的子系统组成。

②了解企业计算机应用现状，包括计算机等设备资源及人员情况，从而进一步规划管理信息系统开发的费用及进度。

③从整体上研究企业管理（或业务）流程的现状及存在的问题，以便在管理信息系统的整个开发过程中解决这些问题。

2. 系统分析。

管理信息系统系统分析的任务是在对现有信息系统进行详细调研的基础上，通过一些描述工具规范化描述现有系统的业务流程及所需处理的数据，并分析这些处理过程及数据结构的逻辑合理性，最后给出新系统的逻辑方案。

新系统逻辑方案主要描述目标系统的功能结构，如新系统的子系统及进一步的功能分解，这其中也包括新系统中的管理模型，即具体管理业务中采用的管理模型和处理方法。

系统分析的本质是通过分析现有系统业务和数据处理要求而达到确定新系统的逻辑功能及信息需求的目的。

3. 系统设计。

系统设计的任务是依据系统分析工作得到的系统功能和信息需求设计新系统的处理流程及相关数据类，确定新系统的应用软件结构。依据新系统的功能需求及信息需求设计系统的硬件结构及系统软件结构。对构成新系统应用软件结构的每一功能模块给出其实现的输入、输出及处理过程的设计。

4. 系统实施。

系统实施的主要任务包括硬件设备的购置、安装，依据系统设计的要求完成每一应用模块的程序设计、组装调试、系统测试、系统切换等工作。

5. 系统运行维护与评价。

系统运行维护与评价的主要工作包括新系统运行后的系统运行维护、运行管理和对新系统从目标、功能、性能及经济效益方面的评价。

二、管理信息系统的开发方法

对管理信息系统开发的上述五项工作的不同完成方式形成了管理信息系统开发的两种开发方法，即结构化的生命周期法和快速原型法。

（一）结构化的生命周期法

结构化的生命周期法是把管理信息系统的生命周期分为系统规划、系统分析、系统设计、系统实施、系统运行维护与评价五个阶段（见图1-6），强调用系统的思想、系统工程的方法严格区分上述工作阶段来完成信息系统的整个开发过程，在整个开发过程中强调文档的规范化与标准化。

结构化的生命周期法的开发策略是“自顶向下”地完成管理信息系统的规划、分析与设计工作，然后“自底向上”地实现。结构化的生命周期法注重开发过程的整体性和全局性，开发出来的系统整体性强，适合开发大型的信息系统。该方法强调区分每个工作阶段，尽量避免各阶段工作的重叠，即在没有进行系统规划之前，不允许进行系统的详细调查研究，没有进行详细的调查研究与分析之前就不允许进行系统设计工作，在没有完成系统详细设计之前就不急于编程序。另外，结构化的生命周期法还注意充分预料可能发生的管理过程变化。

正是由于生命周期法的上述特点，使得应用结构化生命周期法进行管理信息系统开发所需的周期较长。另一方面，因为用结构化的生命周期法开发管理信息系统只有到系统实施阶段后才能让用户看到实实在在的系统，而在这之前的很长时间内开发人员只能通过技术文档与用户交流，造成与用户交流较为困难。

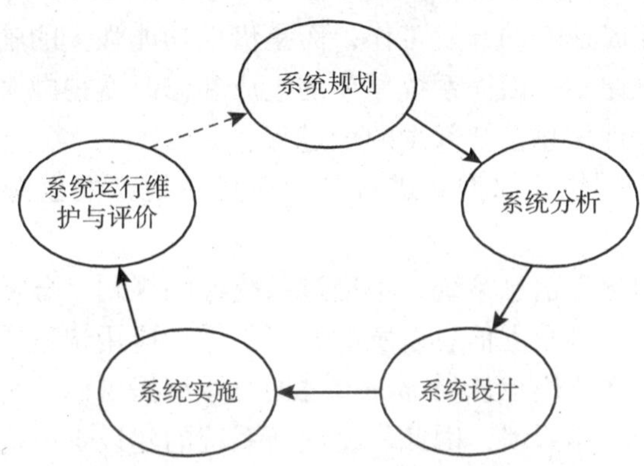

图1－6 管理信息系统的生命周期

（二）快速原型法

采用结构化生命周期法开发管理信息系统周期较长，且难以与用户进行交流。原型法是随着开发工具软件不断强大及人们希望克服上述不足的背景下产生的与结构化生命周期法思路完全不同的信息系统开发方法。

与传统的结构化的生命周期法相比，快速原型法摒弃了严格区分管理信息系统生命周期各个阶段的方式，而是一开始就凭借开发人员对用户需求的理解，利用强有力的开发工具，实现一个实实在在的系统模型（称为原型），即开发一个不太完善，也不一定完全符合用户需求的管理信息系统（或整个系统的一部分），这个模型表达开发人员对用户要求的理解和他认为系统实现后的形式。然后开发人员和用户一起对这个模型进行评价，并以用户为主对这个模型的不足之处提出改进意见。根据评价结果，开发人员对模型进行修改。如此反复直到用户完全满意为止。

快速原型法从原理到流程都十分简单，但它却克服了结构化生命周期法的大部分缺点（如过程复杂，开发周期长，与用户交流困难）。

（1）快速原型法的上述特点使其在实际应用中得到了巨大成功，分析其原因，有如下几个方面：

①通过原型系统可以与用户更好地交流，获取用户的真正需求。虽然管理人员每天都在自己相应的岗位上工作，但我们却很难指望他们能系统、完备且一次性地描述他们的业务流程。原型法正是顺应了人们认识事物的自然规律，通过开发人员与用户共同对系统原型的不断修改而实现最后的系统。在这个过程中用户往往通过对系统原型批评指责的方式对系统原型提出改进意见，这要比空洞的描述自己的设想容易得多，因为改进性工作要比创造性工作容易做得多。

②快速原型法能使系统开发人员和使用人员较早地发现系统实现后潜在的问题，并且这些问题的解决方案是双方共同讨论确认的。

③用快速原型法开发企业管理信息系统，加强了用户的参与程度。这使系统实施后系统的切换与运行维护较为容易和自然。

（2）应用快速原型法进行管理信息系统开发工作也必须具有适合的条件，主要有：

①需要具有能够快速生成系统原型和方便修改系统原型的开发工具。这方面由于近年来出现了大量的计算机辅助软件开发（CASE）类开发工具，使得使开发者不需要通过编制一行行代码来完成他们的开发工作，而是借助功能强大的辅助开发工具，类似搭积木一样快速生成系统原型，因而系统原型的生成和修改变得越来越容易。

②需要用户参与管理信息系统开发的全过程。

（3）我们也应看到用快速原型法进行管理信息系统开发也有一定的局限性，这体现在：

①对于规模巨大的管理信息系统，不经过系统性的规划、分析、设计很难保证系统的全局性能，因此对于大型管理信息系统的开发不适于应用快速原型法。

②由于快速原型法强调用户从局部细节之处对原型提供修改意见，而实际中多数用户很难跳出自己原有的工作习惯，因此容易使新系统的建设走上机械地模拟原手工系统的轨道。

通过上面对结构化的生命周期法和快速原型法的论述和分析，我们看到在实际管理信息系统的开发过程中，有时将上述两种方法有机地结合起来，可以更好地完成管理信息系统的开发工作。一般情况下，对大型系统，我们从整体上用结构化的生命周期法保障系统的整体性。但在某些局部，则充分利用快速原型法的优势来获取用户需求和加强开发人员与用户的沟通。

为了系统地讲述管理信息系统开发过程中涉及的方法与技术，本教程将按照结构化的生命周期法中管理信息系统的阶段划分论述管理信息系统开发的各项工作内容、方法和技术。实际上，应用快速原型法进行管理信息系统的开发也要进行系统规划、系统分析、系统设计、系统实施、系统运行维护与评价等方面的工作，只不过是将这些工作分解且在不断重复的过程中完成而已。

第四节　管理信息系统的分类

自管理信息系统的概念形成以来，出现了各种各样的分类方法。这里按其所涉及的“核心业务活动”、“数据处理方式”、“管理应用层次”、“业务职能”等角度给出管理信息系统的类型划分，以期帮助读者了解管理信息系统的各种提法、理解管理信息系统在应用过程中的发展变化。

一、按管理信息系统的“核心业务活动”分类

管理信息系统按核心业务活动分为：电子业务系统、电子政务系统、电子商务系统三种基本类型。

（一）电子业务系统

电子业务系统针对组织的具体业务过程而建立，其电子化的对象是业务过程中的信息处理活动。

电子业务系统建设的关键是对现有业务过程中的信息处理活动进行规划、分析、设计、实现。

我国目前大多数企业和组织的管理信息系统的核心部分都属于电子业务系统，如物资管理系统、产品销售系统等。

（二）电子政务系统

从宏观政务管理角度，电子政务系统针对政务管理中的信息采集、统计、分析需求（不强调所有政务活动）而建立，其电子化的对象是政务活动中的信息采集、处理和传递活动。电子政务系统建设的关键是对现有政务活动中的信息进行分析、规范。

我国目前大多数政府部门的管理信息系统的核心部分都属于电子政务系统，如教育部的中国教育经济信息网络应用系统就是服务于教育部及各级教育行政管理部门，用于对全国各高等学校、基础教育学校进行数据采集、统计分析的电子政务系统。

另外，从微观政务管理角度，办公自动化系统（Office Automatic System—OA）也是电子政务系统的具体形式，一般具有远程会议、文件文书管理、电子邮件、电子日历、虚拟办公等功能。

（三）电子商务系统

电子商务系统针对商务的具体商务过程而建立，其电子化的对象是商务过程中的信息处理活动。电子商务系统建设的关键是对现有商务过程中的商业模式进行分析、设计、实现。

应当说，我国信息化管理的历史基本上是企业信息化管理的发展历史，相关企业信息化建设的实践及由此形成的管理信息系统建设的理论、方法，不一定适合政务信息化和商务信息化。

二、按管理信息系统的“数据处理方式”分类

管理信息系统按“数据处理方式”分为：操作型管理信息系统和分析型管理信息系统两种类型。

（一）操作型管理信息系统

操作型管理信息系统一般面向具体的管理业务而建立，其数据处理主要是对具体业务所涉及的个体数据进行采集输入、查找、修改、汇总等操作，是把具体管理业务借助计算机软、硬件实现的系统，如工资发放管理系统。

（二）分析型管理信息系统

分析型管理信息系统面向那些需要进行趋势分析、预测等具有分析型数据处理要求

的管理、决策需求而建立，提供对按主题组织的数据的分析功能。

分析型管理信息系统的建立一般基于已有的业务系统，将各业务系统产生、积累的业务数据按分析、决策需求重新组织（形成“主题数据”）并建立专门的数据存储（称为“数据仓库”），并在此基础上开发相应的分析型管理信息系统。

三、按管理信息系统服务的组织的“管理层次”分类

管理信息系统按其服务的组织的“管理层次”可分为：事务型管理信息系统、管理型管理信息系统和战略型管理信息系统三种类型。

（一）事务型管理信息系统

事务型管理信息系统服务于组织的基层，主要目的是具体业务过程的自动化，前面提到的操作型管理信息系统大多是事务型管理信息系统。

（二）管理型管理信息系统

管理型管理信息系统服务于组织的中层，其主要通过查询统计业务数据及生成报表、报告，完成所涉及的多项业务的综合管理。管理型管理信息系统建立的目的是使组织的中层管理人员通过固定格式的报表、报告和格式化的统计查询、了解、监视所涉及的管理领域的运行情况。

（三）战略型管理信息系统

战略型管理信息系统服务于组织的高层，其按主题对组织积累的业务数据及可能的组织外部数据进行重新组织、存储，并利用一些分析模型对组织的战略相关问题，如经营战略制订、重大问题决策等，提供趋势性、综合性、对比性、预测性信息。

一般认为，与前面提到的“决策支持系统”相比，“战略型管理信息系统”应能不断“扫描”外界环境，并从中获取对组织战略制定和调整有价值的信息，比如竞争对手的情况等。

另外，“战略型管理信息系统”为高层管理人员提供各种系列报告及预测、计划与实际的比较情况，使用者可根据需要进行“深入钻取”或“泛化汇总”，对战略问题的解决从信息获取和处理的角度具有“顺藤摸瓜”的功能。

管理信息系统除上述分类方法外，还可以按其服务的组织的“业务职能”进行划分，如物资管理系统、产品销售管理系统、财务管理信息系统、人力资源管理系统、计划调度管理系统等。

另外，按特定的管理对象，管理信息系统还有不同的专业类系统和综合集成型管理系统（产品），如视频会议系统、公文流转系统、产品数据管理系统（PDM）、客户关系管理系统（CRM）、企业资源规划系统（ERP）等。

管理与技术视点

企业资源规划

企业资源规划（Enterprise Resources Planning—ERP）是对企业所拥有的资源（人、财、物、信息等）进行综合管理的、高度集成的计算机管理系统。

ERP 系统最早按针对制造业企业形成的生产管理方法而建立，这些管理方法有人称为“ERP 理论”，基于此，ERP 就是按这些管理方法实现企业综合管理的计算机应用系统。

ERP 理论（及相应的计算机管理系统）经历了基本 MRP 阶段、闭环 MRP 阶段、MRP—Ⅱ阶段及 ERP 阶段。

1. 物料需求计划（Material Requirement Planning—基本 MRP）。

基本 MRP 提出物料的定货量要根据需求来确定，这种需求主要依据考虑产品的结构（即产品结构中物料的需求量是相关的）、主生产计划和加工订单来进行计算，以达到“既要降低库存，又要不出现物料短缺”的目的。

MRP 主要用于制造业，具有从供应方买来原材料，经过加工或装配，制造出产品，销售给需求方的管理功能，这些管理功能是制造业区别于金融业、商业、采掘业（石油、矿产）、服务业的主要标志。任何制造业的经营生产活动都是围绕其产品开展的，制造业的信息系统也体现了这种特点。MRP 就是从产品的结构或物料清单出发，实现了物料信息的集成。

物料的需求信息、产品结构、采供提前期、库存信息是运行 MRP 的四项主要数据。这些数据的准确度，决定了 MRP 的有效性。

美国生产与库存控制协会（APICS）在 1960 年前后研制出了第一套物料需求计划 MRP 软件系统，其代表了现代企业资源管理系统的初步形成。

MRP 一般包含以下模块：主生产计划（Master Production Schedule—MPS）模块；物料需求计划（MRP）模块；物料清单（Bill Of Material—BOM）模块；库存控制（Inventory Control）模块；采购订单（Purchasing Order）模块；加工订单（Manufacturing Order）模块。

2. 闭环 MRP。

基本 MRP 是建立在下面两个假设的基础上：一是生产计划是可行的，即假定有足够的设备、人力和资金来保证生产计划的实现；二是假设采购计划是可行的，即有足够的供货能力和运输能力来保证完成物料供应。但在实际生产中，能力资源和物料资源总是有限的，因而往往会出现生产计划无法完成的情况。

20 世纪 70 年代，在基本 MRP 的基础上，把需要与可能结合起来，通过能力与负荷的反复平衡，形成了一个完整的计划与控制系统—闭环 MRP。

简单地说，闭环 MRP 的形成是在 MRP 基础上增加了能力需求计划，形成了“计划—执行—反馈—计划”的闭环系统。MRP 是一种保证既不出现短缺，又不积压库存，同时又考虑了生产能力和资源限制的生产管理方法。基于闭环 MRP 思想建立的计算机管理系统称为“闭环 MRP 系统”。

3. 制造资源规划（Manufacture Resource Planning—MRPⅡ）。

MRPⅡ是在 MRP 的基础上发展起来的反映企业生产计划和企业经济效益的信息集成系统，由于它的英文缩写也是 MRP，为了便于区分，就称它为 MRPⅡ。

MRPⅡ与 MRP 的主要区别就是它运用管理会计实现物料信息同资金信息的集成，用货币形式管理执行企业“物料计划”带来的经济效益。

在 MRPⅡ系统中，以 MRP 的产品结构为基础，从最底层采购件的材料费开始，逐层向上将每一件物料的材料费、人工费和制造费（间接成本）进行累计，得出每一层零部件直至最终产品的成本。再进一步结合市场营销，分析各类产品的营利性。

MRPⅡ把传统的账务处理同发生账务的事务结合起来，不仅管理账务的资金现状，而且追溯资金的来龙去脉。例如：将体现债务债权关系的应付账、应收账同采购业务和销售业务集成起来等。这样，MRPⅡ保证了“资金流（财务账）”同“物流（实物账）”的同步和一致，改变了资金信息滞后于物料信息的状况，便于作出实时决策。

MRPⅡ的商品软件由各种功能模块组成，模块的数量可能不同，各个模块的功能强弱不一，但是它们的逻辑结构基本一致。一般包括如下模块：产品数据管理模块；主生产计划模块；物料需求计划模块；库存管理模块；能力需求模块；销售管理模块；采购模块；车间作业管理模块；财务管理模块；质量管理模块。

这些模块结构上相互独立，但功能上相互依存。例如，产品数据管理（Product Data Management—PDM）模块将所有零件号、工艺规程、产品结构等有关数据存储在数据库中，以零件号为特征字段，用来建立物料清单、加工工艺过程及装配工艺过程，为其他模块提供了原始数据的管理。

综上所述，MRPⅡ的基本思想就是把企业作为有机的整体，从整体最优的角度出发，通过运用科学的方法对企业各种制造资源和产、供、销、财各个环节进行有效的计划、组织和控制，使其协调运行，并充分的发挥作用。

4. 企业资源规划（Enterprise Resources Planning—ERP）。

MRPⅡ仅实现了企业内部资源的信息管理，但随着全球经济一体化的加速，企业与其外部环境的关系越来越密切，MRPⅡ已经不能满足需要。这不仅要处理企业内部资源信息、同时还需要处理与企业外部环境有关客户和供应商的信息，因此体现按市场需求开发的 ERP 软件系统应运而生了。

ERP 还打破了 MRPⅡ只局限于传统制造业的格局，把触角伸向各个行业，特别是金融业、通信业、高科技产业、零售业等，大大扩展了应用范围。

ERP 通过把客户需求、企业内部制造活动和供应商资源整合在一起，形成一个完整供应链。通过对供应链所有环节进行有效控制和管理，强调事前控制和系统集成，为企业提供质量、效益、客户满意等综合管理功能。

ERP 是在 MRPⅡ的基础上发展起来的，建立在信息技术基础上，利用现代企业的先进管理思想，全面地集成了企业的所有资源信息，是企业计划、控制与经营业绩评估的全方位管理系统。

从 ERP 形成的过程中可以看出：

①ERP 是一个融合现代管理方法且高度集成的管理信息系统。

②从 MRP 到 MRPⅡ再到 ERP，体现了制造业管理信息集成的不断扩展和深化。

③MRP 仅仅解决了企业物料供需信息的集成，而 MRPⅡ融入了财务会计信息，实现了物料信息与资金信息集成；ERP 在 MRPⅡ的基础上扩展了管理范围，它把客户需求和企业内部的制造活动以及供应商的制造资源整合在一起，形成企业一个完整的供应链并对供应链上的所有环节进行有效管理。ERP 是包括 MRP 和 MRPⅡ所有信息集成功能的面向供应链管理的信息集成系统。

习　题

1.1　信息处理方式从功能上经历了哪几个阶段，各个阶段的特点是什么？

1.2　管理信息系统有哪几种结构？为什么说管理信息系统的功能结构是管理信息系统规划、分析和设计的主要对象。

1.3　试论管理信息系统两种开发方法——结构化的生命周期法和快速原型法的特点和适应范围。

1.4　用快速原型法进行管理信息系统开发时，还需要完成系统规划、系统分析、系统设计、系统实施、系统运行维护的工作吗？

1.5　用快速原型法进行管理信息系统开发应具备哪些条件？

1.6　请指出下列英文缩写的中文含义：EDPS，MIS，DSS，ERP。

1.7　依据本章内容，填空。

（1）按信息处理所期望达到的目的，信息处理经历了________________、________________、________________三个阶段。

（2）MIS 开发的快速原型法是为了克服结构化生命周期法的__________和__________的缺点而产生的。

（3）按数据的综合处理程度，电子数据处理系统又分为____________阶段，____________阶段。

（4）管理信息系统是对一个组织进行系统化管理的______________结合系统，它综合运用______________、____________，融合____________，辅助管理人员的____________。

（5）管理信息系统开发工作的内容包括______________、______________、______________、______________、______________几个方面。

（6）结构化的生命周期法强调用____________、____________严格区分____________来完成信息系统的整个开发过程，在整个开发过程中强调____________。

（7）结构化的生命周期法的开发策略是____________地完成管理信息系统的规划、分析与设计工作，然后____________地实现。结构化的生命周期法注重开发过程的____________和____________，适合开发____________的信息系统。

（8）管理信息系统中的数据处理主要是企业管理中具体业务处理的____________数据处理，而决策支持系统中的数据处理是面向决策分析主题的____________数据处理。

（9）在快速原型法中，____________是对真实系统或目标系统的一种模拟，这种方式能使系统____________和____________较早地发现系统实现后潜在的问题，并且这些问题的解决方案是双方共同讨论确认的。

（10）对于大规模的管理信息系统，不经过系统性的规划、分析、设计很难保证系统的全局性能，因此对于大型管理信息系统的开发不适于应用____________。

1.8　依据本章内容，选择填空（可多选）。

（1）管理信息系统作为企业管理的重要手段，从企业信息管理的角度对企业管理有如下主要作用：________。

A. 准备和提供统一的信息　　B. 全面系统地组织和保存企业的信息

C. 提供不同要求和不同详细程度的信息　　D. 发展壮大企业规模

（2）从概念上看，管理信息系统由________几部分组成。

A. 信息源　　B. 信息处理器

C. 信息用户　　D. 信息管理者

（3）管理信息系统的________是对管理信息系统的一种“全息性”功能抽象，管理信息系统的每一项具体功能都是由其中的主要结构（输入—处理—输出）构成的。

A. 概念结构　　B. 功能结构

C. 硬件结构　　　　　　　　　　　　D. 软件结构

(4) 信息系统开发方法—“结构化的生命周期法”中，“结构化”的含义包括________。

A. 用“结构化”方法完成一项工作时，须将工作分为若干部分，然后按确定的顺序完成各部分工作

B. 用“结构化”方法完成一项工作时，须将工作分为若干部分，但不要求按确定的顺序完成各部分工作

C. 用“结构化”方法完成一项工作时，须将工作划分为系统分析、系统设计、系统实施、系统运行维护与评价几个部分，并按确定的顺序完成各部分工作

D. 用“结构化”方法完成一项工作时，须将工作划分为系统规划、系统分析、系统设计、系统实施、系统运行维护与评价五个部分，但不需要按确定的顺序完成各部分工作

(5) 管理信息系统的________描述的是管理信息系统的功能构成及功能联系，它是管理信息系统开发过程中的重要关注对象，也是管理信息系统规划，分析和设计的主线。

A. 概念结构　　　　　　　　　　　　B. 功能结构

C. 硬件结构　　　　　　　　　　　　D. 软件结构

(6) 管理信息系统的硬件结构描述的是管理信息系统所依托的计算机及其网络系统的________。

A. 硬件设备组成　　　　　　　　　　B. 硬件设备联结方式

C. 硬件设备功能　　　　　　　　　　D. 硬件设备技术参数

(7) 管理信息系统按核心业务活动分为：________三种基本类型。

A. 电子教务系统　　　　　　　　　　B. 电子业务系统

C. 电子商务系统　　　　　　　　　　D. 电子政务系统

(8) 我国目前大多数企业和组织的管理信息系统的核心部分都属于________。

A. 电子公务系统　　　　　　　　　　B. 电子业务系统

C. 电子商务系统　　　　　　　　　　D. 电子政务系统

(9) 管理信息系统按“数据处理方式”分为：________几种类型。

A. 操作型管理信息系统　　　　　　　B. 分析型管理信息系统

C. 功能型管理信息系统　　　　　　　D. 过程型管理信息系统

(10) 管理信息系统按其服务的组织“管理层次”可分为________几种类型。

A. 事务型管理信息系统　　　　　　　B. 分析型管理信息系统

C. 管理型管理信息系统　　　　　　　D. 战略型管理信息系统

管理信息系统的计算机网络技术基础

第二章

提要：

为了理解和掌握管理信息系统的规划、分析与设计，以及管理信息系统的实施与运行管理方面的方法和技术，需要具备一定的计算机网络及数据库管理方面的基础知识。本章从应用的角度介绍计算机网络及相关方面的技术内容，数据库管理方面的技术基础将在第六章中介绍。

本章分别讲述计算机局域网、计算机网络的组成部分、计算机远程连接技术、计算机网络协议、Internet 与 Intranet。

第一节 计算机局域网

管理信息系统的硬件结构是以计算机为主的网络系统，其中基本组成结构为计算机局域网。那么什么是计算机局域网？它们有什么样的结构，有哪些主要类型？在计算机网络中有哪些主要组成部分？这是本节要回答的问题。

简单地说，计算机网络是由两台或两台以上的计算机通过连接设备组成的一个系统，在这个系统中计算机与计算机之间可以进行数据通讯、数据共享及协同完成某些数据处理工作。

计算机网络按其分布的地理范围分为局域网（LAN）和广域网（WAN）。局域网一般指互连起来的计算机所分布的地理范围较小的网络，例如某一实验室内、一栋建筑物内或一个校园内等。而广域网则分布的地理范围较大，大的企业网络可将位于不同城市的计算机连在一起成为一个广域网。

计算机网络中计算机及网络设备在空间上的排列形式称为计算机网络的拓扑结构。目前最常用的网络拓扑结构有星型、总线型和环型三种，依据这三种网络拓扑结构，计算机网络分为星型网络、总线型网络和环型网络三种类型。

由于改变网络拓扑结构的难度较大，因此在组建计算机网络时，选择合适的拓扑结构非常重要。

一、总线型网络

总线型拓扑结构是一种比较简单的计算机网络结构，它采用一条称为公共总线的传输介质，各计算机直接与总线连接，信息沿总线介质逐个节点广播传送，其结构如图2－1所示。

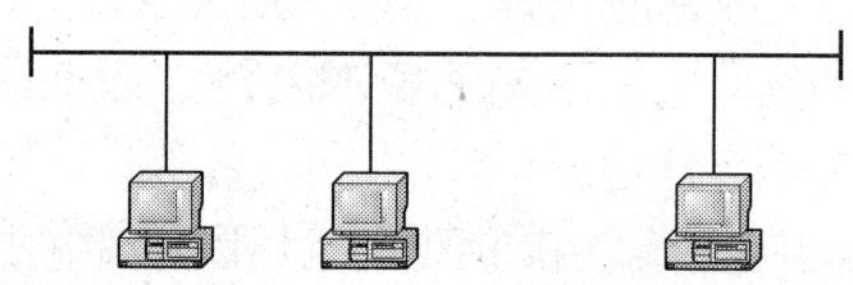

图2－1 总线型网络

总线型网络的组建较为容易，本节以使用细同轴电缆（Coaxial Cable）的10Base2总线型网络为例，直观地介绍总线型网络的组建技术。

10Base2总线型网络使用的传输介质为细同轴电缆，由于它采用铜芯的同轴结构而得名，其结构如图2－2所示。

同轴电缆中铜芯是网络上信号传递的主要介质。环绕铜芯的一层金属网作为接地用，在传输过程中用它来当作铜芯的参考电压。

除了同轴电缆外，用于组建总线型网络的其他配件还有“T”型头，BNC接头（Bayonet Neill-Concelman），50Ω端结器，网卡。

“T”型头（见图2－3）有三个头，其中两个分别连接同轴电缆线或50Ω端结器，另一个连接网卡上的 BNC 口。

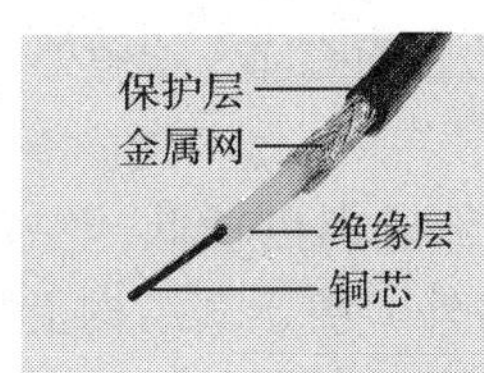

图 2-2 同轴电缆

图 2-3 “T”型头

BNC 接头（见图 2-4）安装在一段同轴电缆线两端，使电缆线能连接上“T”型头，图 2-5 是同轴电缆线与“T”型头连接的照片。

图 2-4 BNC 头

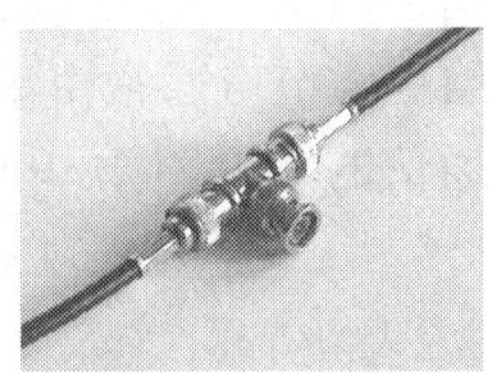

图 2-5 “T”型头与同轴电缆线的连接

50Ω 端结器安装在 10Base2 总线型网络总线的两端，即总线型网络两端“T”型头的一头连接同轴电缆线，另一头连接 50Ω 端结器（见图 2-6）。

网卡是网络接口卡的简称（Network Interface Card—NIC），是计算机局域网中最重要的连接设备之一，计算机通过网卡接入网络。网卡是计算机与网络电缆的桥梁，它担负着计算机之间数据通讯的信号发送和接收工作。网卡是可以插到计算机主板上的一种板卡（见图 2-7），有些网卡直接被集成在计算机的主板上。

图 2-6 总线型网络两端的连接

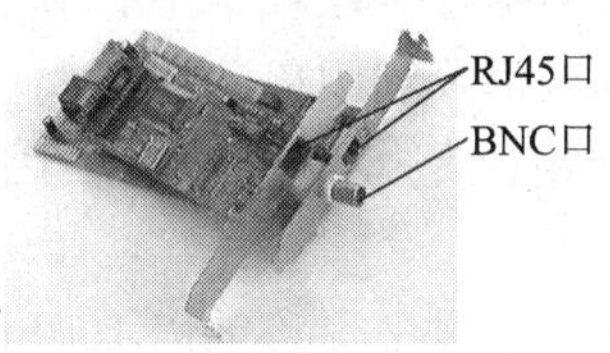

图 2-7 计算机网卡

计算机网卡上的接口一般有两种选择（两种同时有或只有其一）：BNC 接口和 RJ45 接口。

其中 BNC 接口用于连接 BNC 接头以建立总线型网络。其连接方法是直接把 T 型头的 BNC 接头与网卡上的 BNC 接口插接起来即可。RJ45 插口用于建立星型网络。

通过上述介绍，我们已直观地了解了 10Base2 总线型网络的组建方法及所需的网络配件。

每种网络都有它的限制，如线缆的长度及可连入的计算机数量等。10Base2 总线型网络两个端结器间的长度为网络全长，按照信号的衰减率与信号的传输速度来推算，全长不能超过185米，而且所连接的计算机（或其他外设）不能超过30台。如果想突破这些限制就必须借助中继器（Repeater）的帮助（详见后面章节）。另外，两个T型头之间线缆的长度须大于0.5米。

10Base2总线型网络的组建虽然容易，所需网络配件成本也较低，但是由于其中各连接部分容易氧化造成网络中断，因此可靠性较差。另外，由于其结构上的特性决定了其在线扩展不太方便，因为要在网络中增加新的计算机必须断开总线电缆。

二、星型网络

（一）星型网络的拓扑结构及其组建

星型拓扑由主节点（或中心节点）和其他从节点组成（见图2－8），主节点可直接与从节点通信，而从节点之间必须通过主节点才能通信。

在星型网络中主节点通常由集线器（Hub）充当，因此网络上的计算机之间是通过集线器来相互通信的（见图2－9）。

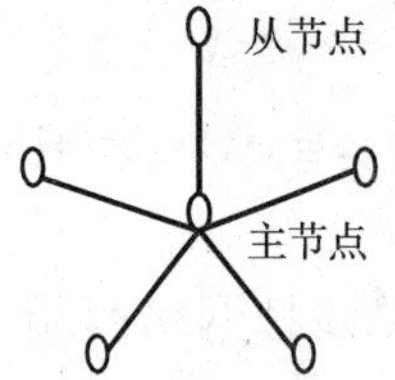

图2－8　星型网络的拓扑结构

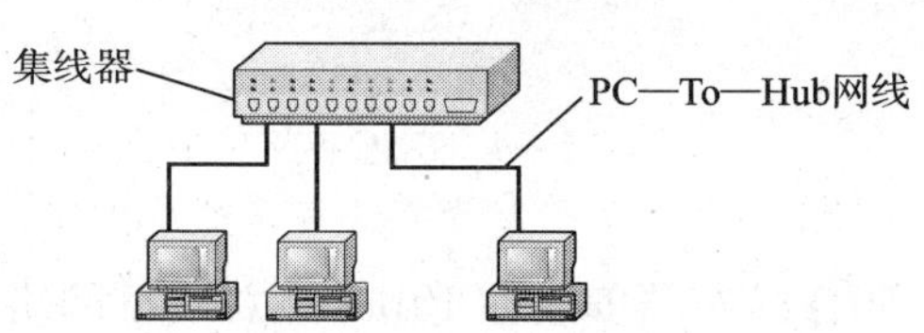

图2－9　星型网络实物图

由一个中心节点组成的星型网络的计算机数量由集线器上的端口数决定。星型网络的优点是配置灵活（增加或减少连网的计算机不影响其他计算机的正常网络连接），任何计算机的故障不会影响其他计算机。

由于星型网络过分依赖于中心节点，因此集线器的故障，将导致整个网络的瘫痪，而且每台计算机都要利用单独的电缆与集线器连接，需要的网线较多。但总的来说上述缺点与其优点相比是微不足道的，因此星型网络现在已成为构建局域网的主流拓扑结构。

在星型网络建设中，目前以100BaseT使用最多。下面对10BaseT和100BaseT网络组建所需的电缆、接头和集线器及其连接做简单叙述。10BaseT和100BaseT的各种组件一样，只是其某些技术参数不同。

星型网络中的主节点一般采用集线器（有时也采用与之类似的其他设备如交换机，有关内容详见以后章节），它是一种多端口的网络连接设备（见图2－10），其端口与网卡上的RJ45口一样。

集线器除了用端口数区分之外，另一项非常重要的区别是所使用的带宽。集线器分为10Mbs、100Mbs、10/100Mbs（10M与100M自适应）和1000Mbs几种。其中10Mbs的集线器用于建立10BaseT网络。要想建立100BaseT网络需要用100Mbs或10/100Mbs的集线器。

有了集线器且计算机上已安装了有 RJ45 口的网卡后，我们就可以制做用于连接集线器与网卡的网线了。用于连接计算机上的网卡与集线器的网线称为 PC—to—Hub 网线（见图 2－11）。

图 2－10　集线器外观

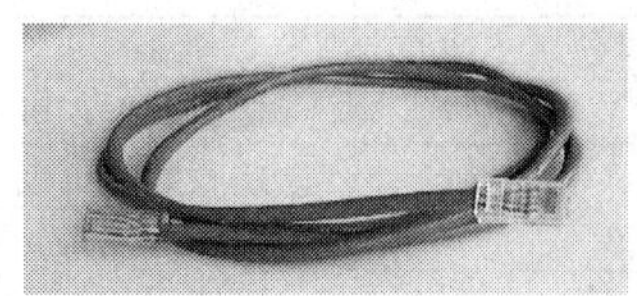

图 2－11　PC—to—Hub 网线

10BaseT 和 100BaseT 网络采用的网线称为双绞线，它由 8 根（4 对）有外皮的铜线组成，最外部环绕一层塑料外皮，其中每对细线绞在一起并因此而得名（见图 2－12）。双绞线从整体结构上又分为非屏蔽双绞线（Unshielded Twisted Pair—UTP）和屏蔽双绞线（Shielded Twisted Pair—STP）两种，他们的主要区别是屏蔽双绞线在绞线和外皮之间有一层金属网（或金属薄膜）屏蔽，因此能抑制外来的干扰，传输信号质量好，但价格也较高。如无特殊需要，一般使用非屏蔽双绞线来组建星型网络。

双绞线分为 5 类，分别称为 CAT1 ~ CAT5，但 CAT1 和 CAT2 双绞线（即 1 类和 2 类双绞线）仅适用于低速通信和传输语音数据，不适合局域网使用。以往 CAT3、CAT4 多用于 10BaseT 网络的组建，而 CAT5（即 5 类）用于 100BaseT 网络，现在一般均采用 CAT5 双绞线。

为了制作用于组建星型网络的 PC—to—Hub 网线，除了双绞线外，还需要一种称为 RJ45 头的"8P（Pin）"插头（见图 2－13），由于其材质看似水晶，故俗称水晶头。

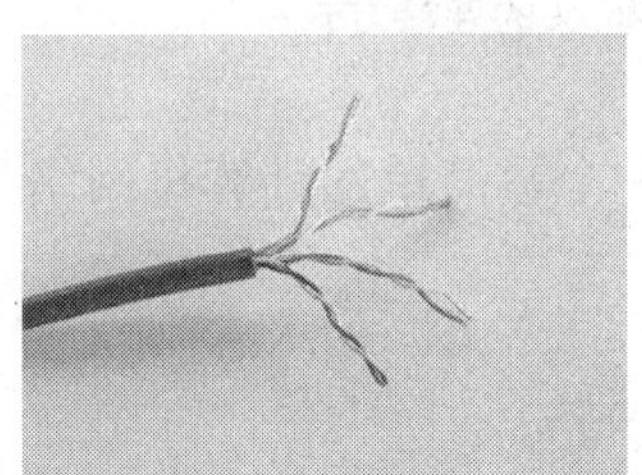

图 2－12　双绞线

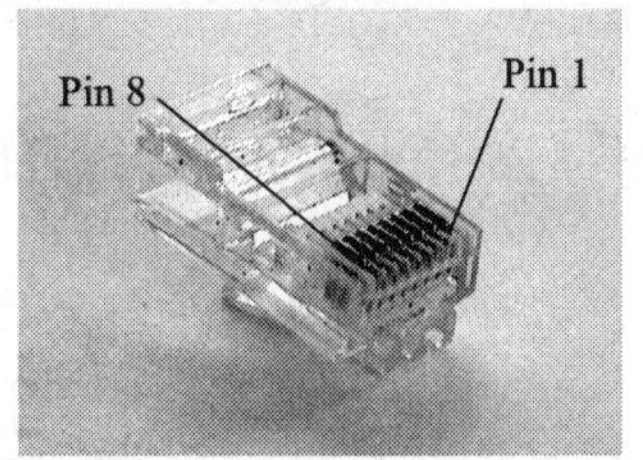

图 2－13　RJ45 头示意图

用于组建星型网络的 PC—to—Hub 网线是一段双绞线，两端分别接上一个 RJ45 头而成，其特点是两端 RJ45 头的接线顺序一致。双绞线的 8 根线都有各自的颜色，在制作 PC—to—Hub 网线时，保证两端的颜色一致即可。另外，网线的制作需要专用的压线钳。但为了减少串扰，提高信号传输质量，制作 PC—to—Hub 网线遵从相应的工业标准，在此我们不做详述，感兴趣的读者可以参阅网络综合布线方面的书籍。

最后将制作好的 PC—to—Hub 网线两端的 RJ45 头分别插入集线器和计算机网卡上的 RJ45 口，就把一台计算机连入到了星型网络。

在星型网络中用于连接计算机和集线器之间的网线不得超过 100 米。

表 2－1 给出了 10BaseT 和 100BaseT 星型网络中集线器 RJ45 口中 8 根脚位的作用，网卡上 RJ45 口各脚位作用也与之一一对应。

表 2－1　集线器上 RJ45 口各脚位的作用

脚位	功能	简称
1	接收数据正极	Rx^+
2	接收数据负极	Rx^-
3	传输（发送）数据正极	Tx^+
4	不使用	
5	不使用	
6	传输数据负极	Tx^-
7	不使用	
8	不使用	

依据上述各引脚的作用，我们可制作用于直接连接两台计算机（不用集线器）的 PC—to—PC 网线，其制作方法是按图 2－14 的连接方式分别连接网线两端的 RJ45 头。

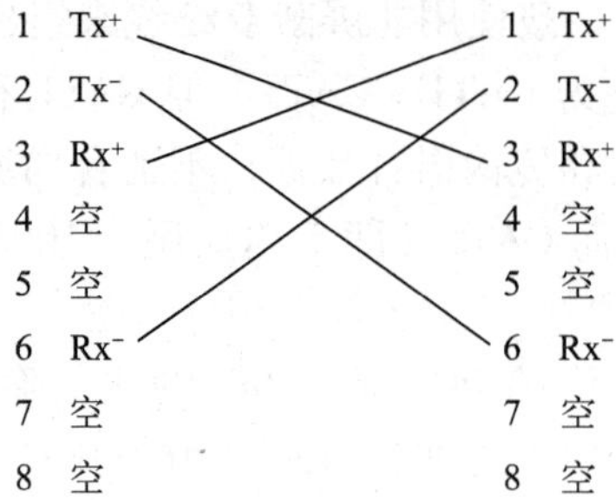

图 2－14　PC—to—PC 网线两端 RJ45 头的连接方式

这样我们就可把两台计算机直接连在一起构成一个最简单的计算机网络了（见图 2－15）。

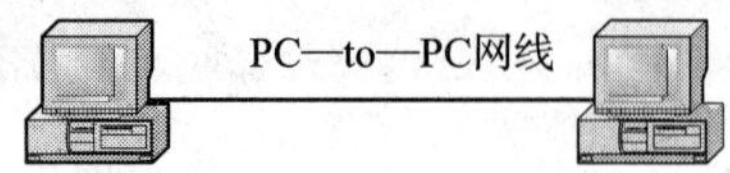

图 2－15　用 PC—to—PC 网线建立最简单的网络

（二）星型网络的扩展

由一台集线器构成的星型网络中计算机的数量由集线器的端口数决定，而企业计算机系统往往要求连入网络的计算机数量较多，因此有必要介绍一下星型网络规模的扩展问题。

星型网络的扩展方式有两种，分别称为级连式扩展和堆叠式扩展。

1. 星型网络的级连式扩展。

星型网络扩展的第一种方式称为级连式扩展，它将两台（或多台）集线器串连而成（见图 2－16）。

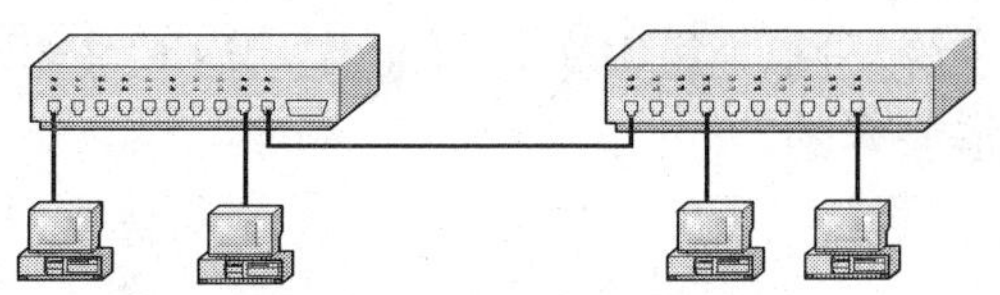

图 2－16 集线器的级连

通过级连方式形成的网络结构通常称为“菊花链”。一般集线器上都有一个特殊的端口用于与其他集线器的级连，这个端口称为级连口，将这个级连口与下一台集线器的一个普通端口连接即可实现两台集线器的级连。

用级连的方式扩展星型网络的方式是有限制的，用这种方式扩展星型网络，其中串联的集线器个数一般不允许超过四台，而用于连接两台集线器的网线长度不应超过 5 米。

2. 星型网络的堆叠式扩展。

星型网络的另一种扩展方式是将两个或多个集线器用堆叠的方式连接起来。这种方式是通过一种特殊的线缆分别连接两台集线器的堆叠口（一般在集线器有 RJ45 端口的背面）而成，由于线缆不能做得很长，这样使集线器必须紧密相叠而称为集线器的堆叠（见图 2－17）。

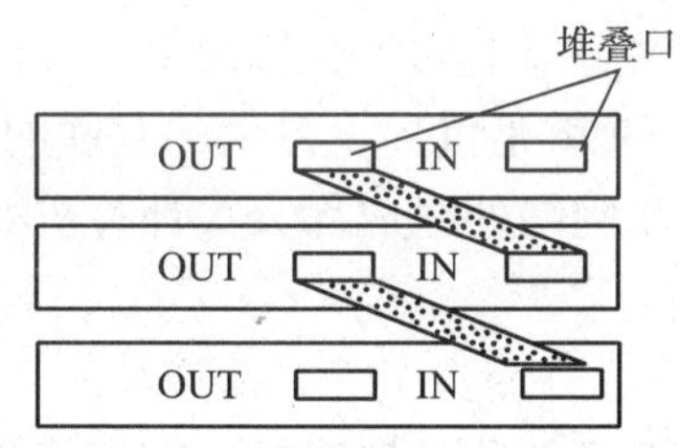

图 2－17 集线器的堆叠

两台或多台集线器被堆叠在一起后，这些集线器从逻辑上就被认为是一台集线器了。

显然通过集线器堆叠和级连两种方式的综合应用可以更大地增强星型网络的扩展能力。

三、环型网络

顾名思义，环型网络是将计算机连成一个环（Ring），每台计算机按位置不同有一个顺序编号（见图 2－18）。在环型网络中信号按计算机编号顺序以“接力”方式传输。如图 2－18 中，若计算机 A 欲将数据传输给计算机 D 时，必须先传送给计算机 B，计算机 B 收到信号后发现不是给自己的，于是再传给计算机 C，这样直到传送到计算机 D。

根据网络的拓扑结构形式，我们可以看出，总线型网络和星型网络在多于两台计算机同时进行数据传输时，会因信号发生冲突而导致网络中有些计算机间的通讯暂时不能进行，但环型网络不会有这个问题。

常见的环形网络是令牌环网，由 IBM 公司推出。IEEE 在 IBM 令牌环网的基础上制定了 802.5 标准，两者是兼容的。

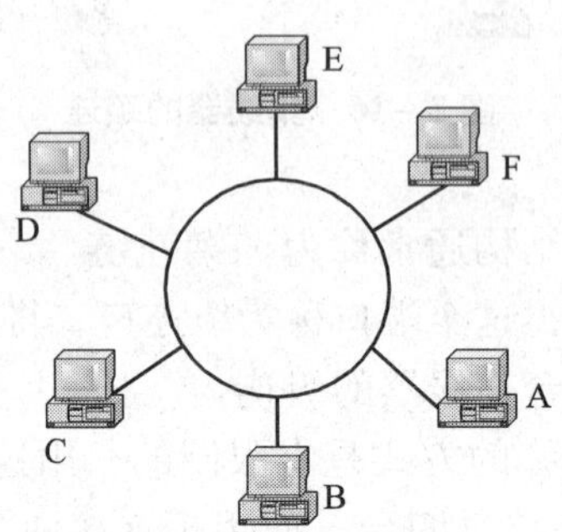

图 2-18　环形网络

第二节　计算机网络的组成部分

在上一节中我们讲述了计算机局域网的三种基本网络拓扑结构。在实际应用中，上述三种结构经常被综合应用，并形成互联（连）网。

所谓互联网是指将两个或两个以上的计算机网络连接而成的更大的计算机网络。现在渗透到全球所有角落的 Internet 就是世界上最大的互联网络（详见本章第五节）。

本节介绍计算机网络或互联网络的组成部分：计算机及其连接设备。

一、计算机

在计算机网络中，核心的组成部分是计算机。在网络中计算机按其作用分为服务器（Server）和客户机（Client）两大类。

（一）服务器

服务器是计算机网络中向其他计算机或网络设备提供某种服务的计算机，并按提供的服务不同被冠以不同的名称，如数据库服务器、邮件服务器等。

常用的服务器有数据库服务器、邮件服务器、打印服务器、信息浏览服务器、文件下载服务器等。

理论上，用做服务器的计算机从其硬件本身来讲除了处理能力较强之外并无本质区别，只是安装了相应的服务软件才具备了向其他计算机提供相应服务的功能。有时一台计算机可同时装有多种服务器软件而具有多种服务功能。如网络中某台计算机，同时装有数据库管理系统及邮件管理系统软件，因此这台计算机在网络中既是数据库服务器，也是邮件服务器。

但实际中，用做服务器的计算机从其硬件上来说与普通的计算机是有一定的区别的。用做服务器的计算机通常具有多个处理器（处理器的体系结构也可能与普通计算机不同）、SCSI 硬盘或磁盘阵列、冗余校验的内存、冗余电源、更高连接速度的网卡等，可以提供比普通计算机更高的处理能力和可靠性、稳定性。

（二）客户机

在计算机网络中，客户机与服务器互为存在，享受其他计算机提供的某种服务的计算机就称为客户机。

客户机与服务器由于其处理数据的要求、稳定性、可靠性不同，因此档次一般也不同。客户机对稳定性和可靠性的要求不是很严格，一般使用个人计算机或笔记本。而服务器一般情况下要向多个客户机提供服务，要求有较强的数据处理能力、很高的稳定性与可靠性，因此要用较高档次的计算机，并由此出现了称为专用服务器的计算机，这种计算机一般比较耐用，内存和主板采用特殊的技术，有较强的校验功能而防止意外死机。为了防止偶然的停电等问题，一般配备不间断电源系统（UPS）提供后备保护。

服务器与客户机的另一个重要区别在于在服务器和客户机上安装的操作系统软件的差异。

服务器上安装的操作系统一般能够管理和控制网络上的其他计算机，如 Windows 2000/2003 Server，Unix，VAX 等。

客户机上一般安装 Windows 9X/XP，Linux 等操作系统。当然，客户机上的操作系统必须与服务器上的操作系统相互支持，才能实现相互的服务提供与服务享受。

在有些计算机网络中，计算机之间互为客户机与服务器，即它们互相提供类似的服务和享受这些服务，这种计算机网络称为对等网络。一般情况下，对等网络中的计算机都装有相同（或相似）的操作系统，如 Windows9X/XP，Linux 等。

二、网络连接设备

在计算机网络和互联网中，除了计算机外还有大量的用于计算机之间、网络与网络之间的连接设备，这些设备称为网络连接设备。在这里我们介绍企业建设计算机应用系统时常用的网络连接设备。这些设备包括：网络适配器、网络传输介质、中继器、网桥、路由器、交换机。

（一）有线连接设备

有线网络连接设备中的网络适配器（一般指网卡）及网络传输介质（即同轴电缆、双绞线和光纤），在前一节中我们已经介绍，这里不再赘述。这里重点介绍计算机网络应用系统建设中常用的有线网络连接设备，包括中继器、网桥、路由器和交换机。

1. 中继器（Repeater）。

在计算机网络中，信号在传输介质中传递时，由于传输介质的阻抗会使信号愈来愈弱，导致信号衰减失真，当网线的长度超过一定限度后，若想再继续传递下去，必须将信号整理放大，恢复成原来的强度和形状。中继器的主要功能就是将收到的信号重新整理，使其恢复原来的波形和强度，然后继续传递下去，以实现更远距离的信号传输。

中继器是最简单的网络连接设备，它连接同一个网络的两个或多个网段。如用同轴电缆建立的总线型网络每段长度最大为 185 米，最多可有 5 段，因此增加中继器后，总线型网络的网络全长可扩展到 $185\times5=925$ 米（见图 2-19）。

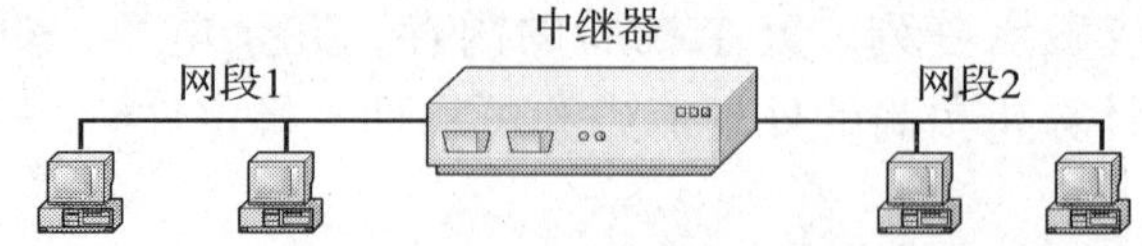

图 2－19 用中继器扩展网络

在上面的叙述中，我们提到了"网段"的概念。用网络连接设备将网络连接起来的互连网中，可分成若干个网段（Segment）或者子网（Subnet）。网段和子网都是通过互联设备隔开的一部分。网段可以不具备独立网络的特性，但子网必须能够成为一个独立的网络。一个基本的局域网可以只有一个网段，也可由多个网段构成。网段如果具有独立网络的功能，就可称为子网。图 2－19 中，经过中继器延展的网络，中继器两端的网络部分是网段，但不是子网。

2. 网桥（Bridge）。

网桥是用于两个相似网络连接的设备，并可对网络的数据流进行简单管理，即它不仅能扩展网络的距离和范围，还可使网络具有一定的可靠性和安全性。

我们有时希望信号在计算机网络中传输时，某些信号只需要在网络的某个区域内传递，传递到不必要的区域一方面会徒增干扰，影响整体效率，另一方面对数据的安全性也不易保证。为了合理限制网络信号的传送，我们可使用网桥适当地分割网络。其原理是，当数据送达到网桥后，网桥会判断信号该不该传到另一端，假如不需要就把它拦截下来，以减少网络的负载，只有当数据需要穿过它送到另一端的计算机时，网桥才会放行。

例如在图 2－20 的网络中，当网络中的计算机 A 要传数据给计算机 B 时，网桥发现 A、B 计算机在同一区中，因此信号没有必要传到网络 2 中，因此网桥将阻止信号传送到网络 2 中。若 A 计算机要传送数据给计算机 C，网桥便让信号通过。

通过上面论述，我们可以看出网桥具有简单的过滤功能，当然为了利用好网桥的这种特性，我们就必须设计好网桥的位置。

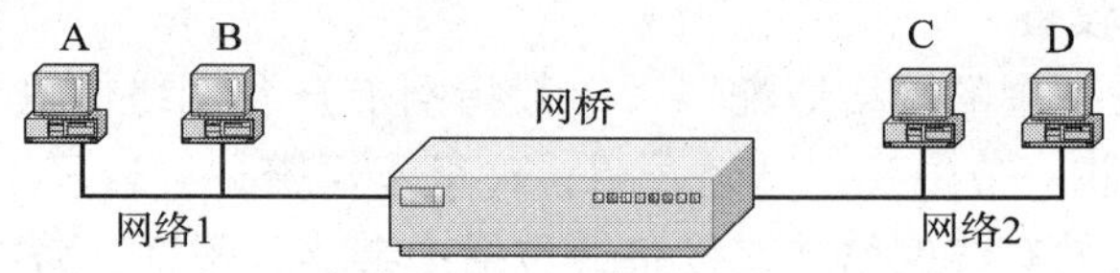

图 2－20 用网桥连接网络

3. 路由器（Router）。

路由器是用于连接不同结构网络的网络连接设备（见图 2－21），它为不同网络之间的用户提供最佳的通信路径，因此路由器有时俗称为"路径选择器"。

网桥具有的功能，路由器都有。在计算机网络中，路由器有自己的网络地址，而网桥没有，路由器实际上是一台具有特殊用途的计算机。

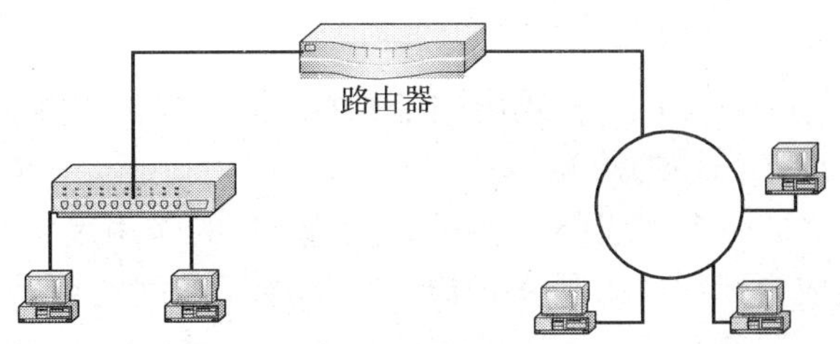

图 2-21　用路由器连接两个不同类型的网络

在大型的互联网中，一般要用路由器将大型网络划分成多个子网。全球最大的互联网 Internet 由各种各样的网络组成，路由器是其非常重要的组成部分。

在互联网络中，路由器通过它保存的路由表查找数据确定从当前位置到目的地的正确路径，如果网络路径上发生故障，路由器可选择另一路径，以保证数据的正常传输。

4. 交换机（Switch）。

和集线器类似，交换机也是一种多端口网络连接设备，其外观和接口与集线器一样，但交换机却更智能。交换机的这种智能体现在它会记忆哪些地址接在哪个端口上，并决定将数据送往何处，而不会送到其他不相关的端口，因此未受影响的端口可以同时向其他端口传送数据。

交换机采用上述技术突破了集线器同时只能有一对端口工作的限制，可缓解局域网中网络流量的瓶颈问题。

在实际应用中常用的方式是将网络划分成多个小的共享式网络，主要连接部分用交换机实现独享（专用）带宽，保证网络带宽的合理分配（见图 2-22）。

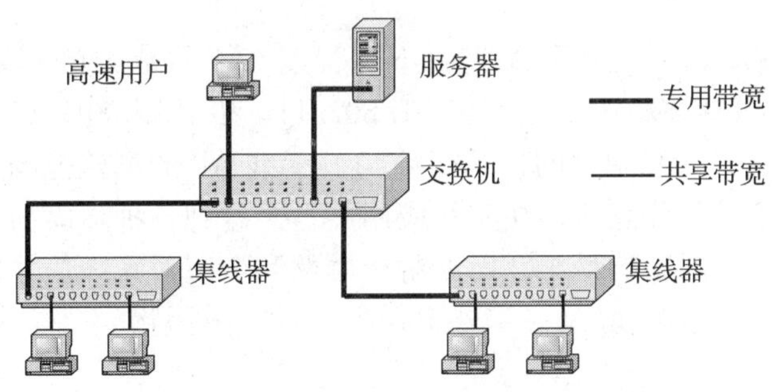

图 2-22　用交换机连接专用带宽的网络

除了上述介绍的网络连接设备外，还有一些其他常用的网络连接设备（如调制解调器），将在以后遇到的地方具体说明。

（二）无线局域网及无线连接设备

前面提到的局域网中的设备需要用线缆连接，而无线局域网（Wireless Local Area Network—WLAN）是指以无线电波、红外线等无线媒介来代替有线局域网中的部分或全部传输媒介而构成的网络，是有线数据通信的补充和延伸，可使网上的计算机具有可移动性，能快速、方便地解决有线方式不易实现的网络信道的连通问题。

常用的无线局域网的网络设备有无线 AP、无线网卡和无线路由器等。

1. 无线 AP。

无线 AP（AP，Access Point，无线访问节点），主要提供无线工作站对有线局域网和从有线局域网对无线工作站的访问。

无线 AP 本质上就是一个无线的交换机，无线 AP 的作用是将有线网络的信号进行编译，将电信号转换成为无线电讯号发送出来，形成无线网的覆盖。同时，无线 AP 也能将接收到的无线信号转换并通过与有线网络连接的线缆传输到相应的有线网络中。一般情况下，无线 AP 用双绞线通过交换机/集线器、路由器接入有线网络（见图 2－23）。

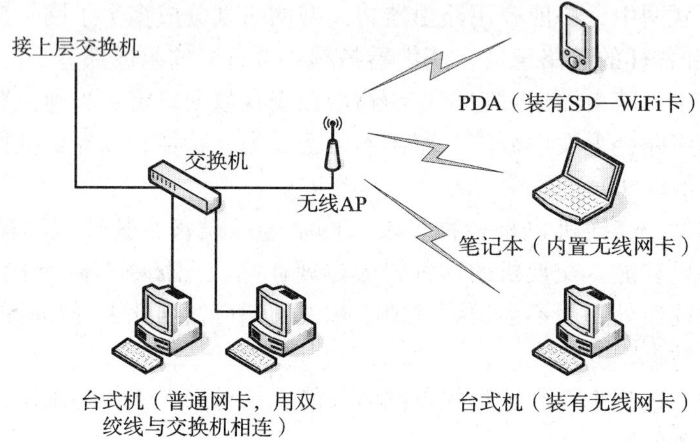

图 2－23　无线 AP 的应用

为了安全起见，无线 AP 采用技术手段对试图连接的计算机进行访问控制，包括密钥、IP 地址过滤等。

根据不同的功率，无线 AP 可以实现不同程度、不同范围的网络覆盖，一般无线 AP 的最大覆盖距离可达 300 米。按照 IEEE 802. 11b 和 IEEE 802. 11g 协议标准（参见本章管理与技术视点“无线网络的技术标准”），无线 AP 的覆盖范围是室内 100 米、室外 300 米。这个数值仅是理论值，在实际应用中，会碰到各种障碍物，其中以玻璃、木板、石膏墙对无线信号的影响最小，而混凝土墙壁和金属对无线信号的屏蔽最大。所以通常实际使用范围是：室内 30 米、室外 100 米（没有障碍物）。

2. 无线网卡。

前文介绍的（有线）网卡以线缆作为网络数据的传输介质，而无线网卡是以无线方式实现信号收发的网络适配器。

配置了无线网卡的计算机，当其在某个无线网络的覆盖范围且具有这个无线网络访问权限时，就可以通过无线网卡以无线的方式实现网络连接。

无线网卡按无线标准可定为 IEEE 802. 11b、IEEE 802. 11a、IEEE 802. 11g。IEEE 802. 11g和 IEEE 802. 11b 两种标准可以相互兼容使用，但在使用时仍需注意，802. 11g 的设备在 802. 11b 的网络环境下使用，其数据速率只能达到 11Mbs。

无线网卡按接口分为：台式机专用的 PCI 无线网卡、笔记本电脑专用的 PCMICA 接口无线网卡、USB 无线网卡、笔记本电脑专用的内置 Mini—PCI 无线网卡和用于 PDA 的 SD—WiFi（SD 接口）无线网卡几种（见图 2－24）。

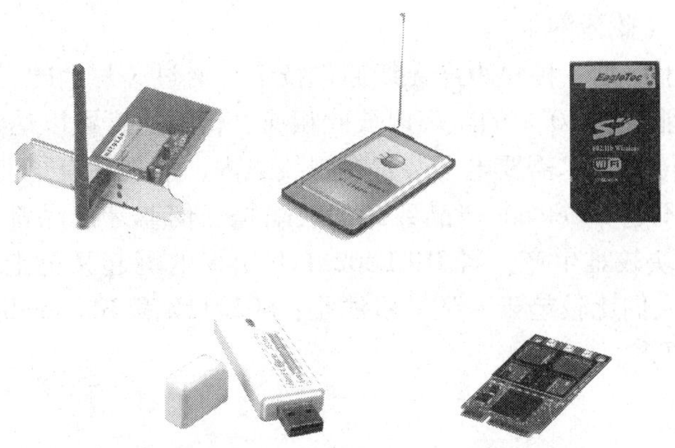

图 2－24　各种类型的无线网卡

USB 无线网卡同时适用于台式机用户和笔记本电脑。在选择时要注意的一点就是，只有采用 USB2.0 接口的无线网卡才能满足 802.11g 需求。

笔记本电脑中应用比较广泛的 Mini—PCI 无线网卡为内置型无线网卡，其优点是无需占用 PC 卡或 USB 插槽。目前大多数标配无线网卡的机型均使用这种无线网卡。

3. 无线路由器（Wireless Router）。

无线路由器，就是带有无线功能的路由器，是将单纯性无线 AP 和路由器合二为一的扩展型产品，它主要用于共享网络连接并支持无线接入，同时具有一些简单的网络管理功能，如动态地址分配服务、防火墙、地址过滤等功能。无线路由器目前主要应用于小型办公环境中的用户实现与 Internet 的接入共享。

此外，为节约成本和方便用户使用，大多数无线路由器还集成了一个 4 个端口的交换机，可以连接使用有线网卡的电脑，从而实现有线和无线网络的共存。

在接入速度上，目前有 11Mbs、54Mbs、108Mbs 的无线路由器产品。

小型办公环境中，通过无线路由器实现用户与共享接入 Internet 的典型方式如图 2－25。

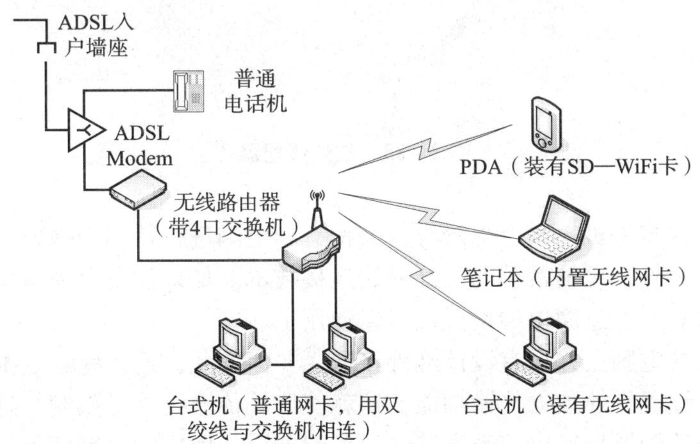

图 2－25　无线路由器的典型应用

4. 蓝牙适配器（蓝牙网卡）。

Bluetooth（蓝牙）是一种短距离无线通讯技术。透过芯片上的无线接收器，配有蓝牙技术的电子产品能够在10米的距离内彼此相通，传输速度可以达到10Mbs。

红外线接口的传输技术需要电子装置在视线之内，而现在有了蓝牙技术，这样的麻烦也可以免除了。不过Bluetooth产品致命的缺陷是任何蓝牙产品都离不开Bluetooth芯片，而Bluetooth模块较难生产，且IEEE802.11b协议的崛起又抢走了Bluetooth的大量客户。所以目前，人们比较趋于一致的看法是：802.11b和Bluetooth虽属同类技术，但802.11b的支持者更多。

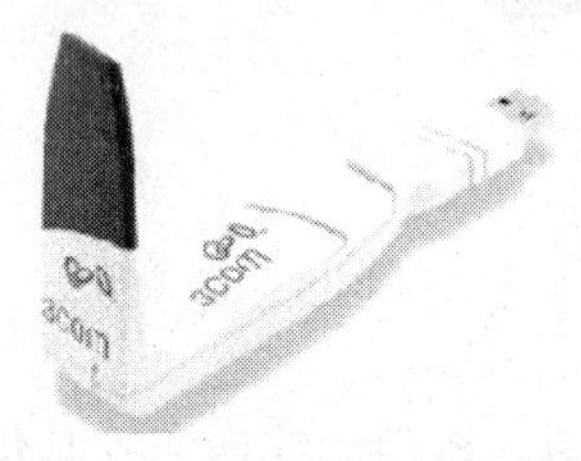

图2-26 USB蓝牙适配器

图2-27 PCMCIA接口的蓝牙网卡

5. 红外适配器。

红外数据传输技术是一种利用红外线进行点对点通信的技术。采用红外数据联盟（Infrared Data Association—IrDA）制定的通讯标准的红外数据传输技术称为“IrDA”，其相应的硬件和软件技术比较成熟。

红外适配器是指利用红外线技术实现各种电子设备之间进行数据交换和传输的设备（见图2-28）。

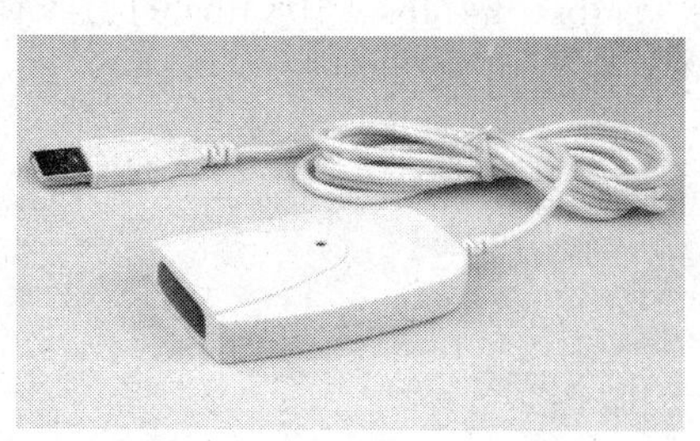

图2-28 红外适配器

目前市场上许多手机、掌上电脑等产品都有和电脑进行数据交换的功能，除了使用常规的有线连接之外，比较常用的是红外线连接技术。如果设备上原本就有红外线连接装置的话，那么只要经过简单的设置便可以使用了。

不过一些老的电脑上并没有设计红外接口，非但如此，连一些新近推出的低端笔记本电脑上也没有预置红外数据传输功能，这就使红外传输受到了限制。这个问题其实完全可以通过红外适配器来解决。当安装红外适配器后，用户的电脑便可以和其他具有红外线传输功能的设备进行数据交换了。不过由于红外线自身的特性所决定，其无线工作距离只有2、3米左右，传输角度也只有30度。

尽管红外数据传输技术免去了线缆，使用起来仍然有许多不便，不仅通信距离短，而且还要求必须在视线上直接对准，中间不能有任何阻挡。另外，红外数据传输技术只限于在2个设备之间进行连接，不能同时连接多个设备。

第三节　远程连接

在我们建设企业计算机应用系统时，我们经常遇到一些部门或机构（如外地的分公司、仓库）距公司总部位置比较远。同时，随着企业计算机应用范围的不断扩大，要求更多与企业相关的组织（如客户，供应商）进入到我们企业网络中来，这些要求我们在建立企业计算机应用系统时不得不考虑远程连接的技术问题。远程连接最早是为建立广域网而提出的，因此远程连接技术在某种程度上就是广域网技术。

一、普通电话拨号技术

普通电话拨号技术是历史最久的远程连接技术，同时也是目前很多企业建立远程连接用得最多的一种方式，其基本方式是在两个计算机之间分别安装一种称为调制解调器（Modem）的网络连接设备，通过电话拨号的形式建立计算机之间的远程连接（见图2－29），计算机之间的数据通过公共电话网（Public Switched Telephone Network—PSTN）来传输，传输速率较低，受电话线质量及相关技术限制，目前这种方式的最快传输速率为56Kbs，适合以文本为主、持续使用时间短的数据通信。

图2－29　用Modem建立两台计算机之间的远程连接

调制解调器是一种可实现数字信号与模拟信号之间转换的网络连接设备。在一般情况下公用电话网只能传输模拟信号，而计算机只能处理数字信号，如果通过公用电话网建立计算机之间的远程连接就必须首先将计算机发出的数字信号转换为模拟信号（这个过程称为“调制”），通过公共电话网将模拟信号传送到另一端时再将模拟信号转换为数字信号（这个过程称为“解调”）送交计算机处理，这样就可实现计算机之间的数据交换。

在企业计算机应用系统中，一般不是简单地建立两台计算机之间的互联，而是要将企业的某些部门（如仓库、货场）的多台计算机通过公用电话网应用电话拨号的方式连入到企业计算机系统的局域网上而成为这个网络中的客户机。在这种情况下，就需要在局域网一端安装被称为“拨号接入设备”的网络连接设备，而在要连入的计算机这一端安装调制解调器，这样即可通过公共电话网，利用拨号的形式将计算机连入到局域网上了（见图2－30）。

常用的电话拨号接入设备有Modem池（Modem Pool）和具有拨号接入功能的路由器等。

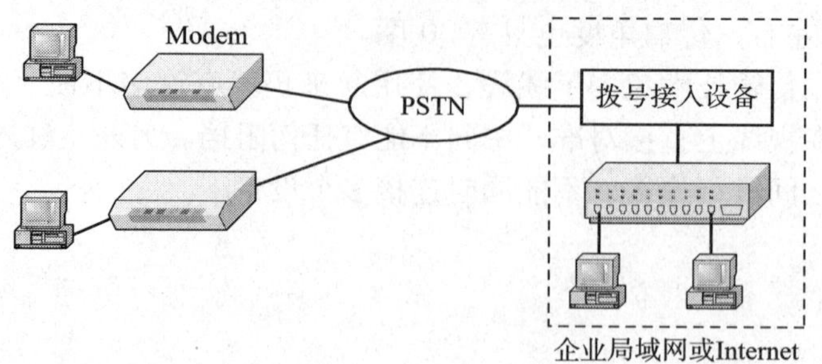

图 2-30　用拨号方式建立与企业局域网的远程连接

计算机一旦利用电话拨号方式与企业内部局域网建立了远程连接，它就与局域网上的计算机一样可以与其他计算机进行数据通信，享受网络上的各种服务了，只是数据传输速度要比直接连入到局域网上慢得多。

随着移动通讯技术的发展和普及，出现了基于移动通讯的远程拨号连接技术，如CDMA 和 GPRS，在本章后面的部分将会有更详细的介绍。

二、综合业务数字网

综合业务数字网（Integrated Service Digital Network—ISDN），俗称“一线通”，在世界上已越来越受到关注，在欧美国家已发展得相当成熟。

早期普通电话网只能传输模拟信号，而 ISDN 是在用户和电话局程控交换设备两端加上相应的端口设备，使通过公共电话网能够以较高的速率提供语言、图形、图像等多种综合数字服务，因此称为综合业务数字网。

ISDN 使用的是传统的电话线，但在用户端需加装端口设备［终端适配器（TA）或智能终端（NT+）］，而且必须到当地电信局申请开通这种服务，其连接方式如图2-31所示。

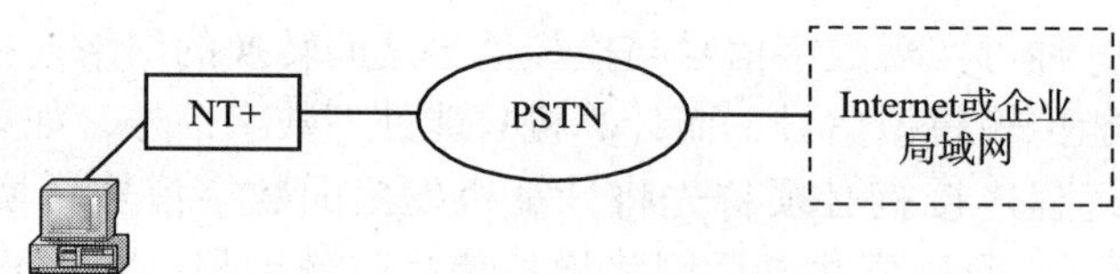

图 2-31　用 ISDN 建立远程连接

采用 ISDN 与 Internet 或企业局域网建立远程连接时，信道建立时间缩短，用户的使用效率和访问速度提高。

ISDN 的核心技术是将带宽分成多个信道，同时提供多信道综合服务。现在 ISDN 以2B+D 的形式，即 2 个基本数据信道（即 B 信道）和一个控制信道（即 D 信道）向用户提供服务。其中每个 B 信道的速率为 64Kbs，D 信道的速率为 16Kbs，一般用于传输控制信号。ISDN 也是通过拨号的形式建立连接，适用于多种形式的数据传输。

图 2-32 是 ISDN 用户端常用端口设备——智能终端示意图。

图 2－32　ISDN 用户端端口设备——智能终端

智能终端一般提供两个模拟接口和两个数字接口。其中模拟接口可接两个普通电话机类设备。而数字接口可接数字电话机或通过 ISDN PC 卡（安装到计算机上）以拨号方式建立远程连接，并可获得 128Kbs（同时开启 2 个 B 信道）或 64Kbs（仅开启一个 B 信道）的连接速度。

三、不对称数字线路

不对称数字线路（Asymmetrical Digital Subscribe Line—ADSL）是一种较新的远程连接技术，它利用普通的电话线路，理论上可提供高达 34Mbs 的传输速率，而且 ADSL 对现有电话线路不需进行任何改造，因此可以节省许多费用。这里的不对称，指不同方向（发送或接收）数据传输信道的带宽不一样。

ADSL 一般分为三个信道，一个高速下载信道（1.5Mbs ~ 8Mbs），一个中速双工信道（640Kbs 用于上载）和一个标准电话服务信道。

ADSL 非常适合用于连接 Internet 来下载浏览大容量信息。现在 ADSL 技术已经成熟，我国许多城市已开通 ADSL 服务，ADSL 已经基本取代了 ISDN，成为了目前使用很广泛的远程接入方式。

图 2－33 是 ADSL 实现远程连接示意图。

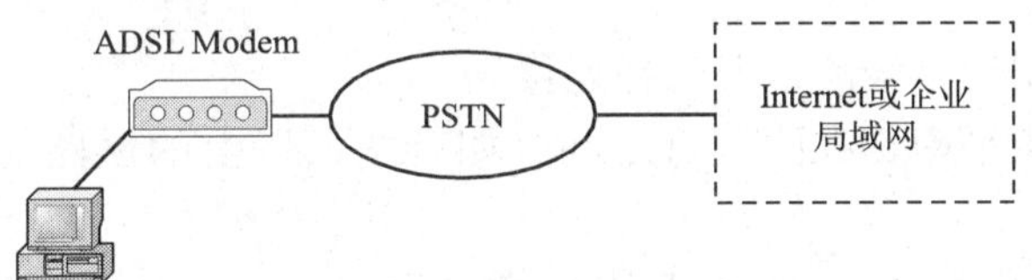

图 2－33　用 ADSL 建立远程连接

四、数字租用线路

数字租用线路是指从经营通信业务的电信部门租用的专用通信线路。与前面三种拨号方式建立远程连接不同，专门租用的数字线路适于建立高速、永久性的远程连接（见图2－34），例如将整个企业的内部网络上的计算机都作为 Internet 上的固定节点连入 Internet，这时，一般情况下需要租用专用的数字线路，它可提供较大的带宽和很好的传输质量，但费用昂贵。常用的数字租用线路有 T1 和 T3 两类。T1 线路最高速率为 1.544Mbs，包括 24 个 64Kbs 的信道。T3 线路最高传输速率可达 274Mbs，但租用费用很高。

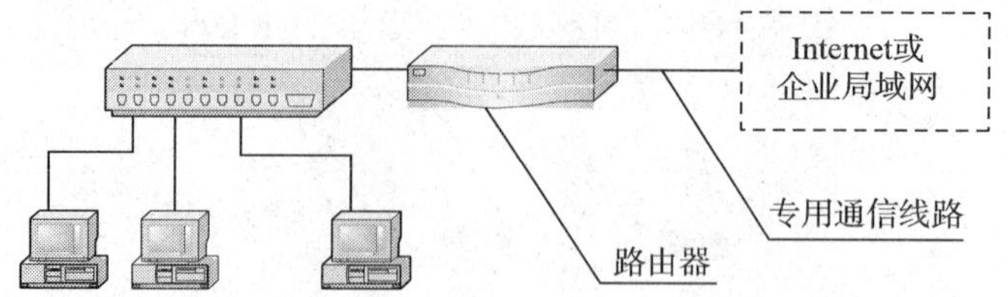

图 2-34　用数字租用线路将企业内部网络连入 Internet

五、X.25 专线

X.25 是国际电报电话咨询委员会（Consultative Committee of International Telegraph and Telephone—CCITT）建议的一个标准的分组交换通信协议，它定义了终端和计算机到分组交换网络的连接规程，适合于不同类型、不同速率的计算机与计算机、计算机与终端、终端与终端之间的通信。

X.25 专线是一种用于公共分组交换的信息传输线路，用于广域网互联。X.25 提供高速可靠的通信线路，但是通常需要在 RAS（远程访问）服务器上有专门的设备。早期 X.25 专线可提供 64Kbs 的传输速率，但由于其完善的错误检测机制，导致实际速率的下降。CCITT 在 1992 年重新制定了这个标准，将速率提高到 2Mbs。

X.25 分组交换技术近年来普及很快，目前所有国家几乎都有支持 X.25 的公共分组交换网络。在美国，大多数电讯公司提供 X.25 服务。中国的 X.25 分组交换网（CHINAPAC）可实现跨市、跨国的网络互联，已通达国内大部分地、市以上城市和部分乡镇、县级市、欧美日等大部分国家和地区。

X.25 分组交换技术有如下的技术特点：

（1）可提供交替路由，当其中一条链路断掉后，X.25 可以立即在另一条链路上建立连接。

（2）用户可根据现存线路情况选择速度。

（3）可实现负载平衡，在两节点之间，如有两条以上的链路时，则这些链路可分担两节点间的负载。

（4）X.25 分组交换支持多种通信标准，如 ISO 的 HDLC（High-Level Data Link Control，高层数据链路控制）。

（5）支持网络管理，用户通过网络管理系统对节点进行远程监察、参数修改、流量统计资料收集和报警。

由于 X.25 专线收费与距离无关，它是根据发送的分组数据（在一些情况下，还会考虑连通的时间）收费，对异地通信更显出无比优越性。X.25 专线信息传递安全、可靠，特别适用于需长途连接，对数据传输可靠性要求高，数据传输量不太大的远程连接，如用于银行、保险、证券、海关、税务等机构的网络互联。

六、虚拟专用网

在企业中经常存在如下的情况，外地的分支机构或出差员工需要访问企业内部网络中的机密数据。如果通过 Internet 直接访问，会存在安全隐患，并且速度也无法保证，文件共享也存在困难；而如果通过建立专用网络来解决上述问题，虽然可以解决安全、速度以及文件共享等问题，但是成本又比较高。针对上述的情况往往需要使用虚拟专用网（Visual Private Network—VPN）。

虚拟专用网是基于公共网络（如 Internet）的虚拟网络，它在公共网络上使用称为“隧道”的协议，使得远程用户可以安全访问企业内部网络。

正如它的名称所显示的一样，VPN 是虚拟的网络，也就是说它并不是公司的专有线路或者是租用的专有线路，但同时又具有专线的数据传输功能，能够像专线一样在公共网络上传输公司的私有信息。使用 VPN 可以显著降低企业租用专用网络的费用，同时可以提高网络的安全性。

目前常用的 VPN 有两种方式：远程接入虚拟专用网（Remote access VPN）和站点对站点虚拟专用网（Site-to-site VPN）。

远程接入虚拟专用网常用于出差或在家办公的用户通过 VPN 直接访问企业网络中的私有服务器。在这种方式下总部只需一条线路连接至 ISP，并加装 VPN 设备，远程用户通过 VPN 软件连接至 ISP，ISP 与企业内部网络建立隧道或通道；这样远程用户就可以连接到企业内部网络中，并且可以使用原有网络的功能。

例如一台计算机配有 Modem 和 VPN 拨号软件，通过 Internet 服务商建立一个 VPN 通道，从而实现计算机与企业网的远程连接（见图 2 -35）。

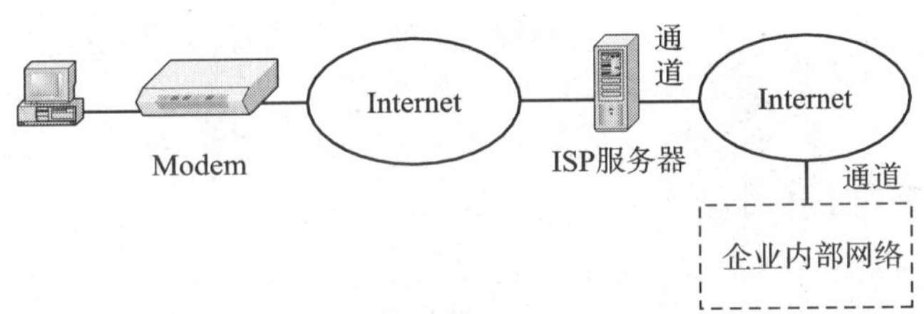

图 2 -35 远程接入虚拟专用网

站点对站点虚拟专用网常用于公司不同分支机构之间或与其他公司之间建立虚拟专用网。这种方式下需要在公司不同的分支机构的网络上安装 VPN 路由器，这样两个网络之间建立了虚拟的通道，可以直接进行通讯。

例如企业在两个分支机构的网络上分别安装 VPN 路由器，以此来实现 VPN。这样两个分支机构的私有网络之间就可以建立 VPN 通道，使得两个私有的网络在逻辑上如同在一个专用的广域网一样。如图 2 -36 所示。

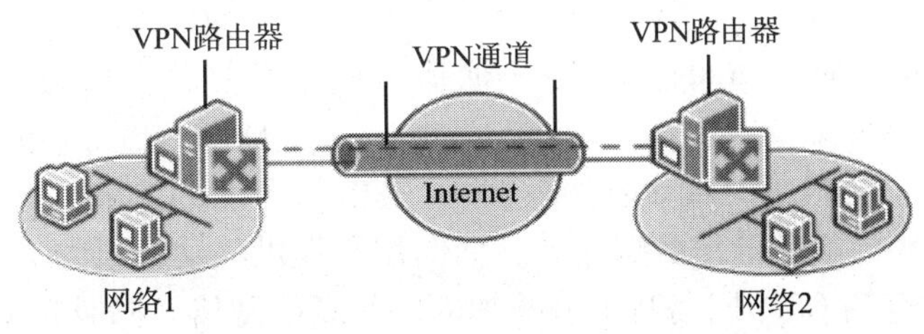

图 2 -36 站点对站点虚拟专用网

七、无线远程连接

管理信息系统的建设中，常用的无线远程连接技术有无线网桥、GPRS 与 CDMA 等。

（一）无线网桥

无线网桥是使用无线电波（微波频段）进行无线数据传输的点对点网间互联设备，可用于固定数字设备与其他固定数字设备之间的远距离、高速无线网络的组建。

虽然无线网桥属局域网技术产品，但借助高增益天线，可实现远距离信号传输，因而被广泛应用于管理信息系统的远程连接中。

无线网桥用于连接两个或多个独立的网段，这些独立的网段通常位于不同的建筑内，可以相距几百米到几十公里，故无线网桥广泛应用在不同建筑物（内建网络）间的互联。在无明显障碍（山峰或建筑）的条件下，其作用距离取决于环境和天馈系统（见图 2－37）。

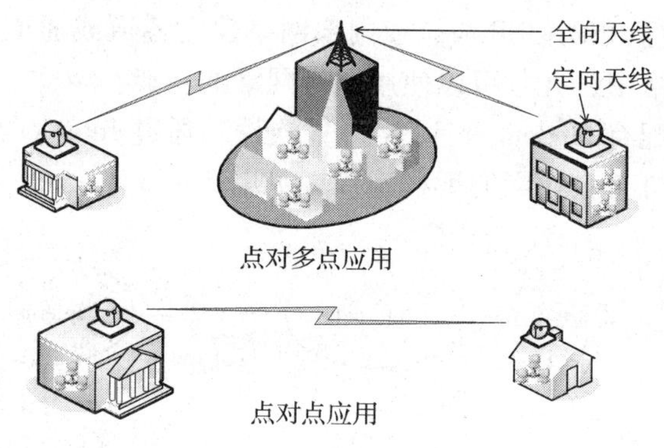

图 2－37　无线网桥的应用

用于远距离连接的无线网桥需要安装室外天线，因此在使用中应注意加装防雷、抗风、耐水等工程保障设施。

无线网桥的应用有两种形式：点对点、点对多点。

无线网桥点对点应用形式，一般双方都需要使用定向天线。而无线网桥的点对多点应用形式中，中心节点一般采用全向天线，中心节点外的其他节点均安装指向中心节点的定向天线。

（二）GPRS 与 CDMA

1. GPRS。

GPRS（General Packet Radio Service—通用无线分组业务）作为第二代移动通信技术 GSM（Global System for Mobile Communications—全球移动通讯系统，俗称“全球通”）向第三代移动通信（3G）的过渡技术，是由英国 BT Cellnet 公司早在 1993 年提出的，它基于 GSM 的移动分组数据业务，面向用户提供移动分组的 IP 或 X. 25 连接。

GPRS 是在现有的 GSM 网络基础上叠加的一个新的网络，同时在网络设备上增加一些硬件设备，并对原软件升级，形成了一个新的网络逻辑实体。GPRS 能给用户提供端到端的、广域的无线 IP 连接，即 GPRS 是一项基于分组交换技术的无线高速数据传输技术。用户通过 GPRS 可以在移动状态下使用各种高速数据业务，包括收发 E-mail、Internet 浏览、即时聊天等。

由于 GPRS 和 GSM 共用相同的基站和频谱资源，只是在现有的 GSM 网络基础上增加了一些硬件设备和软件升级，因此中国移动借助原 GSM 网络，使 GPRS 网络已覆盖全国所有省、直辖市、自治区，网络遍及 240 多个城市。

2. CDMA。

CDMA（Code Division Multiple Access—码分多址）是在扩频通信技术上发展起来的一种新的无线通信技术。CDMA 将需传送的信号，用一个带宽远大于信号带宽的高速伪随机码进行调制，使原数据信号的带宽被扩展，再经载波调制并发送出去。接收端使用完全相同的伪随机码，与接收的带宽信号作相关处理，把宽带信号转换成原信息数据的窄带信号即解扩，以实现数据传输。

CDMA 技术的标准化经历了几个阶段。IS95 是 CDMAONE 系列标准中最先发布的标准，真正在全球得到广泛应用的第一个 CDMA 标准是 IS95A，这一标准支持 8K 编码话音服务。随后又提出了 CDMA2000 中的 CDMA2000 - 1X 和 3X（1X 代表其载波一倍于 IS95A 的带宽，3X 代表其载波三倍于 IS95A 的带宽）。

CDMA1X 是 CDMA2000 的第一阶段，可支持 308Kbs 的数据传输，网络部分引入分组交换，支持移动 IP 业务。

CDMA 占用的是全新的 800M 频段（GSM 占用的是 900M 频段），所以不能在原 GSM 设备上直接升级。目前，中国联通通过二期工程建设，对 CDMA 网络进行了网络优化和提升，从 IS95 升级为 CDMA2000 - 1X 网络，建成覆盖全国 31 个省（自治区、直辖市）的无线数据网。

CDMA 与传统 GSM 电路型数据业务不同的是，GSM 移动用户长时间独占一定的无线资源，而在分组数据业务下，所有的移动用户共享无线资源，并且每个用户只在有业务数据传送时，才动态地申请和占用无线资源，因此采用分组数据方式可以做到“永远在线”。虽然 GPRS 与 CDMA1X 的峰值速率分别为 115.2Kbs 和 153.6Kbs，但经过测试，GPRS 的平均业务速率为 20Kbs ~ 40Kbs，而 CDMA1X 的平均业务速率为 80Kbs ~ 100Kbs。

CDMA2000 - 1X 占用的是全新的 800M 频段，频率资源丰富。GPRS 采用的是 GSM 的 900M 频段，频率资源在很多地区本来就很紧张，且 GPRS 的每个用户占用比话音更多的频率资源，导致 GPRS 的频率资源进一步的匮乏，从而限制了 GPRS 的用户数量。

另外，CDMA2000 是由窄带 CDMA（CDMAIS95）技术发展而来的宽带 CDMA 技术，CDMA2000 - 1X 则被称为 2.5 代移动通信技术。CDMA2000 - 3X 与 CDMA2000 - 1X 的主要区别在于应用了多路载波技术，通过采用三载波使带宽提高。目前中国联通已建成了 CDMA2000 - 1X 网络，正在采用这一方案向第三代通讯技术过渡。

3. 用 CDMA 或 GPRS 建立远程连接的方式。

虽然 CDMA 与 GPRS 技术存在本质的不同，但其使用过程对最终用户来说是大同小异的。

通过 CDMA/GPRS 实现远程连接目前普遍应用于移动商务，这种无线远程连接的本质是将手机和计算机连接到一起，让计算机把手机当成 Modem，从而实现无线上网拨号操作，主要分以下三种方式。

（1）笔记本电脑/台式计算机＋手机＋手机卡＋连接设备。

手机卡分两种，一种是UIM卡（User Identity Model——用户识别模块），应用于中国联通公司的CDMA业务中。另一种是SIM卡（Subscriber Identity Module——客户身份识别模块），应用在中国移动公司的全球通和神州行等业务中。不管是UIM卡还是SIM卡都是不可缺少的，用户需要至少其中的一个才能拨号上网。

连接设备负责将手机与电脑进行连接，主要有三种方式：蓝牙、红外和USB数据线连接。如图2－38是用台式计算机、手机、手机卡、USB连接线建立远程连接的示意图。

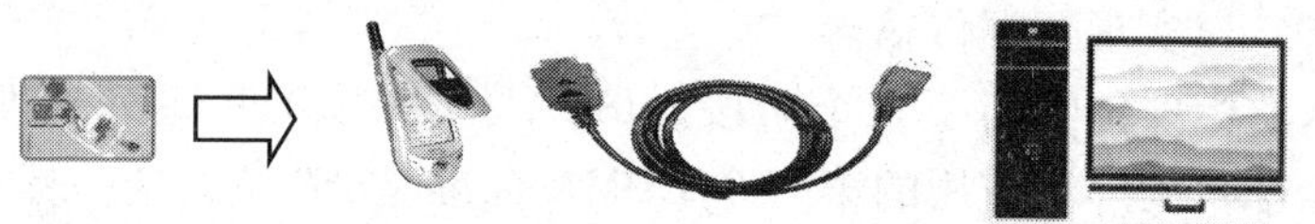

图2－38　用台式计算机、手机、手机卡、连接设备建立远程连接

（2）笔记本电脑＋PCMCIA无线上网卡＋手机卡。

这种方式是需要用户购买专门的PCMCIA接口的无线上网卡及UIM或SIM手机卡。与（1）相比，就是用PCMCIA无线上网卡来替代手机。由于PCMCIA卡是直接插在笔记本电脑的PCMCIA插槽中，故也不需要手机与电脑的连线。

图2－39　用笔记本电脑、PCMCIA无线上网卡、手机卡建立远程连接

（3）笔记本电脑/台式计算机＋USB无线上网卡＋手机卡。

这种方式是把UIM或SIM手机卡插在USB无线上网卡上，将USB无线上网卡插到笔记本电脑或台式计算机的USB接口上。与（2）相比，就是用USB无线上网卡来替代PCMCIA无线上网卡，使得其不仅能用于笔记本电脑，也能用在普通台式计算机上。

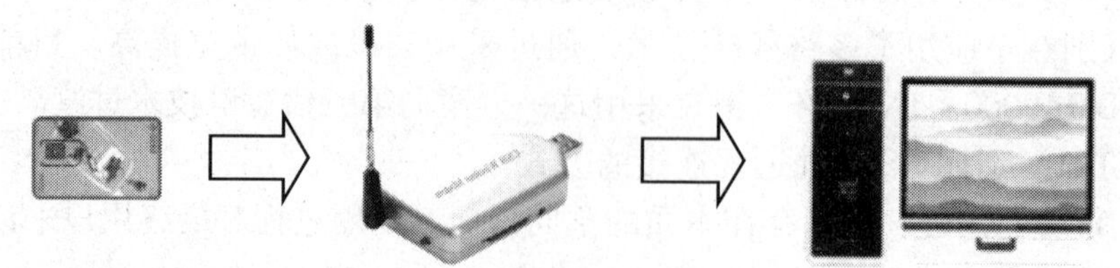

图2－40　用笔记本电脑/台式计算机、USB无线上网卡、手机卡建立远程连接

第四节 计算机网络协议及相关概念

通过网络连接的计算机之间在通信中必须遵守一定的约定和规程，以保证能够相互连接和正确交换信息，这些约定和规程是事先制定的，并以标准的形式固定下来，这就是网络协议。

在计算机网络发展过程中，曾出现过各种各样的网络协议。为了把网络协议的制定纳入规范化轨道，国际标准化组织 ISO（International Standards Organization）提出了开放系统互联参考模型 OSI/RM（Open System Interconnection/ Reference Model），作为提出各种计算机网络系统网络协议时建议遵守的基本模型。

OSI/RM 模型构成计算机网络系统通信规则的一个框架，在网络中也称为体系结构。OSI/RM 模型把计算机网络通信的组织与实现按功能划分为 7 个层次，即从一个计算机系统发出通信请求起，到信息经过实际物理线路传送到另一个目标计算机系统为止，把通信功能从高到低划分为应用层、表示层、会话层、传输层、网络层、数据链路层和物理链路层，逻辑上可以分为两个部分：低层的 1 ~4 层关心的是原始数据的传输，高层的 5 ~7 层关心的是网络中的应用程序。

网络通信协议按层次组织，也是为了减少协议的复杂性。每一层协议建立在它的下层协议的基础上，每一层又为其上层提供服务，完成上层提交的任务。至于在一层内如何进行服务的细节，对上层则是隐蔽的。

在网络数据通信的过程中，每一层完成一个特定的任务。当传输数据的时候，每一层接收到上面层格式化后的数据，对数据进行操作，然后把它传给下面的层。当接收数据的时候，每一层接收到下面层传过来的数据，对数据进行解包，然后把它传给上一层。从而实现对等层之间的逻辑通信（见图 2 -41）。

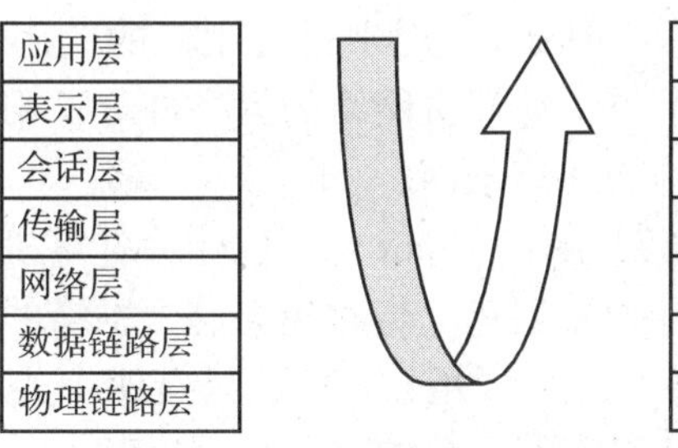

图 2 -41 两台计算机间的数据传输示意图

应用层协议是与其他计算机进行通讯的一个应用协议，它是对应用程序的通信服务的，如例：HTTP、FTP、WWW、POP3 等。

表示层协议的主要功能是定义数据表示及加密、压缩等。其中数据表示解决了连接到网络的不同计算机之间数据表示的差异（如使用 EBCDIC 字符编码的 IBM 大型机和一台使用 ASCII 字符编码的个人计算机之间的通信）。数据安全对数据进行加密与解密使得通信安全得到了保证；数据压缩能够以压缩的形式传输数据，以最优化的方式利用信道。

会话层协议允许不同计算机上的两个应用程序建立、使用和结束会话连接，包括会话的建立、会话的控制（例如允许信息双向传输或某一时刻只能单向传输）以及结束会话连接等。

传输层协议涉及通信中数据从一端到另一端的透明传送，以及错误处理。传输层要保证信息传送的正确无误，并且使会话层不受硬件技术变化的影响。

网络层协议包含对数据的分组、从源端机到目端机的路径选择、阻塞控制等，以及跨网络传送中可能出现的不同的寻址方式、分组长度和协议的处理。

数据链路层协议解决数据的正确传送问题。发送方把送出的信息拆分数据帧，然后依序传送各帧，提供错误检测手段，接收和处理回执帧，重发没有正确传送的数据帧，解决传输速度的匹配。数据链路层把一条可能不可靠的传输通道变成可靠的传输通道。

物理链路层协议规定物理链路的参数，如信号的幅度、宽度、链路的电气和机械特性等。

第五节 Internet 与 Intranet

一、Internet 的产生与发展

网络使用户不受地域的分隔和局限，在网络达到的范围内实现资源的共享。不管用户在什么地方，都可以使用网络上的程序、数据与设备。

为了在网络之间交换信息，需要在不同范围内实现网络的相互连接，从而形成了由多个网络组成的互联网。Internet 就是全球最大的互联网，大量的各种计算机网络正在源源不断地加入到 Internet 中。通过 Internet，用户访问千里之外的计算机，就像使用本地计算机一样。

计算机网络在结构上包括两个部分：一部分是连接于网络上的供网络用户使用的计算机的集合，这些计算机称为主机（Host），用来运行用户的应用程序或为用户提供资源和服务，网络上的主机也称为节点。计算机网络的另一部分是用来把主机连接在一起并在主机之间传送信息的设施，称为通信子网。

ARPA 网（Advanced Research Project Agency）可以作为计算机网络的最早和最著名的例子，由美国国防部高级研究计划署创建。当时建立这个网络的目的是为了在战争中保障计算机系统工作的不间断性，最初（1969 年底）只有四个实验性节点，但不久就扩展到几百台计算机。后来，与 ARPA 网连接的有卫星网 SATnet、以及和 ARPA 签约的学校和政府机构各自的局域网等，共达到几千台主机，十万个以上用户，形成了整个 ARPA 互联网络。

USENET（世界性新闻组网络系统）是另一个著名的计算机网络，这个网络中的计算机都使用 UNIX 操作系统。UNIX 系统使用 UUCP（Unix to Unix Copy）程序能够在两台相连的计算机之间拷贝文件，USENET 就是以这种通信方式为基础发展起来的，加入该网只需用一台运行 UNIX 系统的计算机和一个用于建立拨号连接的 Modem。由于西方国家的大学几乎都有这样的设备，因此，USENET 得以迅速发展。USENET 中每一台机器都能与另一台直接通信，它没有集中的管理与控制，处于某种“无政府状态”之下，

然而其受到数以百万计的用户的支持，运行非常成功。USENET 在很多国家形成了分支网，如它在欧洲的部分称为 EUnet。

与 Internet 关系最为直接的计算机网络是 NSFnet。美国国家科学基金会（NSF）在建立著名的计算机科学网（CSnet）之后，又转向建立横跨全美的国家科学基金会网 NSFnet，这个网络可以说是走向 Internet 的真正起点。NSFnet 后来成为 Internet 基干网，Internet 起初就是以它为基础并连接其他几个网络而发展起来的。同 ARPA 网一样，NSFnet 也采用 TCP/IP 网络通信协议，这形成了 Internet 的标准协议。

网络的出现，改变了计算机的工作方式；而 Internet 的出现，又改变了网络的工作方式。

对用户来说，Internet 不仅使他们进行数据处理时不再被局限于分散的计算机上，同时也使他们脱离特定网络的约束。任何人只要进入 Internet，他就可以利用其中各个网络和各种计算机上难以数计的资源，同世界各地的人们自由通信和交换信息，以及去做通过计算机能做的各种事情。Internet 一经出现，在短短几年时间里，就遍及美国大陆，并延伸到了世界各地。

中国科学院高能物理所从 1987 年起，通过国际联网线路进入 Internet 使用电子邮件，1991 年以专线方式实现同 Internet 的连接，并开始为全国科学技术与教育界的专家提供服务。自 1994 年以来，高能物理网、中科院教育与科研示范网、国家教委科研教育网、国家公共数据网以及其他一些计算机网，先后完成同 Internet 的连接。

综观 Internet 的形成过程，我们很难给 Internet 下一个确切的定义，只能通过说明其特点的方法来描述什么是 Internet，即 Internet 是采用 TCP/IP 协议（详见下一小节）为其标准网络协议的世界上最大的互联网络。

人们用各种名称来称呼 Internet，如因特网、网际网、国际互联网、全球互联网、全球信息资源网等。

二、Internet 的网络协议

我们已经知道，Internet 是由众多的计算机网络交错连接而形成的网际网，作为其成员的各种网络在通信中分别执行自己的协议。所谓 Internet 的协议是指在 Internet 的网络之间以及各成员网内部交换信息时要求遵循的通信协议，TCP/IP 是 Internet 使用的网络协议的统称。

事实上，TCP/IP 是在 Internet 出现之前制定的网络协议，其结构与 OSI 参考模型（见图 2－41）略有区别。其中传输控制协议 TCP（Transfer Control Protocol）对应于 OSI 参考模型的传输层协议，网络连接协议 IP（Internet Protocol）对应于 OSI 参考模型的网络层协议。所以，确切地说，TCP 和 IP 分别是 Internet 在传输层和网络层执行的协议。

起初，Internet 最主要的和最早的成员网 NSFnet 等采用的是 TCP/IP 协议。同 Internet 连接的其他网络，如果也执行 TCP/IP 协议，就能方便地实现连接。但是有许多网络并不采用 TCP/IP 协议。当这些执行不同协议的网络同 Internet 连接时，就要在实现网络连接的“网关”中进行协议转换。网关把 Internet 上来自非 TCP/IP 网络协议的信息形式转变为 TCP/IP 协议的信息形式；或者反过来，把 TCP/IP 网络协议的信息形式转变为其他协议的信息形式。这样，就能完成与 Internet 相连接的异型网络之间的通信任务。

Internet 各成员网络内部以及网络之间在进行通信时，除采用 TCP 和 IP 协议之外，还要采用各种其他协议，如在传输层和网络层之下的数据链路层和物理链路层，不同的网络可能用不同的协议完成实际的信息交换。例如，在数据链路层和物理链路层常用的有 Ethernet（以太网），Token Ring（令牌环）等协议。Internet 在传输层和网络层之上的各层，使用了许多和应用领域有关的协议，称为应用层或应用服务层。

人们习惯把 Internet 的各层协议统称为 TCP/IP 协议，也有人把 Internet 称为 TCP/IP 网或 TCP/IP Internet 网。在这种意义下，Internet 的 TCP/IP 协议可以说是基于五层模型的协议，即应用层、传输层、网络层、数据链路层、物理链路层。网络接口层（即数据链路层）和物理链路层有时统称为网络访问层，所以，也可以说 Internet 协议是基于四层模型的协议（见图 2－42）。

应用层协议	Application（应用）
TCP/用户数据报协议	Transfer（传输）
IP/Internet控制报文协议	Internet（网络）
数据链路层协议	Data Link（数据链路）
物理链路层协议	Physics Link（物理链路）

图 2－42　Internet 的网络协议模型

Internet 在用户应用程序级别上遵守的所有协议都属于应用层协议。如文件传输协议 FTP（File Transfer Protocol），简单邮件传输协议 SMTP（Simple Mail Transfer Protocol），远程连接协议 Telnet（Telnet Protocol），以及 WWW 系统使用的超文本传输协议 HTTP（Hyper Text Transfer Protocol）等都是常用的应用层协议。

三、Internet 的网络地址

（一）Internet 的网络地址

在 Internet 中为了定位每一台计算机，需要给每台计算机分配或指定一个确定的"地址"，称为 Internet 的网络地址。

Internet 的网络地址是指连入 Internet 的节点计算机的网络互联地址（称为 IP 地址）。目前广泛使用的是 IPv4，其中 IP 地址是包含 4 个字节，共 32 位的二进制数，它逻辑上分成两个部分，一部分标识主机所属的网络（网络标识），另一部分标识主机本身（主机标识）（见图 2－43）。

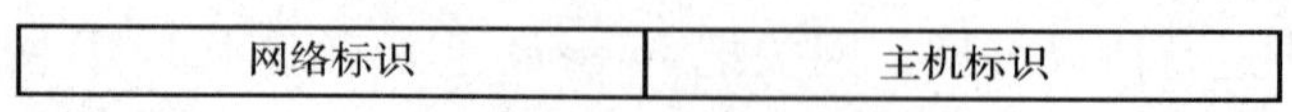

图 2－43　IP 地址的逻辑结构

常见的 IP 地址分为 A，B，C 三类，与它对应的网络有时被称为 A 类、B 类、C 类网络。

A 类网络用第一组数字（即第一个字节）标识网络本身，后面三组数字作为连接于网络上的主机的地址，并且规定第一个字节的第一位必须为 0（见图 2－44）。

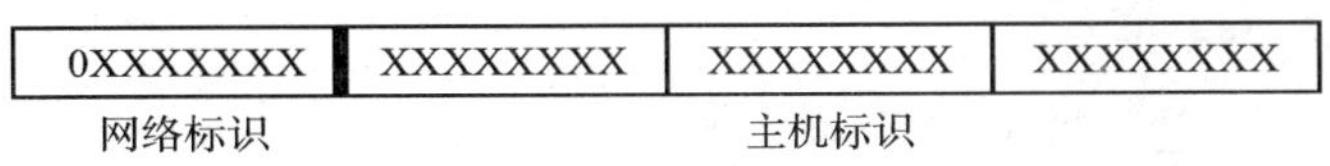

图 2－44　A 类 IP 地址结构

A 类 IP 地址一般分配给国家级网络。

B 类网络用第一、二组数字表示网络的地址，后面两组数字代表网络上的主机地址，且第一个字节的前两位为 10（见图 2－45）。

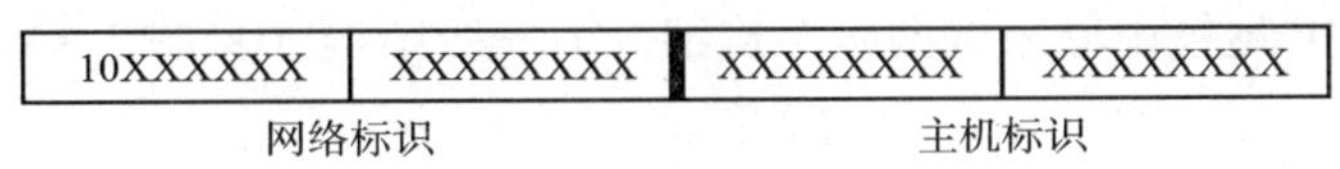

图 2－45　B 类 IP 地址结构

B 类地址一般分配给大型网络，如跨国公司的大型网络。

C 类网络用前三组数字表示网络的地址，最后一组数字作为网络上的主机地址，且第一个字节的前三位为 110（见图 2－46）。C 类地址分配给小型网络，如大量的局域网和校园网。

110XXXXX　XXXXXXXX　XXXXXXXX　XXXXXXXX

网络标识　主机标识

图 2－46　C 类 IP 地址结构

为了方便，IP 地址一般用圆点隔开的 4 个十进制数表示，如某个 C 类 IP 地址为：192.168.0.81，其中每个十进制数都是 0～255 间的整数。

另外，除了上述的 IPv4 之外，目前还提出了 IPv6，其 IP 地址由 16 个字节 128 位构成。IPv6 极大地提高了 IP 地址的容量，但目前还没有得到广泛的应用，尚处于实验阶段。

（二）子网掩码

与 IP 地址有关的另一个术语为子网掩码，其结构与 IP 地址一样也由 4 个字节的 32 位二进制数组成，一般也用由圆点隔开的 4 个十进制数表示。在同一个子网中子网掩码相同。

这里所提子网指的是对一个 IP 网络（具有相同网络标识的计算机组成的网络）进一步划分形成的逻辑网络。

子网掩码对一个 IP 网络有两个作用：

1. 获取 IP 网络内相应计算机的网络标识和主机标识。

设 b 为某一子网的子网掩码，a 为该子网的某台计算机的 IP 地址（这里 a，b 分别为 32 位的二进制数），则 a 与 b 的关系为：

①$a \wedge b$ 的非零部分为网络标识。②$a \wedge \bar{b}$ 的非零部分为该台计算机的主机标识。

对于 A，B，C 类网络来讲，它们最简单的子网掩码分别为：255.0.0.0，255.255.0.0，255.255.255.0。

2. 将一个 IP 网络进一步划分为若干逻辑子网。

为了论述子网掩码如何将一个 IP 网络划分为逻辑子网，我们来看下面的例子。

例 2－1 某企业按信息管理系统的功能需求需要建立 5 个相互独立的逻辑子网，每个子网中用户机数量均少于 25 台。现在的问题是：如何建立该企业部门的网络？

若该部门组建 5 个 C 类 IP 网络，则每个 C 类网络只用 25 个 IP 地址，这不但会造成地址资源的浪费，而且还会增加寻址负担。

对该问题我们可借助子网掩码将一个 C 类网络划分为若干个子网来解决。

这里我们将 IP 地址由原来的两级结构细分为三级结构（见图 2－47）。

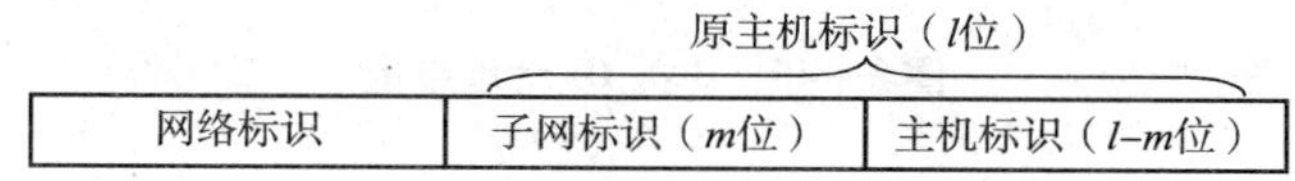

图 2－47 IP 地址的三级结构

即将 IP 地址的主机标识细分为子网标识和主机标识两部分。同一个子网具有相同的网络标识和相同的子网标识。由于这些子网的网络标识相同，因此从 Internet 访问这些子网计算机时，企业外部的路由器仍将它们看成为一个网络。但企业内部，通过设置子网掩码将上述网络细分为若干个逻辑子网。

确定子网掩码的方法为：①子网掩码中与 IP 地址网络标识对应的位取值为 1。②子网掩码中与原主机标识对应的位分为两部分，其前半部分的每位的取值均为 1，后半部分的每位的取值均为 0。这两部分的划分方法为：设前半部分的位数为 m，我们要把该 IP 网络细分为 n 个逻辑子网，每个逻辑子网中最大计算机数为 k，原主机标识位数为 l，则子网掩码中与原主机标识对应部分的划分应使 $2^m-2 \geqslant n$ 且 $2^{l-m}-2 \geqslant k$。

对上面所提到的问题，该企业部门只须建立一个 C 类网络，然后利用子网掩码可方便地将该 C 类网络进一步划分为逻辑子网。假定该企业部门的 C 类网络的网络标识为：202.204.57。因要求要细分为 5 个逻辑子网，逻辑子网中计算机最大数为 25，则 $n=5$，$k=25$，$l=8$。所求子网掩码与网络标识对应的部分（前 24 位）的取值均为 1，与原主机标识对应的部分（后 8 位）中前半部分的位数 m 应满足：$2^m-2 \geqslant 5$，$2^{8-m}-2 \geqslant 25$。解该不等式方程组得：$m=3$。这样我们得到所求的子网掩码如图 2－48。

11111111	11111111	11111111	11100000

图 2－48 例 2－1 中网络的子网掩码结构

利用该子网掩码，可把上述 C 类网络进一步细分为 $2^3-2=6$ 个逻辑子网，所有这些子网内的计算机 IP 地址的网络标识都相同（都为 202.204.57，化为二进制为：11001010，11001100，00111001），6 个逻辑子网的子网标识分别为：001，010，011，100，101，110。其中第一个逻辑子网内 IP 地址的结构如图 2－49。

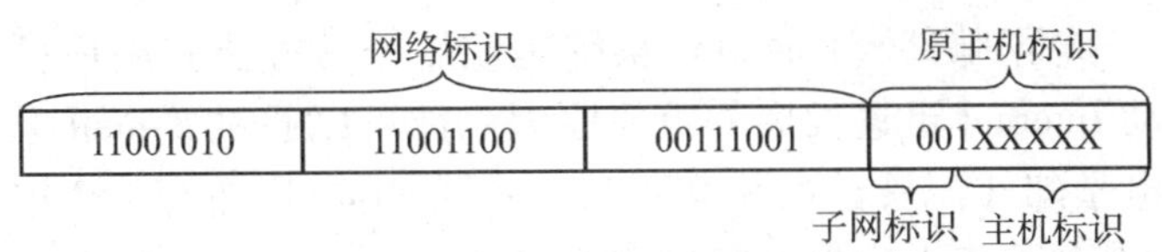

图 2－49　例 2－1 网络的第一个逻辑子网内 IP 地址结构

利用子网掩码将一个 IP 网络划分为逻辑子网后，一些 IP 地址就不能使用了，如上例中 202.204.57.224（二进制表示为：11001010，11001100，00111001，11100000）。

通过上述例子，可以看出，利用子网掩码可以把一个 IP 网络在内部进一步划分为若干个逻辑子网，非常便于单位内部的网络管理。

四、Internet 的域名

为了使 IP 地址便于用户使用，同时也易于维护和管理，Internet 通过所谓的域名管理系统 DNS（Domain Name System）对每一个 IP 地址指定一个（或几个）容易识别的名称，该名称就是域名。通过域名与 IP 地址的对照表可比较直观地识别网络上的计算机。

DNS 用分层的命名方法，对网络上的每台计算机赋予一个直观的唯一性域名，其结构如下：

计算机名．组织机构名．网络名．最高层域名

最高层域名代表建立网络的部门、机构或网络所隶属的国家、地区。例如，常见的网络名或最高层域名有 EDU（教育机构），GOV（政府部门），MIL（军队），COM（商业系统），NET（网络信息中心和网络操作中心），ORG（非营利组织），INT（国际上的组织），AU（澳大利亚），CN（中国），UK（英国），等等。

例如 IP 地址 202.204.60.11 对应的域名 WWW.USTB.EDU.CN 为中国（CN）教育网（EDU）上北京科技大学（USTB）的一台名为 WWW 的计算机，它实际上是北京科技大学的 WWW 服务器。

当用户通过域名访问某个服务器时，用户的计算机首先在本地查找该域名的信息，如果查到相应域名的 IP 地址，那么本地计算机直接使用该 IP 地址访问相应的服务器。若在本地未能找到该域名信息，那么本地计算机将向 DNS 服务器发出查询指令，DNS 服务器返回对应域名的 IP 地址，本地计算机通过 DNS 服务器返回的 IP 地址访问相应的服务器。

五、Internet 的基本功能

我们通过 Internet 可获得各式各样的服务，这些服务都是通过 Internet 的基本功能来

实现的。一般认为，Internet 的基本功能有：网络通信、计算机远程登录、文件传输、网络信息服务。

（一）网络通信

网络通信是 Internet 上最常见的一种沟通与交流的方式，常用的网络通信工具有电子邮件、聊天工具、网络电话等。

在 Internet 上，电子邮件（E-mail）系统是使用非常方便和用户最多的网络通信工具，也是早期推动 Internet 迅速发展的重要原因。你可以通过 E-mail 系统同世界上任何地方的朋友交换电子邮件，只要对方也是 Internet 的用户且拥有一个电子邮箱，或者是同 Internet 相连的其他网络上的电子邮件用户。

基于电子邮件服务，在 Internet 上还可以建立各种专题兴趣讨论小组，这种方式通常称为邮件列表（Mail list）。在邮件列表上用户可以寻求兴趣相投的人们通过电子邮件互相讨论共同关心的问题。当你加入一个邮件列表后，可以收到其中任何人发出的信息，也可以把信息发送给小组的每个成员。

网络聊天目前也成为了 Internet 上一种非常流行的“伪实时”交流方式。所谓“伪实时”中的“实时”是相对 E-mail 的存储—转发模式来说的，网络聊天时，双方（或多方）须同时在线，任意一方键入的文字（或声音、视频信号）将“实时”发送给对方。但当聊天双方间网络带宽不足时，双方间的信息传递将会出现可以察觉到的延迟。要实现网络聊天，需安装一个聊天工具（如 ICQ、MSN、腾讯 QQ 等），然后注册一个账号，就可以同其他用户进行网上聊天。

网络电话是随着宽带连接而兴起的另外一种交流方式，与传统的电话服务不同，网络电话是通过 Internet 进行的。使用网络电话只需用户安装特定的软件（如 Skype、UU Call 等），就可以呼叫其他网络电话用户或者传统电话客户。由于网络电话的费用低廉，因此在许多企业中正在使用网络电话代替传统的电话服务。

（二）远程登录

远程登录是通过 Internet 进入和使用远距离的计算机系统，就像使用本地计算机一样。远端的计算机可以在同一间屋子里或同一校园内，也可以在数千公里之外的其他地方。

常用的远程登录工具是 Telnet 或 SSH（Secure Shell），这两种工具的原理基本相同，不同之处在于 Telnet 在通信过程中数据是明文传输的，容易被窃听，而 SSH 在通信过程中将数据进行了加密，使得数据很难被窃取。

远程登录工具在接到远程登录的请求后，就试图把你所在的计算机同远端计算机连接起来。一旦连通，你的计算机就成为远端计算机的终端。你通过远程登录的方式进入远端计算机系统后，就可以执行操作命令，提交作业，使用系统资源。在完成操作任务以后，通过注销（logout）退出远端计算机系统，同时也退出 Telnet 或 SSH，回到本地系统。

Telnet 或 SSH 的使用方法为，在命令行下键入：telnet 202. 204. 60. 8 或 SSH 202. 204. 60. 8（这里 202. 204. 60. 8 是你要登录的计算机的 IP 地址），系统将询问用户名（Username）和口令（Password），如果回答正确，你的计算机实际上就成了远端计算机（上例中 IP 地址是 202. 204. 60. 8 的计算机）的终端了。如果你登录的用户对远端计算机来说有足够的权限，那么你甚至可以对远端计算机进行一些危险的操作，如删除远端计算机上的某些重要文件等。

（三）文件传输

在科学技术交流中，经常需要传输大量的数据。这也是 Internet 使用初期的主要用途之一。用 Internet 传输实验与观测数据、科技文献、数据处理和科学计算软件，是进行科技合作与交流的重要手段。

FTP 是 Internet 上最早使用的文件传输程序。它同远程登录工具一样，使用户能够登录到 Internet 的一台远程计算机，把其中的文件传送回自己的计算机系统，或者反过来，把本地计算机上的文件传送到远方的计算机系统。

FTP 与远程登录工具的不同之处在于，远程登录工具把用户的计算机模拟成远端计算机的一台终端，用户在完成远程登录后，具有远端计算机上的本地用户一样的权限。然而 FTP 没有给予用户这种地位，它只允许用户对远端计算机上的文件进行有限的操作，包括查看文件、发送或获取文件以及改变文件目录等。

FTP 的使用方式为：ftp 202.204.60.8，这时系统会询问用户名和口令。输入正确用户名和口令后，即可在 FTP 命令符下使用 FTP 的子命令进行文件传输操作了。如 put a.txt 是把本地当前目录下的名为 a.txt 的文件传送到登录的计算机的当前子目录。而 get b.txt 是将远端计算机当前子目录下名为 b.txt 的文件取到本地计算机的当前子目录下。

用 FTP 传输文件，用户需要拥有 FTP 服务器的账号。不过 Internet 上有许多 FTP 服务器允许用户以匿名方式访问，即以“anonymous”为用户名，以任意电子邮件地址为口令进行连接。这种 FTP 服务器为未注册用户设定特别的子目录，其中的内容对访问者完全开放，或设定为只读。

（四）网络信息服务

网络信息服务是 Internet 独具特色和最富有吸引力的功能。信息服务包含信息查询服务（即我们常说的上网浏览）以及信息资源发布服务。

在 Internet 上开发了许多信息查询工具，例如 WWW 浏览器（后面将具体介绍其工作原理），Gopher 等。这些工具一般都有友好的用户界面，使用非常方便。

Internet 是人们索取信息的场所，也就是发布和储存信息的地方。Internet 的信息被分布在各种信息服务器上。过去，Internet 信息资源的开发与提供，主要由专门的机构和人员去完成。随着 Internet 的普遍使用和开始商业应用，发布与提供信息同检索信息一样，也成为一种用户需求，这种服务由一定的工具支持。

Gopher 是菜单式的信息查询系统，提供面向文本的信息查询服务。有的 Gopher 也具有图形接口，在屏幕上显示图标与图像。Gopher 服务器对用户提供树型结构的菜单索引，引导用户查询信息，不过现在 Gopher 这种字符界面的查询工具已很少有人使用了。

六、Internet 的用户与连接

如果你的计算机是孤立的系统，或者是在同 Internet 没有连接关系的网络上，首先需要将你的计算机同 Internet 连接，才能使你进入 Internet 并享受 Internet 的服务。

在 Internet 中主要有如下两种类型的实体：

1. 最终用户。

最终用户仅使用各种 Internet 服务，一般称为上网用户。

2. Internet 服务商（ISP）。

ISP 通过高档计算机系统和通讯设施与 Internet 相连，为最终用户提供多种 Internet 服务，收取服务费用。如 ChinaNet 就是一个比较大的 ISP。有些公司连入 ChinaNet，成为规模较小的 ISP，如 Fhnet。

无论是单位还是个人用户，要连入 Internet，必须选择 ISP。根据需要，用户可以以单机或以局域网的方式连入 Internet。

无论是以单机还是以局域网方式连入 Internet，根据其使用的线路不同分为：①通过普通电话线用 Modem 连入 Internet。②通过 ISDN 或 ASDL 连入 Internet。③通过其他专线（如 X. 25，DDN 等）连入 Internet。

图 2－50 描述了通过普通电话线用 Modem 拨号连入 Internet 的方式。

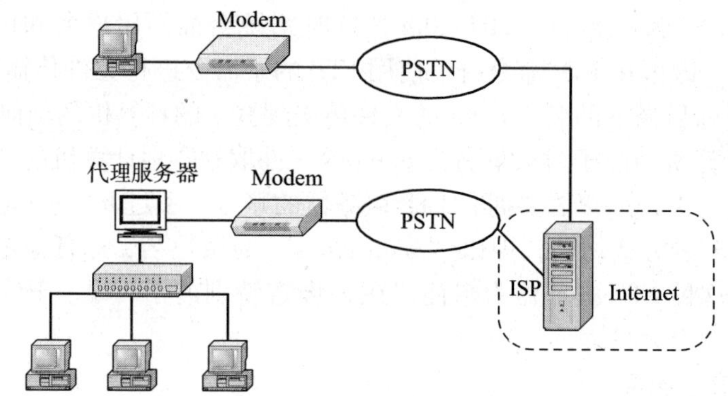

图 2－50　普通电话拨号将单个计算机或局域网连入 Internet 示意图

七、全球网络信息发布与查询系统

由于 Internet 将数量如此巨大的计算机及用户连接在一起，它便很自然地成为一种交流信息的方便手段，在 Internet 上先后出现了许多信息查询的工具。

基于 Internet 建立的全球网络信息发布与查询系统称为 WWW（World-Wide Web）系统，可译为“环球网”，或音译为“万维网”，WWW 系统由信息发布和信息查询两大部分组成。

WWW 系统的信息发布通过 Internet 的 WWW 服务器完成，它是 Internet 上的信息资源和服务的提供者。一个 WWW 服务器在物理上是一台主机系统以及在它之上运行的服务器软件和可供用户访问的数据的总和。数据的管理、操纵以及对数据的查询服务，是在服务器软件支持下完成的。例如 ×× 大学的 WWW 系统服务器，安装了 WWW 服务器软件，存入了一些有关学校介绍、专业设置等信息，可供世界各处的用户访问。

WWW 系统中，用户查询信息时借助一个被称为浏览器（Browser）的客户端程序，现在常用的有微软公司的 IE 和 Mozilla 组织的 Firefox。WWW 的客户程序和服务器程序之间通过超文本传输协议 HTTP（Hyper Text Transfer Protocol）进行通信。HTTP 提供的功能包括实现客户机同 WWW 服务器的连接，发出访问请求、接收文件以及渲染文件内容等。

为了能使客户程序找到全 Internet 范围内的某种信息资源，WWW 系统使用称为“统一资源定位器（Uniform Resource Locator ——URL）”的一种地址标准（俗称网址），客户程序就是凭借 URL 找到相应的服务器并与之建立联系和获得信息的。

服务器提供的信息一般是超文本标识语言（Hyper Text Markup Language，HTML）写成的信息文件（一般以 . htm 或 . html 为文件扩展名），有时也称为 WWW 网页或 Web 网页。

由于 HTML 是一种统一的标准语言，其内容由纯文本构成，不管服务器程序如何不同，或服务器和客户机所在节点机的操作系统如何不同，HTML 文件提供的信息最终都能由客户程序所解释和显示。

WWW 系统可查询的信息，不仅包括用 HTML 语言写成的文件，也包括其他已经存在的某种格式的信息，如由 FTP 服务器提供的信息文件。

WWW 的基本技术是超文本，它可以从同一文档的某一位置跳转到另一个位置，或者完全跳转到另一个文档，甚至跳转到驻留在数万里以外的某个服务器上的文档中。由于图像也可以用于链接到其他文档，所以“超文本”这个术语在大部分情况下已被“超级链接”的说法所替代。单击超级链接时，实际上激活的是一系列交互操作，单击动作所产生的请求（其作用和在浏览器地址栏内键入相应的 URL 是一样的），将被发往该 Web 页所在的服务器。如果通过 ISP 访问 Internet，那么访问请求通过连接线路（如电话线或 ISDN 线路）从计算机传送给 Internet 服务提供商，从那里再通过 Internet 到达超级链接（或 URL）指向的远程服务器，远程服务器处理该请求并做出适当的答复，该答复通常沿原路径返回，最终通过浏览器显示在计算机屏幕上。

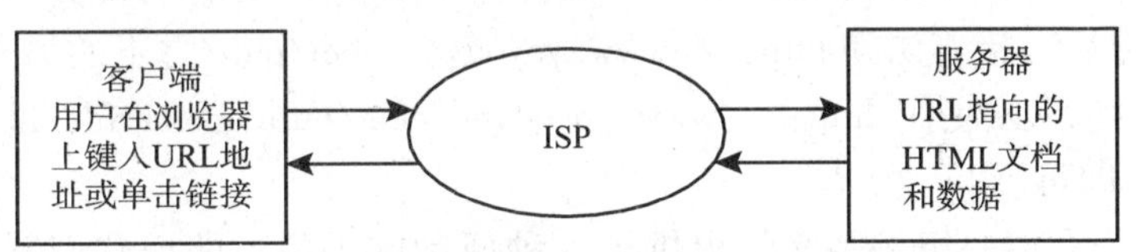

图 2 - 51 用户使用 WWW 系统的工作原理

八、统一资源定位器（网址）

统一资源定位器（Uniform Resource Locator——URL）是一种地址寻址方式。对于每个服务器的信息资源，规定一个相应的地址（俗称“网址”），它就是 URL。

我们不妨把 URL 理解为网络信息资源的定位标识，它是计算机系统文件名概念在网络环境下的扩展。用这种方式标识信息资源时，不仅要指明信息文件所在的目录和文件名本身，而且要指明它存在于网络上的哪一个节点计算机，以及它可以通过何种方式进行访问等。

URL 有两种类型：绝对 URL 和相对 URL。

（一）绝对 URL

绝对 URL 指明网络信息资源所在的绝对位置，它的句法为：

access-method：//server-name ［：port］/directory/file-name

其中，第一字段 access-method 指定信息服务的提供或访问方式。在 WWW 系统中最普遍采用的方式是执行 HTTP 协议。除 HTTP 以外，这个字段可能的取值包括 file，FTP，Gopher，Telnet 等，分别表示相应的服务方式。

在"：//"之后的第二字段 server-name 是服务器所在网络节点在 Internet 上的域名或 IP 地址。

第三字段［：port］指明所用服务的端口号，用数字标识。不同的端口号代表不同种类的服务。［ ］表示端口号是可选择项，如果缺省，表示使用与相应服务方式对应的标准端口号。几种常用服务方式的标准端口号为：FTP（21）、Telnet（23）、Gopher（70）、HTTP（80）（括弧内数字为相应服务的端口号）。

服务器的管理员可以指定不同于缺省值的端口号，表示在同一种服务方式下的某种特殊的服务。在［：port］之后的字段是标准的包括完全路径在内的文件名。

下面是 URL 的一个例子：

http：//www. ihep. ac. cn/china. html

该 URL 表示采用 HTTP 协议，信息资源存放于服务器域名为 www. ihep. ac. cn 的计算机上，这是中国科学院高能物理研究所计算机网上的一台计算机，信息文件名为 china. html，它提供服务时使用缺省端口号，缺省值等于 80。

（二）相对 URL

相对 URL 指明网络信息资源所在服务器的相对位置。当客户正在阅读位于网络服务器上的某个文件（例如 http：//www. yoyodyne. com/pub/nfile. html）时，可以使用相对 URL 来指向位于同一目录下的另外一个文件。相对 URL 也称为部分 URL。如果用户访问上面的文件后，接着访问 http：//www. yoyodyne. com/pub/之下的另外一个文件 anotherfile. html，则不必使用 http：//www. yoyodyne. com/pub/anotherfile. html，只需给出 anotherfile. html 即可。

相对 URL 为存放一组相关文件提供了一种便利的手段，即把它们置于同一个服务器的公共目录之下。在一个文件被访问后接着访问另一个文件时，只需用文件名做 URL。

对于本地的信息源来说，全部采用相对 URL 是合适的，这样做的好处是在把服务器上的信息全部移到另一台服务器时，不需要对每个 URL 进行修改，对移植工作十分方便。

九、超文本标识语言（HTML）

用 HTML 语言编写的文件（也称为"网页"）中可以包括文本、表格、图片、多媒体、超级链接等对象，表现能力丰富。

HTML 文件中通常包括如下三个部分（见表 2－2）：

（1）HTML 版本信息：表示该文件所遵循 HTML 标准的版本号。

（2）HTML 的文件头（Head）：包括当前文档的信息，例如标题、可以被搜索引擎使用的关键词以及其他不属于文档正文的数据。

（3）HTML 的文件正文（Body）：这一部分是 HTML 页面的主体，也是 HTML 文档中最复杂的部分，可以包括诸如文本、文本的格式化信息、表格、指向其他文档的超级链接、图像、多媒体、应用程序文件、脚本等内容。

表 2－2　　HTML 文档示例

行	HTML 代码	注解
1	<! DOCTYPE HTML PUBLIC " -//W3C//DTD HTML 4. 01//EN" "http：//www. w3. org/TR/html4/strict. dtd" >	版本信息
2	<HTML>	
3	<HEAD>	
4	<TITLE>HTML 文档例子</TITLE>	文件头
5	</HEAD>	
6	<BODY>	
7	<P>你好，欢迎来到 HTML 正文！</P>	
8	<img src = "images/sample. png" width = "80" height = "80" >	文件正文
9	<b> <a href = "http：//www. w3c. org" >w3c 组织</a> </b>	
10	</BODY>	
11	</HTML>	

HTML 文件的扩展名通常为 htm 或 html，存放在 WWW 服务器上供用户访问。当用户通过浏览器访问 HTML 文件时，WWW 服务器负责将 HTML 文件传到用户的计算机上，用户的浏览器（如 IE、Firefox）解析本地计算机上的 HTML 文件中的内容，并将其中内容渲染成可视化的形式，例如上例中的 HTML 文件在用户浏览器中的可视化结果如图 2－52 所示。

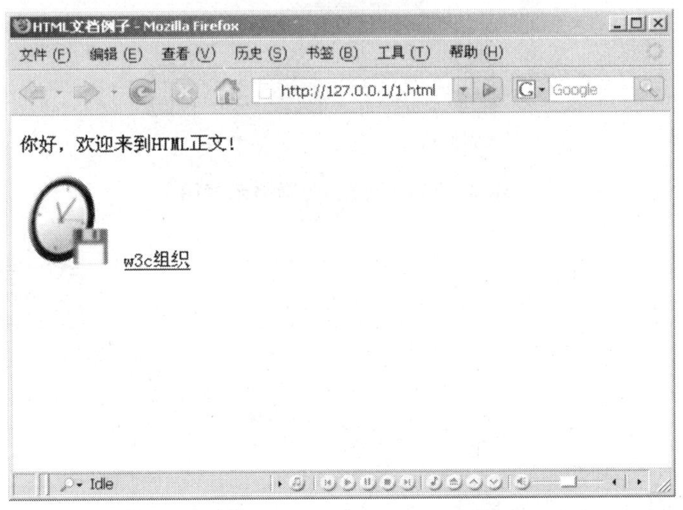

图 2－52　HTML 文件显示效果图

除了上述 HTML 文件的结构之外，HTML 还规定用标签（tag）指明文档中对象的类别，标签一般成对出现，分别以< >和</ >表示起始和结束（例如例子中的< HT-

ML > 和 </ HTML > ），首尾呼应，允许嵌套，大小写不区分。

HTML 的标签种类很多，大致可分为结构定义类标签、外观类标签、链接类标签三类。结构定义类标签用于标识及划分页面的结构；外观类标签是 HTML 中最常用的、也是最多的一类标签，它的作用是定义或改变页面中文字、图片、表格等可显示对象的属性，比如段落的布局安排，文本的字体、字号、颜色，图片的大小、位置、外框等。链接标签定义一个超级链接，用户点击该链接的作用就和我们直接在浏览器地址栏内输入相应的 URL 一样。

由于 HTML 的标签内容较为复杂，在此不再阐述其中的内容，读者可以参考 W3C 相关标准。

HTML 文档可以用一般的文字编辑工具（如记事本）来编写，但不具备直观性且难于修改。现在已经有了许多可视化的网页编辑制作工具，如 DreamWeaver、FrontPage 等，它们都提供了对 HTML 文档所见即所得方式的编辑，能很方便、直观地创建、修改 HTML 文档及其所需的资源文件。

十、Intranet

短短几年时间，Internet 技术已发展为以 TCP/IP 和 WWW 技术为核心的技术。基于该技术，通过一个浏览器就可以方便地获取遍布全球的资源。

十几年前，许多组织在建设本单位的网络应用系统时不得不面对同一应用程序的多点安装、维护问题。人们从 Internet 的巨大成功中看到了一种全新的希望，将 Internet 技术引入传统的企业内部网络（见图 2 – 53），这样就产生了 Intranet（见图 2 – 54）。

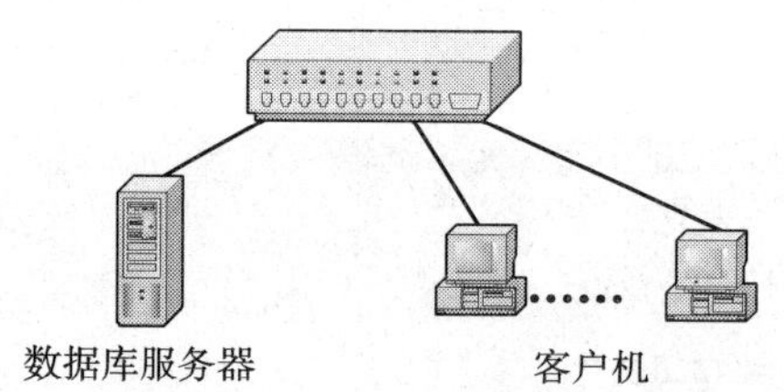

图 2 – 53　传统企业网络示意图

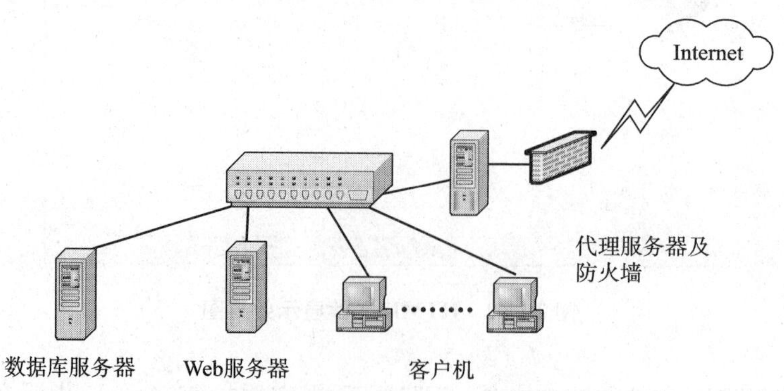

图 2 – 54　连入 Internet 的 Intranet 组成

可以说，Intranet 是基于 Internet 标准和协议的技术，或者说用这种技术组建的局域网和广域网就是 Intranet。Intranet 主要运行于企业内部，也可以连接到 Internet，并通过防火墙保护 Intranet。

Intranet 不仅可提供数据库服务，还实现了其他应用，如电子邮件，文件传输，远程登录，电子公告板等。

Intranet 组建容易，管理方便。在传统网络（见图 2－53）上组建 Intranet 只需增加 TCP/IP 协议、Web 服务器和浏览器软件。而 Web 服务器软件（如常用的 Internet Information Server—IIS）也很容易获得，Windows Server 系列的操作系统中都集成了 IIS，且多数的浏览器软件都是免费的。

如果将 Intranet 连入 Internet，一般还需增加防火墙和代理服务器。这样连入 Internet 的 Intranet 一般由下列组件构成：

①计算机网络设施。②支持 TCP/IP 协议的操作系统。③Intranet 服务器（Web 服务器）。④数据库服务器。⑤防火墙和代理服务器。

在 Intranet 中，客户机上的用户通过浏览器启动并运行 Web 服务器上的企业应用，如有必要通过公共网关接口（Common Gateway Interface—CGI）或其他方式操纵数据库服务器上的数据）完成企业管理工作。

在连入 Internet 的 Intranet 中，客户机上的用户也可应用浏览器通过代理服务器访问 Internet 上的其他服务器，享受 Internet 的各种服务（如电子邮件，信息浏览等）。

管理与技术视点

一、综合布线系统

（一）综合布线系统与智能大楼

综合布线系统是一种标准的、通用的信息传输系统，它将建筑物内各种系统（包括网络系统、电话系统、报警系统、电源系统、监控系统等）所需的传输线路统一规划、布置和连接，形成完整、统一、高效、兼容的建筑物布线系统。

综合布线系统采用模块化结构，使用标准配线系统和统一的信息插座，可连接不同类型的设备，易于扩展、管理和维护。使用相同标准的电缆、配线架、插头和模块插孔，兼容不同厂商的设备。可根据用户的需求随时进行改变和调整。

与综合布线系统相关的另一个概念是“智能大楼”。智能大楼是在大楼中建立一个独立的局域网，在楼外与楼内的交汇处安装配线架，利用楼内垂直电缆竖井作为布线系统的主轴管道；在每个楼层建立分线点，通过分线点在每个楼层的平面方向布置分支管道，并通过这些分支管道将传输介质连接到用户所在的位置。最终用户的位置上可以连接计算机、电话机、传真机、安全保密设备、报警器、供热及空调设备、CAD 工作站，甚至可以是生产设备。这样的一种集成环境能为用户提供全面的信息服务功能，同时能随时对大楼所发生的事件自动采取相应的处理措施。

智能大楼一般由综合布线系统、办公自动化系统、通信自动化系统、建筑自动化系统组成。

办公自动化系统是智能大楼基本功能之一，能够为用户提供各种高效的办公手段，包括文字处理、文件管理、电子邮件、电子数据交换及视频会议服务等。

通信自动化系统主要包括：以程控交换机为中心，以电话、传真为主的通信网；用于将楼内的各种终端、计算机联网的局域网。

建筑自动化系统采用传感器、监控设备、计算机，对大楼的电力、空调、电梯、供水与排水、防火及防盗等设施，实行全自动的综合监控与管理，包括整个建筑自动化管理、出入管理、身份卡识别系统、防盗保安系统、防火系统以及各种设备监控系统。

（二）综合布线系统的标准

综合布线系统设备厂家很多，各家产品有不同的特色，有不同的设计思想与理念。要想使各家产品互相兼容，使综合布线系统更加开放、方便使用与管理、集成度更高，就必须制定出一系列相关的标准，以规范综合布线系统设计、实施、测试、服务等诸多环节，规范各种线缆、插接件、转接设备、适配器、检测设备、施工工具等设备。

综合布线系统的主要标准有：

（1）ANSI/EIA/TIA－568，商用建筑电信布线标准（1991）。

（2）ANSI/EIA/TIA－568A，即 EIA/TIA－568 的第二版（1995）。

（3）ISO/IEC11801，建筑物通用布线标准（1994）。

（4）建筑与建筑群综合布线系统工程验收规范 GB/T50312－2000。

（5）UTP 布线系统有关非屏蔽双绞线标准：TSB－36，主要定义 UTP 的 CAT4 与 CAT5 的较高等级双绞线；TSB－40，主要说明连接较高等级 UTP 中跳接线（PATCH CORD）及 UTP 中接头的测试要求。

（6）网络通信标准：IEEE 802.3 10Base－T；IEEE 802.3u 100Base－TX；IEEE 802.5 TO KEN RING；ANSI FDDI/CDDI；CCITT ATM 155Mbs/622Mbs；CCITT ISDN。

下面对广泛使用的 ANSI/EIA/TIA－568A 标准给予简单介绍。

制定 ANSI/EIA/TIA－568A 标准的主要目的是指导设计和安装商用建筑结构化综合布线系统，确定布线系统配置的性能和技术规范。

ANSI/EIA/TIA－568A 标准对建筑群和商用大楼的布线系统的拓扑结构、布线距离、传输介质的性能参数、互联互通接口、布线系统的寿命（10 年以上）提出了基本要求。

ANSI/EIA/TIA－568A 标准建议采用主干分层星型拓扑结构，它规定了两个层次。从大楼内设备间的主配线架，将主干线缆连接到电信间（也称楼层配线间）的分配线架上，再按星型拓扑结构通过水平线缆连接到各房间工作区的通信出口（插座）处。

当主干线缆使用 UTP 电缆时，如果主配线架到楼层分配线架间的干线距离超过 UTP 所规定的最大距离 90m（或需要连接到另一幢大楼的设备间），则在主配线架和楼层分配线架之间需要增加一个中间设备间，经中间连接配线架转换。

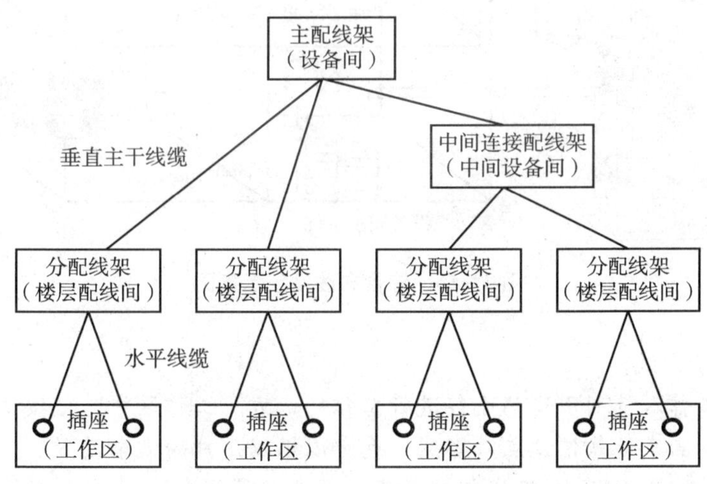

图 2－55　ANSI/EIA/TIA－568A 标准的主干分层星型拓扑结构

ANSI/EIA/TIA－568A 标准推荐使用的水平线缆类型有：

（1）4 对 100Ω5 类 UTP（非屏蔽双绞线）。

（2）2 对 150ΩSTP－A（屏蔽双绞线）。

（3）62.5/125μm 双芯多模光纤。

（4）50Ω 同轴电缆（但初装时不能使用）。

ANSI/EIA/TIA－568A 标准推荐使用的干线线缆类型有：

（1）100Ω 大对数 UTP。

（2）4 对 100Ω5 类 UTP。

（3）150ΩSTP－A。

（4）62.5/125μm 多模光缆。

（5）8.3－10/125μm 单模光缆。

（6）50Ω 同轴电缆（初装时不能使用）。

（三）综合布线系统的组成

一个完整的综合布线系统一般由工作区子系统、水平子系统、垂直干线子系统、设备间子系统、管理子系统、建筑群子系统组成。

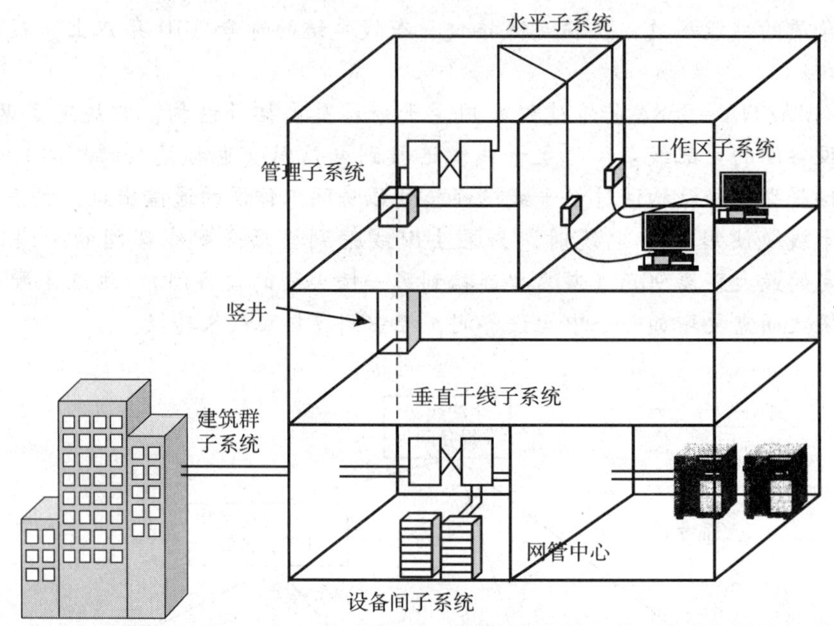

图 2－56　综合布线系统示意图

1. 工作区子系统。

工作区是工作人员利用终端设备进行工作的地方。工作区中，可按 9 平方米一个数据点和一个语音点来计算信息点。当然，也可以根据用户的需求设置。

工作区子系统由 RJ－45 跳线与信息插座所连接的设备（终端或工作站）组成。其中信息插座有墙上型、地面型、桌上型等多种。

工作区子系统中的连接器通常使用 T568A－ISDN 或 T568－ALT 标准的 8 针模块化信息插座。这种接口能传输建筑自动化系统所有低压信号以及高速数据网络信息和音频信号。

2. 水平子系统。

水平子系统也称为水平干线子系统，包括从工作区的信息插座开始到管理子系统配线架的部分，连接工作区信息插座与楼层配线间的水平分配线架。

工作区的信息插座距管理子系统的配线架最远距离一般不超过 90m。水平子系统总是在一个楼层上，仅与信息插座、管理间连接。在综合布线系统中，水平干线子系统使用4对UTP（非屏蔽双绞线）作为传输介质，能支持大多数现代化通信设备，如果有磁场干扰或信息需保密时可用屏蔽双绞线。在高带宽应用时，也可以采用光缆。

3. 垂直干线子系统。

垂直干线子系统也称干线子系统，负责连接管理子系统和设备间子系统及其他建筑物的布线系统。一般使用光缆或选用大对数的非屏蔽双绞线。

4. 管理子系统。

管理子系统由交连、互连模块组成，连接垂直干线子系统和水平干线子系统，其主要设备包括配线架、集线器（或交换机）和机柜、电源等。

配线架使用跳线将通信线路定位或重定位，以便能更容易地管理通信线路。跳线是一根很短的单根导线，可将交叉连接处的两根导线端点连接起来。

5. 设备间子系统。

设备间子系统也称设备子系统，由电缆、连接器和相关硬件组成，把各种公共系统的多种不同设备互联起来，其中包括邮电部门的光缆、同轴电缆、程控交换机等。

设备间的位置一般应尽量位于建筑物的中间位置，以使干线路径最短、靠近电梯，以便搬运大型设备、远离高强振动源、强噪声源、强电磁场干扰源和易燃易爆源。设备间要有良好的工作环境（温度和湿度），设备间的建设应按机房建设标准进行。

6. 建筑群子系统。

建筑群子系统是将一个建筑物中的电缆延伸到另一个建筑物的通信设备和装置，通常由光缆和相应设备组成，其中包括导线电缆、光缆以及防止电缆上的脉冲电压进入建筑物的电气保护装置。

在建筑群子系统中，会遇到室外敷设电缆问题，一般有3种情况：

（1）架空电缆，需要使用电线杆，优点是工程造价最低，缺点是安全性差，影响建筑物美观。

（2）直埋电缆：需要挖沟敷设电缆，优点是投资低，不影响建筑物美观，缺点是扩容或更换电缆会破坏道路。

（3）地下管道电缆：需要在地下敷设管道，优点是安全性好，不影响建筑美观，缺点是工程造价高。

二、无线网络的技术标准

常用的无线网络技术标准有IEEE802.11、Bluetooth（蓝牙）、IrDA（红外）三种。

（一）IEEE802.11

IEEE802.11是IEEE（电气和电子工程师协会）最初制定的一个无线局域网标准，主要用于解决办公室局域网和校园网中用户与用户终端的无线接入，速率最高只能达到2Mbs。由于它在速率和传输距离上都不能满足人们的需要，因此，IEEE随后又相继推出了IEEE802.11b和IEEE802.11a两个新标准，2001年11月，第三个新的标准IEEE802.11g也已面世。尽管目前802.11a和802.11g备受业界关注，但从实际的应用上来讲，802.11b已成为无线局域网（WLAN）的主流标准，被多数厂商所采用，并且已经有成熟的无线产品推向市场。这些产品包括：集成支持802.11b无线功能的PC、支持网络接入的802.11b无线网络适配器以及相对应的网络桥接器等。

IEEE802.11b工作于2.4GHz，带宽11Mbs，当工作站之间的距离过长或干扰过大，信噪比低于某个限值时，其传输速率可从11Mbs自动降至5.5Mbs，2Mbs及1Mbs速率。

IEEE802.11a不仅将带宽从11Mbs增加到了54Mbs，同时还工作在5GHz频段，避免了严重的干扰。

问题是在基于802.11a的无线局域网设备开始出现的时候，IEEE802.11b已经得到了广泛的认可，并且最为严重的是二者之间无法做到向后兼容。在意识到市场对于向后兼容能力的需求之后，厂商们首先开发了自有双倍速（Proprietary Double-Speed）版本的IEEE802.11b协议，然后将其升级为54Mbs版本，并形成了IEEE802.11g规范。采用IEEE802.11g规范的好处是IEEE802.11g网卡可以运行在802.11b网络上，IEEE802.11b网卡也可以运行在802.11g网络上。

（二）Bluetooth

蓝牙技术是一种用于替代便携或固定电子设备上使用的电缆或连线的短距离无线连接技术，其设备使用全球通行的、无需申请许可的2.45GHz频段，可实时进行数据和语音传输，其传输速率可达到10Mbs。在办公室、家庭和旅途中，无需在任何电子设备间布设专用线缆和连接器，通过蓝牙装置可以形成一点到多点的连接，即在该装置周围组成一个“微网”，网内任何蓝牙收发器都可与该装置互通信号。而且，这种连接无需复杂的软件支持。蓝牙收发器的一般有效通信范围为10米，强的可以达到100米左右。

（三）IrDA

IrDA是红外数据组织（Infrared Data Association）的简称，目前广泛采用的IrDA红外连接技术就是由该组织提出的。

早期IrDA传输标准的特点为：传输速率每秒115Kbs，传输角度为30度，点对点半双工传输，最大传输距离1米。

目前IrDA已发展到第二代，支持16Mbs的带宽，传输角度也已增大到120度。

三、网关（Gateway）

网关（Gateway）就是一个网络连接到另一个网络的“关口”，一般由“路由器”担当。

网关占用独立的IP地址。比如有网络A和网络B，网络A的IP地址范围为“192.168.1.1—192.168.1.254”，子网掩码为255.255.255.0；网络B的IP地址范围为“192.168.2.1—192.168.2.254”，子网掩码为255.255.255.0。在没有路由器的情况下，两个网络之间是不能进行TCP/IP通信的，即使是两个网络连接在同一台交换机（或集线器）上，TCP/IP协议也会根据子网掩码（255.255.255.0）判定两个网络中的主机处在不同的网络里。

要实现上述两个网络之间的通信，则必须通过网关。如果网络A中的主机发现数据包的目的主机不在本地网络中，就把数据包转发给它自己的网关，再由网关转发给网络B的网关，网络B的网关再转发给网络B的主机。网络B向网络A转发数据包的过程也是如此。

因此，只有设置好网关的 IP 地址，TCP/IP 协议才能实现不同网络之间的相互通信。那么这个 IP 地址是哪台机器的 IP 地址呢？网关的 IP 地址是具有路由功能的设备的 IP 地址，具有路由功能的设备有路由器、启用了路由协议的服务器（实质上相当于一台路由器）、代理服务器等（也相当于一台路由器）。

四、相关小知识

1. Wi—Fi。

Wi—Fi（Wireless Fidelity，无线保真）是一种商业认证（见图 2－57），具有 Wi—Fi 认证的产品符合 IEEE 802. 11 无线网络规范，是当前应用最为广泛的 WLAN 标准。

图 2－57 Wi—Fi 认证图标

自从实行 IEEE802. 11b 以来，无线网络取得了长足的进步，因此基于此技术的产品也逐渐多了起来，解决各厂商产品之间的兼容性问题就显得非常必要。因为 IEEE 并不负责测试 IEEE802. 11b 无线产品的兼容性，所以这项工作就由厂商自发组成的非营利性组织：Wi—Fi 联盟来担任。这个联盟包括了最主要的无线局域网设备生产商，如 Intel、Broadcom，以及大家熟悉的中国厂商华硕、BenQ 等。凡是通过 Wi—Fi 联盟兼容性测试的产品，都被准予打上“Wi—Fi CERTIFIED”标记。因此，我们在选购 IEEE802. 11 无线产品时，最好选购有 Wi—Fi 标记的产品，以保证产品之间的兼容性。

2. 代理服务器。

代理服务器是为某些计算机（往往是组成一个局域网的计算机）提供访问 Internet 上的 Web 服务器的代理服务的计算机。用户通过代理服务器享受 Internet 服务时，用户的浏览器与代理服务器进行通讯，由代理服务器决定是否将请求转发给要访问的 Internet 上，然后将 Internet 服务器传回的结果转发给用户的浏览器，这样用户的浏览器就不需要直接与 Internet 打交道。代理服务器使 Intranet 的成员在不直接与 Internet 连接的情况下使用 Internet 服务，又可以为 Intranet 建立安全屏障。

3. 10BASE—2、10BASE—5、10BASE—T、100BASE—T 的含义。

用细同轴电缆和粗同轴电缆组建的总线型网络分别被称为 10BASE—2、10BASE—5 网络。其中 10 表示速率（或带宽）为 10Mbs，BASE 表示网络信号以基带方式传输，2 和 5 表示网络中计算机间的最大允许距离分别为 200 米（实为 185 米，接近 200 米）和 500 米。而 10BASE—T、100BASE—T 中的 T 表示网络传输介质为双绞线。

4. 电子公告板系统（Bulletin Board System—BBS）。

电子公告板源于大家熟悉的“布告栏”，它是在墙上开辟的一块地方，人们在上面贴公告、布告、通知、启示和留言等，还有通过它进行辩论的。电子公告板系统是在网络的某台计算机上开辟一块称为“布告栏”的存储区域，其他计算机上的用户就可以利用远程登录的方法到“布告栏”上公布张贴各种信息，并且大家都能看到这些信息。

5. 防火墙。

以前的房屋都是用木头、土坯甚至还有茅草建成的，很容易着火。为了安全起见，在自己的住地周围建一条高高的围墙，以阻挡外来的火灾，这种围墙就称为防火墙。

计算机互联网中，企业的计算机网络要与外部的网络（如 Internet）连接起来时，为了防止外部不轨之人对企业内部网络的破坏，需要在企业内部系统与外部网络间建立的一种访问控制监督系统，这就是防火墙。

6. 新一代 Internet 的特点。

Internet 的广泛应用，对 Internet 的各种性能，如网络传输速度、网络地址资源提出了更高的要求，为了解决这些问题，人们将从两个方面对 Internet 进行改造。

①启用新的 IP 协议 IPv6（现在的 IP 协议是版本 4，简记为 IPv4）。IPv6 将 IP 地址从 4 个字节 32 位二进制数扩大到 16 个字节 128 位，使网络地址资源增长了 2^{96} 倍。

②开发新的高速网络，其中最具代表性的有美国的 Internet2 和下一代 Internet（NGI）。

习 题

2.1 解释下列概念

（1）计算机网络；（2）计算机互联网；（3）计算机网络的拓扑结构；（4）服务器；（5）计算机网络协议；（6）Intranet。

2.2 请列举出四种网络连接设备，并指出其在网络中的作用。

2.3 Internet 有哪些基本功能？

2.4 给出 IP 地址的一般结构，并说明 202.204.60.11 属哪一类 IP 地址？

2.5 指出统一资源定位器（俗称网址）的一般结构，并给出一个实际的例子。简述绝对 URL 和相对 URL 的用途。

2.6 星型网络的两种扩展方式各有何优缺点？在实际应用中应如何扬长避短？

2.7 服务器与客户机是相对的概念，请列举几个互为服务器和客户机的例子。

2.8 请简述 ADSL 的原理和特点。

2.9 请结合总线型网络和星型网络的特点，谈谈为什么初期占主导地位的总线型网络最终被星型网络取代？

2.10 请总结无线局域网和远程无线连接技术与应用方面的差异。

2.11 请指出图 2-58 给出的网络拓扑图中存在的错误，并说明原因。

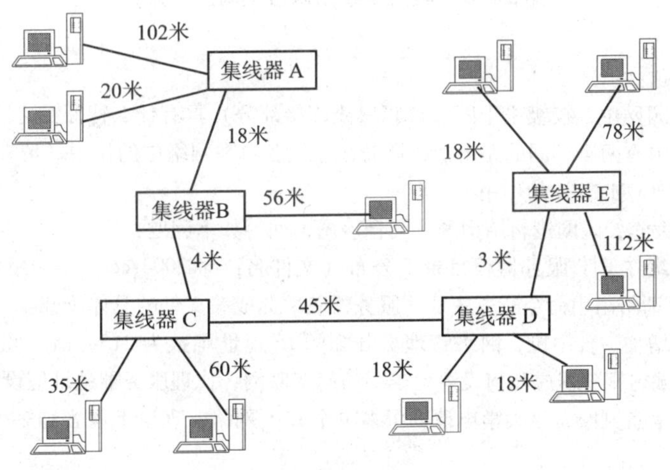

图 2-58 习题 2.11

2.12 请给出下列英文及英文缩写的中文含义：

Hub，Router，Server，Repeater，Switch，Modem，PSTN，ISDN，ADSL，OSI/RM，ISP，VPN，TCP/IP，FTP，HTTP，HTML，URL，DNS，IIS，Firewall。

2.13 小王办公室有两台计算机，分别配置有网卡，两块网卡均有 BNC 口和 RJ45 口，两台计算机间的连线距离（已考虑到拐角等因素）为 4 米。在不考虑与其他网络连接、网络升级等外部因素的前提下，请回答：

（1）两台计算机要实现互联，在备有双绞线、细缆、集线器、各种接头等材料的情况下，有几种连接方式，请绘制出各种连接方式的网络图？

（2）请给出上面各种连接方式的设备和材料列表（不用包括计算机，但需要考虑网卡、传输介质、网络设备和配件等）。

2.14 图 2－59 是某大学校园网楼宇间主干拓扑示意图：

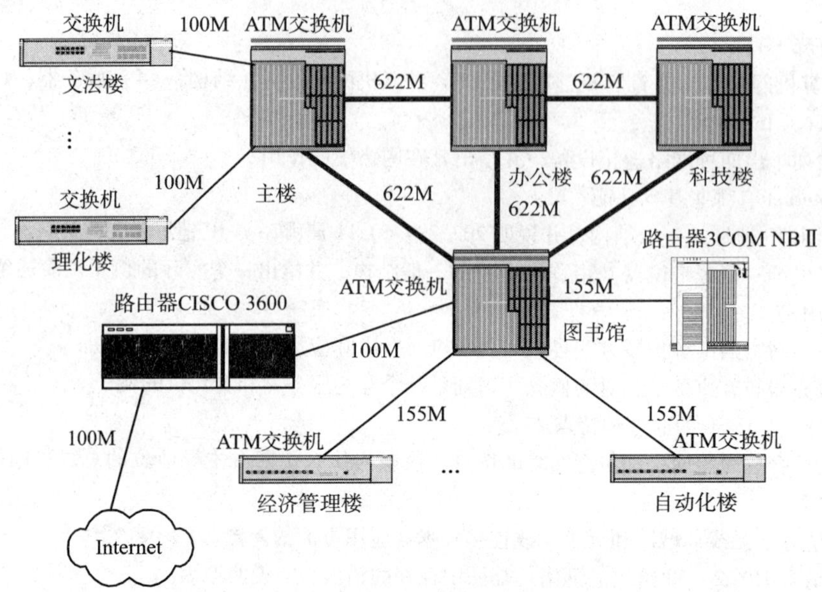

图 2－59 某大学校园网楼宇间主干拓扑

请回答如下问题：

（1）该大学校园网中，校级主干网（最粗黑线连接部分）具有什么特征？这样做有何优点？

（2）图 2－59 中有两个不同的路由器，请简述它们各自在网络中的作用（请查阅相关文献，了解图 2－59 中路由器 3COM NBII 的作用）。

图 2－60 是该大学校园网逻辑结构图。结合该图，回答如下问题：

（3）若考试成绩在 FTP 服务器根目录下公布（文件名：mis2004score. xls，用户名：mis2004，密码：management)，请给出用命令行方式从该服务器获取此成绩文件的具体步骤。

（4）管理学院增加一台主机，网络管理员分配的 IP 地址尾数为 215，请问此台主机的 IP 地址、子网掩码、网关、域名服务器应如何设置？若要访问互联网，代理服务器地址应设置为多少？

（5）仅从图中信息判断，该大学申请到了多少个 C 类网络？理论上能容纳多少台独立 IP 地址的主机？

2.15 依据本章内容，选择填空（可多选）。

（1）在星型网络中，用于连接计算机和集线器之间的网线不得超过________。

A. 50 米　　B. 100 米　　C. 150 米　　D. 200 米

（2）由一台集线器构成的星型网络中计算机的数量，由________决定。

A. 集线器型号　　B. 集线器个数

C. 集线器的端口数　　D. 集线器的尺寸

（3）通过级连方式形成的网络结构通常称为________。

A. 梅花链　　B. 雪花链　　C. 橘花链　　D. 菊花链

（4）一般集线器上都有一个特殊的端口用于与其他的集线器的级连，这个端口称为________。

A. 级连口　　B. 串连口　　C. 并连口　　D. 集线口

（5）星型网络中串联集线器的个数一般不允许超过________台。

A. 7　　B. 6　　C. 5　　D. 4

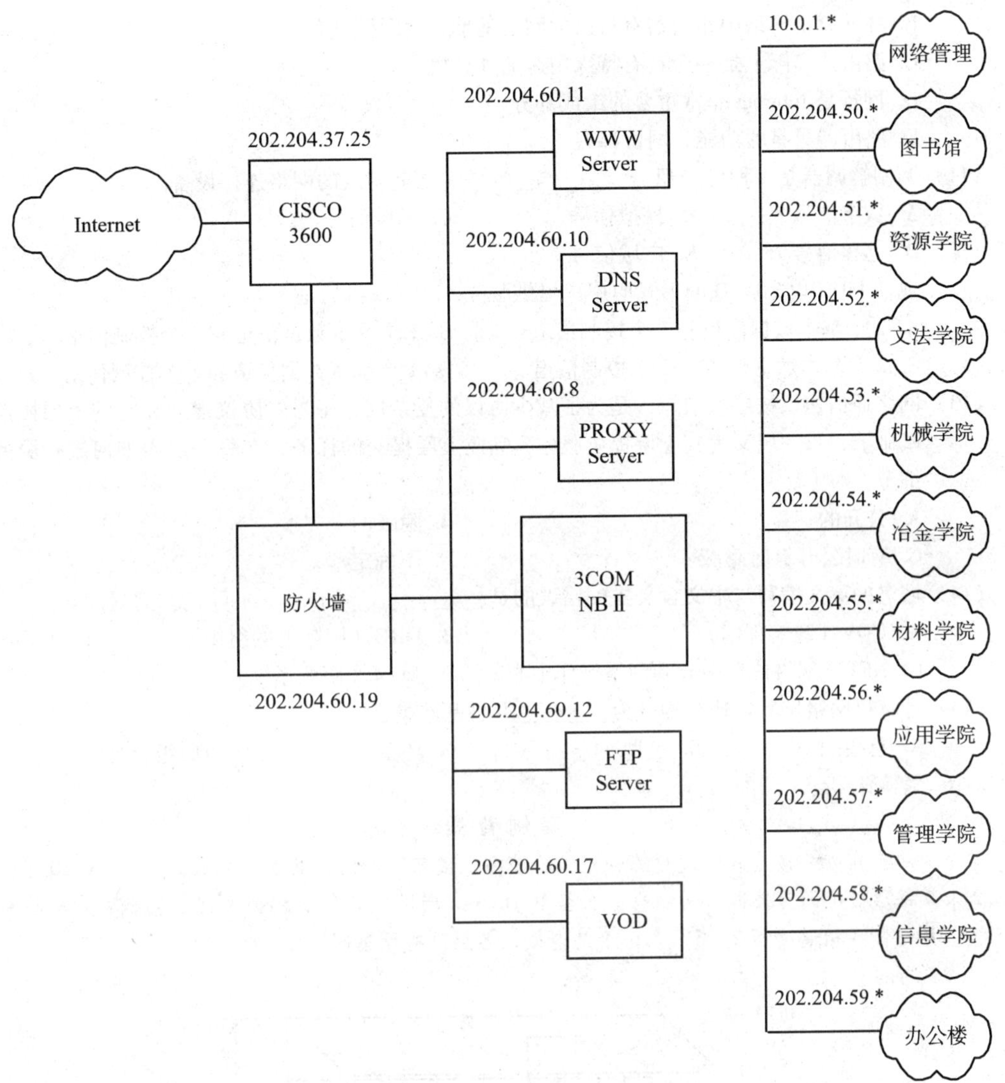

图 2－60　该大学校园网逻辑结构图

（6）用于连接计算机上的网卡和集线器的网线称为________。

A. PH 网线　　B. PC 网线

C. PC—to—Hub 网线　　D. H 网线

（7）双绞线是由________根铜线组成的。

A. 4 根　　B. 8 根　　C. 16 根　　D. 32 根

（8）在环型网络中，信号按计算机编号顺序以________方式传输。

A. 层叠　　B. 转圈　　C. 队列　　D. 接力

（9）以下说法错误的是________。

A. 网桥有的功能，路由器都有　　B. 路由器有自己的网络地址

C. 网桥有自己的网络地址　　D. 路由器是一台具有特殊用途的计算机

（10）关于网桥与路由器的说法正确的是________。

A. 网桥具有的功能，路由器都有

B. 在计算机网络中路由器有自己的网络地址，而网桥没有

C. 路由器实际上是一台具有特殊用途的计算机

D. 网桥是 Internet 非常重要的组成部分

E. 路由器具有的功能，网桥都有

(11) 调制解调器是一种可实现________与________之间转换的网络连接设备。

A. 数字信号　　B. 模拟信号　　C. 局域信号

D. 远程信号　　E. 广域信号

(12) 现在 ISDN 以 2B + D 的形式向用户提供服务，2B + D 指的是________。

A. 2 个基本数据信道和 1 个控制信道　　B. 1 个基本数据信道和 2 个控制信道

C. 2 个基本数据信道和 2 个控制信道　　D. 1 个基本数据信道和 1 个控制信道

(13) 网络通信协议按层次组织，是为了减少协议的复杂性，每一层协议建立在它的下层协议的基础上，每一层又为其上层提供服务，完成上层提交的任务，在每一层内如何进行服务的细节，对上层是________。

A. 公开的　　B. 隐蔽的

C. 有时公开有时隐蔽　　D. 不确定

(14) 域名的英文缩写与中文含义搭配错误的是________。

A. GOV（政府部门）　　B. ORG（国际上的组织）

C. NET（网络信息中心和网络操作中心）　　D. COM（商业系统）

(15) 计算机网络按其拓扑结构分为________几种基本类型?

A. 总线型　　B. 星型　　C. 环型　　D. 组合型

2.16 案例分析。

案例背景

某企业决定在办公楼装修时进行综合布线。该办公楼东西走向，共 5 层，长 35 米，宽 10 米，层高 3.2 米。每层楼中间为楼道，两侧有办公室共 16 个。弱电竖井位于楼西头楼梯内侧，中心机房设在 5 楼，并与竖井相通（图 2－61）。由于是老楼，各层没有设备间。

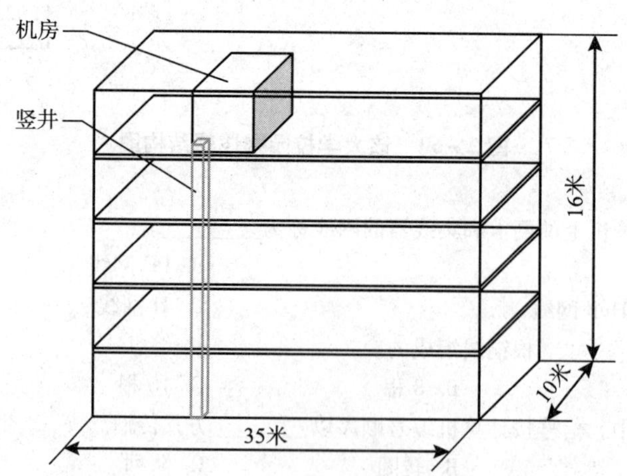

图 2－61　办公楼示意图

该企业现有计算机应用情况是：多数办公室只有一台台式机，部分办公室没有计算机，少数办公室里有多台计算机，但最多不超过 3 台。这些计算机多数单机工作，只有财务部门相邻 3 间办公室里共 6 台计算机组成一个简单的对等网。除财务管理系统外，这些计算机大多数仅装有操作系统和办公

自动化应用软件，主要进行文字处理方面的工作。另外，每间办公室均有至少一部分机电话。

根据业务的发展需要和企业的规划，企业的业务要逐渐脱离现有的人工笔纸系统，取而代之于借助计算机和网络通讯技术的管理信息系统。依据企业管理业务估计，大约每层楼需要20台计算机。为了适应此需求，公司信息部门决定构建新的网络系统。

根据上述背景材料，请回答：

（1）各楼层没有设备间是否影响该楼综合布线？为什么？

（2）请绘制该企业新构建的网络拓扑结构图。

（3）不考虑已有的设备，该企业需购置哪些网络连接设备，各需要多少？

企业计算模式

第三章

提要：

本章首先介绍计算机应用系统的四种计算模式，即单主机计算模式、客户/服务器计算模式、三层客户/服务器计算模式以及浏览器/服务器计算模式，讨论上述四种计算模式各自的结构特征及计算模式的变化对管理信息系统发展的影响。最后，讲述管理信息系统开发中常用的客户/服务器计算模式、三层客户/服务器计算模式和浏览器/服务器计算模式的实现技术。

计算机应用系统中数据与应用（程序）的分布方式称为企业计算机应用系统的计算模式，有时也称为企业计算模式。

通常一个应用系统的内部逻辑可以分为三个层次：用户界面层、业务逻辑层、数据服务层。其中用户界面层主要处理用户的输入、输出，业务逻辑层处理与业务相关的流程，数据服务层负责数据的读取、存储，如图 3－1 所示。

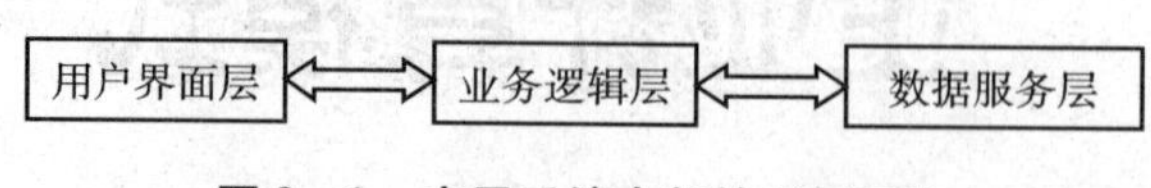

图 3－1　应用系统内部的逻辑层次

根据应用系统内部三个层次的分布方式以及实现技术，企业计算模式可以分为四种，它们分别是：单主机计算模式、分布式客户/服务器计算模式（Client/Server—C/S）、三层客户/服务器计算模式和浏览器/服务器计算模式（Browser/Server—B/S）。

这四种计算模式的出现与计算机、网络及数据库技术的发展一脉相承，并决定了计算机应用系统的硬件、软件结构的特征。

第一节　单主机计算模式

1985 年以前，计算机应用一般是以单台计算机构成的单主机计算模式，这种计算模式下用户界面层、业务逻辑层、数据服务层三个层次耦合在一起，处于同一个应用中，如图 3－2 所示。

图 3－2　单主机模式的构成

单主机计算模式又可细分为两个阶段。单主机计算模式的早期阶段，计算机应用系统所用的操作系统为单用户操作系统，系统一般只有一个控制台（见图 3－3），限于单项应用，如劳资报表统计等。

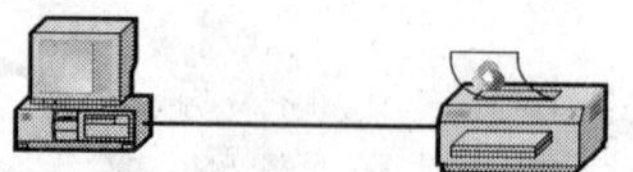

图 3－3　早期的单主机计算模式

分时多用户操作系统的研制成功，以及计算机终端的普及使早期的单主机计算模式发展成为单主机——多终端的计算模式（见图 3－4）。

在单主机——多终端的计算模式中，用户通过终端使用计算机。每个用户都感觉好像是在独自享用计算机的资源，但实际上主机是在分时轮流为每个终端用户服务。

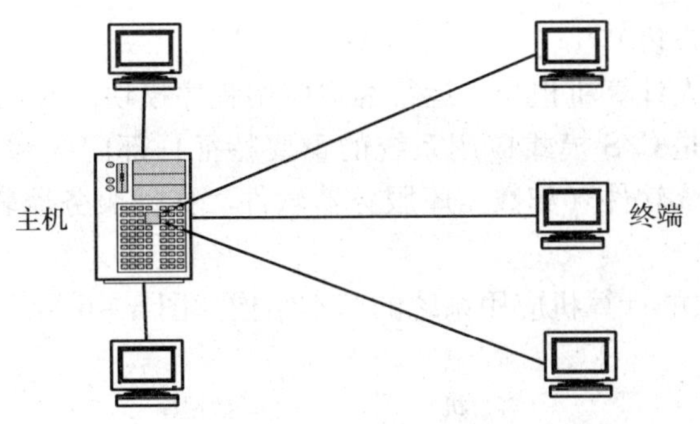

图 3-4 单主机——多终端计算模式

单主机——多终端的计算模式在我国当时一般称为“计算中心”，在单主机模式的这个阶段中，计算机应用系统中已可实现多个应用（如，物资管理和财务管理）的联系，但由于硬件结构的限制，我们只能将数据和应用（程序）集中地放在主机上。

在单主机——多终端计算模式的计算机应用系统中，终端没有数据处理能力，全部数据处理都集中在主机上进行，因此也称为集中式计算模式。在多用户操作系统支持下，各个用户通过终端设备，实现同一台计算机的资源共享，系统管理任务因为是在同一台计算机上，管理与维护比较简单。单主机——多终端计算模式的缺点是：当同时操作的用户数增加时，要求主机必须有大量的系统资源支持。因此需要功能强大的计算机做主机。由于整个系统对主机的依赖性造成系统的可靠性较差，主机一旦出现故障，整个系统就会瘫痪。

第二节 客户/服务器计算模式

20 世纪 80 年代个人计算机（PC）的蓬勃发展和局域网技术趋于成熟，使用户通过计算机网络共享计算机资源，计算机之间通过网络可协同完成某些数据处理工作。虽然 PC 机的资源有限，但在网络技术的支持下，应用程序不仅可利用本机资源，还可通过网络方便地共享网上其他计算机资源，在这种背景下形成了客户/服务器（Client/Server, C/S）的计算模式。

C/S 模式下数据服务层被独立出来，由单独的数据库管理系统处理，应用程序包括了用户界面层与业务逻辑层，如图 3-5 所示。

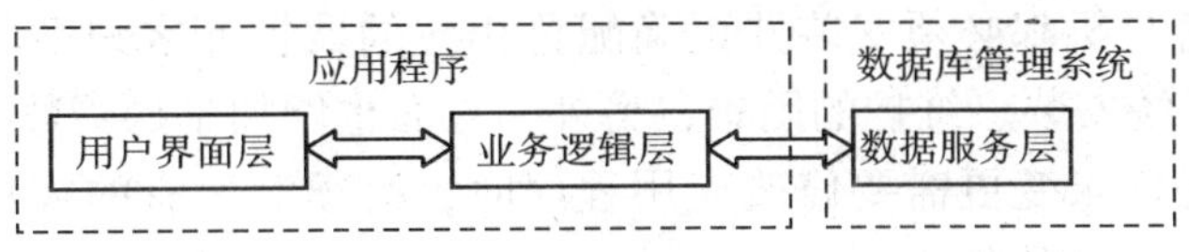

图 3-5 C/S 模式的构成

在客户/服务器模式中，网络中的应用程序被分为两大类：一是向其他程序提供某种服务（主要有数据库服务、打印服务等）的程序，称为服务程序（安装服务程序的计算机称为服务器），二是享受服务器提供服务的程序，称为客户端程序（安装客户端程序的计算机称为客户机)。

客户机一般由个人计算机担当，运行客户应用程序模块。应用程序被分散地安装在每一台客户机上，这是C/S模式应用系统的重要特征！部门级和企业级的计算机作为服务器运行服务器系统软件（如数据库服务器软件、文件服务器软件），向客户机提供相应的服务。

客户/服务器模式的计算机应用系统的基本结构如图3－6所示。

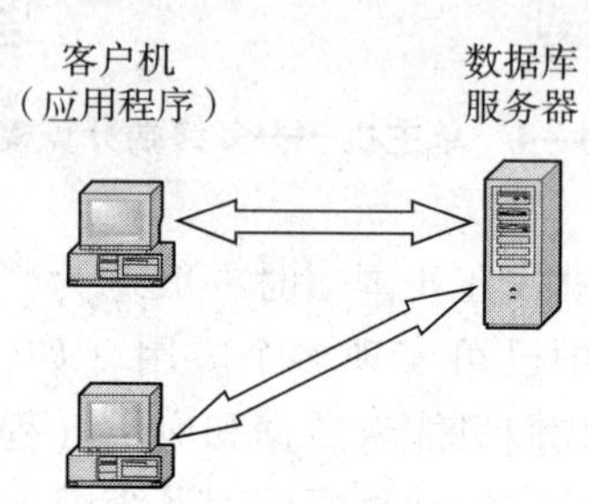

图3－6　C/S模式的计算机应用系统基本结构

在C/S模式中，数据库服务是最主要的服务，客户机将用户的数据处理请求通过客户端的应用程序发送到数据库服务器，数据库服务器分析用户请求，实施对数据库的访问与控制并将处理结果返回给客户端。在这种模式下，网络上传送的只是数据处理请求和数据处理结果，网络负担较小。

应当指出的是，在复杂C/S模式的应用系统中，按数据的逻辑归属和整个系统的地理安排可能有多个数据库服务器（如各子系统的数据库服务器及整个企业级数据库服务器等），企业的数据分布在不同的数据库服务器上，因此，C/S模式有时也称为分布式客户/服务器计算模式。

C/S模式是一种较为成熟且应用广泛的企业计算模式，其客户端应用程序的开发工具也较多，如Power Builder、Visual Basic、Visual C ++ 、Delphi，C ++ Builder、Java等。

第三节　三层客户/服务器计算模式

随着C/S模式的企业计算机应用系统的广泛应用，人们发现C/S模式存在着以下不足之处：

（1）每一个客户机都必须安装并正确配置相应的数据库客户端驱动程序，这样一方面增加了应用系统安装、维护的困难，另外一方面也增加了购买数据库授权的费用。

（2）由于业务需求变更需要修改应用程序时，必须对所有的客户端进行更新，增加了应用系统维护上的困难。

因此，人们提出了三层C/S计算模式解决这个问题，这种方法是在传统C/S模式的基础上，将业务逻辑层从客户端中独立出来，增加应用服务器（集中存放可被用户界面层程序调用的业务应用程序），由原来的两层客户/服务器结构（见图3－6）变成三层客户/服务器结构（见图3－7）。

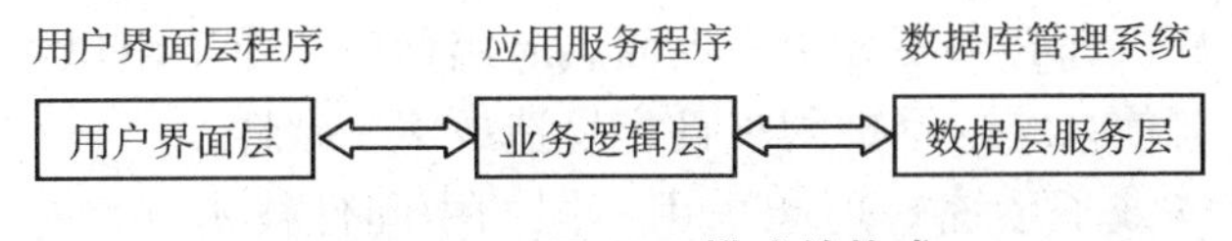

图3－7　三层 C/S 模式的构成

在三层 C/S 计算模式中，用户界面层程序只负责接受用户的输入，并将其传递到应用服务器做进一步的处理，应用服务器负责具体的业务处理，数据库层负责数据的读取与保存，并与业务逻辑层进行交互（图3－8）。

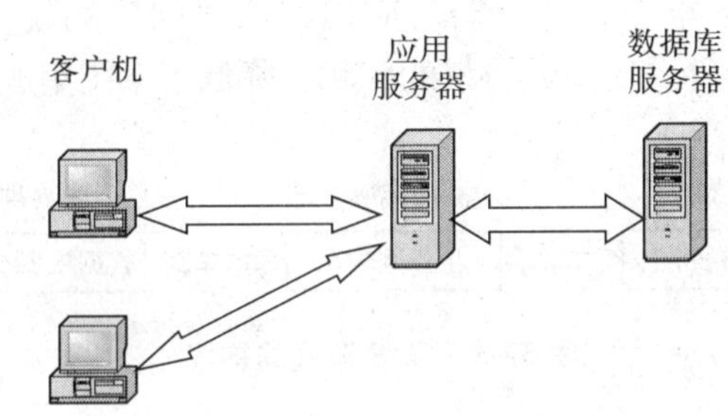

图3－8　三层 C/S 模式的计算机应用系统基本结构

三层 C/S 计算模式克服了两层 C/S 计算模式的缺点。当业务处理规则改变后只需改变应用服务器上的业务应用程序即可，无需改动客户端的应用程序，降低了系统维护的成本。另外，与两层 C/S 计算模式相比，三层 C/S 计算模式中，只需在应用服务器上安装、配置数据库驱动程序。目前许多大型的企业应用系统采用了三层 C/S 计算模式。

随着三层 C/S 计算模式进一步应用，人们发现在应用服务器上有许多相同的需求，如底层通讯、任务调度、消息队列、负载均衡、用户验证、分布式事务处理等，这些需求对应用服务器来说是基本的功能，但又与具体业务无关。因此，许多系统开发商开发了称为中间件的系统软件并制定了它们间协同工作的技术规范，将一些基本功能在中间件中实现。

有了中间件后，人们在开发三层 C/S 系统时，不需要再从头编写应用服务器中的那些基本服务程序，而是在中间件的基础上进行，集中精力开发与业务相关的部分，而基本功能由中间件提供。一般情况下，我们把中间件和运行在其中的企业应用两者之和称为应用服务器，有时我们也把中间件直接称为应用服务器。

目前大多数的三层 C/S 系统的应用服务器都是基于中间件开发的，业务逻辑（或企业应用）一般是在中间件上执行的。因此，中间件可以看成一种容器，业务逻辑或者企业应用在其中执行。

第四节　浏览器/服务器计算模式

采用三层 C/S 模式的企业计算机应用系统虽然克服了传统 C/S 模式的一些缺点，但是依然有以下不足之处：

一是每一个客户机都必须安装用户界面层应用程序。由于用户界面层应用程序被分布在各个客户机上，使系统的维护困难且容易造成不一致性。

二是每个系统（或子系统）可能采用不同的中间件技术开发，这样系统集成可能存在问题。

针对这两个问题人们在三层 C/S 模式的基础上提出了浏览器/服务器（B/S）模式。

在 B/S 模式下，不再需要对每一个客户端安装特定的用户界面层应用程序，而是用浏览器作为客户端的用户界面，这样实现了客户端的统一；另外，业务逻辑在 Web 服务器或应用服务器中实现（一般情况下 Web 服务器和应用服务器由同一台计算机担当，称为“Web 应用服务器”），客户端与应用程序之间采用统一的 HTTP 协议作为通讯协议，消除了不同中间件采用不同协议的问题，降低了系统集成的难度（见图 3 -9）。

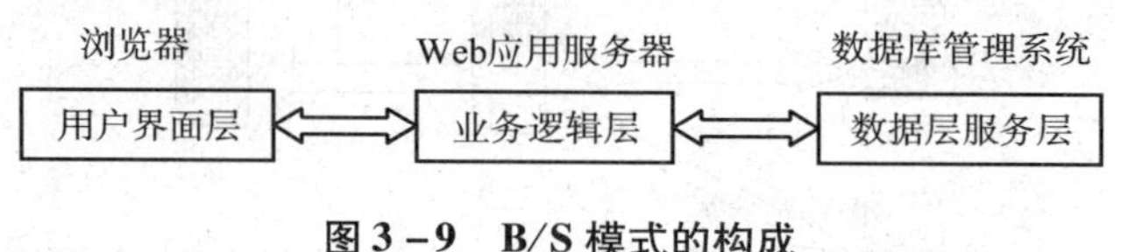

图 3 -9　B/S 模式的构成

B/S 模式的具体结构为：浏览器/Web 应用服务器/数据库服务器。采用 B/S 模式的计算机应用系统的基本结构如图 3 -10 所示。

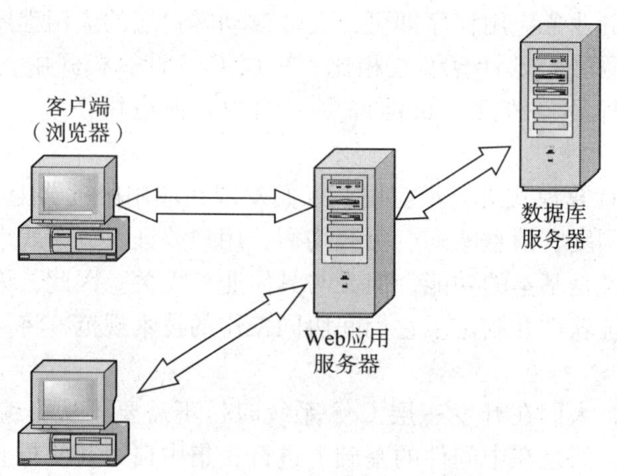

图 3 -10　B/S 模式的计算机应用系统结构

在 B/S 模式中除了数据库服务器外，应用程序存放于 Web 服务器或 Web 应用服务器上，用户运行某个应用程序时只需在客户端上的浏览器中键入相应的网址（URL），调用 Web 服务器或 Web 应用服务器上的应用程序并对数据库进行操作完成相应的数据处理工作，最后将结果通过浏览器显示给用户。

由上述可以看出，按 B/S 模式建立的应用系统的特征是客户端只需安装通用的浏览器（如微软公司的 IE 或 Mozilla 组织的 Firefox 等），而应用程序被相对集中地存放在 Web 应用服务器上。

以 B/S 模式开发企业管理信息系统，由于在客户端只需一个统一的浏览器，因此减少了客户端的维护工作量，方便了用户使用。同时，也正是这样的“瘦”客户端，使我们能够方便地将任何一台计算机通过计算机网络或互联网连入到企业的计算机系统，成为企业管理信息系统的一台客户机。

B/S 模式出现之前，管理信息系统的功能覆盖范围主要是企业内部。B/S 模式的“瘦”客户端方式，使企业的供应商和客户（这些供应商和客户有可能是潜在的，也就是说可能是事先未知的）的计算机方便地成为企业管理信息系统的客户端，进而在限定的功能范围内查询企业相关信息，完成与企业的各种业务往来的数据交换和处理工作（这是因为：只要这些潜在的供应商和客户知道企业管理信息系统的网址就可以了，而网址可以通过搜索引擎、广告、宣传册等渠道非常方便地获得）。

B/S 模式的计算机应用系统使企业能够把供应商和客户作为企业的资源来进行管理，从技术上保证了企业资源规划系统（Enterprise Resource Planning—ERP）的实现（见图 3－11）。

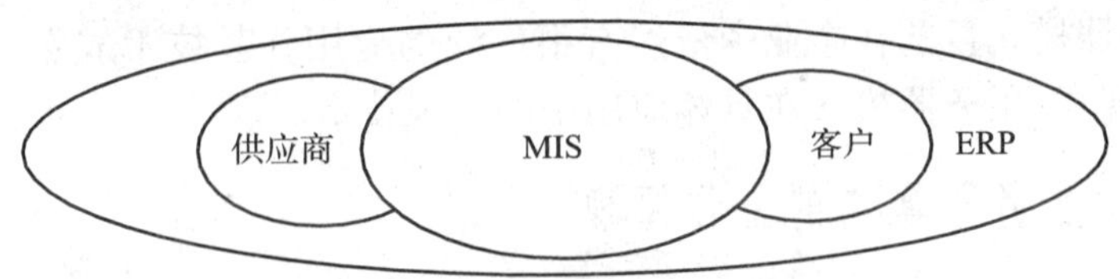

图 3－11　ERP 与传统 MIS 的关系

另外，B/S 模式的企业计算机应用系统与 Internet 的结合也使电子商务、客户关系管理等企业计算机应用的实现成为可能。

在 B/S 模式中，应用程序存放在 Web 应用服务器上，也在其中执行，各个厂商推出了许多相应的开发技术，目前比较流行的是微软公司的 ASP、ASP. NET，SUN 公司的 J2EE，PHP 组织的 PHP 等。通过这些技术可以实现 Web 应用服务器上应用程序对数据库服务器的访问和操纵（见图 3－12）。

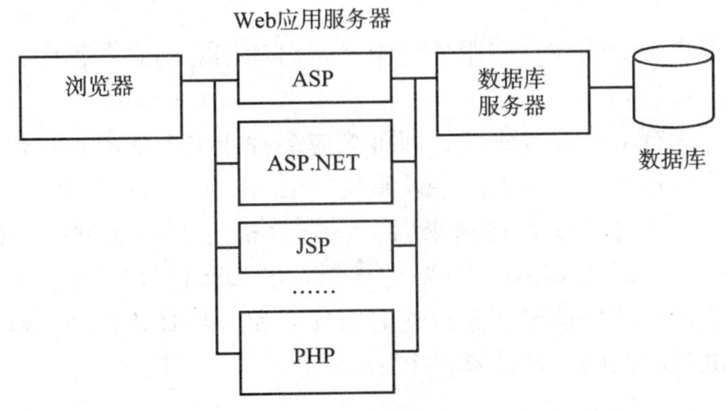

图 3－12　主流的 B/S 模式开发技术

与C/S模式相比，以B/S模式建立的计算机应用系统中，客户端变得非常简单，应用程序存放在Web应用服务器上。这样不仅方便了企业内用户的应用，也使企业的客户和供应商方便地通过计算机网络与企业进行业务活动，扩大了企业计算机应用系统的功能覆盖范围，可以更加充分利用网络上的各种资源，同时应用程序维护的工作量也大大减少。

B/S模式的出现，从时间和空间两个方面极大地扩大了管理信息系统的功能覆盖范围，从而革命性地改变了计算机应用系统面貌。

虽然B/S模式的计算机应用系统有如此多的优越性，但由于C/S模式技术成熟、应用开发工具丰富、开发速度快、开发成本低，其应用系统安全性高，网络负载较小，因此，未来一段时间内，管理信息系统开发中企业计算模式将是B/S模式和C/S模式共存的情况。但是，很显然，企业计算机应用系统计算模式的发展趋势是向B/S模式转变。

第五节　客户/服务器模式的技术实现

客户/服务器模式目前在企业中依然有很广泛的应用，其技术成熟、网络开销比较低，本节介绍客户/服务器模式在具体应用中的实现技术。

一、客户/服务器模式的工作原理

在客户/服务器模式下，应用的实现大体上可划分为两大部分：客户端应用程序（也称为“前台”）和服务器程序（也称为“后台”）。

前台应用程序提供用户界面，接收用户输入，并向服务器发出相应的请求；后台服务程序负责响应前台应用程序的请求，并将结果返回给前台（见图3－13）。

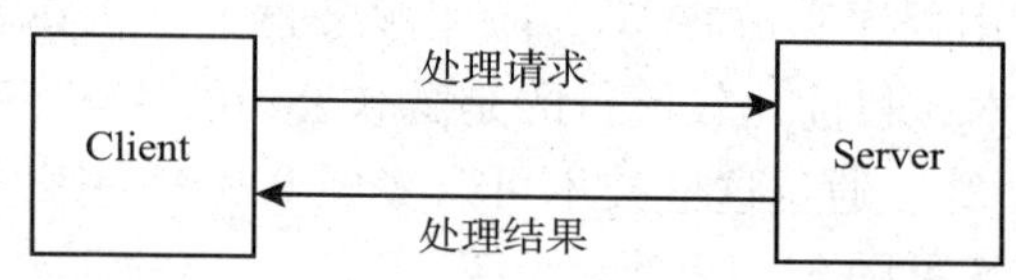

图3－13　C/S模式下应用程序工作过程

为了实现对客户端的响应，在服务器中必须启动相应的服务程序，这些程序一般在后台运行。

一台服务器可运行多个服务程序，即可响应多种或多个请求，一台客户机也可能向多个不同的服务器发送不同的请求。也就是说，Client和Server从概念上来讲是相对的：当一台计算机向另一台计算机发送请求时，该计算机（严格来讲是该计算机上运行的发出请求的那个程序）即为Client，而响应该请求的那台计算机则为Server。

应当指出的是，大部分情况下客户端应用程序和后台服务程序运行在不同的计算机上，但有时它们也被放在同一台计算机上。

二、通过交互式查询工具访问数据库

对于数据库服务器，数据库管理系统厂商一般都提供一种称为“交互式查询工具”

的客户端软件来实现对后台服务器端数据库中数据的访问。

下面以 Oracle 公司提供的交互式查询工具 SQL * Plus 为例，介绍 C/S 模式下的数据库访问的实现技术。

Oracle 提供的查询工具 SQL * Plus（SQL 的含义为 Structured Query Language，结构化查询语言）是一种交互式的数据访问工具，用户可应用 SQL * Plus 提供的命令完成建立数据库连接、定义（创建）数据库表、向数据库表添加数据记录、修改数据库记录及对数据库表的统计查询等操作。

（一）本地访问

假定我们在同一台计算机上建立了相应的环境（见图 3－14）。

Windows 2000 Server Oracle 10g 服务器端 SQL*Plus	或	Windows XP Personal Oracle 10g SQL*Plus

图 3－14 本地数据库访问的实验环境

在上述服务器（DBSVR）中已创建了 Oracle 用户 stu，登录密码为 ustbmis04，建立了员工信息表 EmployeeInfo（其结构及内容分别见表 3－1、表 3－2）。用户 stu 具有对表 EmployeeInfo 的记录查询、添加、删除、修改的权限。

表 3－1　　表 EmployeeInfo 的结构

列名	含义	数据类型	数据宽度	说明
EmployeeNo	员工编号	字符型	6	分组数字编码
EmpName	姓名	字符型	10	5 个汉字宽度
BirthDate	生日	日期型	8	
Sex	性别	字符型	1	M：男 F：女
Salary	薪水	数值型	5.2	单位：元（人民币）

表 3－2　　表 EmployeeInfo 的内容

EmployeeNo	EmpName	BirthDate	Sex	Salary
277052	王伟怀	19－JUL－69	M	1117.29
279809	周　梦	08－SEP－70	F	1028.58
456789	廖卫东	18－DEC－79	M	856.76
576868	谢　敏	22－SEP－76	F	962.73
807956	徐瑞忠	24－MAY－62	M	1168.36
809139	黄建伟	11－JAN－67	M	1038.91
819999	李　华	23－FEB－63	F	1138.81
891212	孙　凯	15－MAY－71	M	1069.94
892207	叶卓辛	12－AUG－64	M	1235.88
893448	江文济	28－JUL－65	M	1043.18
897903	金　娜	27－DEC－65	F	1212.76
980931	向济辉	06－AUG－70	M	997.38

运行 SQL * Plus 后的登录界面如图 3－15 所示。

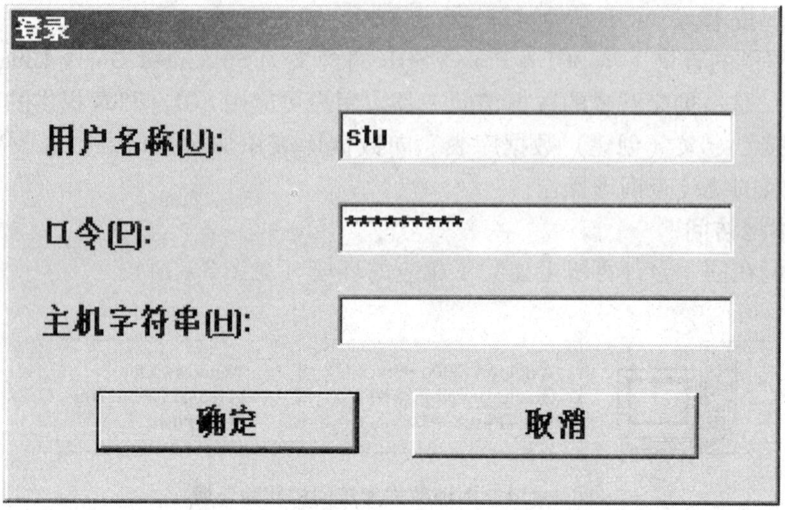

登录

用户名称(U): stu

口令(P): **********

主机字符串(H):

确定 取消

图 3－15　本地访问 SQL * Plus 的登录窗口

正确输入用户名和口令后，SQL * Plus 显示版本信息及 SQL 命令提示符（见图 3－16）。

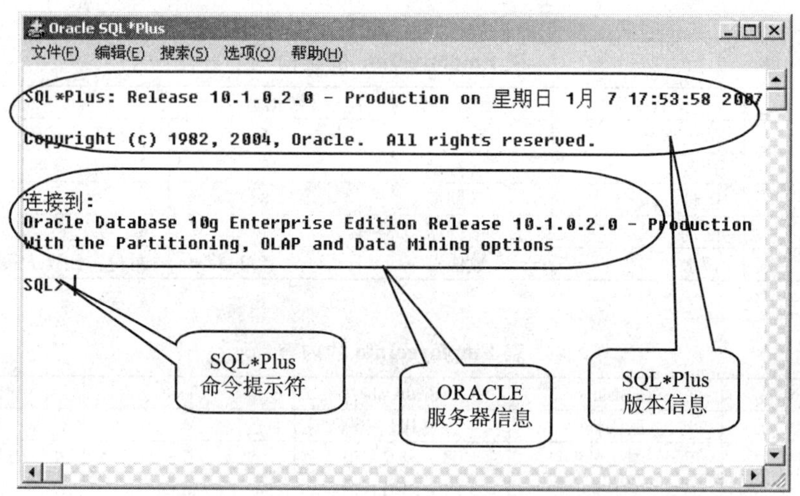

图 3－16　Oracle SQL * Plus 版本信息

这表明用户已经正确登录到数据库，可以在 SQL 命令提示符下键入 SQL 命令来访问数据库。比如，用户想知道薪水在 1000 元（含）以上的女性员工的情况，可以键入：

SQL＞select * from employeeinfo where sex＝'F' and salary＞＝1000；

上述 SQL 命令的运行结果如图 3－17。

这里，Client 和 Server 是在同一台计算机中运行的两个不同的程序，应用程序（SQL * Plus）的请求和数据库应答均在本地完成，没有通过网络传输。

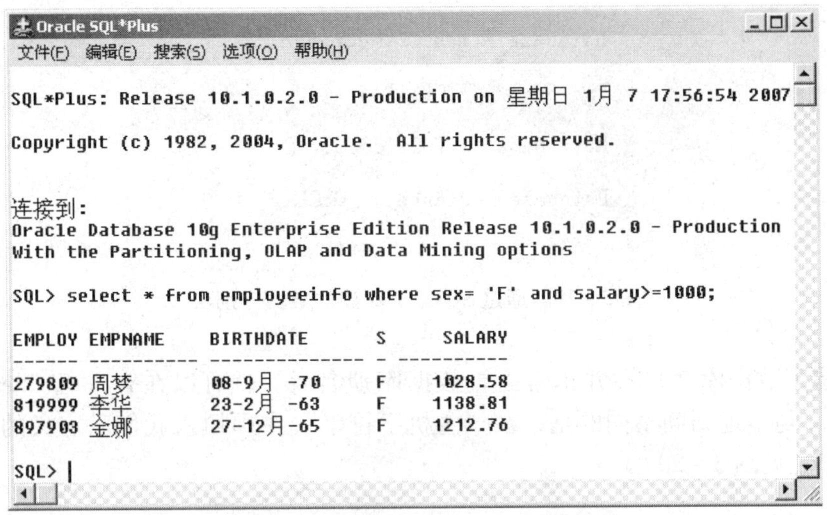

图 3-17 SQL * Plus 的运行结果

(二) 远程访问

对数据库的远程访问是指 Client 及 Server 不在同一台计算机上的 C/S 模式的实现方式。

假定我们具有的系统环境网络结构如图 3-18 所示，其中：

(1) 服务器上运行 Windows 2000 Server，服务器名为 DBSVR，网络协议为 TCP/IP，IP 地址为 192.168.63.12，安装了 Oracle 10g 的服务器软件。

(2) 客户机名称为 Client，操作系统为 Windows XP，已安装 TCP/IP 协议，IP 地址为 192.168.63.10，已正确连到服务器所在的局域网上，并且安装了 Oracle 10g 的客户端，包括 Oracle TCP/IP Protocol Adapter，SQL * Net Client，SQL * Plus。

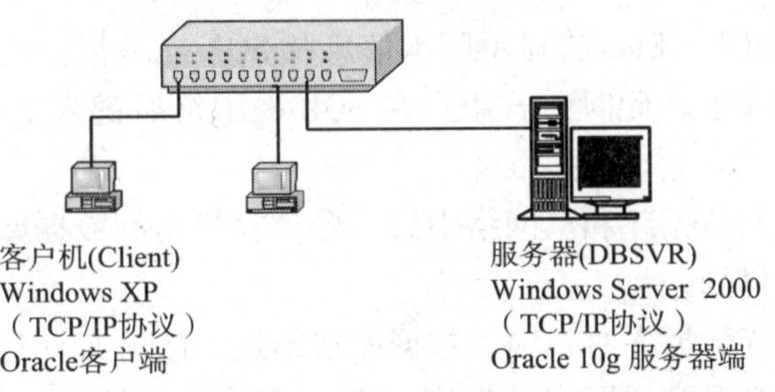

图 3-18 远程数据库访问的实验环境

(3) 用 Oracle 客户端工具（SQL Net Easy Configure）在客户端计算机 Client 上建立了指向数据库服务器的一个数据库别名（Database Alias），并对其进行了参数配置。

客户端的交互式数据库查询工具 SQL * Plus 将通过该数据库别名定向访问数据库中的数据。数据库别名及其内容的定义见图 3-19，这里数据库别名取名为 myorasvr，协议选择为 TCP/IP，主机名称栏中填入服务器的 IP 地址，本例中为 192.168.63.12，数据库实例取默认值 ORCL。

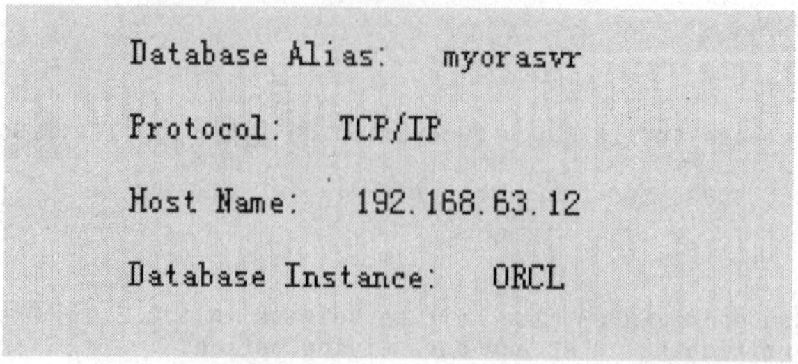

```
Database Alias:   myorasvr
Protocol:   TCP/IP
Host Name:   192.168.63.12
Database Instance:   ORCL
```

图 3－19　通过 SQL＊Net 建立数据库别名

在安装了数据库客户端并正常配置数据库别名后，就可以在客户机 Client 上运行 SQL＊Plus。与本地访问不同的是，在“主机字符串”中须填入我们已定义的数据库别名 myorasvr（见图 3－20）。

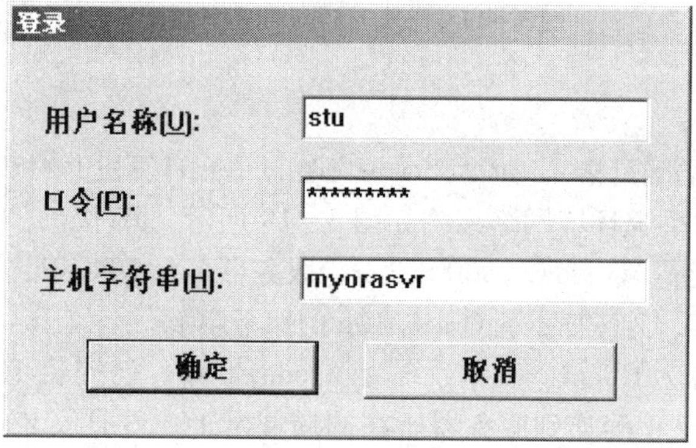

登录

用户名称(U): stu

口令(P): *********

主机字符串(H): myorasvr

确定　取消

图 3－20　远程访问的 SQL＊Plus 登录窗口

当我们确认后，SQL＊Plus 将显示版本信息及 SQL 提示符，表明用户正确连接到数据库，可以访问数据库了。此时，若用户在 SQL 提示符后键入上文的 SQL 命令，将得到同样的结果。

从服务器本地访问数据库和从网络中另一台计算机访问数据库在建立客户端与服务器端的连接之后是一样的。

从服务器本地访问数据库时，因为数据库在本地，故所有针对数据库的请求均不需要网络传输，因此不需要配置网络数据库别名（当然，也可以在服务器本地给自己配置一个别名，IP 地址一栏填写本机地址，效果是一样的）。

从网络中另一台计算机访问数据库时，客户程序须知道将数据访问请求发送给谁，即客户想查询的是 DBSVR 上的数据库，而不是其他服务器上的数据库。数据库别名的作用就是标识数据库访问路径，它通过指定协议、IP 地址和数据库实例名来唯一识别一个远程的数据库，这样登录信息就会发送到指定的远程数据库上，登录成功后就会建立该数据库的连接。于是，在此之后，所有的基于此连接的 SQL 命令将被发送到该远程数据库上，并由该数据库负责响应。

客户端发给服务器的只是 SQL 指令本身，服务器执行该 SQL 指令，并将执行结果回传给客户端。假如想知道所有男性员工的平均工资，只需在 SQL * Plus 中键入：

SQL > select　average（salary）　from employeeinfo　where sex ='M'；

则客户端发往服务器的只是该 SQL 语句，服务器分析该 SQL 语句后，将员工表 EmployeeInfo 中所有列 Sex 取值为 'M'（即男性员工）的行读出，并求其 salary 列的平均值，最终发给客户端的仅是该平均值。显然，当员工表 EmployeeInfo 中数据量很大时，在客户端与服务器之间交互的数据量，远远小于执行该 SQL 语句所需要的数据量，而这正是 C/S 模式一个重要的特点和优势。

从以上讨论可知，对数据库的访问实质上是一个不断的请求和应答过程，从登录数据库开始，到每一个 SQL 命令的执行均是如此。

三、通过应用程序访问数据库

数据库用户可分为两大类：一类是高级用户（比如系统管理员、数据库管理员等），另一类是普通用户。

高级用户一般具备较高的计算机及数据库管理的理论和实际操作水平，故他们可能更多地直接操纵数据，一般采用交互式数据库访问工具（如前文所述的 SQL * Plus）进行数据库性能的调整、控制、维护等管理工作。

一般用户则仅关注与自己业务相关的数据和操作，希望能方便直观地录入、查询、维护所负责业务领域内的数据，一般使用专用的应用程序来实现他们的需求，这些应用程序的开发，需要借助特定的开发工具来完成。

常见的应用程序开发工具有 Visual Basic（VB）、Visual C ++(VC)、Power Builder (PB)、Delphi、Java 等。

这里以 Java 为例，介绍应用程序访问数据库的实现技术。

通过应用程序访问数据库的实验环境如图 3－21 所示，与通过交互式查询工具访问数据库的环境基本相同，也需要在客户机（Client）上安装 Oracle 客户端以及配置数据库别名，不同之处在于：

（1）在客户机 Client 上需要安装 Java 开发工具包 JDK（Java Developer Kit）1.5 或以上版本。

（2）在安装 Oracle10g 客户端时把 Oracle 的 JDBC（Java Database Connectivity）数据库驱动程序也一同安装。这样才能从 Java 中通过 Oracle 的 JDBC 驱动程序访问数据库。

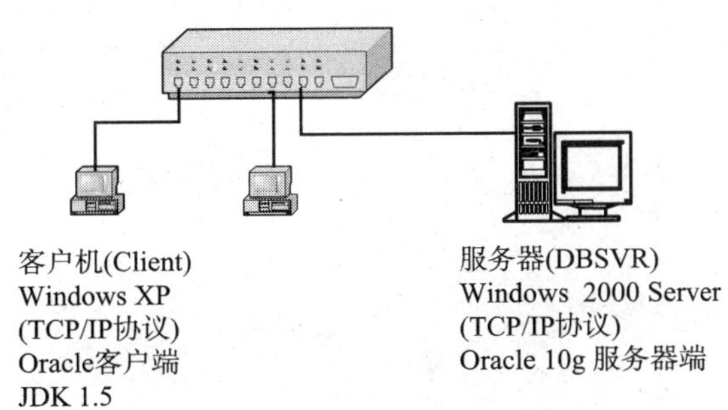

图 3－21　应用程序访问数据库的实验环境

我们通过一个员工信息的查询为例，介绍用 Java 实现 C/S 模式应用的关键步骤。对于上面的员工查询要求，我们给出其实现代码如下（CSDemo. java），读者可通过代码了解 C/S 模式应用程序开发中的数据访问原理。

CSDemo. java

```
import java.sql.*;
public class CSDemo {
  public static void main(String args[]) throws Exception {
    // 加载 oracle 的 JDBC 驱动程序
    Class.forName ("oracle.jdbc.driver.OracleDriver");
    // 连接数据库
    Connection conn = DriverManager.getConnection(
                "jdbc:oracle:oci:@myorasvr", "stu", "ustbmis04");
    // 执行查询语句,查询所有的员工
    Statement stmt = conn.createStatement();
    ResultSet QueryResult = stmt.executeQuery("select * from employeeinfo");
    // 输出列名
    String s = "EmployeeNo" + " " + "EmpName" + " " + "Salary";
    System.out.println(s);
    // 输出查询的结果
    while (QueryResult.next())
    {
            s = QueryResult.getString("EmployeeNo") + " "
              + QueryResult.getString("EmpName") + " "
              + QueryResult.getString("Salary");
            System.out.println(s);
    }
  }
}
```

然后，在客户机 Client 上打开命令行窗口，执行如下图 3－22 所示的命令，编译代码（CSDemo. java）。

```
D:\>javac -classpath .;ojdbc14.jar CSDemo.java

D:\>
```

图 3－22　编译 CSDemo. java 代码

最后，在客户机 Client 上，通过命令行窗口执行程序如图 3－23。

```
D:\>java -classpath .;ojdbc14.jar CSDemo
EmployeeNo    EmpName    Salary
277052        王伟怀      1117.29
279809        周梦        1028.58
456789        廖卫东      856.76
576868        谢敏        962.73
807956        徐瑞忠      1168.36
809139        黄建伟      1038.91
819999        李华        1138.81
891212        孙凯        1069.94
892207        叶卓辛      1235.88
893448        江文济      1043.18
897903        金娜        1212.76
980931        向济辉      997.38
```

图 3－23　运行 CSDemo 及结果

上述是一个最简单的 C/S 模式的程序，功能是连接数据库查询员工表，并将结果输出在命令行窗口。

第六节　三层客户/服务器模式的技术实现

一、三层客户/服务器模式的工作原理

在三层客户/服务器模式下，应用系统的实现划分为三个部分：客户端应用程序（前台）、应用服务器程序（中间层）以及数据库服务器（后台）。

前台应用程序提供用户界面，接收用户输入，并向应用服务器发出相应的请求；应用服务程序负责响应前台应用程序的请求，处理业务逻辑，并根据需要读写后台的数据库，将结果返回给前台；而数据库服务器则是应答应用服务器的请求（见图 3－24）。

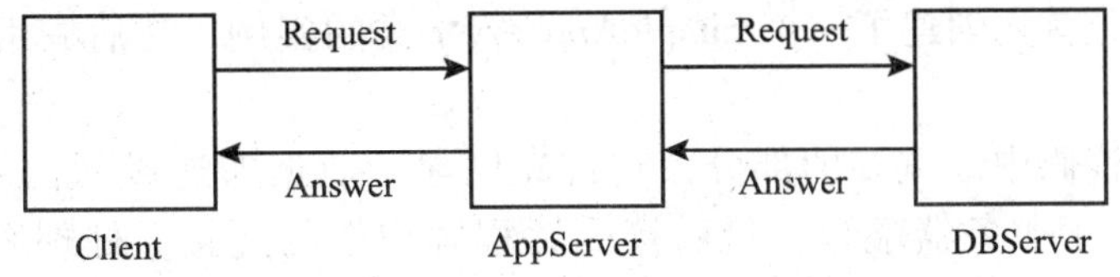

图 3－24　三层 C/S 模式的工作原理

为了实现对客户端的响应，在应用服务器和数据库服务器中必须启动相应的服务程序，这些程序一般在后台运行。

在三层 C/S 模式中，客户端不直接跟数据库服务器通讯，而是通过应用服务器间接地进行，这样对客户端来说它感觉不到数据库服务器的存在，也不需要在客户端上安装数据库驱动程序，但应用服务器上需要安装数据库驱动程序。

在三层客户/服务器的计算模式中，为了均衡负载，应用服务器与数据库服务器一般安装在不同的计算机上，但也可以安装在同一台计算机上。

二、三层客户/服务器计算模式的技术实现解析

假定我们具有的实验环境如图 3－25 所示，有三台计算机分别为：

（1）数据库服务器上运行 Windows 2000 Server，计算机名为 DBSVR，网络协议为 TCP/IP，IP 地址为 192.168.63.12，安装了 Oracle 10g 数据库服务器软件。

（2）应用服务器上运行 Windows 2000 Server，计算机名为 APPSVR，网络协议为 TCP/IP，IP 地址为 192.168.63.11，安装了 Oracle 10g 的客户端、Oracle 的 JDBC 驱动程序以及 Java 开发工具包 JDK。

（3）客户机运行 Windows XP，计算机名为 Client，网络协议为 TCP/IP，IP 地址为 192.168.63.16，安装了 JDK。

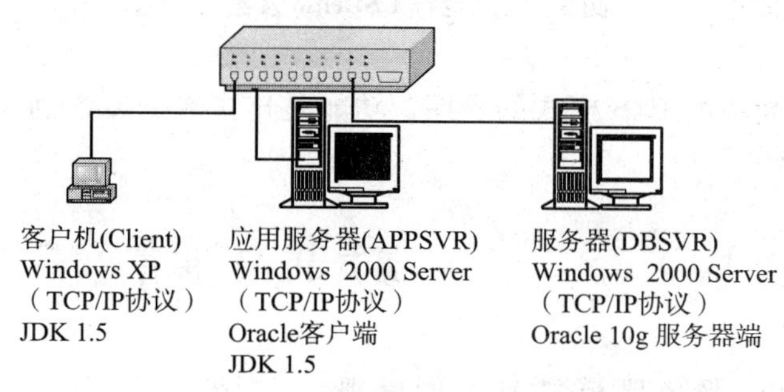

图 3－25 三层 C/S 模式下访问数据库的实验环境

我们将通过一个简单的例子来介绍三层客户/服务器计算模式的实现。

（一）应用服务器实现

为了实现应用服务器，我们首先需要在 APPSVR 上配置 ORACLE 数据库驱动（具体过程请参见第五节），然后我们需要编写应用服务器软件，来实现系统功能。

应用服务器代码如下所示（SimpleAppServer.java），运行时首先执行的是 main 方法中的代码，这部分首先创建了一个 SimpleAppServer 类的实例，然后调用 Start 方法启动了服务器。

Start 方法是代码中最重要的部分，它首先创建了数据库连接（由 ConnectDB 函数完成），然后建立了服务器端口，最后接受远程客户端的连接，处理客户端的业务请求。与客户端交互部分的代码，请与后文客户端代码（AppClient.java）中相应部分对照阅读。

处理客户端的业务请求代码在 HandleRequest 方法中，该方法首先读取客户端的输入，判断客户请求的类型。如果是员工查询请求，那么转到 DoEMPRequest 方法中执行；如果薪水汇总查询请求，那么转到 DoSUMRequest 方法中执行。

SimpleAppServer. java

```
import java. io. * ;
import java. net. * ;
import java. sql. * ;

public class SimpleAppServer {
    // 定义员工查询请求常量
    public static final int EMPRequest = 1 ;
    // 定义薪水汇总查询请求常量
    public static final int SUMRequest = 2 ;

    public static void main( String[ ] args) throws Exception {
        SimpleAppServer AppServer = new SimpleAppServer( ) ;
        AppServer. Start( ) ;
    }

    // 启动服务器
    public void Start( ) throws Exception {
        // 创建数据库连接
        Connection Conn = ConnectDB( ) ;
        // 建立创建服务器端口
        ServerSocket socket = new ServerSocket(8000) ;
        System. out. println( "应用服务器已启动" ) ;
        while ( true) {
            // 接受客户端连接
            Socket ClientConnect = socket. accept( ) ;
            // 处理客户端请求
            handleRequest( ClientConnect, Conn) ;
        }
    }
    // 连接数据库
    private Connection ConnectDB( ) throws Exception {
        DriverManager. registerDriver ( new oracle. jdbc. driver. OracleDriver( ) ) ;
        Connection conn = DriverManager. getConnection (
                "jdbc:oracle:oci:@ myorasvr" , "stu" , "ustbmis04" ) ;
        return conn;
    }
    // 处理客户端请求
    private void handleRequest( Socket ClientConnect, Connection conn)
            throws Exception {
        // 读取客户端请求
        DataInputStream InputFromClient = null;
        InputFromClient = new DataInputStream( ClientConnect. getInputStream( ) ) ;
        int ClientRequest = InputFromClient. readInt( ) ;
        // 根据请求的不同类型,转发客户端请求
        switch ( ClientRequest) {
        case EMPRequest:
            // 员工查询请求
```

```
            DoEMPRequest( ClientConnect, conn) ;
            break;
        case SUMRequest:
            // 薪水汇总请求
            DoSUMRequest( ClientConnect, conn) ;
            break;
        default:
            ;
        }
    }
    // 处理员工查询请求
    private void DoEMPRequest( Socket ClientConnect, Connection conn)
            throws Exception {
        DataOutputStream OutPutToClient = null;
        OutPutToClient = new DataOutputStream( ClientConnect. getOutputStream( ) ) ;
        // 查询雇员数量,将其写到客户端
        Statement stmt = conn. createStatement( ) ;
        ResultSet QueryResult = stmt
                . executeQuery( " select count( * ) from employeeinfo" ) ;
        QueryResult. next( ) ;
        OutPutToClient. writeUTF( QueryResult. getString( 1 ) ) ;
        QueryResult. close( ) ;
        // 查询雇员信息,将其写到客户端
        QueryResult = stmt. executeQuery( " select * from employeeinfo" ) ;
        String s = null;
        while ( QueryResult. next( ) ) {
            s = QueryResult. getString( " EmployeeNo" ) + " "
                    + QueryResult. getString( " EmpName" ) + " "
                    + QueryResult. getString( " Salary" ) ;
            OutPutToClient. writeUTF( s) ;
        }
        QueryResult. close( ) ;
        OutPutToClient. close( ) ;
    }
    // 处理汇总请求
    private void DoSUMRequest( Socket ClientConnect, Connection conn)
            throws Exception {
        DataOutputStream OutPutToClient = null;
        OutPutToClient = new DataOutputStream( ClientConnect. getOutputStream( ) ) ;
        // 查询薪水总额,将其写到客户端
        Statement stmt = conn. createStatement( ) ;
        ResultSet QueryResult = stmt
                . executeQuery( " select sum( Salary) from employeeinfo" ) ;
        QueryResult. next( ) ;
        OutPutToClient. writeUTF( QueryResult. getString( 1 ) ) ;
        QueryResult. close( ) ;
        OutPutToClient. close( ) ;
    }
}
```

需要注意的是上述应用服务器的代码以及功能都非常简单，实际系统中的应用服务器的代码要复杂得多。

同时上述应用服务器没有在中间件的基础上实现，而在实际的应用中往往会在中间件的基础上实现应用服务器。

（二）客户端实现

在完成了应用服务器代码后，我们还需要编写客户端的代码（程序），才能完成整个三层系统的开发工作。客户端的代码如下所示（AppClient. java），下列代码中所有功能都在 main 函数中完成。

其流程是首先建立到应用服务器的连接；然后向应用服务器发出查询雇员信息的请求；最后读取应用服务器返回的结果，并将结果输出。

AppClient. java

```
import java.io.*;
import java.net.*;

public class AppClient {
    // 定义查询请求常量
    public static final int EMPRequest = 1;

    public static void main(String[] args) throws IOException {
        // 建立到应用服务器的连接
        Socket socket = new Socket("192.168.63.11", 8000);
        // 向应用服务器发出请求
        DataOutputStream OutPutToServer = null;
        OutPutToServer = new DataOutputStream(socket.getOutputStream());
        OutPutToServer.writeInt (EMPRequest);
        // 打印表头
        String s = "EmployeeNo" + " " + "EmpName" + " " + "Salary";
        System.out.println(s);
        // 读取从服务器返回的结果并输出
        DataInputStream InputFromServer = null;
        InputFromServer = new DataInputStream(socket.getInputStream());
        // 读取从服务器返回的雇员的数量
        int i = Integer.valueOf(InputFromServer.readUTF()).intValue();
        // 读取从服务器返回的雇员信息,并将其输出
        for (int j = 1; j <= i; j++) {
            System.out.println(InputFromServer.readUTF());
        }
    }
}
```

注：请参阅服务器端代码（SimpleAppServer. java）来理解此段代码的作用。

（三）系统运行结果

在完成了应用服务器和客户端程序编写后，我们就可以运行三层客户/服务器系统了。系统的运行流程是：

（1）在 DBSVR（192. 168. 63. 12）上启动 Oracle 数据库系统。

（2）在 APPSVR（192. 168. 63. 11）上编译运行应用服务器软件（图 3 –26）。

（3）在 Client（192. 168. 63. 16）运行客户端程序（图 3 –27）。

```
D:\Appserver>javac -classpath .;ojdbc14.jar SimpleAppServer.java

D:\Appserver>java -classpath .;ojdbc14.jar SimpleAppServer
```

图 3 –26　编译运行应用服务器

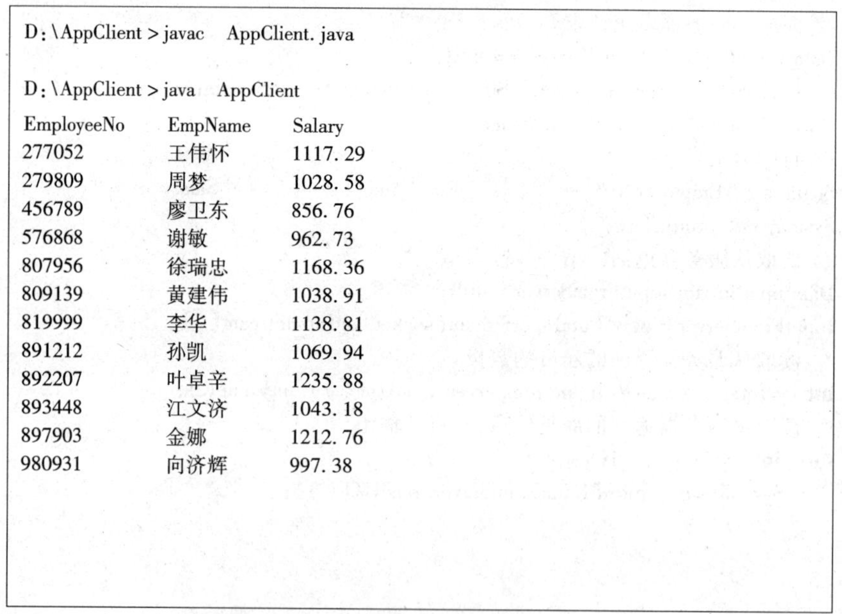

```
D:\AppClient>javac AppClient.java

D:\AppClient>java AppClient
EmployeeNo    EmpName    Salary
277052        王伟怀      1117.29
279809        周梦        1028.58
456789        廖卫东      856.76
576868        谢敏        962.73
807956        徐瑞忠      1168.36
809139        黄建伟      1038.91
819999        李华        1138.81
891212        孙凯        1069.94
892207        叶卓辛      1235.88
893448        江文济      1043.18
897903        金娜        1212.76
980931        向济辉      997.38
```

图 3 –27　编译运行客户端程序

从上述过程我们可以看出，在三层客户/服务器模式下，客户端程序向应用服务器发出请求；应用服务器负责业务逻辑的处理，然后将结果返回给客户端；同时应用服务器也要从数据库服务器中读取和写入数据。

这样，在三层客户/服务器模式下，客户端不需要安装数据库驱动程序，甚至感觉不到数据库服务器的存在，同时如果业务逻辑改变的话一般只需改变应用服务器的代码，客户端不需要改变。因此，三层 C/S 模式克服了传统两层 C/S 计算模式的缺点，在一定程度上降低了系统安装、维护的工作量。

第七节　浏览器/服务器模式的技术实现

一、常见的浏览器/服务器模式实现技术

目前 B/S 模式的实现有很多种，其中常见的技术是以下的四种：

1. 动态服务器页面（Active Server Page—ASP）。

ASP 是微软公司推出的 Web 应用开发技术，主要用于动态网页和数据库访问的应用开发，编程灵活、简洁，具有较高的性能，而且入门比较简单，适合开发中小型的企业应用系统。使用 ASP 技术开发企业系统并不需要额外的软件，其运行平台是 IIS（Internet Information Server），而 IIS 是随 Windows 发布的，并不需要单独购买。

2. J2EE（Java2 Enterprise Edition）。

J2EE 是 SUN 公司基于 Java 平台推出的一种开发技术，其中包括 Servlet、JSP（Java Server Page）和 EJB（Enterprise Java Bean）三种技术。J2EE 技术适合开发各种规模的系统，并且基于这种技术开发的系统可移植性强，适用于多种操作系统，因此目前是应用非常广泛的 B/S 开发技术，特别是在大型系统中 J2EE 占有了非常大的市场份额。使用 J2EE 技术开发企业系统需要安装 Java 平台和一个 Web 应用服务器（如 WebSphere、WebLogic、Tomcat、Jboss）。

3. ASP. NET。

为了对抗 Java 平台，微软公司推出了 . NET 平台，并在 . NET 平台的基础上提出了 ASP. NET 技术来与 J2EE 技术竞争。ASP. NET 对 ASP 技术进行了很大的技术更新，继承了 ASP 入门简单的优点，提高了适应性，适合开发各种规模的系统。但是目前在大型企业系统中其应用不如 J2EE 广泛。使用 ASP. NET 技术开发企业系统也不需要额外的软件，其运行平台是 IIS（Internet Information Server）和 . NET，而 IIS 和 . NET 是随 Windows 发布的，并不需要单独购买。

4. PHP（Hypertext Preprocessor）。

PHP 是开放源代码社区推出的一种 B/S 开发技术。这种技术最大的特点是开放、免费，适合开发中小型的系统，目前许多系统基于这种技术开发，但在大型系统中应用不是很广泛。使用 PHP 技术开发企业系统需要一个 Web 服务器，如 Apache 或 IIS，另外还需要下载安装 PHP 本身。

由于 ASP、JSP 技术入门简单，应用广泛，因此本节将以 ASP、JSP 为例，介绍 B/S 模式的实现技术。

二、浏览器/服务器模式的工作原理

在本教程的第二章中，我们曾简单介绍了用于网页编制的超文本标识语言（HT-

ML）。用 HTML 编制的页面称为静态页面。由于用静态页面编制的 Web 应用，其交互性较差，并且不能与后端的数据库交互，因此人们提出了称为动态页面的技术弥补了静态页面的这一不足。

ASP、JSP 两者都是动态页面技术，我们主要以动态页面技术来讲述 B/S 模式的实现。根据实现方式不同，基于 B/S 模式的实现可以分为两种：

（1）动态脚本方式：使用动态脚本实现企业系统全部的功能，脚本文件中包括 HTML 代码、业务逻辑、数据库访问等。

这种方式下程序的运行流程如图 3-28 所示：当浏览器向 Web 应用服务器提出对动态脚本文件（若采用 ASP 技术那么扩展名为 asp，若采用 JSP 技术那么扩展名为 .jsp）的访问请求时（在浏览器的地址栏内键入动态脚本文件的 URL 或通过 HTML 文件中的某个超级链接指定），Web 应用服务器中的脚本执行引擎读取该动态脚本文件并执行，然后将结果以 HTML 的页面形式送回浏览器。

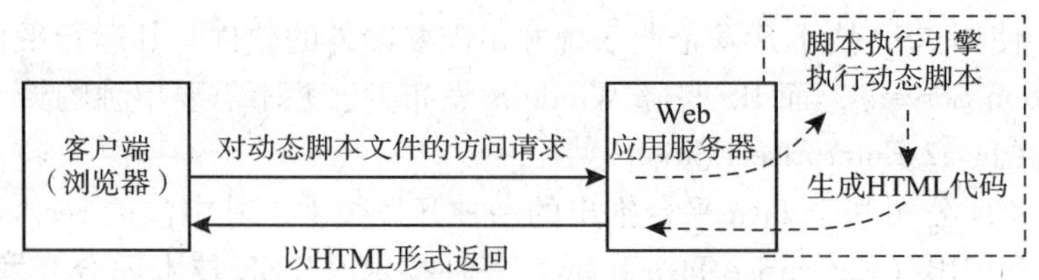

图 3-28　基于动态脚本方式的运行流程

这种方式适合小型的系统，因为脚本文件中同时包含了显示、业务逻辑、数据访问的代码。

另外，在这种方式下 ASP 可以使用 VB Script 和 JavaScript 编写脚本，JSP 中可以使用 Java 编写脚本。

（2）动态脚本加业务组件的方式：这种方式下动态脚本只负责处理客户输入和输出，调用业务组件；业务组件负责实现业务逻辑、数据库读写。采用这种方式，系统的结构更加合理，设计和系统维护更加容易。

这种方式下程序的运行流程如图 3-29 所示：当浏览器向 Web 应用服务器提出对动态脚本文件的访问请求时，Web 应用服务器中的脚本执行引擎读取该动态脚本文件并

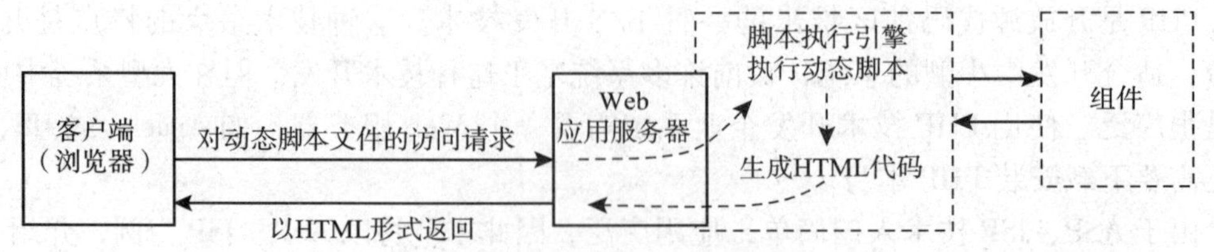

图 3-29　基于动态脚本与业务组件方式的运行流程

注：这种方式中将业务逻辑和数据库的读写封装在业务组件中，动态脚本只负责读取输入、调用业务组件、输出结果，这样系统的结构比较清晰，设计比较合理，测试维护系统比较方便。

执行，动态脚本中的代码根据需要调用组件，执行业务逻辑，然后将结果以 HTML 的页面形式送回浏览器。

这种方式特别适合大中型以上的系统，也是目前在实际应用中广泛采用的一种方式。

在这种方式下 ASP 可以采用脚本与 ASP 组件结合的方式实现系统，其中 ASP 组件是 COM 组件的一种，可以采用 VB、VC、Delphi 等工具编写；JSP 可以采用脚本加上用 JavaBean 或 EJB 编写的组件来实现。

本节中的例子将基于上述两种方式，其中 ASP 技术的例子采用脚本技术实现，JSP 的例子采用基于脚本与 JavaBean 组件的方式实现。

三、基于 ASP 技术的 B/S 模式实现

假定我们具有的实验环境如图 3－30 所示，三台计算机分别为：

（1）数据库服务器上运行 Windows 2000 Server，计算机名为 DBSVR，网络协议为 TCP/IP，IP 地址为 192. 168. 63. 12，安装了 Oracle 10g 服务器软件。

（2）Web 应用服务器上运行 Windows 2000 Server，计算机名为 WEBAPPSVR，网络协议为 TCP/IP，IP 地址为 192. 168. 63. 11，安装了 IIS5. 0 以及 Oracle 10g 的客户端。

（3）客户机运行 Windows XP，计算机名为 Client，安装了网络协议为 TCP/IP，IP 地址为 192. 168. 63. 73，安装了通用浏览器 IE 6. 0。

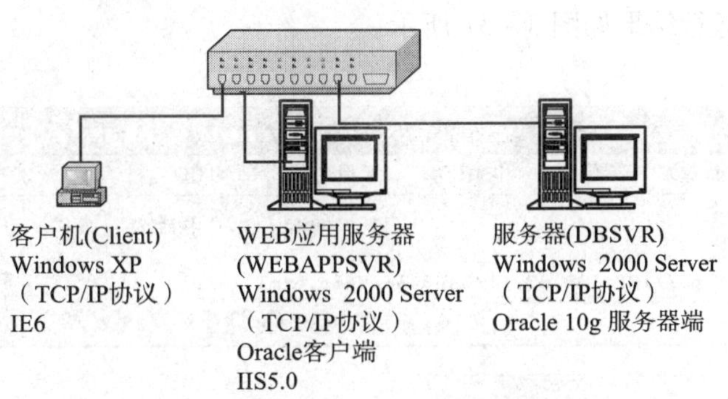

图 3－30　基于 ASP 技术 B/S 模式实现的实验环境

我们将基于上述环境实现一个简单的员工查询的例子，展示动态脚本方式如何实现 B/S 系统，例子中包含如下两个文件：

一是静态 HTML 文件（demo. htm），其作用是显示查询页面，用户可以在其中填写查询条件，并调用动态脚本。

二是动态 ASP 脚本文件（demo. asp），其作用是读取静态 HTML 文件的查询条件，查询数据库，并输出结果。

（一）HTML 文件的实现

HTML 文件中的代码如下，这个文件的功能非常简单，只是定义了用于员工查询条件，其中包括两个条件：姓名、性别。

demo. htm

```
<html>
  <head>
    <title> ASP 实例——查询条件 </title>
</head>
<body/>
  <!--定义一个 form,用于填写查询请求,查询请求由 demo. asp 处理-->
<form action = "demo. asp" method = "POST" >
  <!--定义一个输入框,用于输入名称-->
   员工姓名: <input type = "text" name = "name" size = "15" >
  <p/>
  <!--定义一个选择项,用于输入性别-->
   性 别:
    <input type = "radio" name = "sex" value = 1 >男
    <input type = "radio" name = "sex" value = 0 >女
  <p/>
  <!--定义两个按钮,用于清空和发送查询请求-->
   <input type = "reset" name = "reset" value = "清空" >
   <input type = "submit" name = "Submit" value = "查询" >
  </form>
</body>
</html>
```

demo. htm 的运行结果如图 3 – 31 所示。

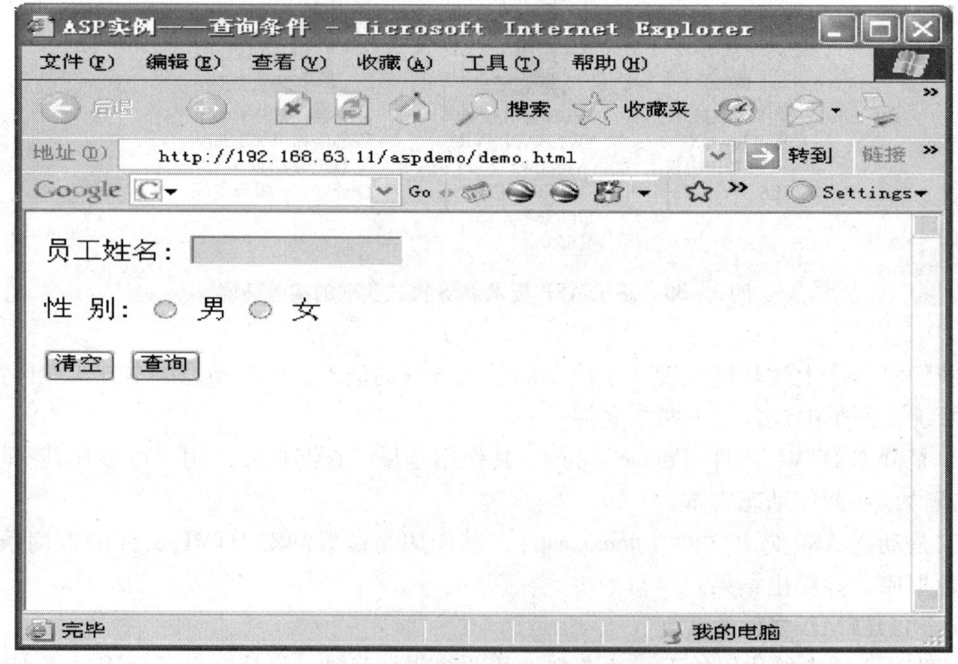

图 3 – 31 查询页面的运行结果图

（二）ASP 脚本的实现

在上面的 HTML 文件中实现了查询页面，其中查询请求要转发到动态脚本demo. asp中处理，查询的功能需要由动态脚本实现。

动态脚本的流程是：首先得到 HTML 文件传过来的查询的参数，生成查询条件；然后连接数据库，根据 SQL 语句和查询条件进行查询；最后将结果输出到 HTML 文件中。

demo. asp

```
<html>
<head>
  <title> ASP 应用实例——查询结果 </title>
</head>
<body>
<%
  dim sName,nSex
  dim conn, sql,cond,r, f
  sql = "select * from employeeinfo"
  cond = "where 1 = 1"

  <! --读取 html 文件传过来的查询姓名-->
  If Request. form("name"). Count >0 Then
    sName = Request. form("name")
    If len(trim(sName)) >0 then
      cond = cond & " and empname like "'&sName&"%' "
    end if
  end if
  <! --读取 html 文件传过来的查询性别-->
  If Request. form("sex"). Count > 0 Then
    nSex = Request. form("sex")
    if nSex = 1 then
        cond = cond & " and SEX = 'M' "
    elseif nSex = 0 then
        cond = cond & " and SEX = 'F' "
    end if
  end if

  <! --创建数据库连接-->
  set conn = Server. CreateObject("ADODB. Connection")
  conn. ConnectionString = "DSN = orasvr;UID = stu;PWD = ustbmis04"
  conn. open

  <! --根据查询条件进行查询-->
  set r = Server. CreateObject("ADODB. Recordset")
  r. open sql & cond,conn

  <! --显示表头(各列的含义)-->
    response. write "姓名" + " 出生日期 " + " 性别 " + " 薪水 " + " 编号"
    response. write " <p/> "

<! --将查询结果输出-->
```

```
While not r. eof
    for each f in r. fields
        response. write " " & f. value & " "
    next
    response. write " <p/> "
  r. movenext
wend

 <! --关闭查询以及数据库连接-- >
r. close
set r = nothing
Conn. close
set conn = nothing
% >
 </body >
</html >
```

(三) 基于 ASP 技术的 B/S 应用的运行

在完成了上述的两个文件编写后，我们就可以运行整个应用了。基于 ASP 技术的 B/S 应用的运行可以如下三个步骤：

(1) 在 WEBAPPSVR (192. 168. 63. 11) 上配置 IIS，创建一个名为建立一个虚拟目录 aspdemo，将文件 demo. html 和 demo. asp 放在该目录下。

(2) 在 Client (192. 168. 63. 10) 上打开 IE 浏览器，在其中键入 http：//192. 168. 63. 11/aspdemo/demo. html，这时会执行我们编写的静态页面 demo. htm。填写查询条件，这里只填写了性别条件（见图 3 – 31）。

(3) 在完成查询条件的填写后，点击页面中"查询"的按钮，执行 demo. asp 中的代码，其结果如图 3 – 32 所示。

图 3 – 32　查询的运行结果图

通过上述的例子我们可以看出，员工查询的业务逻辑完全由 demo. asp 完成，这个脚本文件中包含了 HTML 代码、处理输入、输出、业务逻辑、数据库读写的功能。因此，代码看起来比较复杂，这也是动态脚本方式不足之处。

四、基于 JSP 技术的 B/S 模式实现

假定我们具有的实验环境如图 3－33 所示，三台计算机分别为：

（1）数据库服务器上运行 Windows 2000 Server，计算机名为 DBSVR，网络协议为 TCP/IP，IP 地址为 192. 168. 63. 12，安装了 Oracle 10g 服务器软件。

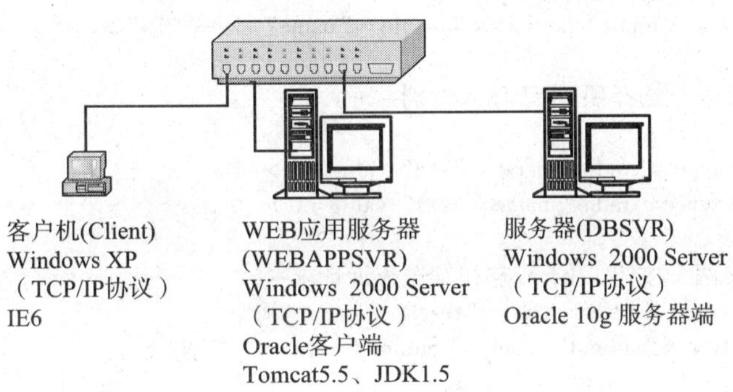

图 3－33 基于 JSP 技术 B/S 模式实现的实验环境

（2）Web 应用服务器上运行 Windows 2000 Server，计算机名为 WEBAPPSVR，网络协议为 TCP/IP，IP 地址为 192. 168. 63. 11，安装了 JDK 1. 5 以及 Oracle 10g 的客户端以及 Oracle 的 JDBC 驱动程序，另外安装了 Web 应用服务器软件 Tomcat。

（3）客户机运行 Windows XP，计算机名为 Client，安装了网络协议为 TCP/IP，IP 地址为 192. 168. 63. 10，安装了通用浏览器 IE 6. 0。

我们将基于上述环境实现一个简单的员工查询应用，展示动态脚本（JSP）与组件（JavaBean）方式如何实现 B/S 应用，例子中包含如下三个文件：

（1）静态 HTML 文件（demo. html），其作用是显示查询页面，使用可以在其中填写查询条件，并调用动态脚本。

（2）动态 JSP 脚本文件（demo. jsp），其作用是读取静态 HTML 文件的查询条件，调用查询组件，并输出结果。

（3）查询组件文件（empquery. java），其作用为查询数据库，并将结果输出动态脚本。

（一）HTML 文件的实现

与 ASP 的例子类似，HTML 文件中也实现了查询页面，其中查询请求要转发动态脚本 demo. jsp 中处理，查询的功能需要由动态脚本和查询组件实现。

HTML 文件中的内容与 ASP 的例子基本相同，不同之处在于如下两处：

（1）为了解决 java 的中文编码问题在 <head> </head> 中增加了一句，<META http－equiv＝"Content－Type" content＝"text/html; charset＝utf－8">，将页面编码改为 UTF－8。

（2）将要调用动态编码的地方改为了 <form action＝"demo. jsp" method＝"POST">，

以此来适应 JSP 环境。

demo. htm

```
   < html >
     < head >
     < META http - equiv = " Content - Type"  content = " text/html; charset = utf - 8" >
       < title > JSP 实例——查询条件  </title >
     </head >
     < body/ >
       <! --定义一个 form,用于填写查询请求-- >
     < form action = " demo. jsp"  method = " POST" >
       <! --定义一个输入框,用于输入名称-- >
         员工姓名: < input type = " text"  name = " name"  size = " 15" >
       < p/ >
       <! --定义一个选择项,用于输入性别-- >
         性 别:
           < input type = " radio"  name = " sex"  value = 1 > 男
           < input type = " radio"  name = " sex"  value = 0 > 女
       < p/ >
       <! --定义两个按钮,用于清空和发送查询请求-- >
         < input type = " reset"  name = " reset"  value = " 清空" >
         < input type = " submit"  name = " Submit"  value = " 查询" >
     </form >
   </body >
</html >
```

（二）JSP 脚本的实现

在脚本与组件实现方式中，脚本的作用是根据用户的输入，调用各个组件，返回处理结果。可以认为脚本的作用类似于“胶水”，将各个组件组合在一起来完成系统的功能。

demo. jsp

```
<! --定义 JSP 页面、编码-- >
<%@page language = 'java' contentType = 'text/html; charset = utf - 8' import = "java. util. * ,java. io. * "% >
<! --引用 JavaBean,也就是我们说的组件-- >
< jsp:useBean id = " empquery1"  class = " jspdemo. empquery"  scope = " session"/ >
<! --脚本代码,用 java 编写-- >
<%
    //定义查询条件变量
    String Condition = " " ;
    //定义请求的编码
    request. setCharacterEncoding( " UTF - 8" ) ;
    //得到查询的名称
    if ( request. getParameter( " name" ) !  = null)
      if ( request. getParameter( " name" ). length( ) !  = 0)
      Condition = "  and empname like'" + request. getParameter( " name" ) + " % '" ;
    //得到查询的性别
    if ( request. getParameter( " sex" ). equals( " 1" ) )
      Condition = Condition + "  and sex = 'M'" ;
    if ( request. getParameter( " sex" ). equals( "0" ) )
```

```
      Condition = Condition + " and sex = 'F'" ;

    //定义输出的格式与编码
    response. setContentType (" text/html") ;
    response. setCharacterEncoding (" UTF -8") ;

    //输出 html 文件，设置文件头
    PrintWriter out1 = response. getWriter ( ) ;
    out1. println (" <html >") ;
    out1. println (" <head > <title > JSP 实例——查询结果 </title > </head >") ;

    //调用组件，设置查询条件，这是代码中最重要的部分
    empquery1. setQueryCondition (Condition) ;
    //调用组件，进行查询，并返回数组；这是代码中最重要的部分
    ArrayList emplist = empquery1. getEmpList ( ) ;

    //将返回的数据输出到页面
    for (int i =0; i < = emplist. size ( ) -1; i+ +)
     {
    out1. println (emplist. get (i)) ;
    out1. println (" <p/ >") ;
    }

    //完成 html 页面
    out1. println (" </html >") ;
%>
```

上述代码中的流程是：首先定义了 JSP 页面、声明了对组件引用；然后通过脚本代码读取了客户的输入，形成了查询条件；最后调用组件，设置了组件的查询条件，进行了查询。上述代码中需要注意的是加粗的部分，这些部分与使用组件相关。

通过上述代码我们可以看出在脚本代码中没有数据库访问或业务逻辑的代码，这些功能是由 JavaBean 实现的。

（三）JavaBean 的实现

在完成了 JSP 代码后，我们还需要编写 JavaBean，来实现数据库查询的功能。JavaBean 从本质上来说是一个普通的 Java 类，其代码如 empguery. java 所示。

代码中比较重要的是定义了两个方法：setQueryCondition 与 getEmpList。SetQueryCondition 的功能是根据查询条件生成 SQL 语句；getEmpList 的功能是进行数据库查询，将结果封装成一个数组，并返回。这样 JSP 脚本可以调用上述的两个方法进行员工查询。

empquery. java

```
//注意这个地方声明了一个包 jspdemo,在部署时要注意
package jspdemo;

import java.sql.Connection;
import java.sql.DriverManager;
import java.sql.ResultSet;
import java.sql.Statement;
import java.util.*;

public class empquery {
    private Connection conn;

    private String sql;

    private ArrayList empList = new ArrayList();
    //设置查询条件,生成 SQL 语句
    public void setQueryCondition(String Condition) {
        sql = "select * from employeeinfo where 1 = 1 " + Condition;
    }
    //进行数据库查询,将结果封装成数组并返回
    public ArrayList getEmpList() throws Exception {
     //连接数据库
      try {
            DriverManager.registerDriver(new oracle.jdbc.driver.OracleDriver());
            conn = DriverManager.getConnection("jdbc:oracle:oci:@myorasvr",
                   "stu", "ustbmis04");
        } catch (Exception e) {

        } finally {

        }
        empList.clear();
        try {
            //进行查询
            Statement stmt = conn.createStatement();
            ResultSet QueryResult = stmt.executeQuery(sql);
            //将结果保存到数组中
            String s;
            while (QueryResult.next()) {
                s = QueryResult.getString("EmployeeNo") + " "
                      + QueryResult.getString("EmpName") + " "
                      + QueryResult.getString("Salary");
                empList.add(s);
            }
            QueryResult.close();
        } catch (Exception e) {
        } finally {
            conn.close();
```

```
        }
    //返回数组
        return empList;
    }

}
```

从上述代码我们可以看出 JavaBean 的代码封装了员工查询的细节，JSP 脚本并不知道数据库连接的细节，也不知道查询是如何进行的，JSP 脚本只是通过 JavaBean 中的两个方法来完成员工查询这个业务。

从系统设计的角度看，这种方式使得系统的模块化增强，因为变更业务逻辑或数据库只需要更改 JavaBean 的代码，JSP 脚本无需变化。显然，这样提高了系统的可维护性，也提高了系统的安全性和可靠性，因为用户名和密码被封装在 JavaBean 中，而不是以明文形式存在脚本代码中（参见 demo. asp 代码中“创建数据库连接”部分，用户名和密码是以明文形式存放的）。

（四）基于 JSP 技术的 B/S 应用的部署及运行

在完成了上述的三个文件的编写后，我们还需要将应用部署到 Tomcat 上，部署的过程如下：

（1）在 Tomcat 的安装路径下找到应用程序的存放目录（例如 D：\ Tomcat5. 5 \ webapps），在其中创建一个目录 jspdemo，将 demo. html 和 demo. jsp 两个文件复制到 jspdemo 下（D：\ Tomcat5. 5 \ webapps \ jspdemo）。

（2）将 JavaBean 也部署到 Tomcat 中。同样我们需要创建 D：\ Tomcat5. 5 \ webapps \ jspdemo \ WEB-INF \ classes \ jspdemo 这个目录（因为我们在 empquery. java 中的第一行声明了 jspdemo 这个包，因此创建的目录结构如此），并将 empquery. class（编译 empquery. java 所产生的文件，是一种二进制格式的文件）复制到其中。

（3）将 Oracle 的 JDBC 数据库驱动 ojdbc14. jar 复制到 D：\ Tomcat5. 5 \ common \ lib 目录中。

经过上述三个步骤后，就完成了系统的部署。在实际应用中 Java 应用系统的部署是比较复杂的，可以使用许多工具进行，读者可以参考相关资料，这里我们为了读者理解，采用了手工的方式。

完成部署后，就可以运行应用了。系统的运行流程是：

（1）启动 DBSVR（192. 168. 63. 12）上的 Oracle 数据库系统。

（2）在 WEBAPPSVR（192. 168. 63. 11）上启动 Tomcat。

（3）在 Client（192. 168. 63. 10）访问 http：//192. 168. 63. 11/jspdemo/jspdemo. html（图 3 –34）。

在选择了查询条件后，点击“查询”按钮，就可以进行查询。该应用的执行过程是：首先 Tomcat 编译、运行脚本文件 demo. jsp；然后，脚本文件调用员工查询组件，查询组件将结果返回给脚本文件；最后脚本文件根据结果输出 HTML 页面，客户端就可以看到查询的结果了，查询结果如图 3 –35 所示。

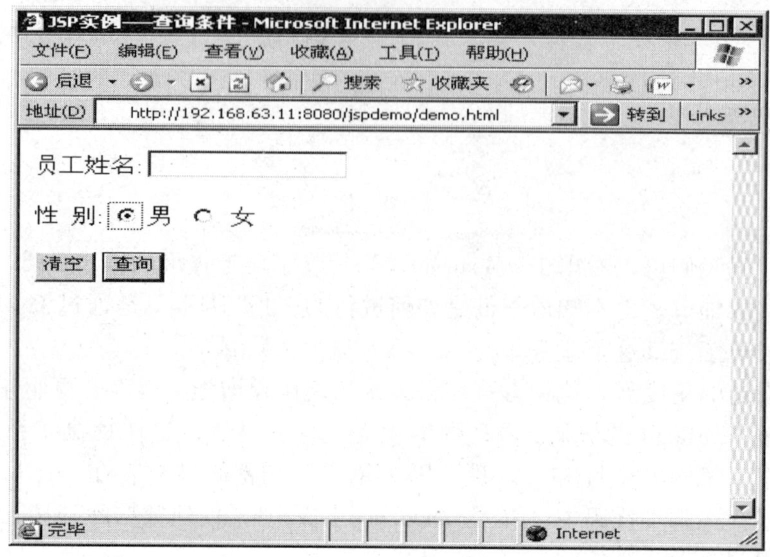

图 3－34　JSP 下填写查询页面的运行结果

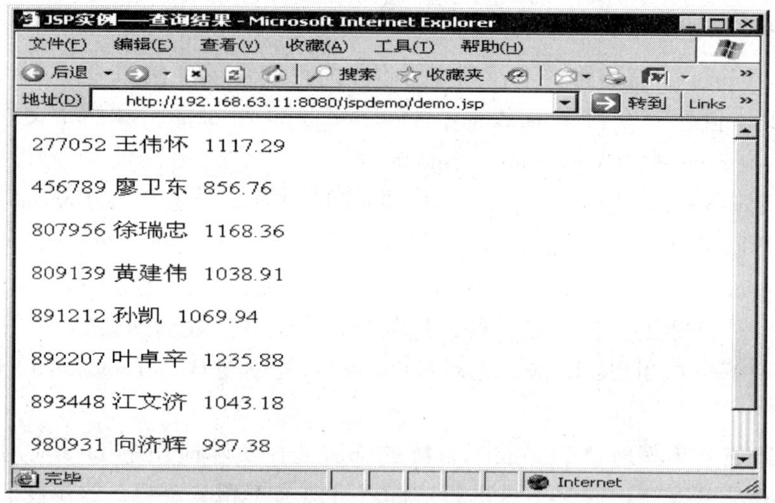

图 3－35　JSP 下查询的运行结果

通过上述两个例子，我们可以看出两种 B/S 的实现方式：动态脚本方式、动态脚本加业务组件的方式，后一种方法从系统设计、维护、测试的角度看优于前一种。因此，在实际应用中应该尽量采用后一种方式。

管理与技术视点

一、Oracle 简介

Oracle 公司位于美国加州，是从20世纪70年代发展起来的一个关系数据库产品公司，迄今已经成为领导数据库发展潮流的大型公司。Oracle 公司的 Oracle 数据库，从20世纪70年代开发推出，历经多次版本更新，是管理信息系统建设中，应用最广泛的数据管理系统（数据库服务器软件）。

Oracle 适用于大型、中型和微型计算机，针对不同厂家的计算机和不同的操作系统有不同的版本，可以在多种不同的计算机上运行。

（一）Oracle 数据库的特点

1. 稳定。

Oracle 每天可24小时连续工作7×24，正常的系统操作（后备或个别计算机系统故障）不会中断数据库的使用。

2. 安全。

Oracle 提供了基于角色（Role）分工的安全保密管理，在数据库管理的完整性、安全性、一致性方面都有良好的表现，允许根据用户属性控制用户的访问。

在管理信息系统的计算模式架构中，中间层（特别是 Web 服务器或应用服务器）常常可能设置在防火墙上或防火墙外，为此，Oracle 提供了限制中间层连接用户的功能，并将中间层作为一个特殊用户进行审计。

3. 高效。

支持海量数据、多用户的高性能的事务处理。从 Oracle7. X 以后，引入了共享 SQL 和多线索服务器体系结构，既减少了 Oracle 的资源占用，又增强了 Oracle 的能力，使之在低档软硬件平台上用较少的资源就可以支持更多的用户，在高档平台上甚至可以支持上千个用户并发访问。

4. 开放。

Oracle 有运行于各种硬件与操作系统平台上的产品，可以安装在70种以上不同的大、中、小型机上，可在 VMS、DOS、UNIX、WINDOWS 等多种操作系统下工作。

由于 Oracle 软件可在许多不同的操作系统上运行，以致 Oracle 上所开发的应用可移植到任何操作系统，只需很少修改或不需修改。

Oracle 产品采用标准 SQL（Structured Query Language，结构化的查询语言）实现其数据定义、数据操纵（包括查询）和数据控制支持多媒体数据，如二进制图形、声音、动画以及多维数据结构等。

5. 分布式处理。

Oracle 可以将存放在网络中多台计算机上的数据组合成一个逻辑数据库供全部网络用户存取。分布式系统像集中式数据库一样具有透明性和数据一致性。用户可以通过网络对异地数据库中的数据同时进行存取，而服务器之间的协同处理对于工作站用户及应用程序而言是完全透明的：开发人员无须关心网络的连接细节、无须关心数据在网络接点中的具体分布情况、也无须关心服务器之间的协调工作过程。

Oracle 支持多种协议（如 TCP/IP、DECnet、LU6.2 等），用户可通过网络较方便地读写远端数据库的数据。Oracle 为了充分利用计算机系统和网络，允许将处理分为数据库服务器和客户应用程序，所有共享的数据管理由数据库管理系统的计算机处理，而运行数据库应用的工作站集中于解释和显示数据。

由网络相连的两个 Oracle 数据库之间，通过数据库链接（DB-Links）建立访问机制，相当于一方以另一方的某用户远程登录所做的操作。但 Oracle 采用的一些方法，如同义词（Synonme）等使我们觉察不到这个过程，似乎远端的数据就在本地。

6. 应用开发工具。

Oracle 提供了多种开发工具，极大地方便用户进行进一步的开发的同时，提供与第三代高级语言的接口软件 PRO * 系列，能在 C、C ++ 等宿主语言中嵌入 SQL 语句及过程化（PL/SQL）语句，对数据库中的数据进行操纵。加上许多优秀的专用和通用前台开发工具，如 Developer、Power Builder、Visual Basic、Delphi 等，可以快速开发生成客户端 PC 平台的应用程序。

（二）Oracle 体系结构

1. 物理存储结构。

Oracle 数据库由四种类型的文件组成：数据文件、日志文件、控制文件和参数文件。

(1) 数据文件（以 dbf 为扩展名），存放数据库数据。将数据放在多个数据文件中，再将数据文件分放在不同的硬盘中，可以提高存取速度。数据文件由数据块构成，块大小由数据库创建时确定。

(2) 日志文件（以 rdo 为扩展名），包括重做日志文件、归档日志文件和跟踪文件及警告日志重做日志文件。日志文件保存对数据库所做的更改记录，能够保证出现故障时，可以启用数据恢复。

(3) 控制文件（以 ctl 或 ctrl 为扩展名），用于维护数据库的全局物理结构，记录数据库中所有文件的控制信息。每个数据库至少要有一个控制文件，建议用户使用两个或更多控制文件，并存放在不同的磁盘上。Oracle 系统通过控制文件保持数据库的完整性，以及决定恢复数据时使用哪些重做日志。

(4) 参数文件（以 ora 为扩展名）。在一个数据库启动时，每个参数都有一个默认值。参数文件包括以下几种：

①初始化参数文件。当创建一个数据库时，Oracle 创建了一个默认的 init. ora 文件，如果不修改任何参数，Oracle 将用所有的缺省值来启动数据库，通常根据实际的应用修改参数设置以提高性能。

②配置参数文件。一般被命名为 config. ora，它被用于特定实例的信息。这个文件是一个由 init. ora 文件调用或激活的文本文件，init. ora 中包含一个 ifile 参数以设置 config. ora 文件的位置。既然一个数据库可以有一个或多个实例与之关联，那么配置文件中每一个参数对于不同的实例配置可能不同，当然，如果和数据库关联的实例只有一个，所有信息都保存在文件 init. ora 中，这时 config. ora 文件就不是必需的了。

③服务器参数文件（spfile）。它是一个服务器端的参数文件，可以被认为是在Oracle数据库服务器执行的机器上被管理的初始化参数的仓库。一个服务器参数文件可以用语句CREATESPFILE从一个传统的文件参数文件创建。

2. 逻辑结构。

Oracle数据库在逻辑上由许多表空间构成。Oracle表空间分为系统表空间和非系统表空间。一个表空间由段组成，段由区组成，区由一组连续的数据块组成，它们对应磁盘上的一个或多个物理块。

（1）表空间（Table Space）：一个表空间由一个或多个数据文件组成。一个表空间只能属于一个数据库，每个数据库最少有一个表空间（System表空间），该表空间包含整个数据库的数据字典表，在数据库建立时自动创建。利用增加数据文件的形式可以扩大表空间。表空间的大小为组成该表空间的数据文件的大小之和。一个数据文件只能属于一个表空间，一个数据文件一旦被加入到一个表空间中，就不能再从这个表空间中移走，也不能再加入到其他表空间中，建立新的表空间需要建立新的数据文件。

（2）段（Segment）：是逻辑数据库对象的物理副本，段存储数据，例如，索引段存储与索引相关的数据。一个段只能属于一个表空间，但可以属于多个数据文件。

（3）区（Extent）：段由区组成，区由一组连续的数据块组成。一旦段中的现有区不能容纳新数据，该段将获取新的范围，如果需要的话，该过程持续下去，直到表空间中的数据文件没有自由空间或已达到每个段内部的范围最大数量为止。

（4）块（Block）：Oracle最基本的存储单位，在建立数据库的时候指定，通常为操作系统块大小的倍数。

3. 内存结构。

Oracle内存结构大致具有四个区：系统全局区、程序全局区和排序区、软件代码区。

（1）系统全局区（SGA）。系统全局区为一组由Oracle分配的共享数据结构，它是实例的主要部分，包含Oracle服务器的数据和控制信息，含有数据维护、SQL语句分析与重做缓存所必须的所有内存结构。系统全局区的数据是共享的，也就是说，多个进程可以在同一时间对SGA中的数据进行访问和修改。它包含以下内容：

①数据块缓冲。该区存放最近使用过的数据块。

②字典缓冲区。该区用于保存数据字典中的行，数据字典中存放Oracle系统管理自身所需的所有信息。

③重做日志缓冲区。任何事务在记录到重做日志之前都先放到该区，数据库系统定期将该区内容写入到联机重做日志中。

④SQL共享池。存放所有通过SQL语法分析、准备执行的SQL语句。

⑤Java池。为Java命令提供语法分析。

⑥多缓冲池。可以在SGA中创建多个缓冲池，能够用多个缓冲池把的数据集与其他的应用程序分开，以减少它们争夺数据块缓冲区相同资源的可能性。

（2）程序全局区（PGA）。包含单个服务器进程或单个后台进程的数据和控制信息，与几个进程共享的SGA正相反PGA是只被一个进程使用的区域，PGA在创建进程时分配在终止进程时回收。

（3）排序区。排序需要内存，这部分空间成为排序区，排序区存在于请求排序的用户进程的内存中，该空间的大小为适应排序数据量的大小，可增长，但受初始化参数SORT_AREA_SIZER所限制。

（4）软件代码区。用于存储正在执行或可以执行的程序代码。

4. 进程结构。

进程是操作系统中的一种机制，它可执行一系列的操作步。一个进程通常有它自己的专用存储区。

Oracle进程的体系结构中，有两种类型：单进程实例和多进程实例。

单进程Oracle实例（又称单用户Oracle）是一种数据库系统，一个进程执行全部Oracle代码。在单进程环境下的Oracle实例，仅允许一个用户可存取。例如，在MS-DOS上运行Oracle。

多进程Oracle实例（又称多用户Oracle）使用多个进程来执行Oracle的不同部分，对于每一个连接的用户都有一个进程。在多进程系统中，进程分为两类：用户进程和Oracle进程。当一个用户运行某个应用程序，如PRO * C程序或一个Oracle工具（如SQL * PLUS），Oracle将为该用户运行的应用建立一个用户进程。

Oracle进程又分为两类：服务器进程和后台进程。服务器进程用于处理连接到该实例的用户进程的请求。当应用和Oracle是在同一台机器上运行，而不再通过网络，一般将用户进程和它相应的服务器进程组合成单个的进程，可降低系统开销。然而，当应用和Oracle运行在不同的机器上时，用户进程经过一个分离的服务器进程与Oracle通信。它可执行下列任务：①对应用所发出的SQL语句进行语法分析和执行。②从磁盘（数据文件）中读入必要的数据块到SGA的共享数据库缓冲区（该块不在缓冲区时）。③将结果返回给应用程序处理。

系统为了使性能最好和协调多个用户，在多进程系统中使用一些附加进程，称为后台进程。一个Oracle实例可以有许多后台进程，但它们不是一直存在。后台进程包括：DBWR（数据库写入进程）、LGWR（日志写入进程）、CKPT（检查点进程）、SMON（系统监控）、PMON（进程监控）、ARCH（归档进程）、RECO（恢复进程）、LCKn（封锁）、Dnnn（调度进程）等。每个后台进程与Oracle数据库的不同部分交互。

（三）Oracle数据库（DBMS）及专用开发工具产品

1. Oracle数据库产品。

1984年，Oracle首先将关系数据库转到了桌面计算机上。在Oracle的版本5中，率先推出了分布式数据库、客户/服务器结构等崭新的概念。

Oracle的版本6首创行锁定模式以及对称多处理计算机的支持。

Oracle 7增强了分布式处理功能并提升了并发访问的能力。

Oracle 8主要增加了对象技术，成为关系—对象数据库系统。Oracle 8i则在此基础上针对Internet应用作了大量的完善。

Oracle 9i通过提供用于电子商务环境的一系列特定功能和产品包，像Oracle 8i那样继续聚焦于Internet。Oracle 9i允许客户将所有类型的多媒体内容存储、管理和合并到单个数据库中。Oracle 9i大大加强了Oracle 8i数据库功能，以充当创建、管理和传递因特网内容的平台。

Oracle 10g中的g是Grid的缩写，它的特性体现在grid网格计算能力方面。用户和服务都在网络上，对于服务提供商来说，服务变得更为可靠，负载均衡更为灵活，具有无限的扩展能力，并在可用性和易管理性方面有重大提升。

2007 年 7 月 12 日，Oracle 公司在美国纽约宣布推出 Oracle 11g。Oracle 数据库 11g 提供了高性能、伸展性、可用性、安全性，并能更方便地在低成本服务器和存储设备组成的网格上运行。Oracle 数据库 11g 还可方便地部署在任何服务器上，从小刀片服务器到最大型的 SMP 服务器以及其他所有型号等。

Oracle 数据库版本采用分级编码，例如：Oracle 9.0.1.1.2 中，各位分别代表：

9：版本号

0：新特性版本号

1（第一个）：维护版本号

1（第二个）：普通的补丁设置号码

2：特殊的平台补丁设置号码

目前，Oracle 产品覆盖了大、中、小型机等几十种机型，Oracle 数据库成为世界上使用最广泛的关系数据系统之一。

2. Oracle 专用开发工具产品。

Oracle 的专用开发工具包有 Developer 2000、Designer 2000、Discover 2000、Oracle Office 等，它涵盖了从建模、分析、设计到具体实现的各个环节。

（1）Developer 2000。Developer 2000 是由早期字符界面的开发工具 SQL Forms、SQL Menu、SQL Report、SQL Graphics、SQL Plus 发展而来。

Developer 2000 包括：Oracle Forms 用于快速生成基于屏幕的复杂应用，具有 GUI 界面和多媒体功能，主要用于操纵数据和查询；Oracle Reports 是快速生成报表的工具，能生成各种复杂的报表，同样能处理多媒体信息；Oracle Graphics 用于生成各种图形应用；Oracle Books 用于生成联机文档。

（2）Designer 2000。Designer 2000 是 Oracle 提供的 CASE 工具，它能够帮助用户对复杂系统进行建模、分析和设计，还可以帮助用户绘制 ER 图、功能分层图、数据流图和方阵图。

（3）Discover 2000。Discover 2000 是一个 OLAP 工具，主要用于支持数据仓库应用。它可以对历史数据进行挖掘，以找到发展趋势，对不同层次的概况数据进行分析，以便发现有关业务的详细信息。

（4）Oracle Office。Oracle Office 属办公自动化产品，能完成企业范围内的消息接收与发送、日程安排、日历管理、目录管理以及拼写检查。

Oracle 公司是目前业界唯一有能力提供数据库产品、开发工具、系统平台、应用系统产品的集成化供应商。

除前述的数据库服务器、开发工具产品外，Oracle 公司提供的系统平台及应用产品包括：用于建立和交付基于 Web 的 Internet 平台、具有 Internet 能力的商业应用系统、如全套企业资源规划（ERP）、客户关系管理（CRM）应用产品、决策支持（OLAP）、电子商务应用产品（e-Business）等。

（四）Oracle 数据库服务器管理（安装、运行维护）必备知识

（1）一个表空间只能属于一个数据库，每个数据库最少有一个表空间（System 表空间）。

（2）每个数据库最少有一个控制文件（建议3个，分别放在不同的磁盘上），每个数据库最少有两个联机日志组，每组最少一个联机日志文件。

（3）一个数据文件只能属于一个表空间，一个数据文件一旦被加入到一个表空间中，就不能再从这个表空间中移走，也不能再加入到其他表空间中。

（4）建立新的表空间需要建立新的数据文件。

（5）数据文件被Oracle格式化为Oracle块，Oracle 9i以前版本中，Oracle块的大小是在第一次创建数据库时设定的，并且以后不能改变，要想改变，只能重建数据库。

（6）一个块的最大长度为16K（有2K、4K、8K、16K几种选择）。每个数据库最大文件数按块大小不同而不同：2K时最多20000个文件，4K时最多40000个文件，8K或以上时最多65536个文件。

（7）一个段只能属于一个表空间，但可以属于多个数据文件。

（8）单独一个事务不能跨越多个回滚段。

（9）数据被提交（COMMIT）后，数据不一定立即写盘（数据文件）。

（10）一个事务即使不被提交，也会被写入到重做日志中。

（11）在初始安装时建立的缺省数据库，实例名为ORCL。

（12）Oracle Server可以同时启动多个数据库。

（13）一套操作系统上可以安装多个版本的Oracle数据库系统（UNIX可以，NT不可以）；一套Oracle数据库系统中可以有多个Oracle数据库及其相对应的实例；每个Oracle数据库拥有一个数据库实例。

（14）数据字典是由Oracle自动建立并更新的一组表，这些表中记录用户名称、描述表和视图以及有关用户权限等的信息。数据字典是只读的，每个用户都可以访问数据字典，DBA可通过数据字典来监视Oracle RDBMS的使用，并帮助用户完成其应用。Oracle RDBMS本身也要利用数据库字典来管理和控制整个数据库。

二、J2EE简介

J2EE（Java 2 Enterprise Edition，J2EE现已被更名为Java EE，全称为Java Platform，Enterprise Edition）是建立在Java2平台上的企业级应用的解决方案。

目前，Java2平台有3个版本，它们是适用于小型设备和智能卡的Java2平台Micro版（Java 2 Micro Edition，J2ME）、适用于桌面系统的Java2平台标准版（Java 2 Standard Edition，J2SE）、适用于创建服务器应用程序和服务的Java2平台企业版（Java 2 Enterprise Edition，J2EE）。

J2EE并非是具体的产品，而是一系列标准，由Sun公司提出，符合这个标准的产品叫“实现”。市场上已有很多实现了J2EE的产品，如BEA公司的WebLogic，IBM公司的WebSphere以及开源的JBoss等。

J2EE同时也是一种利用Java2平台来简化企业解决方案的开发、部署和管理相关的复杂问题的体系结构。J2EE技术的基础就是核心Java平台或Java2平台的标准版，J2EE不仅巩固了标准版中的许多优点，例如“编写一次、随处运行”的特性、方便存取数据库的JDBCAPI、CORBA技术以及能够在Internet应用中保护数据的安全模式等，同时还提供了对EJB（Enterprise Java Bean）、Java Servlets API、JSP（Java Server Pages）以及XML技术的全面支持。J2EE的最终目的就是成为一个能够使企业开发者提高应用系统开发效率的体系结构，简化企业管理信息系统的开发，部署和管理等复杂问题。J2EE已经成为企业级开发的工业标准和首选平台。

J2EE体系结构提供中间层集成框架用来满足无须太多费用而又需要高可用性、高可靠性以及可扩展性的应用的需求。

（一）J2EE的优势

1. 保留现有资源。

由于企业必须适应新的商业需求，利用已有的企业信息系统方面的投资就变得很重要。J2EE架构可以充分利用用户原有的资源，如一些公司使用的BEA Tuxedo、IBM-CICS、IBM Encina、Inprise Visi Broker以及Netscape Application Server。由于基于J2EE平台的产品几乎能够在任何操作系统和硬件配置上运行，现有的操作系统和硬件也能被保留使用。

2. 高效的开发。

J2EE允许公司把一些通用的、很繁琐的服务端任务交给中间件去完成。这样开发人员可以集中精力在如何创建商业逻辑上，相应地缩短了开发时间。高级中间件提供以下服务：

①状态管理服务——让开发人员写更少的代码，不用关心如何管理状态，这样能够更快地完成程序开发。

②持续性服务——让开发人员不用对数据访问逻辑进行编码就能编写应用程序，能生成更轻巧，与数据库无关的应用程序，这种应用程序更易于开发与维护。

③分布式共享数据对象CACHE服务——让开发人员编制高性能的系统，极大提高整体部署的伸缩性。

3. 支持异构环境。

J2EE能够开发部署在异构环境中的可移植程序。基于J2EE的应用程序不依赖任何特定操作系统、中间件、硬件。因此设计合理的基于J2EE的程序只需开发一次就可部署到各种平台。J2EE标准也允许客户订购与J2EE兼容的第三方的现成的组件，把他们部署到异构环境中。

4. 高可伸缩性。

企业必须要选择一种服务器端平台，这种平台应能提供极佳的可伸缩性去满足那些在他们系统上进行商业运作的大批新客户。基于J2EE平台的应用程序可被部署到各种操作系统上。例如，可被部署到高端UNIX与大型机系统，这种系统单机可支持64～256个处理器。J2EE领域的供应商提供了更为广泛的负载平衡策略，能消除系统中的“瓶颈”，允许多台服务器集成部署。这种部署可达数千个处理器，实现可高度伸缩的系统，满足未来商业应用的需要。

5. 稳定的可用性。

一个服务器端平台必须能全天候运转以满足公司客户、合作伙伴的需要。J2EE部署到可靠的操作环境中，具有长期的可用性。一些J2EE部署在Windows环境中，客户也可选择健壮性能更好的操作系统如 SunSolaris、IBMOS/390。

（二）J2EE（功能/组件）分布式应用模型

J2EE 使用多层的分布式应用模型，应用逻辑按功能划分为组件，各个应用组件根据他们所在的层分布在不同的机器上。

J2EE 的初衷正是为了解决两层 C/S 模式的弊端，在这种模式中，客户端担当了过多的角色而显得臃肿，第一次部署的时候比较容易，但难以升级或改进，可伸展性也不理想，使业务逻辑和界面逻辑的重用非常困难。J2EE 的多层企业级应用模型将两层模型切分成许多层。

一个多层化应用能够为每种不同的服务提供一个独立的层。J2EE 典型的四层结构包括（见图 3－36）：①运行在客户端机器上的客户层组件；②运行在 J2EE 服务器上的 Web 层组件；③运行在 J2EE 服务器上的业务逻辑层组件；④运行在数据库服务器上的企业信息系统（EIS）层软件。

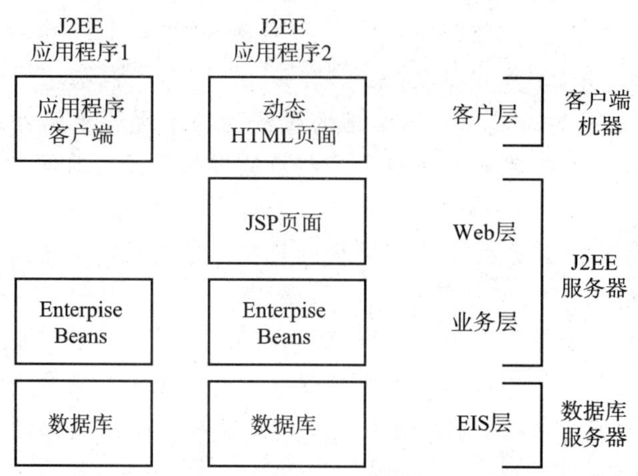

图 3－36　J2EE 四层结构

组件是 J2EE 应用程序的基本结构单元，是具有独立功能的软件单元，它们通过相关的类和文件组装成 J2EE 应用程序，并与其他组件交互。

J2EE 中定义了三种组件：客户端应用程序和 Applets（客户层组件）、Java Servlet 和 Java Server Pages（JSP）（Web 层组件）、Enterprise Java Beans（EJB）（业务层组件）。

1. 客户层组件。

J2EE 应用程序可以是基于 Web 方式的，也可以是基于传统方式的。前者可由 HTML 页面中嵌入的 Applets 实现，后者则是由独立的 Applets 完成。

2. Web 层组件。

J2EE Web 层组件可以是 JSP 页面或 Servlet。按照 J2EE 规范，静态的 HTML 页面和 Applets 不算是 Web 层组件。

图 3－37 中描述了 J2EE 中客户层与 Web 层组件的协作关系。传统方式的客户层组件直接与业务层打交道，而基于 Web 方式的客户层，则由 Web 层中的 Java Bean 对象来

处理用户输入，并把输入发送给运行在业务层上的 Enterprise Bean 来进行处理。

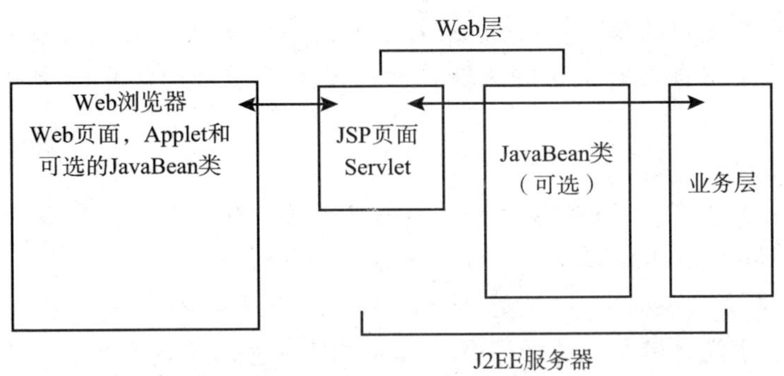

图 3－37 J2EE 中 Web 层组件

3. 业务层组件。

业务层代码的逻辑用来满足银行、零售、金融等特殊商务领域的需要，由运行在业务层上的 Enterprise Bean 进行处理。图 3－38 表明了一个 Enterprise Bean 是如何从客户端程序接收数据，进行处理（如果必要的话），并发送到 EIS 层储存的，这个过程也可以逆向进行。

有三种企业级的 Bean：会话（Session）Beans、实体（Entity）Beans 和消息驱动（Message-driven）Beans。会话 Bean 表示与客户端程序的临时交互。当客户端程序执行完后，会话 Bean 和相关数据就会消失。相反，实体 Bean 表示数据库的表中一行永久的记录。当客户端程序中止或服务器关闭时，就会有潜在的服务保证实体 Bean 的数据得以保存。消息驱动 Bean 结合了会话 Bean 和 JMS（Java Message Service）的消息监听器特性，允许一个业务层组件异步接收 JMS 消息。

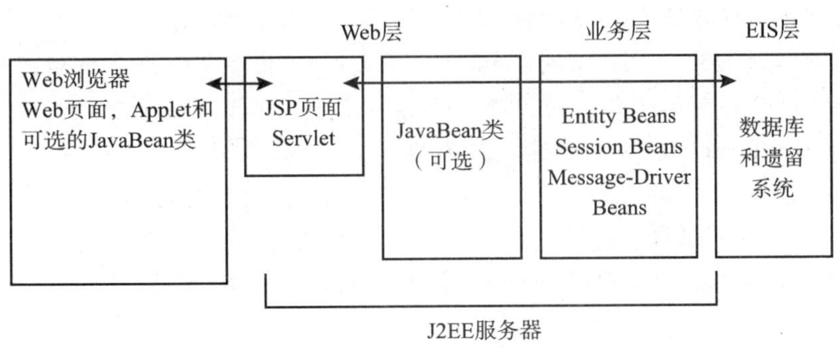

图 3－38 J2EE 中业务层组件

4. 企业信息系统层。

企业信息系统层处理企业信息系统软件，包括企业基础建设系统，例如，企业资源计划（ERP）、大型机事务处理、数据库系统和其他的遗留信息系统。例如，J2EE 应用组件可能为了数据库连接需要访问企业信息系统。

（三）J2EE 的“容器和服务”结构

基于组件、具有平台无关性的 J2EE 结构使得 J2EE 程序的编写十分简单，因为业务逻辑被封装成可复用的组件，并且 J2EE 服务器以容器的形式为所有的组件类型提供后台服务。因为不用自己开发这种服务，所以开发人员可以集中精力解决手头的业务问题。

1. 容器和服务。

容器设置定制了 J2EE 服务器所提供的内在支持，包括安全、事务管理、JNDI（Java Naming and Directory Interface）寻址、远程连接等服务。

（1）J2EE 安全（Security）模型可以让你配置 Web 组件或 Enterprise Bean，这样只有被授权的用户才能访问系统资源。每一客户属于一个特定的角色，而每个角色只允许激活特定的方法。你应在 Enterprise Bean 的布置描述中声明角色和可被激活的方法。

（2）J2EE 事务管理（Transaction Management）模型允许你指定组成一个事务中所有方法间的关系，这样一个事务中的所有方法被当成一个单一的单元。当客户端激活一个 Enterprise Bean 中的方法，容器介入一管理事务。因有容器管理事务，在 Enterprise Bean 中不必对事务的边界进行编码。要求控制分布式事务的代码会非常复杂。你只需在布置描述文件中声明 Enterprise Bean 的事务属性，而不用编写并调试复杂的代码。容器将读此文件并为你处理此 Enterprise Bean 的事务。

（3）JNDI 寻址（JNDI Lookup）服务向企业内的多重名字和目录服务提供了一个统一的接口，这样应用程序组件可以访问名字和目录服务。

（4）J2EE 远程连接（Remote Client Connectivity）模型管理客户端和 Enterprise Bean 间的低层交互，当一个 Enterprise Bean 创建后，一个客户端调用它就像它和客户端位于同一机器上一样。

（5）生命周期管理（Life Cycle Management）模型管理 Enterprise Bean 的创建和移除，一个 Enterprise Bean 在其生命周期中将会历经几种状态。容器创建 Enterprise Bean，并在可用实例池与活动状态中移动它，而最终将其从容器中移除。

（6）数据库连接池（Database Connection Pooling）模型是一个有价值的资源。完成数据库连接是一项耗时的工作，而且连接数非常有限。容器通过管理连接池来缓和这些问题。Enterprise Bean 可从池中迅速获取连接。

2. 容器类型。

J2EE 应用组件可以安装部署到以下几种容器中去（见图 3－39）：

（1）EJB 容器管理所有 J2EE 应用程序中企业级 Bean 的执行。Enterprise Bean 和它们的容器运行在 J2EE 服务器上。

（2）Web 容器管理所有 J2EE 应用程序中 JSP 页面和 Servlet 组件的执行。Web 组件和它们的容器运行在 J2EE 服务器上。

（3）应用程序客户端容器管理所有 J2EE 应用程序中应用程序客户端组件的执行，应用程序客户端和它们的容器运行在客户端机器上。

（4）Applet 容器是运行在客户端机器上的 Web 浏览器和 Java 插件的结合。

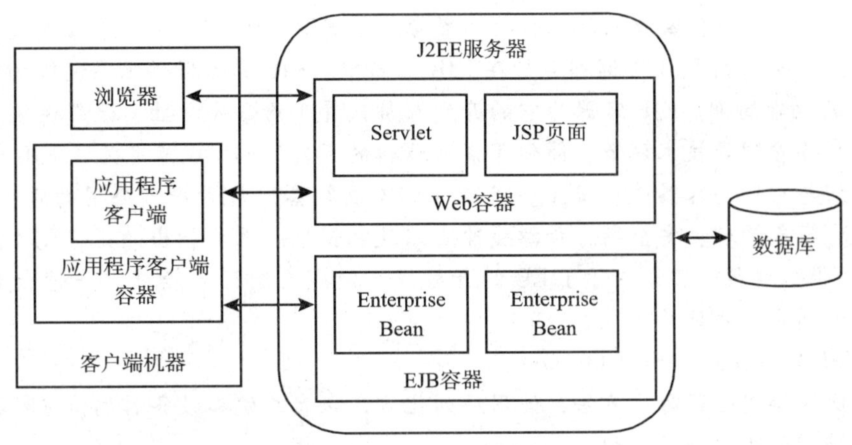

图 3－39　J2EE 中的容器

（四）J2EE 的核心 API 与组件

J2EE 平台由一整套服务（Services）、应用程序接口（APIs）和协议构成，它对开发基于 Web 的多层应用提供了功能支持。下面对 J2EE 中的各种组件、服务和 API，进行更加详细的阐述，看看在开发不同类型的企业级应用时，根据各自需求和目标的不同，应当如何灵活使用并组合不同的组件和服务。限于篇幅，这里只能进行简单的描述。

1. JDBC（Java Database Connectivity）。

JDBC API 是一个标准 SQL 数据库访问接口，为访问不同的数据库提供了一种统一的途径，它使数据库开发人员能够用标准 Java API 编写数据库应用程序。利用 JDBC API 可以执行一般的 SQL 语句、动态 SQL 语句及带 IN 和 OUT 参数的存储过程。与 ODBC（Open Database Connectivity）一样，JDBC 对开发者屏蔽了一些细节问题，对数据库的访问也具有平台无关性。

2. JNDI（Java Name and Directory Interface）。

JNDI API 被用于执行名字和目录服务，它提供了一致的模型来存取和操作企业级的资源。由于 J2EE 应用程序组件一般分布在不同的机器上，所以需要一种机制以便于组件客户使用者查找和引用组件及资源。在 J2EE 体系中，使用 JNDI 定位各种对象，这些对象包括 EJB、数据库驱动、JDBC 数据源及消息连接、本地文件系统及应用服务器中的对象等。JNDI API 为应用程序提供了一个统一的接口来完成标准的目录操作，如通过对象属性来查找和定位该对象。由于 JNDI 是独立于目录协议的，应用还可以使用 JNDI 访问各种特定的目录服务，如 LDAP、NDS 和 DNS 等。

3. EJB（Enterprise Java Bean）。

J2EE 技术之所以赢得某体广泛重视的原因之一就是 EJB。它们提供了一个框架来开发和实施分布式商务逻辑，由此很显著地简化了具有可伸缩性和高度复杂的企业级应用的开发。EJB 定义了一组可重用的组件：Enterprise Beans。开发人员可以利用这些组件，像搭积木一样建立分布式应用。在装配组件时，所有的 Enterprise Beans 都需要配置到 EJB 服务器（一般的 WebLogic、WebSphere 等 J2EE 应用服务器都是 EJB 服务器）

中。EJB 服务器作为容器和低层平台的桥梁管理着 EJB 容器，并向该容器提供访问系统服务的能力。所有的 EJB 实例都运行在 EJB 容器中。EJB 容器提供了系统级的服务，控制了 EJB 的生命周期。EJB 容器为它的开发人员代管了诸如安全性、远程连接、生命周期管理及事务管理等技术环节，简化了商业逻辑的开发。EJB 规范定义了 EJB 组件在何时以及如何与它们的容器进行交互。容器（EJB 服务器）负责提供公用的服务，例如，目录服务、事务管理、安全性、资源缓冲池以及容错性。需要指出的是，EJB 并不是实现 J2EE 的唯一途径。正是由于 J2EE 的开放性，使得有的厂商能够以一种和 EJB 平行的方式来达到同样的目的。

4. RMI（Remote Method Invoke）。

RMI 协议调用远程对象方法，使用序列化方式在客户端和服务器端传递数据，是一种被 EJB 使用的更底层的协议。

5. Java IDL/CORBA。

在 Java IDL 的支持下，开发人员可以将 Java 和 CORBA 集成在一起。他们可以创建 Java 对象并使之可在 CORBAORB 中展开，或者他们还可以创建 Java 类并作为和其他 ORB 一起展开的 CORBA 对象的客户。后一种方法提供了另外一种途径，通过它 Java 可以用于将你的新的应用和旧的系统相集成。

6. JSP（Java Server Pages）。

JSP 是一种实现普通静态 HTML 和动态页面输出混合编码的技术，JSP 页面由 HTML 代码和嵌入其中的 Java 代码所组成。服务器在页面被客户端所请求以后对这些 Java 代码进行处理，然后将生成的 HTML 页面返回给客户端的浏览器。从这一点来看，非常类似 Microsoft ASP、PHP 等技术。借助形式上的内容和外观表现的分离，Web 页面制作的任务可以比较方便地划分给页面设计人员和程序员，并方便地通过 JSP 来合成。在运行时态，JSP 将会被首先转换成 Servlet，并以 Servlet 的形态编译运行，因此它的效率和功能与 Servlet 相比没有差别，一样具有很高的效率。

7. Java Servlet。

Servlet 是一种小型的 Java 程序，它扩展了 Web 服务器的功能。Servlet 是 Java 平台上的 CGI 技术。Servlet 在服务器端运行，当被请求时开始执行，并动态地生成 Web 页面。与传统的 CGI 和许多其他类似 CGI 的技术相比，Java Servlet 具有更高的效率并更容易使用。对于 Servlet，重复的请求不会导致同一程序的多次转载，它是依靠线程的方式来支持并发访问的。与 JSP 不同的是，JSP 通常是大多数 HTML 代码中嵌入少量的 Java 代码，而 Servlets 全部由 Java 写成并且生成 HTML。

8. XML（Extensible Markup Language）。

XML 是一种可以用来定义其他标记语言的语言，它被用来在不同的商务过程中共享数据。XML 的发展和 Java 是相互独立的，但是，它和 Java 具有的相同目标正是平台独立性。通过将 Java 和 XML 的组合，你可以得到一个完美的具有平台独立性的解决方案。

9. JAAS（Java Authentication and Authorization Service）。

JAAS 实现了一个 Java 版本的标准 Pluggable Authentication Module（PAM）框架。JAAS 可用来进行用户身份的鉴定，从而能够可靠并安全地确定谁在执行 Java 代码。同时 JAAS 还能通过对用户进行授权，实现基于用户的访问控制。

10. JACC（Java Authorization Service Provider Contract for Containers）。

JACC在J2EE应用服务器和特定的授权认证服务器之间定义了一个连接的协约，以便将各种授权认证服务器插入到J2EE产品中去。

11. JCA（J2EE Connector Architecture）。

JCA是J2EE体系架构的一部分，为开发人员提供了一套连接各种企业信息系统（EIS，包括ERP、SCM、CRM等）的体系架构，对于EIS开发商而言，它们只需要开发一套基于JCA的EIS连接适配器，开发人员就能够在任何的J2EE应用服务器中连接并使用它。基于JCA的连接适配器的实现，需要涉及J2EE中的事务管理、安全管理及连接管理等服务组件。

12. JMS（Java Message Service）。

JMS是一组用于和面向消息的中间件相互通信的应用程序接口，它提供创建、发送、接收、读取消息的服务。它既支持点对点的消息通信，也支持发布/订阅（Publish/Subscribe）式的消息通信。JMS API定义了一组公共的应用程序接口和相应语法，使得Java应用能够和各种消息中间件进行通信，这些消息中间件包括IBM MQ-Series、Microsoft MSMQ及纯Java的Sonic MQ。通过使用JMS API，开发人员无须掌握不同消息产品的使用方法，即可以使用统一的JMS API来操纵各种消息中间件。JMS还提供了另一种方式来对您的应用与旧的后台系统相集成，能够最大限度地提升消息应用的可移植性。

13. JTA（Java Transaction Architecture）。

JTA定义了一种标准的API，提供了J2EE中处理事务的标准接口，它支持事务的开始、回滚和提交。同时在一般的J2EE平台上，提供一个JTS（Java Transaction Service）作为标准的事务处理服务，开发人员可以通过JTA来使用JTS。

14. JTS（Java Transaction Service）。

JTS是CORBAOTS事务监控的基本的实现。JTS规定了事务管理器的实现方式。该事务管理器是在高层支持Java Transaction API（JTA）规范，并且在较底层实现OMGOTS Specification（OMG：Object Management Group，对象管理组织；OTS：Object Transaction Service，对象事务服务）的Java映像。JTS事务管理器为应用服务器、资源管理器、独立的应用以及通信资源管理器提供了事务服务。

15. Java Mail。

Java Mail是用于存取邮件服务器的API，它提供了一套邮件服务器的抽象类。不仅支持SMTP服务器，也支持IMAP服务器。Java Mail利用JAF（Java Beans Activation Framework）来处理MIME编码的邮件附件。MIME的字节流可以被转换成Java对象，或者转换自Java对象。大多数应用都可以不需要直接使用JAF。

（五）企业级应用示例

下面我们通过一个企业应用的J2EE实现，来了解各种组件和服务的应用。假设应用对象是计算机产品的生产商/零售商的销售系统，这个销售系统能够通过自己的网站发布产品信息，同时也能将产品目录传送给计算机产品交易市场。销售系统能够在线接受订单（来自自己的Web网站或者来自计算机产品交易市场），并随后转入内部企业管理系统进行相关的后续处理。

图 3－40 中，这个企业应用可以这种方式架构。该企业应用的核心是产品目录管理和产品订购管理这两个业务逻辑，使用 EJB 加以实现，并部署在 EJB 容器中。由于产品目录和订购信息都需要持久化，因此使用 JDBC 连接数据库，并使用 JTA 来完成数据库存取事务。

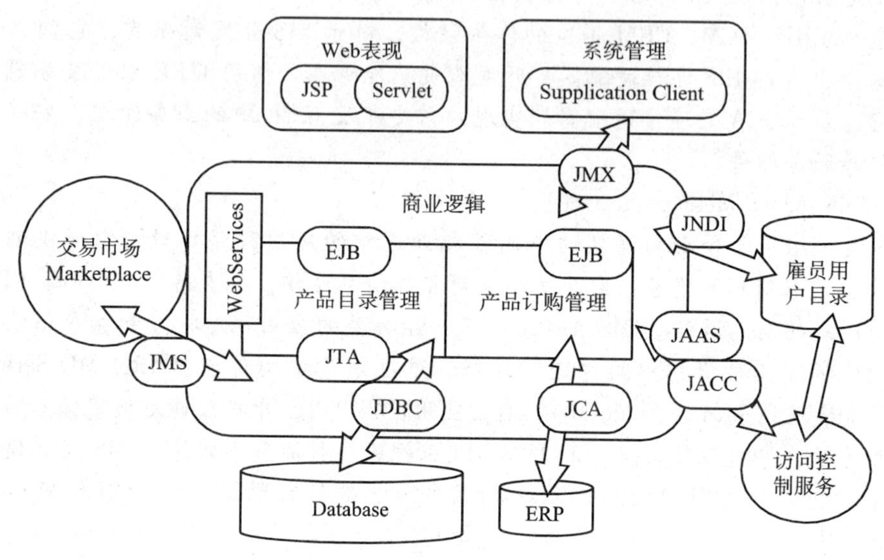

图 3－40　J2EE 应用示例

然后使用 JSP/Servlet 来实现应用的 Web 表现：在线产品目录浏览和在线订购。为了将产品目录发送给特定的交易市场，使用 JMS 实现异步的基于消息的产品目录传输。为了使得更多的其他外部交易市场能够集成产品目录和订购业务，需要使用 WebServices 技术包装商业逻辑的实现。由于产品订购管理需要由公司内部雇员进行处理，因此需要集成公司内部的用户系统和访问控制服务以方便雇员的使用，使用 JACC 集成内部的访问控制服务，使用 JNDI 集成内部的用户目录，并使用 JAAS 进行访问控制。由于产品订购事务会触发后续的企业 ERP 系统的相关操作（包括仓储、财务、生产等），需要使用 JCA 连接企业 ERP。

最后为了将这个应用纳入到企业整体的系统管理体系中去，使用 Application Client 架构了一个管理客户端（与其他企业应用管理应用部署在一台机器上），并通过 JMX 管理这个企业应用。

（本书用图由《TheJ2EETutorial》中的英文图修改而成）

三、Tomcat 简介

B/S 模式中，客户端以浏览器作为一致性的操作界面从而避免了 C/S 模式客户端程序的多样性，而服务器端的开放和基于标准的连接方案使企业很方便地通过 Internet 同外界联系。

一个基于 Web 技术的应用系统的成败主要在于它所提供的内容和功能，而支持这些内容和功能的Web服务器起着非常重要的作用。

在Web服务器中，实现与客户交互的，是各种Web语言，这些语言需要在Web服务器中运行，并支持交互的Web。Tomcat即是一个JSP和Servlet的运行平台。

（一）Tomcat概述

Tomcat是独立的Web服务器与Servlet Container。不过，其Web服务器的功能则不如许多更健全的Web服务器完整，如Apache Web服务器（如Tomcat没有大量的选择性模块）。不过，Tomcat是一个免费、开源的Serlvet容器，它是Apache基金会的Jakarta项目中的一个核心项目，由Apache、Sun和其他一些公司及个人共同开发而成。由于有了Sun的参与和支持，最新的Servlet和JSP规范总能在Tomcat中得到体现。

Tomcat曾被JavaWorld杂志的编辑选为2001年度最具创新的Java产品，同时它又是Sun公司官方推荐的Servlet和JSP容器（具体可以见http：//java. sun. com/products/jsp/tomcat/），因此其越来越受到软件公司和开发人员的喜爱。

Tomcat提供了各种平台的版本供下载，可以从http：//jakarta. apache. org上下载其源代码版或者二进制版。由于Java的跨平台特性，基于Java的Tomcat也具有跨平台性。

（二）Tomcat的功能

与传统的桌面应用程序不同，Tomcat中的应用程序是一个WAR（Web Archive）文件。WAR是Sun提出的一种Web应用程序格式，与JAR类似，也是许多文件的一个压缩包。这个包中的文件按一定目录结构来组织：通常其根目录下包含有Html和JSP文件或者包含这两种文件的目录，另外还会有一个WEB-INF目录，这个目录很重要。通常在WEB-INF目录下有一个web. xml文件和一个classes目录，web. xml是这个应用的配置文件，而classes目录下则包含编译好的Servlet类和JSP或Servlet所依赖的其他类（如JavaBean）。通常这些所依赖的类也可以打包成JAR放到WEB-INF下的lib目录下，当然也可以放到系统的CLASSPATH中，但那样移植和管理起来不方便。

在Tomcat中，应用程序的部署很简单，你只需将你的WAR放到Tomcat的webapp目录下，Tomcat会自动检测到这个文件，并将其解压。你在浏览器中访问这个应用的JSP时，通常第一次会很慢，因为Tomcat要将JSP转化为Servlet文件，然后编译。编译以后，访问将会很快。另外Tomcat也提供了一个应用：manager，访问这个应用需要用户名和密码，用户名和密码存储在一个xml文件中。通过这个应用，辅助于Ftp，你可以在远程通过Web部署和撤销应用。当然本地也可以。

Tomcat不仅仅是一个Servlet容器，它也具有传统的Web服务器的功能：处理Html页面。但是与Apache相比，它的处理静态Html的能力就不如Apache。

从Tomcat 4开始，提供了对Servlet2. 3规范的支持，可以利用其实现事件监听器功能，来对应用或者Session实行监听。

Tomcat也提供其他的一些特征，如与SSL集成到一块，实现安全传输。还有Tomcat也提供JNDI支持，这与那些J2EE应用服务器提供的是一致的。

谈到应用服务器（如WebLogic）与Tomcat有何区别，可以这么认为：应用服务器提供更多的J2EE特征，如EJB、JMS、JAAS等，同时也支持JSP和Servlet。而Tomcat则功能没有那么强大，它不提供EJB等支持。但如果与JBoss（一个开源的应用服务器）集成到一块，则可以实现 J2EE 的全部功能。

既然应用服务器具有 Tomcat 的功能，那么 Tomcat 有没有存在的必要呢？事实上，我们的很多中小应用不需要采用 EJB 等技术，JSP 和 Servlet 已经足够了，这时如果用应用服务器就有些浪费了。而 Tomcat 短小精悍，配置方便，能满足我们的需求，这种情况下我们自然会选择 Tomcat。

基于 Tomcat 的开发其实主要是 JSP 和 Servlet 的开发。JSP（Java Server Page）是在普通 Html 中嵌入了 Java 代码的一个脚本，在这一点上，它与其他的脚本语言（如 ASP，PHP）一样，但它与其他语言不同的是：其他脚本语言由服务器直接解释这个脚本，而 JSP 则由 JSP 容器（如 Tomcat）首先将其转化为 Servlet，然后再调用 Javac 将 Servlet 编译为 Class 文件。最终，服务器解释的是 Class 文件。

Servlet 其实是一个特殊的 Java 类，Servlet 类一般从 Http Servlet 类继承而来，在这个类中至少要实现 doGet 或者 doPost 函数，在这两个函数中处理来自客户的请求，然后将结果返回。Servlet 和 JSP 是 Sun 公司 J2EE 架构中重要的部分。由于基于 Java 语言，因此其可以方便的调用功能强大的 Java API（如 JDBC）。

开发 JSP 和 Servlet 非常简单，你可以用普通的文本编辑器或者 IDE，然后将其打包成 WAR 即可。

Tomcat 也可以与其他一些软件集成起来实现更多的功能，如与上面提到的 JBoss 集成起来开发 EJB。

（三）安装及配置

安装 Tomcat 之前你的系统必须安装了 JDK1.2 以上版本。在 Windows 环境下，按照一般的 Windows 程序安装步骤即可安装好 Tomcat，安装时它会自动寻找你的 JDK 的位置。此处仅介绍 Linux 环境下 Tomcat 的安装。

1. J2SDK 安装。

在 Linux 中安装 J2SDK 的步骤如下：

（1）到 http://www.java.sun.com 下载 j2sdk，如 j2sdk-1_4_2_04-linux-i586-rpm.bin。

（2）在终端中转到 j2sdk-1_4_2_04-linux-i586-rpm.bin 所在的目录，输入命令 chmod +x j2sdk-1_4_2_04-linux-i586-rpm.bin，添加执行的权限。

（3）执行命令./j2sdk-1_4_2_04-linux-i586-rpm.bin，生成 j2sdk-1_4_2_04-linux-i586.rpm 的文件。

（4）执行命令 chmod +x j2sdk-1_4_2_04-linux-i586.rpm，给 j2sdk-1_4_2_04-linux-i586.rpm 添加执行的权限。

（5）执行命令 rpm j2sdk-1_4_2_04-linux-i586.rpm，安装 j2sdk。

（6）安装界面会出现授权协议，按 Enter 键接受，把 j2sd 安装在/usr/java/j2sdk1.4.2_04。

（7）设置环境变量，在/etc/profile.d/目录下建立文件 java.sh，文件的内容如下：

```
#set java environment
export JAVA_HOME=/usr/java/j2sdk1.4.2_04
export
```

```
CLASSPATH = . : $JAVA_HOME/lib: $JAVA_HOME/jre/lib:/usr/java/jdbc
    export PATH = $JAVA_HOME/bin: $JAVA_HOME/jre/bin : $PATH
```

（8）执行命令 chmod 755 /etc/profile. d/java. sh，给 java. sh 分配权限。

在终端中分别执行命令 javac – help 和 java – version，如果看到有关的信息，则表示 j2sdk 已成功安装。

2. Tomcat 安装。

在 Linux 中安装 Tomcat 的步骤如下：

（1）访问 http：//jakarta. apache. org/tomcat/index. html，下载二进制版的 tomcat，如 jakarta – tomcat – 5. 5. 10. tar. gz，解压到/usr/local 目录：

```
cd /usr/local
gzip – zxvf jakarta – tomcat – 5. 5. 10. tar. gz
```

（2）修改 $tomcat/bin/startup. sh 和 shutdown. sh 文件。

```
    export JAVA_HOME = /usr/java/j2sdk1. 4. 2_04
    export CATALINA_HOME = /usr/local/tomcat – 5. 5. 10
    export
CLASSPATH = . : $JAVA_HOME/lib: $JAVA_HOME/jre/lib:/usr/java/jdbc
    export PATH = $JAVA_HOME/bin: $JAVA_HOME/jre/bin: $PATH
```

（3）执行 startup. sh 即可在 http：//localhost：8080/ 访问到 tomcat 的缺省面页。

不论什么平台，都需要设置 JAVA_HOME 变量，Windows 下用 set JAVA_HOME = c：/jdk，Linux 下用 export JAVA_HOME = /usr/local/jdk，设置完毕后就可以运行 tomcat 服务器了。

Linux 下用/usr/local/bin/startup. sh，相应的关闭 Tomcat 的命令为 c：/tomcat/bin/shutdown 和/usr/local/bin/shutdown. sh。

启动后可以在浏览器中输入 http：//localhost：8080/测试，由于 tomcat 本身具有 Web 服务器的功能，因此我们不必安装 apache，当然其也可以与 apache 集成到一起。

（四）Tomcat 的特点

1. 单独运行 Tomcat 的优点。

（1）容易架设。下载 Tomcat，设定一些配置，就完成了。不需要花费时间将 Web 服务器的连接器整合至其他的 Web 服务器中。

（2）不需要担心连接器。永远不需要排除在其他 Web 服务器与 Tomcat 之间的任何性能或联机方面的问题。

（3）有较佳的安全防护。相对于其他以 C、C ++ 所编写的 Web 服务器，Tomcat 比较能忍受远程缓冲区溢位的攻击。因为 Tomcat 的 Java 虚拟机是位于网络及操作系统之间，它可以防止几乎所有类型的缓冲区溢位攻击。使用 Tomcat 的安全防护领域，可以指定对各个资源的访问。

（4）容易移植。可以将 Tomcat 服务器（以及应用程序）移植到不同的服务器、操作系统甚至架构上。因为 Tomcat 是用 Java 编写的，因此可以将其整个目录结构的内容复制到其他计算机上运行，而完全不需要任何改变，甚至于新的计算机的架构与原来的不同也一样。

2. 单独运行 Tomcat 的缺点。

（1）Tomcat 的支持软件比较少。Tomcat 内建 Web 服务器的支持软件比 Apache Web 服务器少。

（2）Tomcat 的 Web 服务器功能少。相对于 Tomcat Web 服务器，Apache 服务器有更完整的功能。

（3）虽然 Tomcat 运行速度快，但还没有 Apache 快。虽然 Tomcat 服务器比 Apache 慢，不过足以运行大多数的企业系统，只是在提供静态页面内容上没有 Apache 快。

四、Windows 下 JSP 开发环境的搭建

执行 JSP 时需要在 Web 服务器上架设一个编译 JSP 网页的引擎。配置 JSP 环境可以有多种途径，但主要工作就是安装和配置 Web 服务器和 JSP 引擎。

要学习 JSP 开发，必须先搭建一个符合 JSP 规范的开发环境。下面就以 Tomcat 作为 JSP 引擎，配合 Tomcat、Apache、IIS 这三种 Web 服务器来讲述 3 种搭建 JSP 运行环境的方案。

（一）相关软件介绍

（1）J2SDK：Java2 的软件开发工具，是 Java 应用程序的基础。JSP 是基于 Java 技术的，所以配置 JSP 环境之前必须要安装 J2SDK。

（2）Apache 服务器：Apache 组织开发的一种常用 Web 服务器，提供 Web 服务。

（3）Tomcat 服务器：Apache 组织开发的一种 JSP 引擎，本身具有 Web 服务器的功能，可以作为独立的 Web 服务器来使用。但是，在作为 Web 服务器方面，Tomcat 处理静态 HTML 页面时不如 Apache 迅速，也没有 Apache 健壮，所以我们一般将 Tomcat 与 Apache 配合使用，让 Apache 对网站的静态页面请求提供服务，而 Tomcat 作为专用的 JSP 引擎，提供 JSP 解析，以得到更好的性能。并且 Tomcat 本身就是 Apache 的一个子项目，所以 Tomcat 对 Apache 提供了强有力的支持。对于初学者来说，Tomcat 是一个很不错的选择。

（4）mod_jk. dll：Apache 组织 Jakarta 项目组开发的使 Apache 支持 Tomcat 的插件。有了这个插件，Tomcat 能够和 Apache 进行无缝连接。

（5）tc4ntiis. zip：Apache 组织 Jakarta 项目组开发的使 IIS 支持 Tomcat 的插件。

（二）软件下载

1. j2sdk。

版本：j2sdk1. 4. 1（35. 9MB）

地址：http：//java. sun. com/j2se/1. 4. 1/download. html

2. Apache2。

版本：Apache2. 0. 43（6. 69MB）

地址：http：//www. apache. inetcosmos. org/dist/httpd/binaries/win32/

3. Tomcat4。

版本：4. 1. 21（8. 33MB）

地址：http：//jakarta. apache. org/builds/jakarta－tomcat－4. 0 /release/

4. mod_jk. dll：（136KB）。

地址：http：//jakarta. apache. org/builds/jakarta – tomcat – connectors /jk/release/

5. tc4ntiis. zip（220KB）。

地址：http：//members. ozemail. com. au/ – lampante/howto/tomcat/iisnt /tc4ntiis. zip

以上均为免费软件。

（三）配置前的准备

1. 准备一个测试用的 JSP 网页。

打开文本编辑器，比如记事本，输入下列代码，并保存为 test . jsp（注意扩展名为 . jsp）。

```
<HTML>
<HEAD>
<TITLE>JSP 测试页面</TITLE>
</HEAD>
<BODY>
<%out. println("<h1>Hello World! </h1>");%>
</BODY>
</HTML>
```

2. 安装 J2SDK。

不管哪种方案，在安装和配置 JSP 引擎之前必须先完成 J2SDK 的安装。

在 Windows 下，直接运行下载的 j2sdk – 1_4_1_01 – windows – i586. exe 文件，根据安装向导安装到一个目录，例如安装到 f：\ j2sdk 1. 4. 1。

如果你的操作系统是 Windows 2000/XP，那么按如下方式配置环境变量。右键单击“我的电脑”，在弹出菜单中选择“属性”→“系统特性”→“高级”→“环境变量”，弹出环境变量对话框，就可以编辑系统的环境变量了。添加 PATH、JAVA_HOME 和 CLASSPATH 三个变量，变量值为：

```
PATH = %PATH%;f:\j2sdk1. 4. 1\bin
SET JAVA_HOME = f:\j2sdk1. 4. 1
SET CLASSPATH = f:\j2sdk1. 4. 1\lib\tools. jar
```

（四）JSP 环境的配置方案

1. 方案一：J2SDK + Tomcat。

在这种方案里 Tomcat 既作为 JSP 引擎又作为 Web 服务器，配置比较简单。

Step1 安装 Tomcat。

直接运行下载的 jakarta – tomcat – 4. 0. 1. exe，按照一般的 Windows 程序安装步骤即可安装好 Tomcat，安装时它会自动寻找 J2SDK 的位置。例如安装到 f：\ tomcat4。

Step2 配置 Tomcat 的环境变量。

添加一个新的环境变量 TOMCAT_HOME，变量值为 f：\ tomcat4，添加方法同 J2SDK 环境变量的配置方法。

Step3 测试默认服务。

设置完毕后就可以运行 Tomcat 服务器了。用 f：\ tomcat4 \ bin \ startup. exe 启动 Tomcat，用 f：\ tomcat4 \ bin \ shutdown. exe 关闭（如果在执行 startup. exe 或 shutdown. exe 的时候提示 Out of Environment Space 错误，选择 DOS 窗口的菜单中的“属性”

→“内存”→“常规内存”，把“初始环境”由“自动”修改成“2816”就可以了）。

启动 Tomcat 后，打开浏览器，在地址栏中输入 http：//localhost：8080/（Tomcat 默认端口为 8080），如果在浏览器中看到 Tomcat 的欢迎界面，表示 Tomcat 工作正常。

Step4 测试项目。

把刚才准备好的 test. jsp 放在 f：\ Tomcat \ webapps \ examples \ jsp 目录下，在地址栏中输入 http：//localhost：8080/examples/jsp/test. jsp，如果浏览器中显示“Hello World！”，则说明你的 JSP 环境配置成功了！

由于 Tomcat 本身具有 Web 服务器的功能，因此我们不必安装 Apache，当然它也可以与 Apache 集成到一起，见方案二。

2. 方案二：J2SDK + Apache + Tomcat。

虽然 Tomcat 也可以作 Web 服务器，但其处理静态 HTML 的速度比不上 Apache，且其作为 Web 服务器的功能远不如 Apache，因此把 Apache 和 Tomcat 集成起来，用 Apache充当 Web 服务器，而 Tomcat 作为专用的 JSP 引擎。这种方案的配置比较复杂，但是能让 Apache 和 Tomcat 完美整合，实现强大的功能。

注意，因为 IIS Web 服务器默认使用 80 端口，而 Apache 的默认端口也是 80，所以如果你使用的是 Windows2000 操作系统，而且预装了 IIS，为方便请在进行以下操作之前先将 IIS 服务停掉。

Step1 安装 Apache。

运行下载的 apache_2. 0. 43 – win32 – x86 – no_ssl. exe，按照向导安装到 f：\ Apache2（注意，Apache2. 0. 43 安装成功后，必须将 f：\ Apache2 \ htdocs 目录下的 index. html. en 改名为 index. html，这样在测试默认服务时才会正常显示 Apache 的欢迎界面）。

Step2 测试 Apache 默认服务。

安装完后，Apache 服务器就已经自动运行了。打开浏览器，在地址栏中输入：http：//localhost/（Tomcat 默认端口为 80），如果在浏览器中看到 Apache 的欢迎界面，说明 Apache 工作正常。

Step3 按照方案一的步骤安装 Tomcat，并保证它正常运行。

Step4 将下载的 mod_jk – 2. 0. 42. dll 复制到 f：\ Apache2 \ modules 目录下。

Step5 建立 mod_jk 模块工作所需要的工作文件。

打开文本编辑器，输入下列语句：

```
workers. tomcat_home = f：\tomcat4（让 mod_jk 模块知道 Tomcat）
workers. java_home = f：\j2sdk1. 4. 1（让 mod_jk 模块知道 JSDK）
ps = \
worker. list = ajp13（mod_jk 的模块版本）
worker. ajp13. port = 8009（mod_jk 的工作端口）
worker. ajp13. host = localhost
worker. ajp13. type = ajp13
worker. ajp13. lbfactor = 1
```

把上面的语句以 workers. properties 为文件名保存在 f：\ Tomcat4 \ conf 目录下（注意：文件的扩展名是 . properties）。

Step6 配置 Apache。

用文本编辑器打开 f:\ Apache2 \ conf \ httpd. conf

(1) 找到 “DirectoryIndex”, 在 index. html. var 后面再添加 index. jsp;

(2) 在 httpd. conf 的最后加入下面这段代码 (括号里为解释)。

```
LoadModule jk_module modules/mod_jk-2.0.42.dll
```

(装载 mod_jk 模块, 用于处理 Apache 和 Tomcat 的连接)

```
JkWorkersFile "f:/tomcat4/conf/workers.properties"
```

(指出 mod_jk 模块工作所需要的工作文件 workers. properties 的位置)

```
JkMount /servlet/* ajp13
JkMount /*.jsp ajp13
```

(将所有 servlet 和 jsp 请求通过 Ajp13 的协议送给 Tomcat, 让 Tomcat 来处理)

(3) 添加完毕后保存。

Step7 配置 Tomcat。

用文本编辑器打开 f:\ Tomcat4 \ conf \ server. xml。因为 Tomcat4 默认不启用 Ajp13, 所以查找到如下这段代码:

```
<!--
<Connector className="org.apache.ajp.tomcat4.Ajp13Connector"
port="8009" minProcessors="5" maxProcessors="75" acceptCount="10" debug="0"/>
-->
```

把注释符号 <! -- --> 删掉就可以启用 Ajp13 了。

然后保存, 现在 Tomcat 和 Apache 的整合配置基本完成了。

Step8 整体测试。

把 test. jsp 放在 f:\ Tomcat \ webapps \ examples \ jsp 目录下, 依次启动 Apache2, Tomcat4。打开浏览器, 在地址栏里输入 http://localhost:8080/examples/jsp/test. jsp, 如果浏览器中出现 “Hello World!”, 则 Tomcat 重新配置后工作正常; 在地址栏中输入 http://localhost/examples/jsp/test. jsp, 若与 http://localhost:8080/examples/jsp/test. jsp 的结果相同, 那就表明 Apache 和 Tomcat 整合成功了!

3. 方案三: J2SDK + IIS + Tomcat。

Windows 平台下最常用的 Web 服务器无疑是 IIS, 正常情况下 IIS 不支持 JSP, 我们可以通过使用一个 IIS 到 Tomcat 重定向插件, 使 IIS 能够将所有的 JSP 请求发送到 Tomcat 执行, 可以使 IIS 增加处理 JSP 的功能。如果你已经习惯了使用 IIS, 那么可以尝试这种配置 (如果你已经安装过 Apache 服务器, 为了便于后面的操作请先卸载 Apache)。

Step1 按照方案一的步骤安装 Tomcat, 并保证它正常运行 (例如, 安装到 f:\ tomcat4);

Step2 将下载的 tc4ntiis. zip 直接解压缩到 f:\ tomcat4 目录下。查看配置所需要的文件, 确保它们在以下位置:

f:\ tomcat4 \ server \ lib \ ajp. jar

f:\ tomcat4 \ server \ lib \ tomcat-util. jar

f:\ tomcat4 \ bin \ native \ isapi_redirect. dll

f:\ tomcat4 \ conf \ ntiis \ workers. properties

f: \ tomcat4 \ conf \ ntiis \ uriworkermap. properties

f: \ tomcat4 \ conf \ ntiis \ iis_redirect. reg

f: \ tomcat4 \ log \ iis_redirect. log

Step3 用文本编辑器打开 f: \ tomcat4 \ conf \ ntiis \ workers. properties，修改下列值为：

workers. tomcat_home = f: \tomcat4

workers. java_home = f: \j2sdk1. 4. 1

Step4 双击 f: \ tomcat4 \ conf \ ntiis \ iis_redirect. reg，将此注册文件内的信息添加到注册表中，但是要修改 log_file、worker_file、worker_mount_file 这三个键的键值，以适合你的环境（比如本书中的 Tomcat 就安装在 f: \ tomcat4，而不是默认的 c: \ tomcat4）。添加并修改完毕后如图 3 –41。

Step5 打开 Internet 服务管理器，在默认站点上添加一个新的虚拟目录，名称为 jakarta，这个虚拟目录指向 f: \ tomcat4 \ bin \ native，并启动该默认站点。

Step6 在 Internet 服务管理器中用鼠标右键单击服务器名，选择“属性”→主属性中“WWW 服务”的“编辑”→“ISAPI 筛选器”选项卡，添加一个 ISAPI 筛选器，名字为 Jakarta Redirect，可执行文件指定为 f: \ Tomcat4 \ bin \ native \ isapi_redirector. dll。在添加 ISAPI 过滤器后，Jakarta Redirect 的状态是一个红色的向下的箭头，重新启动 IIS 服务，就会变成绿色的箭头。

Step7 编辑 server. xml 文件并保存（同方案二的第 7 步）。

Step8 重新启动 IIS 和 Tomcat。

Step9 测试项目：把 test. jsp 放在 f: \ Tomcat \ webapps \ examples \ jsp 目录下。打开浏览器，在地址栏里输入 http: //localhost: 8080/examples /jsp/test. jsp，如果浏览器中出现“Hello World!”，则 Tomcat 重新配置后工作正常；在地址栏中输入 http: //localhost/examples/jsp /test. jsp，若与 http: //localhost: 8080/examples/jsp /test. jsp 的结果相同，那就表明 IIS 和 Tomcat 整合成功了！

另外，由于现实中很少有脱离数据库的信息系统，故在实际应用中还需在上述各方案中增加数据库服务器。以方案一，即“J2SDK + Tomcat”为例，增加数据库服务器后的系统软件结构如图 3 –41 所示。

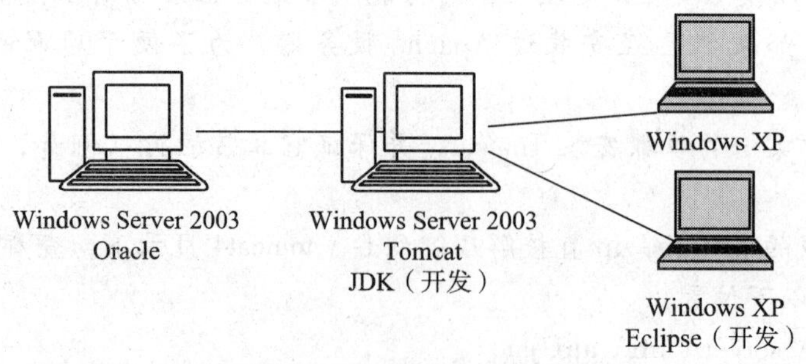

图 3 –41 以方案一为基础搭建的企业应用系统开发运行平台

（五）结束语

搭建 JSP 的运行环境是学习 JSP 技术的基础，JSP 引擎种类很多，配置方法也很多，而且软件的版本也在不断的升级，大家可以根据自己的需要和实际情况选择合适的配置方法。

习　题

3.1　什么是企业计算模式？企业计算模式经历了哪几种方式？

3.2　请论述“单主机—多终端”和“客户/服务器”两种计算模式的区别？

3.3　在“B/S 模式”的企业计算模式中，客户端浏览器是如何工作的？（需参考第 2 章内容）

3.4　请指出下列英文缩写的中文含义：B/S、C/S、DB、ASP、ODBC、SQL。

3.5　简述 C/S 模式访问本地数据库和访问远程数据在实现技术上的差异。

3.6　请说明 C/S 模式的基本结构，分析 C/S 模式建立的管理信息系统的数据处理方式。

3.7　请谈一谈三层 C/S 结构与 B/S 结构的异同点。

3.8　依据本章内容，选择填空（可多选）。

（1）单主机—多终端计算机模式在我国一般称为：________。

A. “网络中心”　　B. “控制中心”　　C. “计算中心”　　D. “运转中心”

（2）从技术上保证了企业资源规划系统的实现的是：________。

A. C/S 模式　　B. B/S 模式　　C. D/S 模式　　D. M/S 模式

（3）ISAPI 的中文含义是：________。

A. 公共网关接口　　B. 动态服务器页面

C. Internet 服务器应用程序接口　　D. 开放式数据接口

（4）________操作系统的研制成功，以及计算机终端的普及是早期的计算机模式发展成为单主机—多终端模式。

A. 单用户　　B. 分时多用户　　C. 网络模式　　D. 多用户

（5）C/S 模式对大部分数据库系统都适用的前端开发工具包括：________。

A. Power Builder　　B. Visual Basic　　C. Visual C

D. Java　　E. Delphi

（6）在三层 C/S 计算模式中，下列属于数据库服务层主要作用的是：________。

A. 负责建立数据库的连接　　B. 负责接受用户的输入

C. 负责数据读取和保存　　D. 把结果返回给用户界面层

E. 与业务逻辑层交互

（7）通常一个应用系统的内部逻辑一般可以分为三个层次，即________。

A. 数据服务层　　B. 业务逻辑层　　C. 数据分析层

D. 消息解释层　　E. 用户界面层

管理信息系统的系统规划

第四章

提要：

管理信息系统的系统规划依据企业资源状况、企业整体信息管理需求及当前技术环境对企业管理信息系统从系统目标、总体功能结构、关键功能需求、关键信息需求、开发进度等方面做出战略性安排。

本章讲述管理信息系统规划的内容、主要工作及管理信息系统规划的方法和技术。

第一节　系统规划的主要任务及工作

管理信息系统开发过程中系统规划阶段的主要任务有：①确定管理信息系统的目标及总体功能结构。②了解企业资源现状，估计管理信息系统的费用，规划开发进度。③从企业管理全局出发，规划企业运作方式及主要业务流程。

为了完成上述的系统规划工作，必须应用一些具体的方法并按一定的步骤进行操作。下面我们以某企业的管理信息系统的规划过程为例，使读者了解管理信息系统规划的具体操作过程。

例4－1　系统规划情景案例——青钢管理信息系统的系统规划

青岛钢铁集团公司（以下简称青钢）杨总经理上任后发现，青钢在信息管理手段上较为落后，所有信息管理方面的工作极大部分都手工进行。即便是有些单项业务使用了计算机，也极具形式化的特征，如生产经营日报的汇总打印，实际上是管理人员手工将经营日报的各项数据计算后，再录入计算机并打印出来而已。杨总与高层领导们商量以后，决定拨出相应经费建立企业管理信息系统。

杨总指派有很高协调能力的宣传部部长傅希岭组织协调这项工作的开展。傅部长接手这项任务后第一项工作就是组建青钢信息中心，并亲自担任信息中心主任。组建的信息中心除傅部长外，还有一位懂技术且原则性很强，能全身心投入的马副主任、熟悉计算机硬件及系统软件的小范及其同事们，共10人左右。

傅部长及马副主任接手这项工作以后，找到了北京科技大学管理学院的李教授，通过与李教授咨询，决定：为了使企业中上层领导对企业管理自动化有一个知识性的了解并配合企业管理信息系统的开发工作，傅部长请示杨总经理后邀请李教授及其他北京科技大学相关专家在青钢举办了针对处级以上领导的企业管理及其信息化的培训班。

这之后，北京科技大学李教授组织北京科技大学管理学院及信息工程学院管理信息系统方面的专家到青钢搜集青钢相关资料，了解目前的业务情况，并分别与各部门的主要管理人员面谈，以了解青钢管理信息系统的需求范围与内容。

几周后，李教授及各位专家根据收集来的资料及对其他企业的管理信息系统的了解（这之前青钢信息中心马副主任带领其中心成员曾到已有管理信息系统的企业进行过参观考察），列出了青钢管理信息系统的主要功能需求及信息需求，并对各项功能进行了整理分析，得到了青钢管理信息系统的总体功能结构，并据此与计算机及网络公司初步进行了经费估算，规划了人力分配、进度计划。最后经杨总经理同意，决定将整个系统的建设分为三期工程来完成。第一期工程开发建设物资管理、销售管理、技术管理、生产计划管理、生产调度、财务管理及总经理综合信息服务等7个子系统。李教授的课题组通过几周的工作写出了《青钢管理信息系统建设规划与可行性研究报告》。

青钢随后组织了一次研讨会，由李教授及其他专家向青钢的各级主管领导和外请专家对青钢管理信息系统的系统规划工作，做了一个详细的报告。外请专家及青钢各级领导确认了报告的内容并对一些问题提出了修改意见与建议。

随后杨总指派青钢信息中心与北京科技大学课题组就经费与完成时间进行了谈判，最后双方同意以350万元的经费及一年半的时间完成这个系统的第一期工程并签署了合作协议。

这之后在北京科技大学李教授的组织下，组成了由北京科技大学专家和青钢信息中心工作人员组成的联合项目组开始进入了青钢管理信息系统的第二阶段——系统分析阶段。

从上面的情景案例中，我们了解到，为了完成系统规划阶段的任务，需要进行以下一些工作：

（1）建立相应的组织机构来具体推动信息系统的开发工作。

（2）对企业主要管理人员进行培训，以获取他们对信息管理系统开发工作的支持。

（3）对企业目前的任务及资源进行初步调查，并确定企业的重要信息及功能需求。

（4）从整体上规划系统的总体功能结构及初步方案。

（5）初步进行成本估算、制定时间进度计划并确定近期要完成的系统功能。

（6）与开发组签订合作协议。

其中“管理信息系统的总体功能结构及初步方案”是开发组与企业关于最终系统的初步共识，企业管理人员可由该初步方案了解未来系统是否能满足其需求及目标，该初步方案的着眼点在于描述整个系统“是什么”，而不是“如何开发”或系统内部的细节。

初步方案中只描述最终产品的总体功能框架及关键信息需求，包含未来系统的交付使用、验收程序以及双方的权利与义务等。

第二节 系统规划的主要方法

上一节我们通过一个情景案例描述了管理信息系统规划的运作过程并总结了系统规划的主要工作，本节介绍一些用于完成系统规划的技术或方法。

一、关键成功因素法

所谓“关键成功因素”（Critical Success Factors—CSF）是指在一个企业运营管理中的一些因素或领域，这些因素或领域的状态决定着企业的运营状况，这些因素或领域称为关键成功因素。

关键成功因素是企业绝对不能出差错的地方，因此这些领域是企业决策者经常关注的领域，对于企业在这些领域的表现，必须不断地加以衡量并用信息表达出来，这些信息称为关键信息或重要信息。

关键成功因素法的目的是通过企业的关键成功因素，确定企业运营管理的关键信息需求。

应用关键成功因素法大致可分为确定企业目标、识别关键成功因素、确定关键信息需求三个步骤（见图4－1）。

由于关键成功因素法的切入点是高层管理人员，因此关键成功因素法的目的是获取关键管理控制的信息需求。

图4－2是关键成功因素法的一个应用示例。

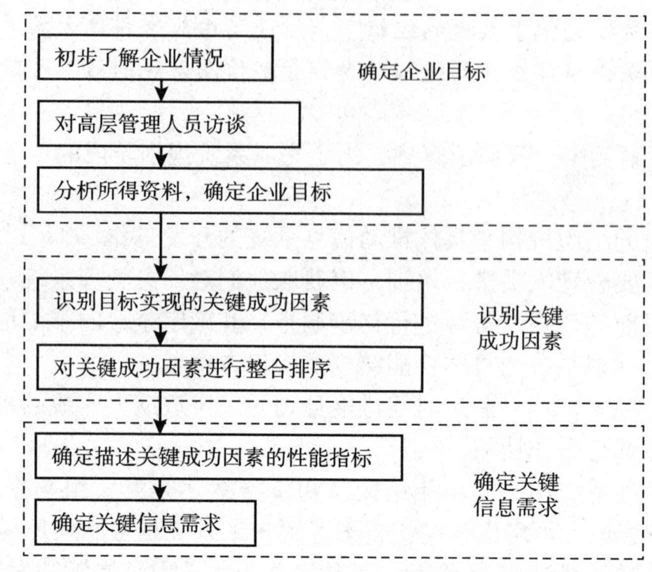

图 4－1　关键成功因素法的步骤

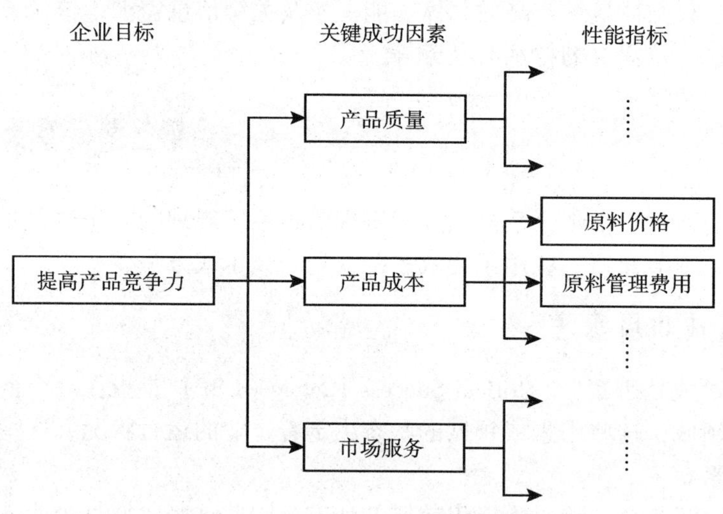

图 4－2　关键成功因素法应用示例

在本例中，我们通过企业目标得到了影响企业目标实现的三个关键成功因素，即：①产品质量；②产品成本；③市场服务。然后针对每一个关键成功因素，明确描述它们的性能指标，在上述例子中，对“产品成本”这个关键成功因素，我们了解到其性能指标有：原料价格，……，原料管理费用等。

最后针对每一个性能指标，确定其关键信息结构，如：

原料价格（原料名称、原料类别、单价）；

原料管理费用（原料名称、管理费用名称、费用额）。

二、战略目标集转化法

管理信息系统的战略目标集转化法（Strategic Set Transformation，SST）是把企业的战略目标看成是一个集合，通过将企业的战略目标转变为管理信息系统的战略目标，进而得到管理信息系统的关键功能需求。

战略目标集转化法的实施步骤如图 4－3 所示。

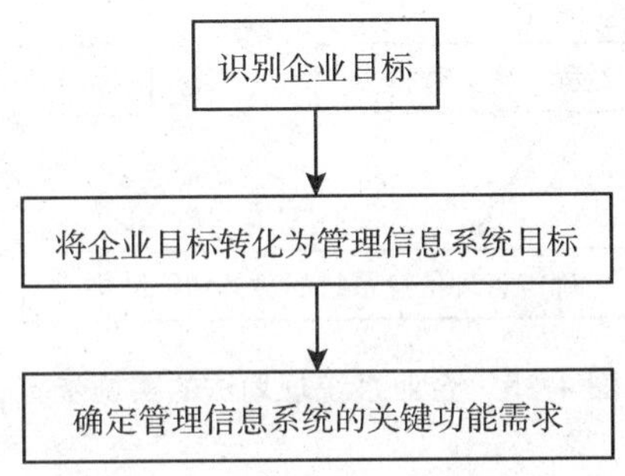

图 4－3　战略目标集转化法的步骤

图 4－4 是管理信息系统战略目标集转化法的一个应用示例。

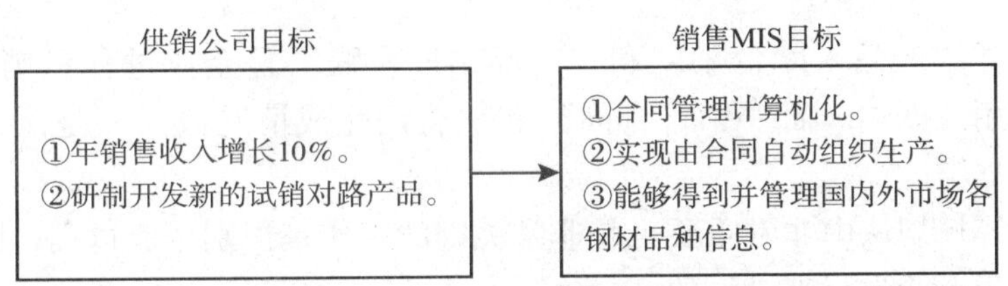

图 4－4　战略目标集转化法应用示例

在该例中我们将某供销公司的企业目标集转化为其管理信息系统的目标集，从而也就明确了该管理信息系统的关键功能需求。

三、企业系统规划法

企业系统规划法（Business System Planning—BSP）是 IBM 公司提出的企业信息系统规划的结构化方法。

企业系统规划法首先对企业自上而下的识别企业目标、企业过程、相关数据类，然后自下而上地规划管理信息系统的总体功能结构，对该结构中各大部件（子系统）排序进而给出建议的开发进度规划，其具体步骤如图 4－5 所示。

在企业系统规划法中有一个重要的概念，即企业过程。企业过程指的是企业逻辑上相关的一组策略或活动的集合，是整个企业管理活动中独立性较强的单元。

企业过程通过输入—处理—输出图（即 Input-Process-Output，也称 IPO 图）来描述，例如，企业过程“销售合同管理”的 IPO 图如图 4－6 所示。

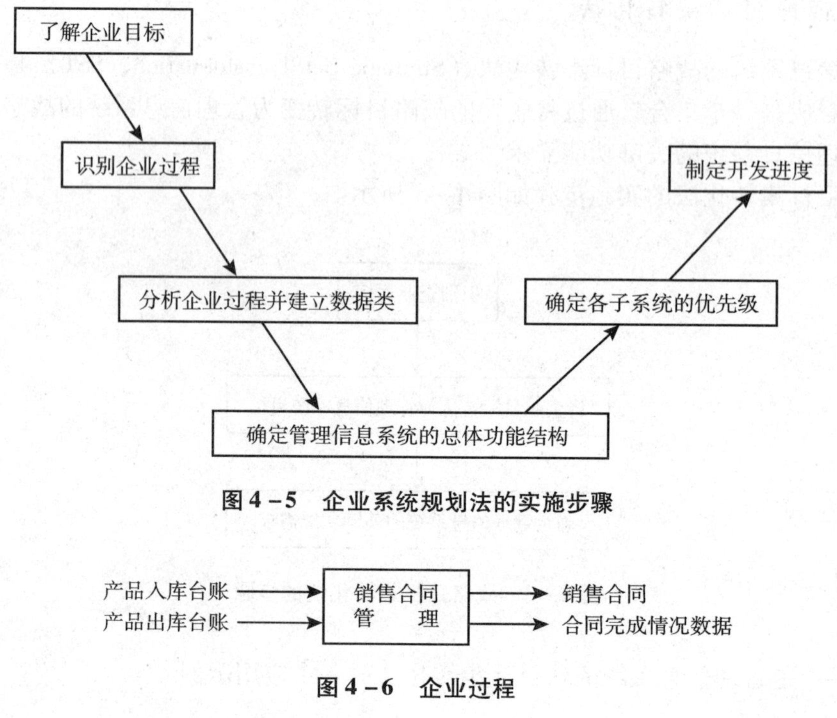

图 4－5　企业系统规划法的实施步骤

产品入库台账 → 销售合同管理 → 销售合同
产品出库台账 → 销售合同管理 → 合同完成情况数据

图 4－6　企业过程

其中数据类“产品入库台账”和“产品出库台账”是企业过程“销售合同管理”的输入，即使用数据类。而“销售合同”和“合同完成情况数据”是该企业过程的输出，即生成数据类。

在企业系统规划法中非常重要也是非常关键的工作是识别企业过程，因为所有其他的工作都是基于企业过程来进行的。

在图 4－5 所示的企业系统规划法的所有步骤中，“确定管理信息系统的总体功能结构”是系统规划的一项转折性工作，正是通过这一步骤我们把企业现有的管理功能依据企业过程间的信息联系，以信息联系程度为原则进行了重新规划，从而得到新的系统总结功能结构。

下面我们通过一个应用示例说明应用企业系统规划法确定管理信息系统总体功能结构的方法。

例 4－2　应用企业系统规划法确定管理信息系统总体功能结构

假设我们通过分析企业目标已得到某企业的所有管理过程 P_i，$i=1$，…，m：

P_1——销售合同管理；
P_2——原料入库管理；
P_3——原料出库管理；
P_4——产品入库管理；
P_5——产品出库管理；
P_6——统计管理。

通过分析上述企业过程，我们得到每一个企业过程的 IPO 图，通过归纳汇总进而得

到企业的数据类 d_j，$j=1$，…，n：

d_1——销售合同；

d_2——产品入库台账；

d_3——合同完成情况数据；

d_4——原料出库单；

d_5——原料入库单；

d_6——产品出库台账；

d_7——原料库存价格；

d_8——原料当前库存。

例4－2的目的是通过企业过程间的数据产生与使用关系，对企业过程进行聚类分析，形成企业管理信息系统的总体功能结构，为此我们可通过下列步骤来完成。

1. 建立企业过程与数据类间的使用和生成矩阵。

通过企业过程的IPO图我们可得到企业过程与数据类间的生成矩阵 A_c 和使用矩阵 A_u。

过程/数据类的生成矩阵 A_c 描述企业过程与数据间的数据生成关系，例4－2中有：

$$A_c=\begin{pmatrix}1&0&1&0&0&0&0&0\\0&0&0&0&1&0&1&0\\0&0&0&1&0&0&0&1\\0&1&0&0&0&0&0&0\\0&0&0&0&0&1&0&0\\0&0&0&0&0&0&0&0\end{pmatrix}$$

其中 $A_c(i, j)=1$ 表示第 i 个过程 P_i 生成第 j 个数据类 d_j。

过程/数据类的使用矩阵 A_u 描述企业过程与数据间的数据使用关系，例4－2中有：

$$A_u=\begin{pmatrix}0&1&0&0&0&1&0&0\\0&0&0&0&0&0&0&1\\0&0&0&0&0&0&1&0\\1&0&0&0&0&0&0&0\\1&0&1&0&0&0&0&0\\1&1&1&1&1&1&1&1\end{pmatrix}$$

其中 $A_u(i, j)=1$ 表示第 i 个过程 P_i 使用第 j 个数据类 d_j。

2. 计算企业过程间的一步可达关系矩阵 G。

企业过程 P_i 与企业过程 P_j 一步可达是指企业过程 P_i 产生的某一个数据类 d_k 被企业过程 P_j 直接使用了（例如，图4－7中过程 P_1 到过程 P_4 一步可达，这是因为过程 P_1 生成的数据 d_1 被过程 P_4 直接使用形成的）。

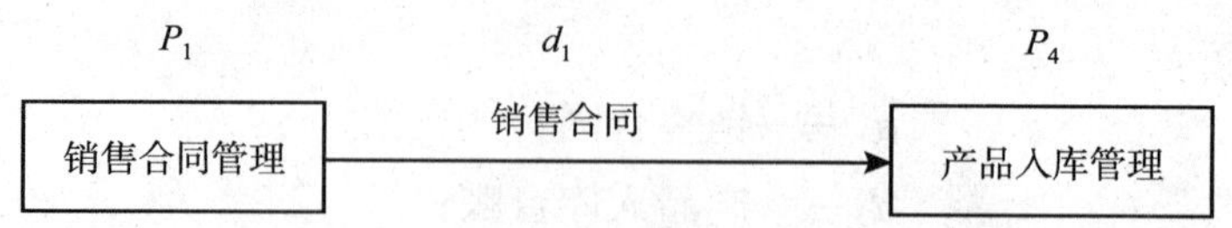

图 4-7　企业过程 P_1 到企业过程 P_4 一步可达

描述企业过程间的这种一步可达关系的矩阵 G 可由过程与数据类间的生成和使用矩阵 A_c 与 A_u 按下列公式计算出来：

$$G = A_c \cdot A_u^T = (g_{i,j} = \bigvee_{k=1}^{n}(A_c(i,\ k) \wedge A_u^T(k,\ j)),\ i=1,\ \cdots,\ m,\ j=1,\ \cdots,\ n)$$

在本例中有：

$$G = \begin{pmatrix} 1 & 0 & 1 & 0 & 0 & 0 & 0 & 0 \\ 0 & 0 & 0 & 0 & 1 & 0 & 1 & 0 \\ 0 & 0 & 0 & 1 & 0 & 0 & 0 & 1 \\ 0 & 1 & 0 & 0 & 0 & 0 & 0 & 0 \\ 0 & 0 & 0 & 0 & 0 & 1 & 0 & 0 \\ 0 & 0 & 0 & 0 & 0 & 0 & 0 & 0 \end{pmatrix} \begin{pmatrix} 0 & 0 & 0 & 1 & 1 & 1 \\ 1 & 0 & 0 & 0 & 0 & 1 \\ 0 & 0 & 0 & 0 & 1 & 1 \\ 0 & 0 & 0 & 0 & 0 & 1 \\ 0 & 0 & 0 & 0 & 0 & 1 \\ 1 & 0 & 0 & 0 & 0 & 1 \\ 0 & 0 & 1 & 0 & 0 & 1 \\ 0 & 1 & 0 & 0 & 0 & 1 \end{pmatrix} = \begin{pmatrix} 0 & 0 & 0 & 1 & 1 & 1 \\ 0 & 0 & 1 & 0 & 0 & 1 \\ 0 & 1 & 0 & 0 & 0 & 1 \\ 1 & 0 & 0 & 0 & 0 & 1 \\ 1 & 0 & 0 & 0 & 0 & 1 \\ 0 & 0 & 0 & 0 & 0 & 0 \end{pmatrix}$$

其中 $G(i,\ j)=1$ 表示过程 P_i 可一步到达过程 P_j。如 $G(1,\ 4)=1$，表示过程 P_1 到过程 P_4 一步可达。运算符号“∨”为布尔和，“∧”为布尔积。

3. 计算企业过程间的多步可达关系矩阵。

两个过程间除了一步可达关系之外，也可通过其他过程的传递形成两步可达或更多步可达关系，这种多步可达关系可通过计算得到。

企业过程间的两步可达关系可由下式给出：

$$G^2 = G \cdot G = (\bigvee_{k=1}^{m}(G(i,\ k) \wedge G(k,\ j)),\ i=1,\ \cdots, m,\ j=1,\ \cdots, n)$$

在本例中有：

$$G^2 = \begin{pmatrix} 0 & 0 & 0 & 1 & 1 & 1 \\ 0 & 0 & 1 & 0 & 0 & 1 \\ 0 & 1 & 0 & 0 & 0 & 1 \\ 1 & 0 & 0 & 0 & 0 & 1 \\ 1 & 0 & 0 & 0 & 0 & 1 \\ 0 & 0 & 0 & 0 & 0 & 0 \end{pmatrix} \begin{pmatrix} 0 & 0 & 0 & 1 & 1 & 1 \\ 0 & 0 & 1 & 0 & 0 & 1 \\ 0 & 1 & 0 & 0 & 0 & 1 \\ 1 & 0 & 0 & 0 & 0 & 1 \\ 1 & 0 & 0 & 0 & 0 & 1 \\ 0 & 0 & 0 & 0 & 0 & 0 \end{pmatrix} = \begin{pmatrix} 1 & 0 & 0 & 0 & 0 & 1 \\ 0 & 1 & 0 & 0 & 0 & 1 \\ 0 & 0 & 1 & 0 & 0 & 1 \\ 0 & 0 & 0 & 1 & 1 & 1 \\ 0 & 0 & 0 & 1 & 1 & 1 \\ 0 & 0 & 0 & 0 & 0 & 0 \end{pmatrix}$$

若 $G^2(i,\ j)=1$，则表明过程 P_i 到 P_j 两步可达。

类似地我们可计算出企业过程间的 3 步，4 步……$m-1$ 步可达关系矩阵，$G^3 = G^2 \cdot G, \cdots,\ G^{m-1} = G^{m-2} \cdot G$。

从过程间的直观含义及图论的相关定理，我们不需考虑企业过程间的 $m-1$ 步以上的可达关系，因此我们只须计算 G^1，G^2，…，G^{m-1} 即可。

4. 计算企业过程间的可达矩阵。

实际上，我们最终关心的是企业过程间有没有可达关系，而并不关心它们之间是 1

步可达还是多步可达，即我们这里要寻求的是过程间是否通过数据的生成与使用发生了联系，而并不关心这种联系是否是经过其他过程传递而形成的，这种过程间不关心中间过程的可达关系可由下式计算给出：

$$R = I \vee G \vee G^2 \cdots \vee G^{m-1}$$

其中矩阵计算符号 $\vee$ 表示矩阵对应元素的布尔和，I 为 m 阶单位矩阵。如果 $R(i, j) = 1$，则表示过程 P_i 到过程 P_j 可达（见图 4－8）。

在本例中有：

$$R = I \vee G \vee G^2 \vee G^3 \vee G^4 \vee G^5 = \begin{pmatrix} 1 & 0 & 0 & 1 & 1 & 1 \\ 0 & 1 & 1 & 0 & 0 & 1 \\ 0 & 1 & 1 & 0 & 0 & 1 \\ 1 & 0 & 0 & 1 & 1 & 1 \\ 1 & 0 & 0 & 1 & 1 & 1 \\ 0 & 0 & 0 & 0 & 0 & 1 \end{pmatrix}$$

图 4－8　过程的可达关系

5. 计算企业过程间的相互可达关系矩阵 Q。

如果企业过程 P_i 到 P_j 可达，且 P_j 到 P_i 也可达，这时我们称企业过程 P_i 与 P_j 相互可达（见图 4－9）。

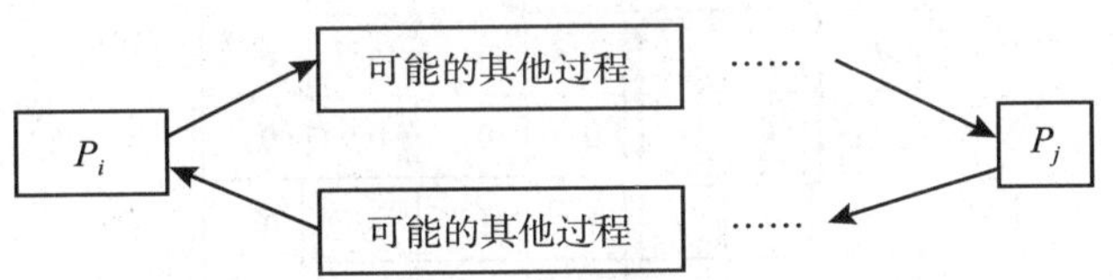

图 4－9　企业过程间的相互可达关系

企业过程间的相互可达关系矩阵 Q 可通过下列方式得出：

$$Q = R \wedge R^T = \begin{pmatrix} 1 & 0 & 0 & 1 & 1 & 1 \\ 0 & 1 & 1 & 0 & 0 & 1 \\ 0 & 1 & 1 & 0 & 0 & 1 \\ 1 & 0 & 0 & 1 & 1 & 1 \\ 1 & 0 & 0 & 1 & 1 & 1 \\ 0 & 0 & 0 & 0 & 0 & 1 \end{pmatrix} \wedge \begin{pmatrix} 1 & 0 & 0 & 1 & 1 & 0 \\ 0 & 1 & 1 & 0 & 0 & 0 \\ 0 & 1 & 1 & 0 & 0 & 0 \\ 1 & 0 & 0 & 1 & 1 & 0 \\ 1 & 0 & 0 & 1 & 1 & 0 \\ 1 & 1 & 1 & 1 & 1 & 1 \end{pmatrix} = \begin{pmatrix} 1 & 0 & 0 & 1 & 1 & 0 \\ 0 & 1 & 1 & 0 & 0 & 0 \\ 0 & 1 & 1 & 0 & 0 & 0 \\ 1 & 0 & 0 & 1 & 1 & 0 \\ 1 & 0 & 0 & 1 & 1 & 0 \\ 0 & 0 & 0 & 0 & 0 & 1 \end{pmatrix}$$

其中计算符号 $\wedge$ 表示矩阵对应元素的布尔积。如果 $Q(i, j) = 1$ 表示过程 P_i 和 P_j 相互可达。

企业过程 P_i 与 P_j 若相互可达，则说明 P_i 与 P_j 间通过数据的生成与使用呈现一种强相关关系，因此在企业管理信息系统规划过程中应被划分到同一个类中去，这种聚类的结果就形成了一个个子系统，这些子系统就形成了管理信息系统的总体功能结构。

上述表明企业过程间的相互可达矩阵已隐含了企业管理信息系统的总体功能结构，但我们还必须通过简单的处理才能使这种聚类结果显现出来。

6. 调整相互可达矩阵 Q 得到过程间相互可达的强子矩阵 Q'。

为表达的更清晰，我们将过程间的相互可达矩阵 Q 用表格形式给出（见图 4－10）：

	P_1	P_2	P_3	P_4	P_5	P_6
P_1	1	0	0	1	1	0
P_2	0	1	1	0	0	0
P_3	0	1	1	0	0	0
P_4	1	0	0	1	1	0
P_5	1	0	0	1	1	0
P_6	0	0	0	0	0	1

图 4－10　相互可达矩阵 Q 的表格形式

对上述表格化的企业过程的相互可达矩阵 Q 进行行、列调整（在本例中将第 1 行移到第 3 行后，再将第 1 列移到第 3 列后即可），得到企业过程间相互可达的强子矩阵 Q'（见图 4－11）。

	P_2	P_3	P_1	P_4	P_5	P_6
P_2	1	1	0	0	0	0
P_3	1	1	0	0	0	0
P_1	0	0	1	1	1	0
P_4	0	0	1	1	1	0
P_5	0	0	1	1	1	0
P_6	0	0	0	0	0	1

图 4－11　企业过程间相互可达的强子矩阵

例 4－2 中，通过企业间相互可达的强子矩阵 Q'，企业过程间强相关关系被显现出来。这样我们将企业的 6 个过程 P_i，$i=1, 2, \cdots, 6$，分成了如下三个子系统：

子系统 1（包含过程 P_2，P_3）

子系统 2（包含过程 P_1，P_4，P_5）

子系统 3（包含过程 P_6）

即经过调整后的企业过程间相互可达的强子矩阵 Q' 的每一个子块对应的过程构成一个子系统，这实际上是给出了企业管理信息系统的总体功能结构。

另外，通过过程间的一步可达矩阵 G 的帮助，即通过子系统所包含的过程间的一步单向可达关系，我们还可以给出企业管理信息系统的功能结构图（见图4－12）。

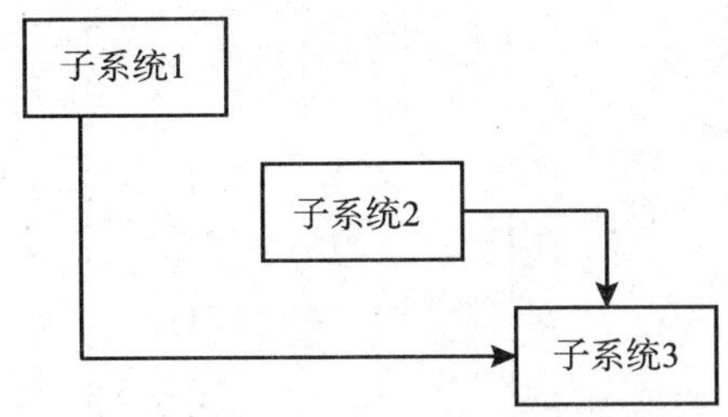

图4－12　由过程间的一步可达矩阵 G 得到的系统功能结构

对于子系统1、子系统2和子系统3，视其包含的企业过程我们可以分别称为“原料管理”、“产品销售管理”和“统计管理”。

应用企业系统规划法进行管理信息系统规划的优点在于：系统规划工作是从企业的目标出发，利用企业过程间的数据联系来进行的，这样我们得出的企业管理信息系统的结构与企业现行的组织机构无关，当企业的组织机构变化时，企业管理信息系统的结构有很大的适应性，同时管理信息系统的功能结构对企业的组织机构调整有指导意义。

对上述过程间的相互可达矩阵 Q 的行、列调整问题，可采用如下方法完成。

首先按下列方法构造一个不干涉序列 a_1，a_2，…，其中：

$$a_1 = 1$$

$$a_2 = 3$$

$$a_3 = a_1 + a_2 + 1 = 5$$

$$a_j = 2a_{j-1} \quad j \geqslant 4$$

得：$a_1 = 1$，$a_2 = 3$，$a_3 = 5$，$a_4 = 10$，$a_5 = 20$，$a_6 = 40$，…

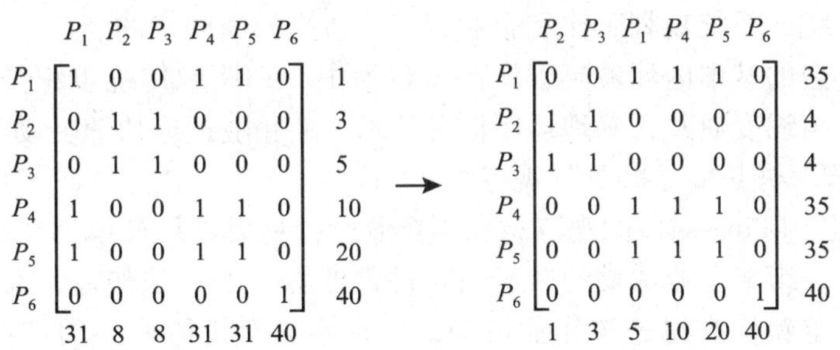

$$\begin{array}{c|cccccc|c} & P_1 & P_2 & P_3 & P_4 & P_5 & P_6 & \\ \hline P_1 & 1 & 0 & 0 & 1 & 1 & 0 & 1 \\ P_2 & 0 & 1 & 1 & 0 & 0 & 0 & 3 \\ P_3 & 0 & 1 & 1 & 0 & 0 & 0 & 5 \\ P_4 & 1 & 0 & 0 & 1 & 1 & 0 & 10 \\ P_5 & 1 & 0 & 0 & 1 & 1 & 0 & 20 \\ P_6 & 0 & 0 & 0 & 0 & 0 & 1 & 40 \\ \hline & 31 & 8 & 8 & 31 & 31 & 40 & \end{array} \rightarrow \begin{array}{c|cccccc|c} & P_2 & P_3 & P_1 & P_4 & P_5 & P_6 & \\ \hline P_1 & 0 & 0 & 1 & 1 & 1 & 0 & 35 \\ P_2 & 1 & 1 & 0 & 0 & 0 & 0 & 4 \\ P_3 & 1 & 1 & 0 & 0 & 0 & 0 & 4 \\ P_4 & 0 & 0 & 1 & 1 & 1 & 0 & 35 \\ P_5 & 0 & 0 & 1 & 1 & 1 & 0 & 35 \\ P_6 & 0 & 0 & 0 & 0 & 0 & 1 & 40 \\ \hline & 1 & 3 & 5 & 10 & 20 & 40 & \end{array}$$

图4－13　相互可达矩阵的调整

将不干涉序列附加到可达矩阵 Q 的最后一列上，记为 $Q(i, m+1)$ $i = 1, 2, \cdots, m$（见图4－13）并计算可达矩阵各列的排序因子，计算方法为：

$$\alpha_j = \sum_{i=1}^{m} Q(i, j) \cdot Q(i, m+1)$$

然后将相互可达矩阵按列排序因子的大小进行列调整。

类似地，将不干涉序列附加在第一次调整后的相互可达矩阵的最后一行，计算出各行的排序因子，并按行排序因子的大小对可达矩阵进行行调整得到：

$$Q' = \begin{array}{c} \\ P_2 \\ P_3 \\ P_1 \\ P_4 \\ P_5 \\ P_6 \end{array} \begin{array}{c} \begin{array}{cccccc} P_2 & P_3 & P_1 & P_4 & P_5 & P_6 \end{array} \\ \begin{bmatrix} 1 & 1 & & & & \\ 1 & 1 & & & & \\ & & 1 & 1 & 1 & \\ & & 1 & 1 & 1 & \\ & & 1 & 1 & 1 & \\ & & & & & 1 \end{bmatrix} \end{array}$$

这就是例 4－2 最后的聚类结果。

四、企业流程再造

企业流程再造（Business Process Reengineering，BPR）由美国麻省理工学院计算机方面的教授 Michael Hammer 博士在 1990 年发表于《哈佛商业评论》的“再造不是自动化，而是重新开始”一文中首次提出，随后他与 James Champy 于 1993 年合著《再造公司》（Reengineering the Corporation）一书，并以“管理革命的宣言”作为副标题，掀起了世界性的 BPR 研究浪潮。

目前众多企业应用了信息技术（IT），但只是作为提高工作效率和自动化程度的手段，而对作业过程则不做任何适应性改变，限制了提高企业整体绩效的空间。所有这些都要求在管理理论和方法上做出深刻的变革，使企业适应新的市场环境，这也是企业流程再造的本质内涵，即：对企业运营根本重新思考，彻底翻新作业流程，以便在现今衡量的关键指标，如成本、品质、服务和速度上获得戏剧性改善。

企业管理信息系统的应用在很大程度上推动了企业管理方式的变革，因为在为企业设计一个采用计算机网络进行信息处理、传输的新系统时，往往要改变手工管理的方式并需重新设计企业的业务处理流程，因此，近几年从事管理信息系统的专业人员基本上认为管理信息系统的系统规划工作和企业流程再造是异曲同工的。

企业流程再造的基本内涵就是以作业过程为中心，摆脱传统组织分工理论的束缚，提倡顾客导向、组织变通及正确地运用信息技术，使企业适应快速变动的环境，该理论的核心是“流程”观点和“再造”观点。

所谓“流程”（Process）的观点，强调企业运行是集成从订单到交货或提供服务的一连串作业活动，组成企业活动的要素是一件件业务，一项项作业，而非一个个部门。企业流程再造要重新检查每一项作业活动，识别不具有价值增值的作业活动，将其剔除，并将所有具有价值增值的作业活动重新组合，优化作业过程，缩短交货周期。

“再造”（Reengineering）的观点强调打破旧有管理规范，再造新的管理程序，以回归原点和从头做起的新观念和思考方式，获取管理理论的重大突破和管理方式的革命性变化。“再造”要求摆脱现行系统，从零开始，展开功能分析，将企业系统所欲达到的理论功能，逐一列出，再经过综合评价和统筹考虑筛选出最基本的、关键的功能并将其优化组合，形成企业新的运行系统。

例 4－3　企业流程再造案例——福特公司的“采购—收货—付款”流程再造

福特公司的美国总部有 500 多名财务人员，其单据往来十分繁杂，通常的程序是：

采购部与供应商签订购货合同（订单），同时送一份副本给会计部门；供应商交货时开发票；仓库管理员验收货物后出具验收单，会计部门核对订单、发票、验收单，三者一致办理付款，否则需派人调查原因，整个处理过程如图 4－14 所示。

福特公司建立了计算机系统，使采购、仓库、会计部门都应用计算机处理各自的业务，裁掉了 20% 的冗员，并以为这样很不错了。但是当他们知道日本马自达公司完成同样的工作仅需 5 个人时，他们震惊了。因为即使考虑到福特公司的规模比马自达大，他们最多也只应有 100 名左右会计人员。问题在哪里呢？显然，这需要从根本上再造整个工作过程和工作内容。调查表明，很多传统的习惯是不必要的，在会计部门和采购部门以及供应商之间有很多冗余的单据往来，要花不少人力去核对单据。尽管不一致的情况只占少数，但会计部门却有 80% 的人花大量时间处理这类少数事件。又因经手人多，出错的机会也多，一旦单据之间不相符，就要花更多人力去追查，最后会计部门凭多次核对的发票付款。

福特公司再造了这一流程，引入了公用数据库，采购订单进入数据库并送给供应商。当仓库管理员收到货物时，从数据库中调出相应的订单，两者相符则验收入库并自动开出支票，反之则拒绝收货。这样，发票及其他往来单据就不再需要了（见图 4－15）。

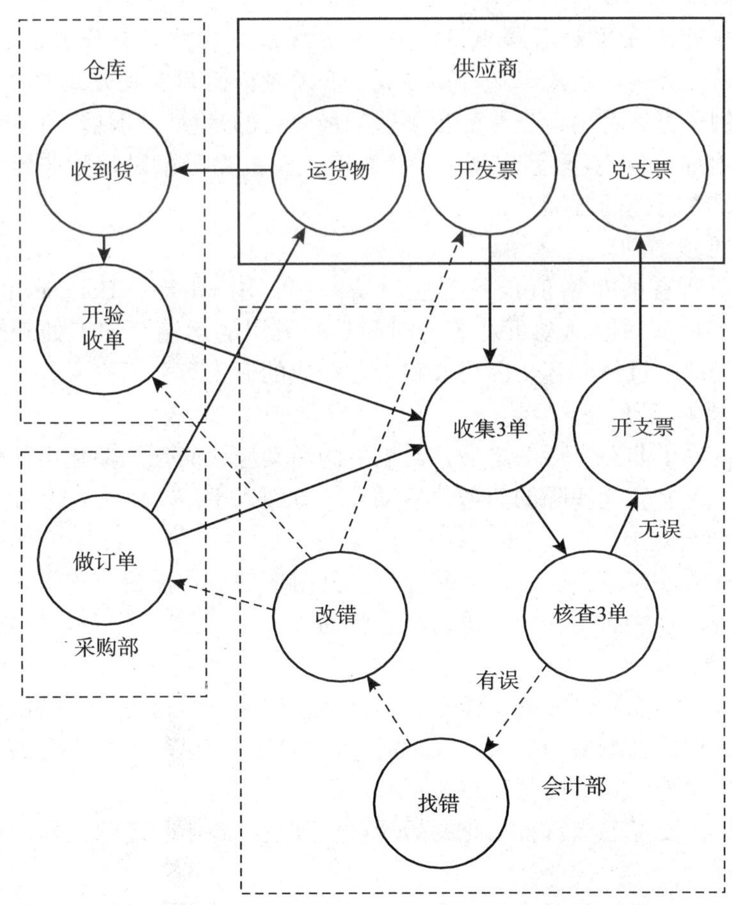

图 4－14　福特公司原有“采购—收货—付款”流程

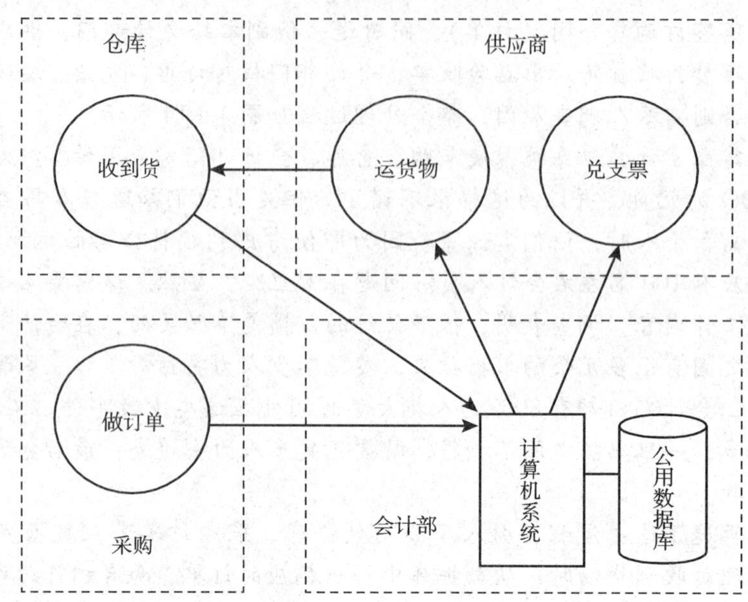

图 4－15　福特公司再造后的“采购—收货—付款”流程

福特公司通过上述流程再造及企业管理信息系统的建设，使得会计部门减少了75%的冗员，同时再造后的流程在效率、成本和质量方面都有极大改善。

从上面的例子可以看出，企业流程再造的最终目的是使一切活动都要以某种方式为企业和顾客“增加价值”。重新规划和设计现有流程的途径就是消除非增值活动和调整核心增值活动，其可能的方面有：

1. 清除非增值活动。

现有流程中所有的非增值步骤都应该清除掉，用 Michael Hammer 的话说就是要“彻底铲除”。这些非增值活动可从等待时间长、无用的运输、加工处理时间长、无用的活动、重复活动、过量库存、因可改善问题造成的返工等方面去寻找。

2. 简化必要的活动。

在尽可能清除了非必要活动之后，对剩下的活动应该简化。简化可从作业程序、存在问题区域、不可能完全清除的非增值活动几个方面入手。

3. 活动的整合。

经过简化的活动应该进行整理合并，使由其组成的流程流畅、连贯。整合包括两个方面，即并行进行某些活动和合并进行某些活动。

4. 流程活动自动化。

信息技术的应用无疑可提高企业流程的自动化程度，但这里需要指出的是，设计和开发企业新的管理信息系统的目的不仅是简单地加速流程运行，更重要的是应对非增值流程活动进行合理地消除、简化和整合。

企业流程中需要考虑实行自动化的活动可从脏活、险活、乏味工作、数据采集、传递分析方面寻找。

企业流程的再造工作还要注意流程的关键点。流程关键点是构成企业流程的诸要素中，对流程运行起决定作用的一个。企业流程的要素包括：组成流程的活动、活动间的逻辑关系、活动的实现方式和活动的承担者。这四个要素在不同的企业流程中地位是不同的，但其中至少有一个是关键因素，也就是流程的关键点。

例 4－4　班尼顿（Benetton）公司业务流程再造案例

班尼顿公司是意大利大型服装企业，它以齐全的商品及丰富的色彩颇获好评。其传统生产方式是：在每年的每个生产周期一开始先查阅有关流行时装方面的信息，再进行商品策划（款式和颜色）。生产流程则是：先把丝染上色再织布，这种方式称为先染。布织好后，接着便是配合服装的款式进行设计、剪裁、缝制和销售（见图 4－16）。

后来，他们发现，服装在一年中流行款式变化不大，但流行颜色变化很大。根据这一特点，他们将这一流程改为图 4－17 所示的形式。

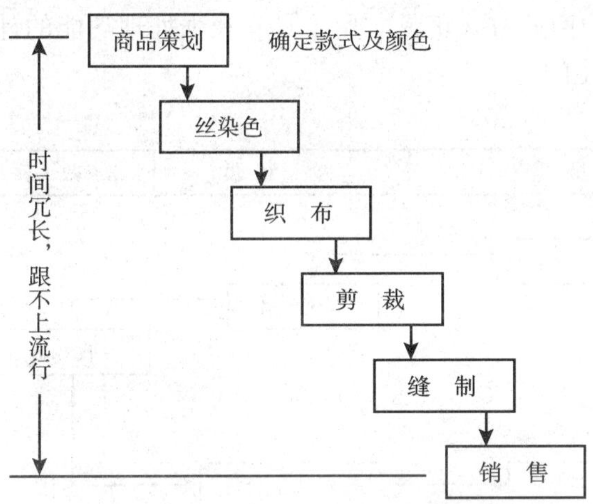

图 4－16　班尼顿公司改造前的业务流程

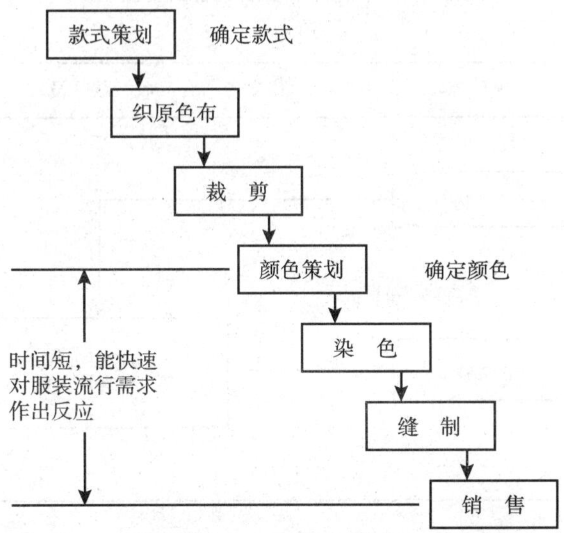

图 4－17　班尼顿公司改造后的业务流程

由于在一年内流行款式很少变化，因此在新的流程中，只要颜色方面的流行信息一到手，即可进行颜色的策划，马上染色。因为式样都已做好了，只剩下染色活动，自然上市周期缩短了许多。

这种将先染改为后染的流程再造使班尼顿公司的业绩大幅度上升。在这一例子中，活动、每一活动的实现方式及承担者都无改动，主要是改变了活动的先后顺序。

管理信息系统的系统规划工作对一个企业来讲是进行企业流程再造的契机。企业流程再造的思想加深了我们对管理信息系统规划工作内涵的认识，并在一定程度上指导我们开展管理信息系统的系统规划工作。

企业计算机应用和企业流程再造思想的结合有时甚至能够产生新的企业运行模式。图4－18和图4－19是传统百货店的销售业务流程及利用收银机超市售货的业务流程比较。“超市”这种新的商业方式正是应用了具有较强处理功能的计算机系统并对传统销售业务流程再造后产生的。

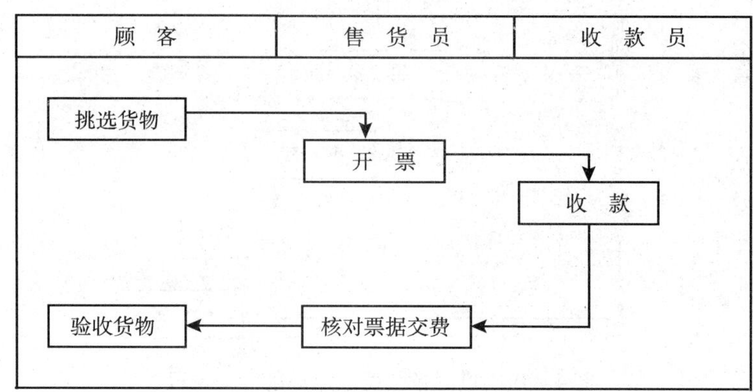

图4－18　传统百货店销售业务流程

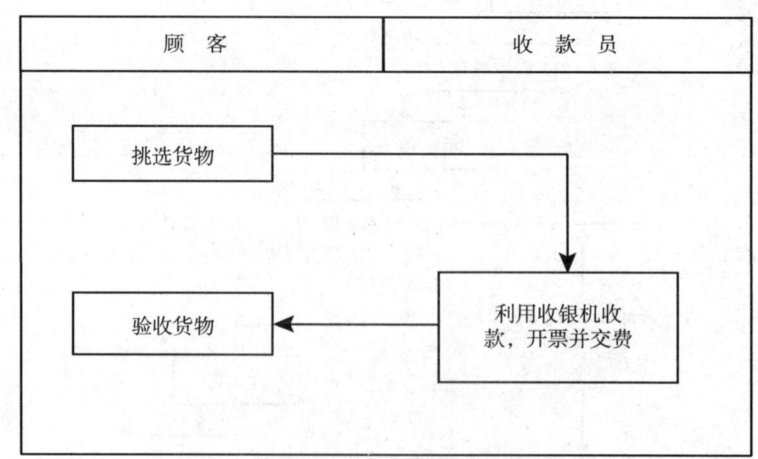

图4－19　利用收银机的超市销售业务流程

从上述我们可以看出，企业流程再造的思想不仅涉及管理信息系统的规划工作，它实际上也涉及了管理信息系统的系统分析和设计，乃至管理信息系统更多的环节和阶段。

五、平衡记分卡

平衡记分卡（Balanced Score Card—BSC）是卡普兰和诺顿1992年提出的一种绩效评价工具，其目的是分析实现企业目标的关键成功因素以及评价这些关键成功因素的具体指标，并不断检查审核这一过程，通过绩效评价促使企业完成目标。

平衡记分卡改进和发展了关键成功因素法，它基于企业的目标，通过平衡的战略，寻求具体的衡量指标，从而提供了一种比关键成功因素法更加客观、科学地获取全面战略信息需求的框架方法。

平衡记分卡在绩效评价体系中引入了非财务的评价指标，以企业战略为导向，以财务指标、顾客指标、内部业务流程指标和学习与成长能力指标相互影响、相互渗透为前提，以综合、平衡为原则，得到企业（或组织）全面的信息需求框架（见图4－20），适用于规划战略型信息系统的信息需求。

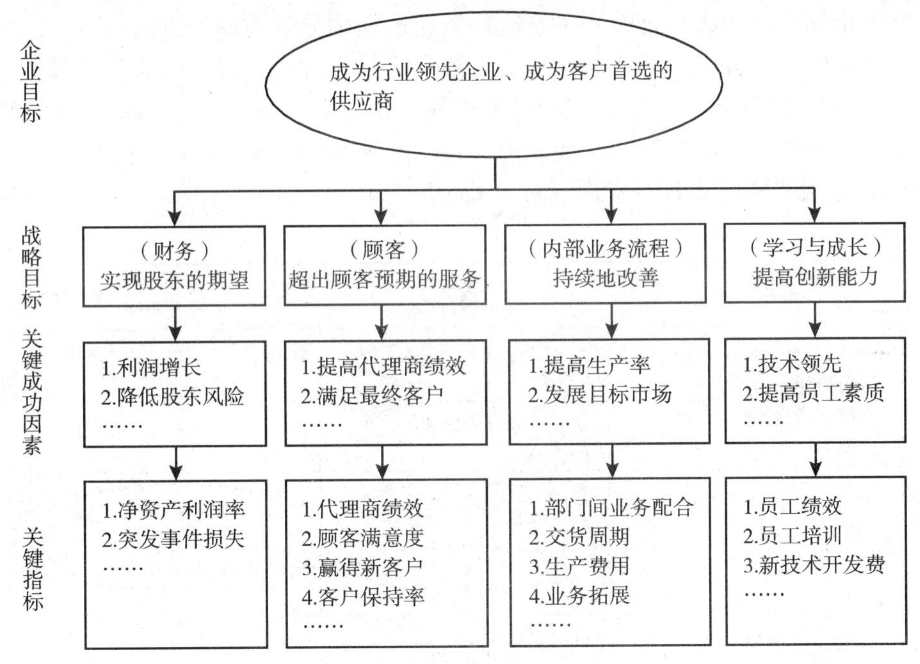

图4－20 平衡记分卡的建立

传统的财务会计模式只能计量过去发生的事情。在工业时代，注重财务指标的管理方法还是有效的。但在信息社会里，企业必须通过在客户、供应商、员工、组织流程、技术和革新等方面的投资，获得持续发展的动力。基于这种认识，平衡记分卡的方法从客户、业务流程、学习与成长、财务四个角度审视企业绩效，从而确定企业发展战略信息需求。

（1）财务方面。平衡记分卡保留了财务方面的指标，财务绩效衡量方面显示企业的战略及其实施和执行是否正在为最终经营结果的改善做出贡献。企业经营的直接目的是为股东创造价值，尽管由于企业战略的不同，在长期或短期对于利润的要求会有所差异。

（2）客户方面。平衡记分卡的客户方面包括客户满意度、客户保持率、新客户的获取、市场份额等。在现今这个客户至上的年代，如何向客户提供所需的产品和服务，从而满足客户需要，提高企业竞争力，已经成为企业能否获得可持续性发展的关键。

（3）内部业务流程方面。内部业务流程方面所重视的是对客户满意度和组织财务目标的实现影响最大的那些内部业务流程。为获得长期的财务成功，可能要求企业创造全新的产品和服务，以满足现有和未来目标客户的需求。这些过程能够创造未来企业的价值，推动未来企业的财务绩效。

（4）学习和成长方面。企业必须投资，以使员工获得新的技能，加强信息技术的应用，理顺组织的工作程序，提高企业的学习能力和创新能力。从长远角度来看，企业唯有不断学习与创新，才能实现长远的发展。

平衡记分卡指标不是一成不变的，需要不断地进行检查和修正。

财务方面的指标不是孤立的，它既要与企业的发展战略紧密联系，集中体现企业的战略目标及实现情况，又要作为另外三个非财务方面的最终目标和衡量标准，使企业财务与非财务指标之间构成一条因果关系链，贯穿平衡记分卡的四个方面。

实际应用中，顾客、内部业务流程、学习和成长等方面的指标又分为绩效驱动指标（Performance Driver Indicators）和核心成果指标（Core Outcome Indicators）。绩效驱动指标的改善会带来核心成果指标的改善。因此，绩效驱动指标也称为先导指标（Lead Indicator），核心成果指标也称为滞后指标（Lag Indicator）。

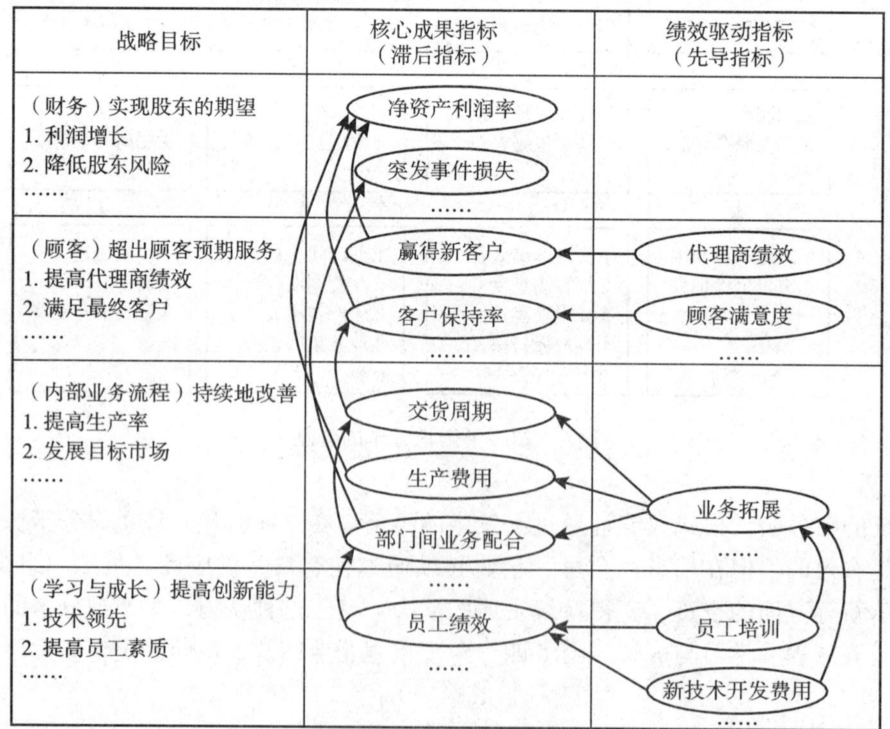

图 4－21　平衡记分卡指标间的关系

顾客方面是指企业从顾客角度出发评价企业经营效果。企业只有真正了解客户，不断满足并激发客户的需要，使企业产品适应市场需要，以实现产品价值转化，才能不断生存和发展。将顾客方面纳入平衡记分卡绩效管理体系，有助于企业以主要顾客的需求为出发点，制定准确的市场战略战术，进而产生满意的财务绩效。

内部业务方面是指企业从内部业务角度评价企业运营状况。内部业务是形成企业竞争能力的内因，是企业改善经营绩效的重点。顾客满意、实现股东价值都要以内部业务流程为基础。

学习与成长方面是从企业的学习和成长角度评价企业竞争能力的。企业要实现财务方面确定的战略目标，在顾客方面和内部业务方面取得业绩突破必须在学习与成长方面做好充分的准备。

平衡记分卡的特点包括：①实现了绩效评价和财务目标的真正结合。在平衡记分卡中，财务目标是其他三个方面的出发点和归宿。②体现了因果关系为纽带的战略信息结构。③覆盖了制定战略与实施战略全面的信息需求。

平衡记分卡的设计，将公司为增强竞争力而应办的事项中看似没有联系的部分同时反映在一份信息报告中，迫使高级经理人员把所有的重要绩效指标放在一起考虑，适用于确定战略信息系统的信息需求。具体而言，平衡记分卡可以在以下环节发挥作用：

（1）使目标和战略具体化。平衡记分卡四个角度的内容设计，有助于企业管理层就组织的使命和战略达成共识。诸如“成为出类拔萃者”、“成为头号供应商”或者“成为强大的组织”之类的豪言壮语很难转化为具有行动指南意义的业务术语，而平衡记分卡将组织的目标和战略细化为财务、客户、内部业务流程、创新与学习四个方面，形成一系列为高层经理认可的测评指标和目标值，充分的描述了为了实现企业的长期战略目标应当注意的成功推动因素。

（2）促进沟通和联系。平衡记分卡使企业管理层能在组织中对战略上下沟通，并把它与各部门的目标联系起来。在传统的绩效评价方法中，对各部门根据各自的财务绩效进行测评，个人激励因素也只是与短期财务目标相联系。平衡记分卡使企业管理层能够确保组织中的各个层次都能理解长期战略，而且使各部门和个人目标与之相一致。

（3）辅助业务规划。平衡记分卡使公司能够实现业务规划与财务规划的一体化。在变革的环境中，几乎所有的公司都在实施种种改革方案，每个方案都有自己的领导者、拥护者和顾问，都在竞相争取高级经理的时间、精力和资源支持。经理们发现，很难把这些不同的新举措组织在一起，从而实现战略目标。这种状况常常导致各个方案实施结果都令人失望。但是，当经理们利用依据平衡记分方法制定的战略目标作为分配资源和确定优先顺序的依据时，他们就会只采用那些能推动自己实现长期战略目标的新措施，并注意加以协调。

（4）增强战略反馈和学习。平衡记分卡赋予公司一项新的能力，即战略性学习的能力。当管理体系以平衡计分法为核心时，就能从另外三个角度，即顾客、内部业务流程和学习与发展，来监督短期结果，并根据最近的绩效来评价战略实施情况。因此，平衡记分卡使公司能够修正战略，以随时反映学习所得。

第三节　系统可行性研究

在确定了系统目标、总体功能结构，初步规划了业务流程之后，就可以开始可行性研究（分析）（Feasibility Study）工作了。

可行性研究是在诸多的可以实现预定目标的方案中，如建立一个管理信息系统、增加一个业务部门、建立销售网点等方案中，分析何种方案是最好的方案。

管理信息系统的可行性研究一般是对若干管理信息系统的各种方案或建设管理信息系统可能采用的技术或方法进行比较分析，最后应给出相关的技术、方法和方案的建议。

只有可行性研究的结果促使高层决策者决定建立管理信息系统时，我们才能开始进行系统分析工作。

管理信息系统的可行性分析一般从技术、经济、组织、时间、法律等方面进行。可行性研究应尽可能采用定量分析的方式比较表达，这样才能得出令人信服的分析结果。

1. 技术可行性分析。

技术可行性研究需关注硬件、软件技术的发展及企业和开发方应用这些技术的能力。

在硬件方面，主要考虑系统的技术性能及稳定性、开放性、可扩展性。这里要强调的是最新的科技产品不见得就是我们应该采用的产品，因为科技产品应用的越普遍，服务商才可能提供良好完备的售后服务。

在软件方面要考虑各种系统软件（如操作系统、数据库管理系统、应用服务器软件、开发工具等）的可靠性、开放性，应用程序的可移植性等。

另外，组织的成员及开发方是否有能力来使用这些技术也是要考察分析的重要方面。

2. 经济可行性分析。

对未来管理信息系统的经济可行性分析，一般应用一些财务分析的方法来帮助分析系统的成本、效益，投资回收指标。常用的成本效益分析方法大致有：

（1）投资报酬比较法。

该方法的定量分析模型为：

$$R=(P-C/N)/C$$

其中：R——投资收益率；P——系统年收益；N——投资年限；C——投资金额。

例如，某企业管理信息系统的投资为30万元。预计系统建立后，每年可增加收入8万元，估计该系统可用5年。这样该企业管理信息系统的年投资收益率为：

$$R=(8-30/5)/30=7\%$$

（2）还本法。

该方法以还本年限为目标，计算投资的金额需要多少年才能回收。当然，还本的年限越短，方案越值得采用。其计算公式为：

$$Y=C/P$$

其中：Y——还本年限；C——投资金额；P——系统建成后每年由于系统的应用给

企业带来的经济效益（如减少支出等）。

3. 组织可行性分析。

管理信息系统组织方面的可行性分析主要关注现有企业业务人员是否有能力使用所要开发的企业管理信息系统，现有组织的业务流程是否需要进行再造、新系统的使用对企业管理规范化、系统化水平是否有显著的促进作用等。

4. 时间可行性分析。

时间可行性分析主要关注，在当前的技术条件下，整个系统的开发应分哪几个阶段，每个阶段开发哪些系统功能，需要多长时间等。

5. 法律可行性分析。

管理信息系统开发中，涉及法律方面的问题包括两个方面：一是开发的系统及其应用是否符合国家相关法律、法规。如企业开发的财务管理系统必须经过当地财政部门的检验通过才可应用。另一方面，我们还要关注开发过程中使用的各种软件、方法是否存在知识产权方面的问题。

在完成管理信息系统的系统规划工作后，需要总结并形成系统规划报告。管理信息系统的系规划报告一般需要包括如下内容：

（1）系统背景。

（2）系统目标。

（3）系统总体功能结构。

（4）主要业务流程及其可能的变革。

（5）系统软、硬件相关技术总结、参考方案及评价比较。

（6）系统的经济、技术、法律可行性分析。

（7）系统开发工期分配、开发时间、所需经费的估计。

管理与技术视点

企业信息化建设的相关规划

一个大型企业（尤其是集团类企业或组织）的信息化建设过程中，一般需要进行三个层次上的信息化规划，即：信息化战略规划、信息系统规划、信息资源规划。

1. 信息化战略规划。

企业信息化战略（规划）作为企业经营发展战略的一部分，描述如何有效、经济、规范、连续地推进企业信息化建设，是对企业信息化建设从企业目标、总体策略、实施步骤、关键技术、相关规范、人员培训、信息化阶段划分及费用估算等方面给出的总体谋划。

信息化战略规划的目的是保证企业信息化建设符合企业的整体经营战略，为信息化建设项目的投资提供决策依据，保证公司信息化建设具有延续性。

信息化战略规划的内容包括：企业发展战略、使命和目标、企业业务环境、业务模式及流程、信息化的战略意义和目标、企业信息化的总体架构（技术架构、业务架构、数据架构、组织架构）、企业信息化的实施步骤和预算、信息化全员培训、年度计划。

2. 信息系统规划。

企业信息系统规划的目的是依据企业资源状况、企业整体管理业务需求及当前技术环境，对企业具体的管理信息系统从系统目标、总体功能结构、关键功能需求、关键信息需求，从企业管理全局出发，规划相关业务运作方式及主要业务流程，估计管理信息系统的费用，规划开发进度。

3. 信息资源规划。

信息资源规划（Information Resource Planning，IRP），是从企业全局的高度，对企业管理所需要的信息，从采集、处理、传输到利用的全面规划。

为了完成信息资源规划，需要从企业的业务出发，通过业务相关数据分析，沿路径："业务用户视图"—"业务数据类"—"业务数据库"规范企业的业务数据环境。从决策需求出发，沿路径："分析主题"—"多维模型"—"数据仓库"规划企业的分析型数据环境。

习　题

4.1　管理信息系统的系统规划阶段的主要任务及具体工作有哪些？

4.2　管理信息系统的系统规划有哪些主要方法，请说明每一种方法的作用。

4.3　企业系统规划的 BSP（企业系统规划法）方法是依据什么确定管理信息系统的总体功能结构的？

4.4　你如何理解 Hammer 在《哈佛商业评论》上发表的“不是自动化，而是重新开始”的含义？为什么说企业信息化不仅仅是管理工作的自动化？

4.5　请指出下列英文缩写的中文含义：CSF，BSP，SST，BPR，IPO。

4.6　请分析，在企业流程再造过程中，“流程”和“再造”的本质角色。

4.7　依据本章内容，填空。

（1）管理信息系统的系统规划依据____________、____________及____________对企业管理信息系统的____________、____________、____________、____________、____________等方面做出______安排。

（2）平衡记分卡的方法从____________、____________、____________、____________四个角度审视企业绩效，从而确定______________________________。

4.8　依据本章内容，选择填空（可多选）。

（1）进行管理信息系统的可行性研究时，需要考虑的方面包括________。

A. 技术　　B. 经济　　C. 文档　　D. 时间　　E. 组织

（2）一个大型企业的信息化建设过程中，一般需要进行几个层次上的信息化规划，包括________。

A. 信息技术规划　　B. 信息系统规划　　C. 信息化战略规划

D. 信息资源规划　　E. 组织机构规划

4.9　案例分析。

案例背景

某医院在一般情况下，病人看病的流程如下：

①患者到挂号处挂号。

②患者到分诊处分诊。

③患者到相应科室就诊。在就诊时，如果需要化验，则对所需化验进行划价、交费、化验，待化验结果出来后继续就诊。

④就诊结束后，患者划价、交费、取药（或治疗）。

经过分析，发现这些流程中，挂号、分诊、划价、交费、取药，均需要排队等候，患者真正享受医疗服务的时间只有就诊、化验和治疗等少数几个环节。由于存在大量的等待时间，使得患者在医院停留时间过长，面积有限的医院无法同时容纳更多的患者就诊。

为了提高服务质量，改善服务环境，就必须减少患者排队时间。经过向一些成功应用信息系统的医院学习，并咨询相应专家，医院最后决定借助信息系统来改善这一现状。针对患者需要多次划价、交费的情况，准备采用智能交费卡解决这个问题。新的看病流程如下：

①患者到挂号处挂号，同时办理交费 IC 卡。

②患者到分诊处分诊。

③患者到相应科室就诊。在就诊时，如果需要化验，则直接去化验处化验，化验所需费用直接从交费卡上扣除，化验结果出来后继续就诊。依据医嘱、药方等取药、治疗。需要缴费时，通过 IC 卡进行。

④就诊结束后，在最后离院时，看病期间所需费用一次结清。

由于IC卡属于借记式（先存钱才可消费，不准透支），使得患者或家属在就诊过程中，不用一次次的划价、交费、找零，只需在挂号时根据情况存入一定量的现金，在最后离院时一次结清、找零即可。若IC卡中额度在就诊过程中出现不足，可在各个楼层相关窗口办理续费。新系统经过一段时间的适应性试运行后，医院里滞留的患者和家属数量大大减少，既节省了患者时间，也提升了医院的运行效率。

根据上述背景材料，请回答：

（1）患者看病流程的创新，主要依赖了IC卡的应用。据此，谈谈信息技术的应用对管理方法、业务模式变革的关键作用。

（2）原有流程的薄弱环节是什么，在新流程中是如何改进的？

管理信息系统的系统分析

第五章

提要：

系统分析是管理信息系统开发工作中最重要的一个阶段，在这个阶段中系统分析人员基于对企业管理业务的详细调查，利用一些描述及分析方法对企业现有的信息处理系统进行描述和分析，提出新系统的逻辑方案。系统分析的本质是通过对现有系统的描述和分析回答未来系统“要做什么”的问题。

本章讲述管理信息系统系统分析的内容、实现步骤及为完成系统分析工作需要掌握的方法、分析和描述工具。

例5-1　系统分析情景案例——青钢管理信息系统的系统分析

在和青钢签订了为其开发包括物资管理、产品销售管理、计划管理、生产调度管理、财务管理、技术管理、总经理综合信息服务等7个子系统的开发合同后，李教授在其领导的课题组内召开了一次会议，在会议上李教授为7个子系统分别指定了一个技术负责人，并为整个项目指定了一个总体技术负责人。

课题组的各位专家设计了三张表格分别用于调查青钢各相关部门的组织机构、目标功能和信息需求。

随后李教授率领课题组成员进驻青钢。由青钢公司组织所有与上述7个子系统相关机构的主要业务人员开了一个动员会，会上由杨总经理首先阐述了企业计算机应用系统对青钢规范化管理的重大意义，并动员大家协助该系统的开发工作，然后由李教授及项目总体技术负责人给各位业务人员讲解了如何填写调查部门业务的三张调查表。

会后，青钢信息中心傅希岭主任与7个子系统相关部门：物资处、销售处、技术处、财务处、计划处、生产调度处、总经理办公室等部门的主管领导进行协调，分别指定了熟悉业务的人员填写用于调查各部门业务的三张调查表。

课题组依据各部门填报完成的调查表绘制出了青钢的组织机构图，归纳总结出了组织机构各部门的工作任务。对每一项管理业务的处理流程及所处理的数据利用相应的描述工具进行了规范化描述。对一些调查表中无法或很难描述清楚的问题，课题组专门组织系统分析人员与相关的业务人员进行了面谈，在交互过程中逐步弄清了通过调查表较难了解到的功能及信息需求。

在完成对现有各组织机构及业务的描述后，系统分析人员利用相应的系统分析方法通过各项业务和数据间的关系分析了现有的业务流程，发现了一些问题，在解决了这些问题后，通过对各业务流程的整理归纳，提出了新系统的功能结构，并对该功能结构中的每一项功能从内容上进行了具体描述。

课题组将上述所做工作整理后形成了《青钢管理信息系统系统分析报告》。

系统分析报告经课题组及青钢业务人员双方确认后，课题组进入了下一阶段——系统设计阶段。

通过上述案例，我们可以看出，管理信息系统的系统分析阶段的主要工作有：

（1）对现行系统的详细调查。

（2）描述组织机构及各部门的业务。

（3）描述现有系统的业务流程。

（4）描述现有系统的数据需求。

（5）依据业务及数据的逻辑关系，分析现有系统的业务流程及数据类。

（6）建立新系统的逻辑方案。

第一节　现行系统的详细调查

对现行系统的详细调查结果是系统分析的主要依据。系统分析阶段的首要工作就是通过对现行系统的详细调查，弄清现行系统中各项业务的处理流程及涉及的相关数据。

对现行系统的详细调查工作是通过与企业组织机构各部门的业务人员交流来完成

的。虽然业务人员对自己工作业务非常熟悉，却常常不能将自己的工作用规范化的方式表达出来，因此我们不得不借助于一些方法和工具使系统分析人员和业务人员沟通和理解。

常用的调查方式有重点访谈、填写业务需求调查表、专题调查会、深入实际等几种方法。

一、重点访谈

重点访谈的方式一般用于对企业高层管理人员的调查。调查工作开始前一般要准备一组问题，这样一方面能引导调查工作的进行；另一方面可保证调查范围的完备性。这些问题一般要包括：

（1）你所在的工作岗位是什么？

（2）你的工作任务是什么？

（3）你每天的工作怎样进行时间安排？

（4）你的工作同前/后续工作是如何联系的？

（5）你所接触的报表、数据有哪些？这些数据在细度、全面性、获取速度上存在哪些问题？

（6）从企业全局考虑，你认为企业的哪些管理业务可以改进？

（7）你认为新的信息系统应该重点解决哪些问题？

重点访谈的方式除了用于了解企业高层管理人员的信息和功能需求外，有时还用于对其他调查方法的补充和对调查结果的确认。

二、全面业务需求填表调查

对企业的全面业务需求调查可采用事先设计调查表，通过企业业务人员填写这些调查表进行，这种调查方法一般用于对基层业务管理部门的业务调查。

业务需求填表调查要求设计能够全面了解业务情况并能够进行一致性和完备性检查的一组调查表。这里说的一致性和完备性检查是指通过比较一组调查表中每一个调查表所填写的内容，检查填表是否正确，是否完全描述了所调查部门的机构任务、信息等方面的情况，这要求调查表格在设计时，对于关键问题要以不同形式、不同层次在两个或两个以上表中出现。

通过实践，我们认为，业务需求调查填表一般要设计三张表格，即组织机构调查表、目标功能调查表、信息需求调查表。对于每一张表的具体结构可根据具体调查的企业情况进行设计，但是一般应当包括下面的内容：

（1）组织机构调查表。

①本单位名称；上一级组织机构（或领导）名称；下层机构名称。

②本单位的主要领导及工作分工。

③本单位主要任务（可文字叙述或通过流程图描述）。

（2）目标功能调查表。

①单位局部目标。

②实现目标的关键因素。

③实现目标所需信息及现有的信息来源。

④为实现目标哪些信息尚无法得到或很难得到，并分析其原因。

（3）信息需求调查表。

①信息名称（报表名、文件名、票据卡片名等，每一种要一份有数据的复印件）。

②信息来源及频度。

③信息去向及频度。

④信息保密要求。

⑤信息用途。

三、专题调查会

在系统分析阶段进行业务调查时也常常采用召开专题调查会的方式，对于阶段性的工作或者专门的问题进行统一协调。例如，在调查物资供应与财务核算业务之间存在着的数据共享或信息传递关系时，一般需要召开调查会，邀请物资部门和财务部门的业务人员共同参加，明确所需要了解的业务内容。

调查会的规模及参加人员根据需要调查的具体业务情况而定。大规模的调查会一般用于解决涉及企业总体业务框架的关键问题，需要来自多个相关部门的骨干人员参加。小规模的调查会一般用于了解某个业务处理过程的细节。

调查会是在业务调查中应用比较广泛也比较有效的一种方法，但是该方法要邀请相关部门的业务骨干参加，牵扯面较大，不宜经常组织。对于大规模的调查会，尤其要注意明确目的，有效地解决问题，避免频繁召集会议，浪费时间。

四、深入实际

有时存在这样的情况，即我们无法通过简单的填表或访谈准确地掌握某些业务操作的一些细节。在这种情况下，我们一般需要采取深入实际的方式来了解这些业务细节，也就是说系统分析人员到相应的岗位与具体业务人员一起工作一段时间，亲身感受业务活动的具体操作过程及可能的异常情况和处理方法。

应当说深入实际的调查方法是完善信息系统调查工作的一种方式，这种方法一般用于了解业务处理中的不规范处理情况和处理细节。应当说，企业的管理过程大部分是规范的，但是这些过程的运行过程中却需要处理许多不规范的情况（事件），对这些不规范的情况的了解，一般得采取深入实际的调查方法，因为对业务人员来说，他们对这些不规范的业务事件并没有形成系统、全面的认识，指望他们系统、全面的描述当然也就不可能了。

第二节　组织机构及其任务描述

现行系统的信息管理功能是通过企业的组织机构的运作来实现的。因此，对现行组织机构及其任务的描述是系统分析工作的切入点。组织机构及其任务的描述包括三方面的内容，即组织的结构、业务过程（任务）、业务过程与组织机构的联系。

对组织机构的描述一般采用组织机构图来实现。机构任务（或业务过程）可以采用文字叙述或通过业务流程图的形式给出。机构任务和组织机构的联系描述应能够清楚表达组织机构的各个部门与业务过程的负责关系（执行者，辅助执行者，信息提供者等），它是后述功能/数据联合分析、确定新系统逻辑方案、甚至管理信息系统建立后系统装配的基础和重要参考。

一、组织结构描述

组织机构图是反映组织内部各部门隶属关系的树状结构图（见图5－1）。当然，在进行管理信息系统的分析时，我们只关心与我们要开发的管理信息系统相关的组织机构，也就是说，我们给出的组织机构图中一般只包含我们所开发的管理信息系统涉及的企业部门。

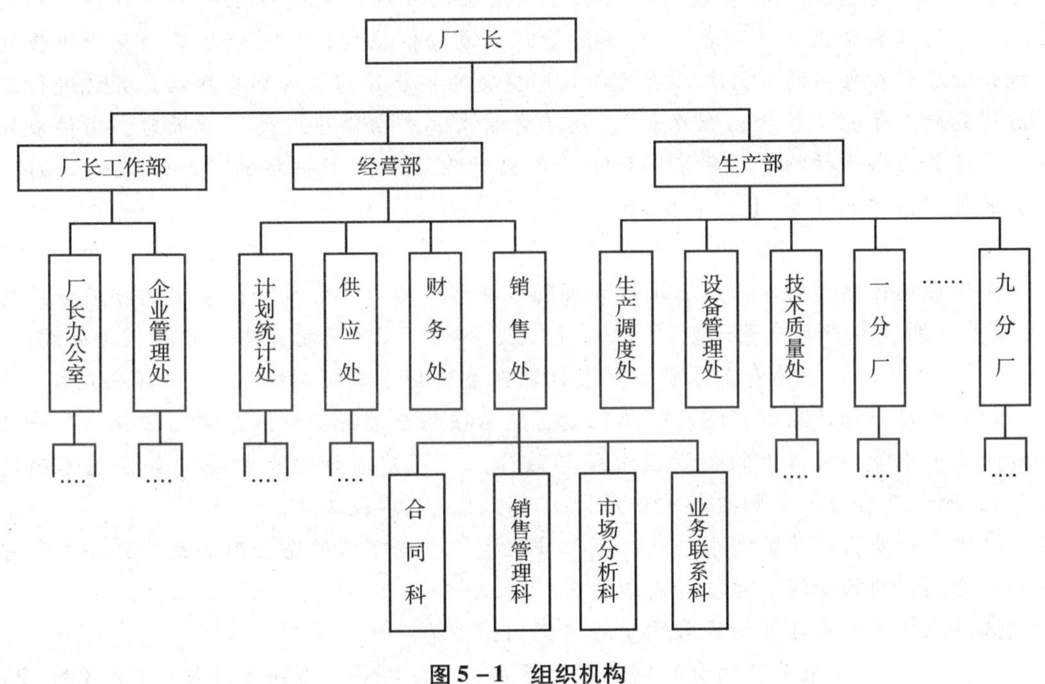

图5－1 组织机构

二、业务过程描述

企业的运作是由企业组织机构的各项业务过程实现的，业务过程是企业动态系统的组成部分。对现行企业组织机构业务过程的描述和分析是系统分析工作的重要内容。

对企业的每一项业务过程我们可用一种被称为“业务处理流程图”（Transaction Flow Diagram，TFD）的图形工具来描述，当然，对于一些简单的业务过程我们也可以通过文字描述其处理过程。

业务流程图通过一些特定的符号描述企业业务的处理过程，它重点强调了业务过程中每一项处理活动和具体业务部门的关系。

业务处理流程图的画法目前尚不统一，我们这里介绍一种简单的业务流程图画法。这种业务流程图只用五种基本符号，其符号及名称如图5－2所示。

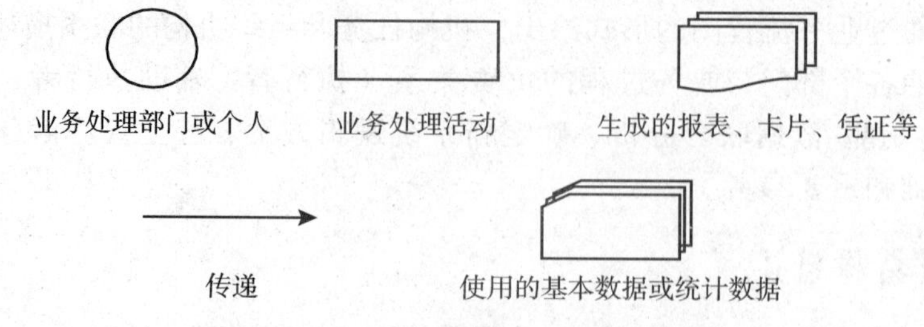

图 5-2　业务流程图使用的基本符号

在下面的例子中分别采用文字叙述及业务流程图的形式描述了某企业"物资采购计划的制定及审批"业务的处理流程。

例 5-2　某企业"物资采购计划制订"业务的处理过程是：上一年末各分厂制定出本分厂的"物资需求计划表"。这些物资计划表经供应处计划科审核后由物资供应处的综合管理科在每年的 1 月 1 日前将各分厂提交的年物资需求计划表按物资品种进行汇总后得到新一年的"物资需求总表"，该物资需求总表由供应处处长审批后，由供应处计划员计算出每一种物资的年采购计划量并最后形成全厂新一年的"物资采购计划"。相关的数据内容见表 5-1 到表 5-6。

附注：

①供应处计划科对各分厂需求计划表的审核方式为：依据计划处制定的相应分厂的"主生产计划（即产品产量计划）"及技术处提供的"生产用物资消耗定额"按公式：

物资需求量 = 产品计划产量 × 物资消耗指标　　（公式 5-1）

计算出每一种产品所需物资的消耗量。然后按物资进行归纳汇总得出该分厂每一种物资的需求总量。若得出的物资需求量与该分厂物资需求计划表相符（如误差不超过 10%），则认为合理，否则要与该分厂协商后才能完成审核工作。

②供应处处长对物资需求总表的审批处理为：依据掌握的企业财务及生产要求和可能的不可预计的物资消耗对物资需求量进行修正。

③供应处计划员计算物资采购量所依据的模型为：

物资采购计划量 = 物资需求量 + 合理库存量 - 当前库存量　（公式 5-2）

其中物资的"合理库存量"和"当前库存量"由物资仓库的"库存台账"获取。

表 5-1　　一分厂 2000 年物资需求计划

物资名称	规格型号	需用量	用途

表 5-2　　2000 年物资需求汇总

物资名称	规格型号	需用量

表 5-3　　2000 年物资采购计划

物资名称	规格型号	采购计划量

表 5－4　　主生产计划（产品产量计划）

分厂名称	产品名称	计划产量

表 5－5　　生产用物资消耗定额

产品名称	物资名称	型号规格	消耗定额

表 5－6　　库存台账

物资名称	型号规格	当前库存量	合理库存量	期初库存量	累计入库量	累计出库量

上述“物资采购计划制订及审批”业务的处理过程，我们可用业务流程图直观地描述出来（见图 5－3）。

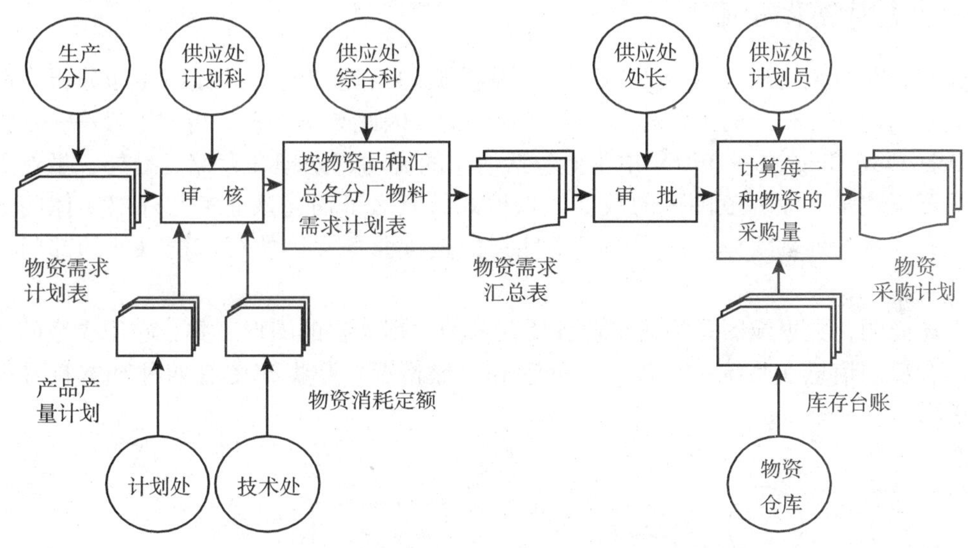

图 5－3　“物资采购计划制订”的业务流程

从上述例子可以看出，业务流程图有时需要辅以相应的说明才能较好地描述相应的业务处理过程，这些辅助说明一般包括对某些处理活动的细节及各种管理和计算模型的描述（如本例中的附注①～③、公式 5－1 和公式 5－2）。

三、组织机构/业务联系描述

前面给出的组织机构图反映了组织机构中各部分的隶属关系，业务流程图及业务处理过程的说明描述了每一项业务的处理过程。

但是上面两项内容却不能综合反映组织各部门与每一项业务的联系。为了描述组织中各部门与每一项业务处理过程的联系，我们可以采用表 5－7 所示的“组织/业务联系表”来标明各部门与每一项业务的执行、辅助执行、提供信息等各种联系。

表 5－7　　组织/业务联系

业务＼联系方式＼部门	计划处	供应处	财务处	销售处	调度处	技术处	物资仓库	…
物资采购计划制定	×	*					√	
产品销售计划制定	×			*				
物资采购及入库	√	*	×		√		*	
生产组织	√	×			*	√		
……								

注：* 表示该部门是相应业务的执行部门。
× 表示该部门是相应业务的辅助执行部门。
√ 表示该业务的执行需要用到相应管理部门的数据。

第三节　数据分析及数据流程分析

一、数据流程分析

舍弃企业组织机构（或个人）而主要从数据的处理与流动过程描述和分析实际业务的数据动态处理模式的工作称为数据流程分析，因此数据流程分析的工具——数据流图（Data Flow Diagram—DFD）中主要包括信息的流动、处理和存储。另外，虽然数据流图主要描述某一业务范围内的数据处理模式，但为了描述该业务与外部实体间的联系，也有少量的外部实体。所谓外部实体指的是该业务主体执行部门以外的部门或个人。

上述说明，数据流图是描述企业各项业务的数据流程的图形工具，它用少数的几种符号综合反映信息在系统中的流动、处理和存储情况。数据流图有四种基本符号如图 5－4 所示。

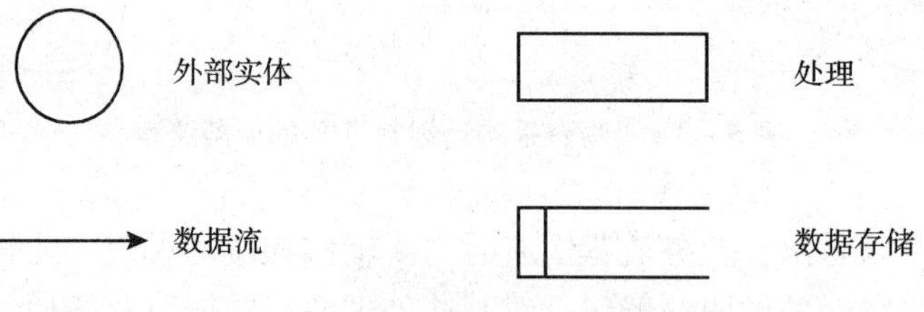

图 5－4　数据流图的四种基本符号

例 5－3　在例 5－2 中我们用文字和业务流程图描述了某企业“物资采购计划制定”的业务处理过程，其中业务流程图描述的是该业务处理各项活动及完成各项活动部门的“流水账”，本例给出描述该业务的数据流图（见图 5－5）。

“物资采购计划制定”业务的执行部门为物资供应处的相关管理部门及个人，即该业务的业务范围在物资供应处内部，因此相对于该业务来说，各“分厂”及“物资仓库”、“技术处”、“计划处”是外部实体。

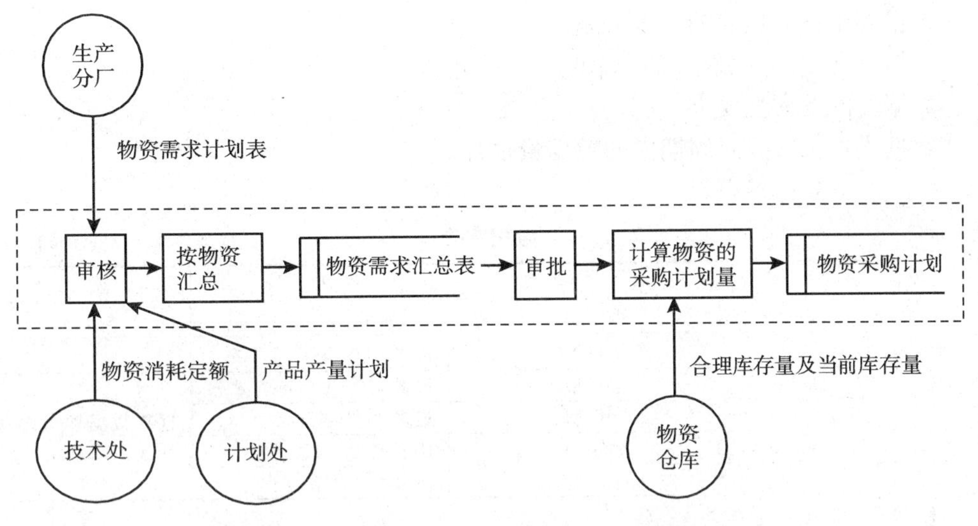

图 5－5　“物资采购计划制定”业务的数据流

从例 5－2 和例 5－3 可以看出，数据流图更注重描述业务内数据间的关系，并把业务看作一个整体功能，也就是更注重描述其“系统”特征，而该项业务通过外部实体与其环境交换信息。

应当指出，业务流程图和数据流图都是描述企业业务数据处理过程的图形工具，只是二者着眼点不同。

从使用者的角度来看，应用业务流程图描述企业各项业务的数据处理过程更容易与用户进行交流。数据流图较业务流程图抽象，描述的是企业业务数据处理过程的本质（业务的数据流动、处理及存储），但难以描述系统的控制流。

在一般的情况下，在描述现有系统的业务处理过程时，业务流程图和数据流图二者兼用，而在系统设计阶段描述新系统的数据处理过程时，只用数据流图。

二、数据分析

在数据流图中，我们对每一项业务的数据处理过程进行了动态描述，但对数据流图中涉及的数据类（数据存储、数据流等），却未给出详细描述。

用于描述数据类的工具称为数据字典（Data Dictionary，DD），它是一种简化了的、用于规范化描述数据类主要结构及特性的表格工具。

在系统分析阶段，数据字典用于描述现行系统中的数据类，描述的结果将构成系统设计阶段数据类设计及数据库设计的基础。

数据字典中包括数据类名称及该数据类每一个数据项的数据项名、类型、取值范围、每一数据项的内容举例、备注等。

数据字典规范化描述部分采用表格方式给出，表 5－8 是图 5－5 所示数据流图中数据类“物资需求计划表”的数据字典，其他数据类的数据字典略。

除了用表格规范化描述每个数据类的结构外，还要描述数据类的其他数据处理特性，包括：

①数据类中各数据项的计算关系。

②数据类的使用（或生成）频度。

③数据类的保密性要求。

④数据类在某个时间周期内的数据量估计。

表 5－8　　数据字典　　数据类名称：物资需求计划表

数据项名	内容举例	类型	取值范围	备　注
计划年	2006	数字型	4 位整数	
分厂名称	一分厂	字符型	最多 10 个汉字	
物资名称	重油	字符型	最多 10 个汉字	这些数据项可多次出现（多记录）
规格型号	50#	字符型	最多 20 个字符	
需用量	50.00	数字型	10 位整数，2 位小数	
用途	大修	字符型	最多 4 个汉字	

例 5－4　数据字典举例

图 5－6 是某企业会计处理业务中的一张“收款凭证”，表 5－9 是描述其数据结构的数据字典。

收 款 凭 证

借方科目：银行存款　　凭证号：105　　2006 年 5 月 16 日

摘要	贷方科目	金额
收鞍钢货款	应收账款——鞍钢	15000000
	合　计	15000000

附单据 5 张

会计：王年　　制单：李刚　　审核：韩京清

图 5－6　收款凭证

表 5－9　　收款凭证的数据字典　　数据类名称：收款凭证

数据项名	内容举例	类型	取值范围	备　注
凭证日期	2006/05/16	日期型		
凭证号	105	数字型	1～9999	每月重新编号
附单据	5	数字型	1～9999	
摘要	收鞍钢货款	字符型	20 个汉字	
借方科目	银行存款	字符型	20 个汉字	
贷方科目	应收账款——鞍钢	字符型	20 个汉字	该 2 个数据项为多记录项
金额	15000000	数字型	15 位，两位小数	
合计	15000000	数字型	15 位，两位小数	
会计	王年	字符型	4 个汉字	
制单	李刚	字符型	4 个汉字	
审核	韩京清	字符型	4 个汉字	

注：①每月约产生 1000 张收款凭证。

②收款凭证除了收款凭证的填写人外，只允许管财务的副总经理及财务处长可以查阅。

③其中数据项“合计”由多个记录项中“金额”求和得到。

三、系统功能结构分析

系统由若干个子系统组成，而子系统又可以进一步由若干个功能模块组成，依此类推而形成系统的层次结构。

系统功能结构分析依据前面得到的每一项业务流程的分析和描述结果，对企业管理系统从逻辑的角度进行系统功能的分解，确定管理信息系统的功能结构。

功能模块是组成管理信息系统的基本单位，虽然系统中一个具有独立处理功能的活动都可以看成是一个功能模块，但一个模块应具备以下两个要素：①具有明确的输入和输出。②具有明确的处理功能。这两个要素是模块的外部特性，即反映了模块的外貌。模块的内部特性将进一步在系统设计阶段确定完成。

在结构图中用矩形来表达一个模块，模块名称写在矩形框的里面，而模块名称必须表达这个模块的功能或该模块应该完成的任务。

在系统规划阶段我们已经对子系统进行了划分。系统功能结构分析的目的是对系统规划阶段的系统划分结果进一步细化和确认，并给出新系统的逻辑功能结构图。

一个庞大而又复杂的信息系统的实现，要从其基本组成部分——功能模块开始。为了达到这个目的，就需要在系统分析阶段，给出管理系统的功能层次结构，这样后续的系统设计、系统实现的复杂程度会大大降低。

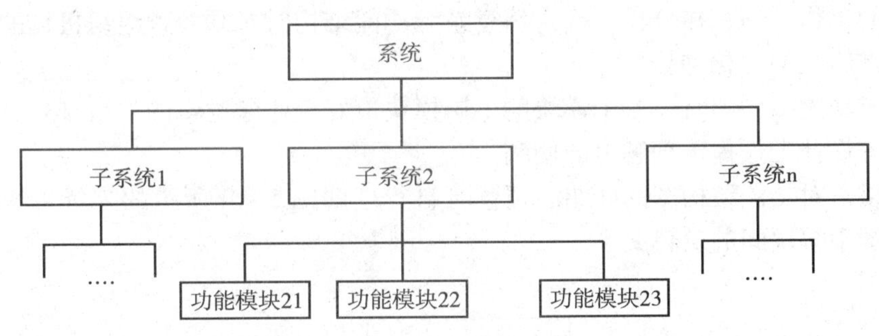

图 5－7　系统的层次结构

在系统层次结构的建立过程中，我们需要从以下几个方面入手：

(1) 每个系统（或子系统）所包含的功能模块，一般与该系统所包含的具体业务相对应。

如某企业的“物资管理系统”包含“采购计划制定”、“仓储管理”、“统计管理”三项管理业务，因此该“物资管理系统”所包含的下一层功能模块（即子系统）分别为：“采购计划制定”模块、“仓储管理”模块、“统计管理”模块（见图 5－8）

(2) 对于业务模块下一层所包含的功能模块，需要参照该业务的业务流程图及数据流图来确定。其基本原则是：该业务流程的每一个处理（活动）形成一个所属模块。

如由“物资采购计划制定”业务的业务流程图（见图 5－3），我们可得出“物资采购计划制定”模块的下层所属模块为“分厂需求计划审核”模块、“分厂需求计划汇总”模块、“总厂需求计划审批”模块、“总厂采购计划形成”模块（见图 5－8）。

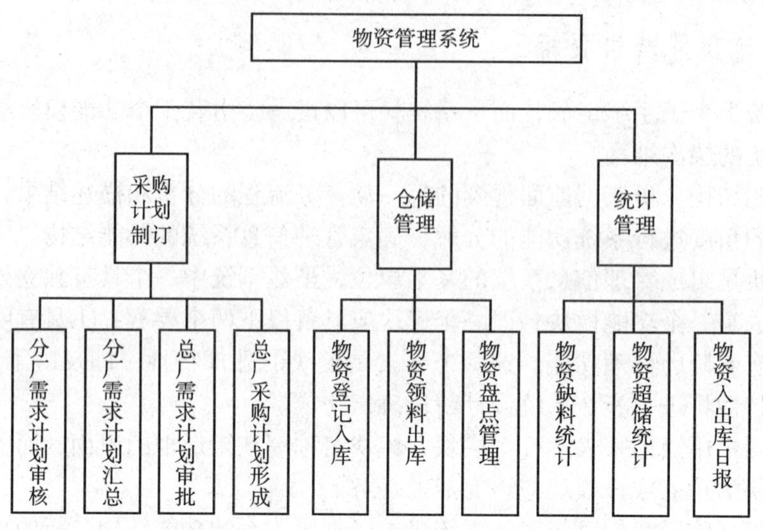

图 5-8　某物资管理系统的功能结构

(3) 系统功能结构的确定还要与组织管理机构的设置相适应。从短期看，一个企业的组织机构的设置是稳定的，但从今后管理发展的趋势看，企业的机构设置又是变化的。因此，为了便于各企业组织机构、职能部门的使用，使信息系统能够符合现有的情况和人们的工作习惯，在分析、确定信息系统功能结构时必须兼顾组织机构的要求，但同时也考虑组织的变化趋势。

在形成功能结构图时，一个模块的下层模块最好按业务逻辑的先后排列，这样可以为后续系统设计工作提供理解上的便利。

根据以上对功能结构图的介绍，请读者自行理解图 5-9 所示的工资单编制业务的功能结构图中模块间的逻辑关系。

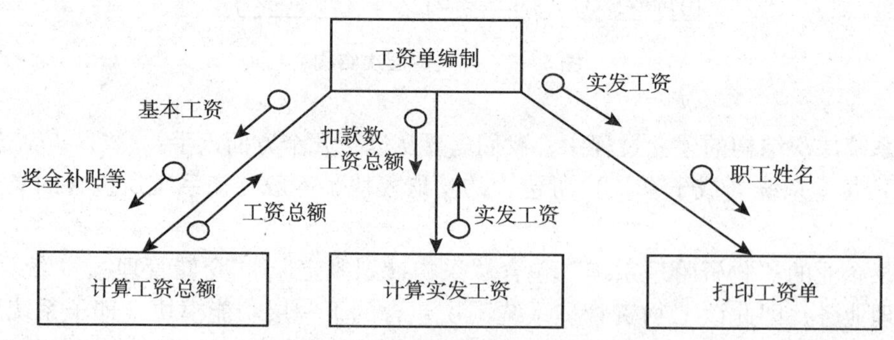

图 5-9　工资单编制业务的功能模块结构

四、业务（功能）/数据分析

业务（功能）/数据分析是在数据处理流程分析（或描述）、数据分析（或描述）、系统功能结构分析的基础上，利用功能与数据间的使用与生成的逻辑关系对企业业务进行的系统化分析。

功能/数据分析的目的在于检查调研、描述工作中的疏漏及现有系统中的数据处理存在的问题和不足。

为完成功能/数据分析，需要进行如下步骤：

（一）建立功能/数据的 U/C 矩阵

依据得到的系统功能结构及每一项业务的数据流图描述的各项功能与数据类间的使用与生成关系绘制功能/数据类间的 U/C（使用/生成）矩阵。本例依据图 5－8 给出的某物资管理系统的功能结构及相关业务流程图可以得到表 5－10。

表 5－10　　U/C 矩阵

数据类 / 功能	分厂物资需求计划表	总厂需求计划汇总表	总厂物资采购计划	物资库存台账	供应商信息	物资基本信息	到货单	入库单	领料单	物资盘点报表	物资缺料统计表	物资超储统计表	物资入出库日报	行号
需求计划审核	U					U								1
需求计划汇总	U	C				U								2
需求计划审批		C				U								3
采购计划制定		U	C	U		U								4
物资登记入库				C	U	U	U	C			U	U		5
物资领料出库	U			C		U			C	U	U	U		6
物资盘点管理				U		U				C				7
物资缺料统计			U	U		U					C			8
物资超储统计			U	U		U						C		9
物资入出库日报			U	U	U	U	U	U	U				C	10
列　号	1	2	3	4	5	6	7	8	9	10	11	12	13	

注：功能/数据（U/C）矩阵表中的 U 和 C 分别表示功能和数据类的使用和生成关系。

该系统运行时，需要的系统外的数据类不需列在 U/C 矩阵表中，如采购计划生成计算时，需要的“产品产量计划”和“物资消耗定额”。

（二）功能/数据分析

利用上面得到的 U/C 矩阵表，我们可以对功能的完备性和数据类的一致性及冗余性进行分析和检查。

1. 完备性检验。

U/C 的完备性检验是保证每个数据类都必须有生成它的功能及使用它的功能，这反映在 U/C 矩阵表中就是要求每一列都必须有 C 和 U。

本例中，数据类 1（分厂物资需求计划表）、数据类 5（供应商信息）、数据类 6（物资基本信息），数据类 7（到货单）相应列中没有 C，即没有生成这些数据类的功能，对整个系统功能结构来讲，这是不完备的，应分析其原因，并增加生成相应数据类的功能。

如果是由于系统涉及边界或具体实现相关的原因，也可能需要在系统设计阶段再考虑增加相应的功能。如表 5－10 中，由于数据 1（分厂物资需求计划表）来自系统外

（各分厂不在系统涉及的范围）、数据类 5（供应商信息）、数据类 6（物资基本信息）是从手工处理变为计算机处理后才会产生的问题，与具体实现有关，因此我们只须在系统设计时增加相应的数据输入和维护功能即可。

数据类 7（到货单）相关问题，可能是我们遗漏了物资到货相关业务造成的，应该按业务要求增补相应的业务流程描述，并增加相应的功能模块。

2. 一致性检验。

一致性检验的目的是保证每个数据类有且仅有一个产生者，在 U/C 矩阵表中就是要求该数据在对应列中有且仅有一个 C。

本例中，数据类 4（即“物资库存台账”）有两个产生者，即“物资登记入库”及“物资领料出库”功能，这很难保证数据的一致性。这种情况应引起我们注意，可能解决的办法有：将“物资库存台账”分解为“物资入库台账”和“物资出库台账”两个数据类，或采用严格的数据管理控制权限保证对该数据类操作的一致性。

3. 冗余性检验。

冗余性检验的目的是保证每一个数据类必须是有用的，即应存在至少一个使用该数据类的功能，在 U/C 矩阵表中要求数据类对应的列至少有一个 U。

本例表 5－10 中，数据类 13（即“物资入出库日报”）对应的列没有“U”，由此推测“物资入出库日报”可能是“冗余数据”。为了判断该数据类是否真的是“冗余数据”，有时还需要在更大的范围，如考虑其他相关系统（或子系统）是否要用到该数据类。这里“物资入出库日报”可能是需要向领导报送的报表，属于该“物资管理系统”与系统环境交换的信息，不是“冗余数据”。

这里应当指出的是，功能的不完备和数据的冗余在 U/C 矩阵中表现是一样的，都是某一列没有 U，出现这种情况时，我们需视具体情况分析解决。

第四节　管理模型的应用

在企业的经营管理中需要采用多种管理模型，这些管理模型一般在计算机广泛应用于企业之前已经存在，并在企业的经营管理中发挥着一定的作用。但是，在传统的手工业务操作方式下，由于信息处理、存储及传递能力相对较弱，管理模型的应用受到了很大限制，一般只采用少量简单的管理模型，而不便采用比较复杂的模型或者综合应用多种管理模型。

计算机、数据库和网络技术的发展和应用，使复杂的数据计算和信息传递能够在较短的时间内完成，因此可以在管理信息系统的建设中灵活应用各种管理模型，充分发挥其在企业日常工作、经营管理和战略决策中的作用。

本节以物资存货计价方法为例介绍管理模型及其在管理信息系统中的应用。

一、物资存货计价管理模型

物资存货计价方法是非常重要的一种管理模型，物资存货计价方法选择的不同，会对物资管理流程的结构、相关数据的计算产生一定的影响。

比较常见的物资存货计价方法有：个别计价法、先进先出法、后进先出法、加权平均法、移动平均法、计划单价法等。

（1）个别计价法是假定物资的成本流转同实物流转完全一致，需要逐一辨认库存物资和领用物资所属的购进批别，并分别按其购进单价来作为库存物资和领用物资价格的方法。个别计价法比较准确，但是对库存物资和领用物资需要具体确订购进批别，操作比较烦琐，适用于品种较少、单位价格较高的物资计价。

（2）先进先出法是在假设先购进的货物先发出的前提下来确定库存物资和领用物资价格的物资存货计价方法。在采用该方法时，实际上并不要求物资的成本流转同实物流转保持一致。也就是说，对于同一种物资，在存储和领用时并不做实物的区分，但是在物资入库时需要在台账中记录物资的数量、单价，以便在物资领用时按台账中记录的数量、单价顺序进行计价，而所领用的具体物资实物并不一定是先入库的实物。采用先进先出法时，物资台账上结存物资的金额比较接近于现行的购进价值，工作量也比较大。

（3）后进先出法同先进先出法正好相反，是在假设后购进的货物先发出的前提下来确定库存物资和领用物资价格的方法，也不要求物资的成本流转同实物流转保持一致。该方法的工作量同先进先出法相当。

（4）加权平均法也称为全月一次加权平均法，是在月末一次计算全月的物资平均单价，作为库存物资和领用物资的价格。全月物资平均单价的计算方法见公式 5－3。加权平均法计算比较简单，由于该方法在月末一次性计算全月的物资平均单价，平时只能记录库存物资和领用物资的数量，不能反映物资的价格和金额。

$$\text{全月物资平均单价}=\frac{\text{月初结存金额}+\text{本月入库金额}}{\text{月初结存数量}+\text{本月入库数量}} \quad \text{（公式 5－3）}$$

（5）移动平均法是在每次物资入库时重新计算物资的平均单价，作为下次物资入库前库存物资和领用物资的价格。每次物资入库时物资平均单价的计算方法见公式 5－4。采用移动平均法能够及时地反映物资的平均价格及库存物资和领用物资的金额。但是，采用该方法需要在每次物资入库时计算物资平均价格，计算工作量比较大。

$$\text{物资平均单价}=\frac{\text{原有库存金额}+\text{本次入库金额}}{\text{原有库存数量}+\text{本次入库数量}} \quad \text{（公式 5－4）}$$

（6）计划单价法是指物资的入库、领用和结存均采用预先制定的计划单价，实际价格同计划价格的差额引起的物资领用成本差异在月末会计核算中进行调整。采用计划单价法的前提是需要制订每一种具体物资的计划单价，并且尽可能地接近实际价格。该方法操作简单，因此应用比较广泛。

二、管理模型应用举例

在管理信息系统的开发中，管理模型的应用在进行系统分析时应该体现在数据流程和数据存储描述中。下面以全月一次加权平均法和个别计价法为例说明在物资台账管理中采用不同的物资存货计价模型所得到的不同的数据流图和数据存储。

例 5－5　采用加权平均法的物资台账管理数据流程和数据存储举例

采用全月一次加权平均法的“物资台账”数据内容见表 5－11。

表 5－11　　物资台账

物资台账

物资名称：　　　　　　　　　　　　　　　　　　　计量单位：

物资型号及规格：　　　　　　　　　　　　　　　　储备定额：

年		凭证编号	摘要	收入			发出			结存		
月	日			数量	单价	金额	数量	单价	金额	数量	单价	金额

物资存货计价采用全月一次加权平均法的物资台账管理数据流图如图 5－10 所示。在每笔入库业务发生时，根据入库单中的相关数据登记物资台账中的物资入库信息，单价采用入库物资的实际价格。在发生领料业务时，根据领料单中的数据登记物资台账中的物资出库信息，此时领料单和物资台账中都没有出库物资的单价和金额。月底根据公式 5－3 进行全月平均单价的计算，并以此全月平均单价填写领料单中的单价和金额及登记物资台账中发出和结存物资的单价和金额。

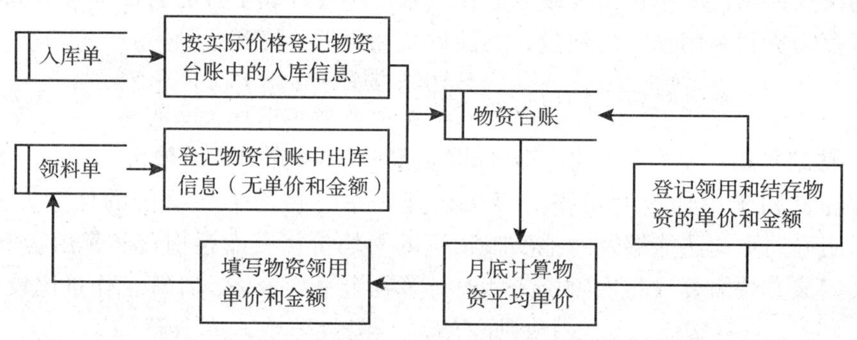

图 5－10　全月一次加权平均法物资台账管理数据流

例 5－6　采用个别计价法的物资台账管理数据流程和数据存储举例

物资存货计价采用个别计价法的物资台账管理数据流如图 5－11 所示。在每笔入库业务发生时，根据入库单中的相关数据登记物资台账中的物资入库信息。在采用个别计价法的情况下，不仅要包括数量、单价、金额等入库相关数据，还必须包括物资批别作为库存和领用物资的计价依据。在发生领料业务时，需要根据物资台账确定所领用物资的具体批别确定单价和金额来完成领料单的填制。之后将领料单中相应的物资出库信息登记到物资台账中。在采用个别计价法时，物资台账中应该包括“批别”数据项，其他数据项同采用全月一次平均法时基本相同。

除了上述物资存货计价管理模型以外，还有很多成熟的管理模型可以应用到管理信息系统中，例如，用于库存控制的经济订货批量模型、用于盈亏分析的量—本—利分析模型、用于优化排产的数学规划模型等，在此不再具体介绍。

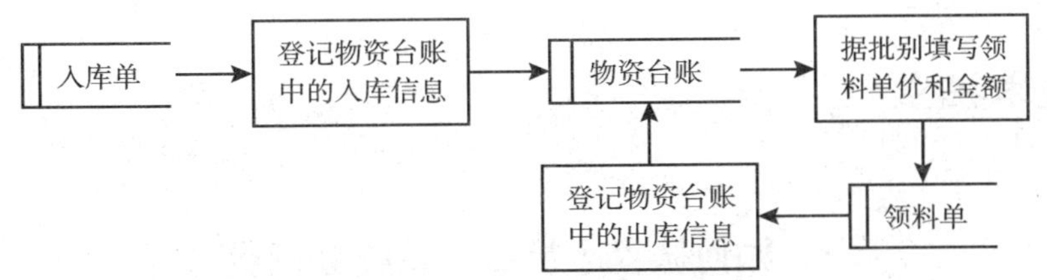

图5－11　个别计价法物资台账管理数据流

第五节　新系统逻辑方案的建立

新系统的逻辑方案是指经过上述的描述分析工作，找出现有系统存在的各种问题并改正或优化后给出新系统的系统功能结构、信息结构和准备采用的管理模型，由于它不考虑计算机及网络等硬件的实体结构，故称为逻辑方案。

新系统的逻辑方案主要包括：分析整理后的业务流程、分析整理后的数据字典、经过各种检验并优化后的系统功能结构、每一项业务处理过程中新建立或已有的管理模型和管理方法。

依据对现有系统的描述导出新系统的逻辑方案时，需要从现有系统的业务流程、处理功能、管理方式（管理模型及方法）等方面分析现有系统存在的逻辑问题，再考虑到用户新的功能需求，最后提出新系统的逻辑方案。新系统逻辑方案的提出，可遵循如下步骤：

（1）找出现行系统存在的问题，了解用户新的功能需求。

（2）针对现有系统存在的问题及用户新的功能需求、新的处理方式要求，修改、甚至增加业务（绘制业务流程图及数据流图）。

（3）针对修改或增加的业务流程，修改或增加所需的数据类（用数据字典描述）。

（4）依据调整后的业务流程，归纳总结出新系统的功能结构。

（5）对提出的新系统的业务流程、数据类、功能结构征求用户意见，确认这些业务流程及相关内容的可行性。

对现有系统的描述及依据对现有系统的描述导出的新系统的逻辑方案构成了系统分析阶段的成果——系统分析报告的核心内容。一般来说系统分析报告的内容应包括：

（1）组织机构及目的、任务。

①组织机构图。

②组织目标描述。

③机构任务描述。

④功能/机构联系表。

（2）全部数据字典。

（3）全部数据流程图及业务处理流程图。

（4）新系统功能结构。

（5）新系统应采用的管理方法、算法模型等。

（6）所有详细调查资料（笔记及收集的各种报表、文档资料、工作记要）。

管理与技术视点

一、如何从程序员变成系统分析员①

好的系统分析员都是从优秀的程序员中产生的，坚实的编程功底、丰富的经验是完成系统分析工作的基础。没有对系统实现的经历，很难领会到系统分析中一些难以言述的精华。

并不是好的程序员就能够成为好的系统分析员。合理的知识结构、沟通能力、文字表达能力、技术的全面性等是对系统分析员的基本要求。

（一）从程序员到系统分析员——观念的转变

一个程序员要具有承接系统分析工作的能力，一般需要经过3～5年的编程经历，并注意从如下几个方面历练自己的思维方式。

（1）培养全局观念。如果太注重细节，往往会陷入在某个问题上纠缠不清的泥潭，这是从程序员向系统分析员转变的根本。

（2）树立面向用户的思想。系统分析员应当有能力将自己扮演成用户，预测要交付的系统会是什么样的，从而理解用户的想法并挑选出合理部分去形成方案。另外，系统分析员头脑中对项目结局有一个清楚的认识，可并保证项目不偏离方向。

（3）形成对任务难度的预测习惯。系统分析员要具有快速的任务难度预测习惯以及具备快速确定开发小组人员构成和任务划分的能力（我们将这归为思想，而不是能力）。要做到这点，需要大量的思考、学习。当今软件业的发展，各种开发工具的出现，编程已经不是什么问题，程序员的工作某种程度上讲仅仅是将别人提出的方案实现而已，而系统分析员却必须确定这些需求，并将这些需求形成方案，如果没有对任务难度的预测习惯，就可能陷入盲目乐观的泥潭。

（4）基于对技术和产品的理解，但必须高于技术，从逻辑的角度思考问题。

要想分析目标系统可能的需求，就必须清楚你给出的需求是否能够实现，就必须对技术和相关开发工具有深刻的理解，并结合用户需求思考问题。但真正描述（分析）系统需求时，却必须跳出技术和产品的束缚，采用具有一定规范性、普适性的描述、分析方法和工具（如数据流图、统一建模语言 UML 工具 Rational Rose 等）表达需求。

纯粹的程序员通常对最终结果考虑的不是很多，当一种新的技术在市场上出现时，他们对系统能否按时交付的考虑就比较少，而强烈希望他们的开发能够建立在新的技术之上。然而，系统分析员的想法和行动要像一个用户，又要能够站在技术的高度，成为真正的用户、程序员之间的代言人。

（二）从程序员到系统分析员——能力的提高

从程序员到系统分析员，需要提高自己的如下几方面的能力，具备这些能力是做好系统分析工作的关键。

① 文章参考了网站“http：//www.51cto.com/art/200512/15983.htm，2005年12月30日”的内容，经作者改编。

(1) 获得信任。系统分析员最重要的能力是获得信任的能力，这是成为优秀系统分析员的关键。只有这样，才能为整个项目组提供正确的支持，能够获得和理解用户需求，解决用户的需求。

(2) 统一各种文档格式。如果说，我们的软件技术落后美国10年，我们的硬件制造技术则落后美国20年，我们的管理水平落后美国至少30年。而最终决定速率的恰恰是我们的死穴——低劣的管理水平。低劣的管理水平的形成有着深厚的背景和多方面的原因，其中最关键的一点就是缺乏规范的管理。系统分析工作是对目标系统需求分析及规范化描述工作，描述的规范性是做好系统分析工作的关键。

(3) 对目标系统明确评价标准。这最好从参与的各方面都进行考虑。目标系统能否满足各方要求，本质上是由系统分析结果决定的，而明确目标系统的评价标准可以在系统分析的过程中就考虑这些标准。

(4) 熟悉可能采用的系统开发方法及工具。要想确定目标系统的方案，就必须清楚给出的方案是否能够实现，就必须对可能采用的方法和相关开发工具有深刻的理解，这方面我们在前面已经提到过了。

(5) 熟悉目标系统的知识。"需求分析实际应该是问题分析"，其本质是确定系统要解决的问题，而不纯粹是用户提出的需求。既然是问题分析，熟悉目标系统的知识就是必要的。甚至，可以说，一个好的系统分析员也应该是好的业务专家。

中国的企业级信息系统的建设在很大程度上可以说并非确有需求，而是迫于某种压力。用户在很多时候考虑的不是系统的长远发展，而只是短期的成果，要求开发单位在很短的时间内完成一个很大的系统的开发，没有时间对系统进行周密的分析，在这种情况下，很多开发商就会粗分析，粗设计，尽快进入编码阶段，这样的系统的生命周期肯定不会很长。在这种情况下，系统分析员确实更加需要有很好的语言组织能力，根据问题域中存在的问题去尽力说服用户，引导用户需求，避免让用户牵着鼻子走。

在理解和分析用户的需求时，应让用户明白：建立计算机应用系统并不是简单地用计算机代替手工劳作，它更应该是管理思想的一次革命，是对现在用户模式的一次升华和提高。如果系统分析不能高于现实，开发的系统将长期陷入需求的反复修改，必然会缩短系统的生命周期。

二、统一建模语言UML

在信息系统建设中的各个阶段（如需求分析、系统分析与设计、测试等）需要绘制各种图形、表格（如流程图、用户界面、数据库模型图等），若使用手工绘制或采用Word等一般的文档工具会非常繁琐，也难以管理。

上述问题的思考、解决推动了计算机辅助软件工程（Computer Aid Software Engineering—CASE）的产生，并开发了各种CASE工具，用来辅助信息系统建设工作。目前CASE工具有的已经可以支持软件开发过程中的每一个阶段：需求分析、系统分析与设计、数据库设计、测试、源代码管理等。

用于管理信息系统分析和设计的描述性CASE工具可以分为两类：结构化分析与设计工具、面向对象的分析与设计工具。

目前在实际中使用结构化分析与设计工具的情况已经比较少（虽然大多数管理信息系统的教材中仍按结构化的思想讲述系统分析与设计），面向对象的分析与设计工具使用非常广泛。统一建模语言（Unified Modeling Language，UML）就是一种面向对象的分析与设计工具。

（一）统一建模语言 UML 的产生

随着软件规模的增大以及复杂程度提高，人们在结构化方法的基础上提出了面向对象方法。面向对象方法提高了软件的模块化、可维护性以及可复用程度，因此得到了广泛的应用。

由于采用了面向对象方法，也就要求人们提出相应软件工程方法用于描述系统分析和系统设计的结果，并逐渐形成了面向对象的建模方法。

20 世纪 70 年代就出现了面向对象的建模方法。在 80 年代末到 90 年代中期，已出现了数十种建模方法。由于面向对象的建模方法种类过多，使用户很难选择合适的方法，也妨碍了用户的使用和交流。

UML 融合了多种优秀的面向对象建模方法，以及多种得到认可的软件工程方法，消除了因方法众多带来的种种不便，通过统一的表示法，使不同知识背景的领域专家、系统分析和开发人员以及用户可以方便地交流。

（二）用统一建模语言 UML 进行系统建模

UML 支持整个软件开发过程，它通过 9 种图形来进行系统建模。

（1）类图。展示了一组类、接口和协作及它们间的关系，在建模中所建立的最常见的图就是类图。

（2）用例图。展现了一组用例、参与者以及它们间的关系。用例图可以描述系统的静态使用情况。

（3）交互图。展现了对象间按一定目的进行的交互，它由在一组对象及它们间交互的信息组成。

（4）顺序图。展现了一组对象和由这组对象收发的消息，用于按时间顺序对控制流建模。顺序图用来表达系统的动态视图。

（5）协作图。展现了一组对象间的连接以及这组对象收发的消息。它强调收发消息的对象的结构组织，按组织结构对控制流建模。

（6）状态图。展示了一个特定对象所有可能的状态以及由于各种事件的发生而引起的状态间的转移。

（7）活动图。是一种特殊的状态图，描述需要做的活动、执行这些活动的顺序以及工作流。

（8）构件图。展现了一组构件之间的组织和依赖，用于对源代码、可执行文件的发布、物理数据库等。

（9）部署图。描述系统硬件的物理拓扑结构以及在此结构上执行的软件。

上述 9 种图形在实际使用中并不一定要全部使用，在 UML 中常用的图形有用例图、类图和交互图、顺序图。其中用例图描述业务模型，表达系统的功能和所提供的服务。类图、交互图、顺序图以及活动图描述设计模型：类图描述系统的静态结构；交互图、顺序图以及活动图描述系统的动态结构。

（三）统一建模语言 UML 相关产品

有了 UML 以后，人们可以使用一种通用的方法来进行系统建模。各个 CASE 工具的开发商也推出了支持 UML 的各种分析与设计工具。

目前市场上常用的面向对象分析与设计的工具有 IBM 公司的 Rational Rose、Borland 公司的 Together、Sparx Systems 的 Enterprise Architect 等，这些工具都对 UML 有很好的支持。

IBM 公司的 Rational Rose 功能非常强大，并且可以配合 IBM 公司的其他 CASE 工具，对整个软件过程进行管理，但是价格比较昂贵，对系统硬件要求也比较高。

Borland 公司的 Together 功能也比较强大，其易用性比较好，对系统硬件的要求不是很高，也可以配合 Borland 公司的其他产品对整个软件过程进行管理。

Sparx Systems 的 Enterprise Architect 的特点是，易用性较好，对系统的要求较低，价格很低廉，但对整个软件生命周期的管理不是很好。

习 题

5.1 请论述管理信息系统的系统分析的主要任务及工作。

5.2 请指出描述业务处理过程的业务处理流程图和描述数据之间联系的数据流图有哪些异同？

5.3 用于系统全面业务需求调查的填表方法中，要求所设计的调查表格能够对所填内容进行一致性和完备性检查。在调查表格设计时，如何才能保证其具备上述功能？

5.4 系统分析报告应包括哪些内容？

5.5 在系统分析过程中，需要进行业务（功能）/数据的综合分析，这些分析工作的目的是什么？

5.6 在某图书管理系统的开发过程中，我们通过调查，针对“图书借阅”业务步骤得到了如下的文字描述：

①读者从图书卡片（见图5-12）中查找需要借阅的书籍。

②读者填写借书单（见图5-13）。

③图书管理员依据借书单到书库查找图书。

④图书管理员填写书后附卡（见图5-14）及借书证（见图5-15）中的“书号”及“借书日期”。

⑤将书后附卡与学生借书证一起留存。

⑥读者拿走借阅的图书。

105.258
书名：管理信息系统
出版社：高等教育出版社
作者：黄梯云等
出版日期：1999.12
库存数量：20本

图5-12 图书卡片

书号	书名
105.258	管理信息系统
104.26	数据结构

图5-13 借书单

书名：管理信息系统			书号：105.258		
学号	姓名	借书证号	借书日期	还书日期	备注
S9901002	王小明	S9901002-3	2001.11.8		

图5-14 书后附卡

借书证号：S9901002-3			
学号：S9901002		姓名：王小明	
书号	借书日期	还书日期	备注
105.258	2001.11.8		

图5-15 借书证

请绘制上述“图书借阅”业务的业务流程图及数据流图，给出相关数据类的数据字典。

5.7　依据本章内容，填空。

（1）管理信息系统的系统分析基于________，采用规范的描述工具，对企业现有的信息处理系统进行描述和分析，提出目标系统的________。

（2）用于描述数据类结构的工具称为________，它对数据类所包含的________，规范化描述________、________、________、________和________。

（3）某项业务采用新的管理模型，可能导致________和________的变化。

5.8　依据本章内容，选择填空（可多选）。

（1）数据流程分析的描述工具——数据流图的四个基本符号分别表示________。

A. 外部实体　　B. 数据流
C. 活动　　D. 处理
E. 数据存储

（2）系统分析报告中，不包括________。

A. 系统开发工具建议　　B. 详细调查资料
C. 机构任务描述　　D. 模块处理过程描述
E. 新系统应采用的管理模型

管理信息系统的系统设计

第六章

提要：

在系统分析阶段，我们明确了新系统的功能结构及信息结构，也就是系统的逻辑模型，对新系统回答了“做什么?”的问题。在系统设计阶段我们需要回答的中心问题是“如何做?”，即通过给出新系统物理模型的方式描述如何实现在系统分析中规定的系统功能。

本章讲述管理信息系统设计的内容、实现步骤及为完成系统设计工作需要掌握的方法、设计和描述工具。

例6-1　系统设计情景案例——青钢管理信息系统的系统设计

北京科技大学李教授领导的课题组完成了青岛钢铁集团计算机管理信息系统的系统分析工作之后，马上召开了课题组的内部会议。在会议上李教授明确了开发组下一阶段的工作。

首先李教授指派开发组中对计算机硬件及网络非常熟悉的曾教授根据系统分析报告中给出的系统功能及信息需求与若干家计算机公司一起研究设计青钢管理信息系统的计算机及其网络硬件、系统软件的选型问题。通过比较各家给出的设计方案及报价，与青钢信息中心的傅主任、马副主任共同选定了由北京太极计算机公司提出的计算机和网络硬件及系统软件方案。为了使开发组及青钢集团能很快地掌握相关硬件及系统软件的使用与维护方法，开发组的骨干成员请相应计算机供应商进行了专门培训。

在完成系统的硬件及系统软件平台的设计工作后，开发组的总体技术负责人高博士指示各子系统的负责人带领各自的开发人员，以系统分析报告为基础，考虑到所采用的计算机硬件平台、数据库管理系统及开发工具，依据现有系统的业务流程设计新系统的数据处理流程，进而对相应的数据类进行设计（如增加新数据类、去除无用数据类、改造某些数据类等）。根据得到的新系统的数据流程最后确定青钢管理信息系统的功能结构，此时的功能结构实际上就是新系统的应用软件结构。

在总体技术负责人高博士的带领下，开发组依据得到的数据类的描述结果——数据字典，完成了整个系统的数据库设计工作，并对其中系统全局性应用的共享编码类数据，如物资编码、供应商编码、产品编码、会计科目编码进行了全系统内各子系统之间的协调。

开发组的设计人员对新系统的应用软件结构中的组成部分——即功能模块进行了进一步的设计工作。这些工作包括对每一模块的用户界面、处理过程、输入输出的设计。

最后各子系统开发人员将上述设计结果进行了汇总整理，形成了《青钢管理信息系统的系统设计报告》，并开始了下一阶段——系统实施阶段的工作。

通过上述系统设计过程的情景案例，我们可以看出管理信息系统设计阶段遵循自顶向下的设计原则，首先进行总体设计，逐层深入，直至完成系统每一模块的详细设计和描述工作，这也说明了系统设计阶段的工作分为两部分，即系统的总体设计（或概要设计）和详细设计。

管理信息系统的总体设计是在系统分析工作的基础上，主要完成下述工作：

（1）设计新系统的计算机硬件结构及系统软件结构。

（2）根据选定的硬件平台及系统软件（尤其是开发工具及数据库系统）的特点，设计新系统的数据处理流程及数据类。

（3）由新系统的数据处理流程确定新系统的应用软件结构。

（4）依据数据类完成新系统的数据库设计及共享编码的设计。

详细设计又称物理模型设计，具体回答新系统如何做的问题。详细设计的对象为构成系统的每一个功能模块，其主要工作为：

（1）功能模块的处理过程设计。

（2）功能模块的输入、输出设计。

第一节　硬件结构及系统软件结构的设计

一、硬件结构的设计

计算机硬件平台的选择在很大程度上决定了整个系统的成本，也决定了整个系统的性能指标。

一般来说，如果系统的数据处理是集中式的，则可采用单主机——多终端模式，此时可以采用小型机作为主机。

对于具有一定规模的企业管理应用，按其管理功能来看，其应用本身就是分布式的，此时所选择的计算机系统的计算模式也应该是分布式的，即客户端以微机为主，服务器可采用小型机或企业级服务器。

计算机及网络的各项技术参数的选择可依据系统要处理的数据量及数据处理的功能要求来决定。

当选定计算机系统的计算模式之后，我们就可以确定系统的网络拓扑结构，并根据系统的逻辑功能划分（如有多少子系统）确定网络的逻辑结构（子网或网段的划分），这实际上也就决定了网络的主要连接设备及服务器等重要部分的构成，此时应遵循的重要原则就是应尽量使信息交换量大的应用放在同一网段内。

例 6－2　某供销公司计算机供销管理系统的硬件结构设计案例

某大型供销公司决定建设计算机供销管理系统，在完成了系统分析工作之后确定了整个系统由物资供应子系统、产品销售子系统及服务于公司领导的综合查询三个子系统构成。

该系统涉及的主要办公部门分布在一个主办公大院内（见图 6－1）。

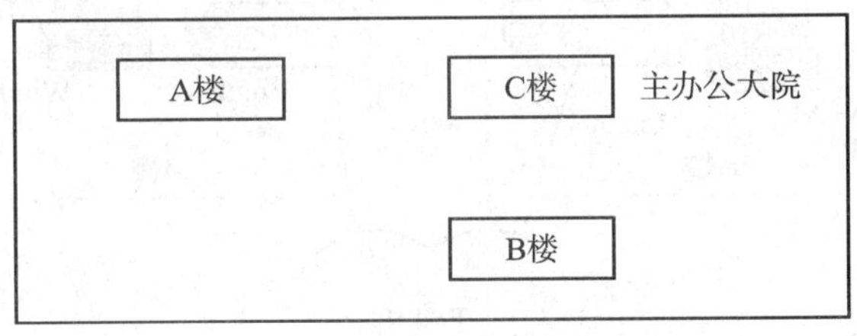

图 6－1　办公部门分布

物资管理部门集中在 A 楼，产品销售部门集中在 B 楼，C 楼是公司领导的办公地点。

其中 A 楼有三层，B 楼两层，C 楼两层。A、B、C 三楼间距离分别为：AC＝300 米，CB＝200 米。

除了上述管理部门之外，物资管理还有 4 个物资仓库，产品销售管理还有两个货场及一个货运站，这些机构离主办公大院都在 2～10 千米左右。

根据上述情况，开发组给出了下面的硬件结构方案：

(1) 主办公大院内计算机应用系统的计算模式采用B/S模式。

(2) 在主办公大院内建立连接A、B、C三楼的主干光纤网。

(3) 从主干光纤网在A、B、C三楼分别接出三个星型网络用于建立物资子系统、产品销售子系统及综合信息查询子系统。

(4) 对于离主办公大院较远的物资仓库、产品货场及货运站，通过电话拨号的方式接入办公大院内的系统，考虑到拨号接入的速度较低，该部分的应用采用C/S计算模式。

整个系统的硬件结构如图6-2所示。

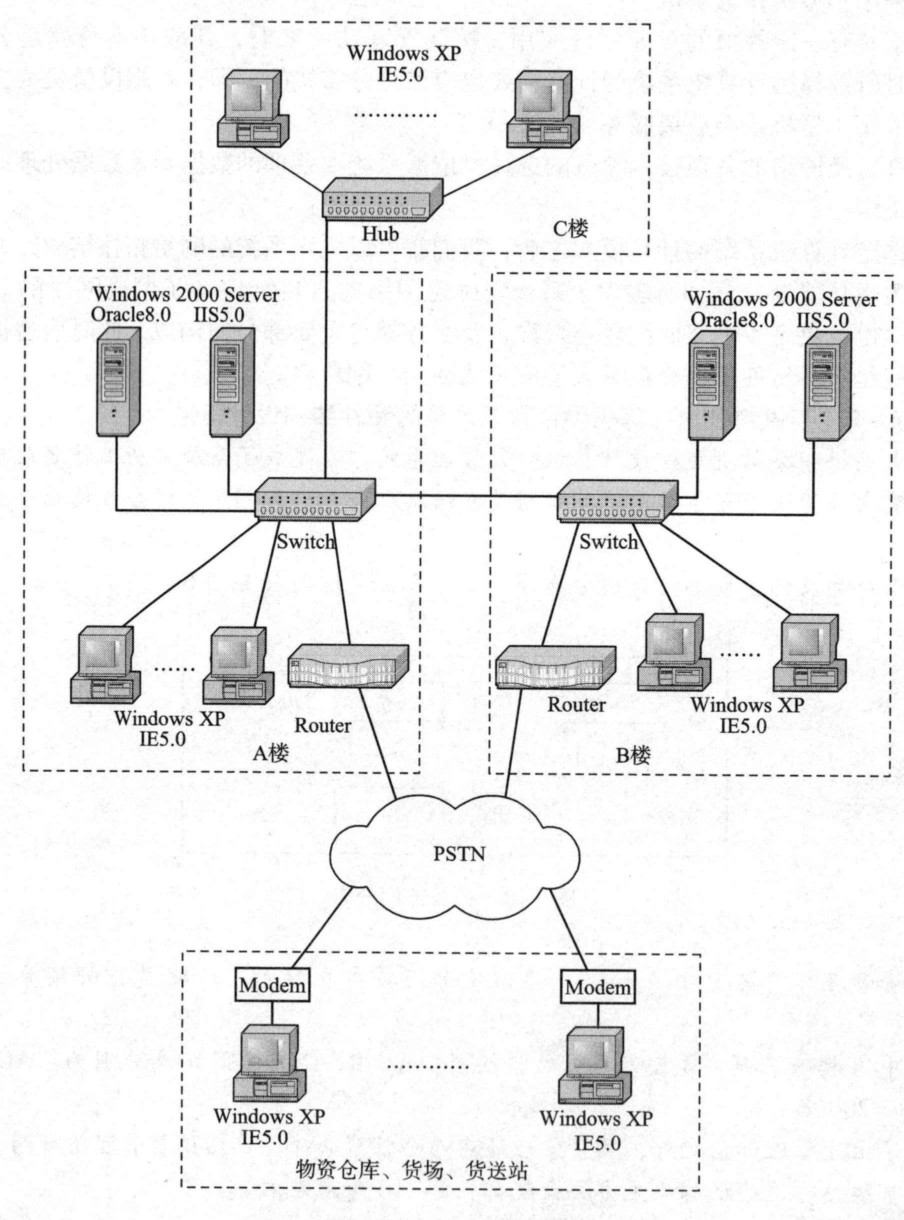

图6-2 系统硬件结构

在A楼、B楼的子网中各有两台服务器分别担当物资供应子系统及产品销售子系统的数据库服务器及应用服务器。

二、系统软件结构设计

系统软件结构的设计工作，实际上是对确定的硬件结构中的每台计算机指定相应的计算机系统软件，包括操作系统、数据库管理系统、应用服务器系统、开发工具软件等。

（一）操作系统的选择

服务器上操作系统一般选择多用户网络操作系统，如Unix、Linux、Windows 2000/2003 Server等。

Unix的特点是稳定性及可靠性非常高，经常用于关键系统（如电信、银行）及关键服务（如数据库服务器），通常采用命令行进行操作。

Windows 2000/2003 Server安装、维护方便，具有很强的软硬件兼容能力，成本也比较低廉，在很多企业中有广泛的应用。

Linux的特点价格低廉、系统稳定性与可靠性较高，目前在企业中的应用范围正在逐步扩大，代替了部分Unix和Windows操作系统。

客户机上的操作系统一般是采用易于操作的图形界面的操作系统，现在多数选择Windows系列，如Windows XP等。

（二）数据库服务器系统软件的选择

管理信息系统中，数据库服务器是必不可少的网络组成部分。因此，数据库管理系统软件的选择对管理信息系统的建设有着举足轻重的影响。

目前市场上流行的数据库管理系统有Oracle、SQL Server、DB2等。其中SQL Server在中小型系统中应用较多，价格也比较低廉；Oracle、DB2一般在大型系统中采用，价格也比较昂贵。

在数据库选择方面，另一个要注意的因素是数据库软件的行业占有率。如果在某一行业中企业采用Oracle的比例很高，那么同一行业中的其他企业建设管理信息系统时一般也应采用相应的数据库系统软件，这样有利于相互的数据交换。

（三）应用服务器系统软件及开发工具的选择

系统软件结构中的另一个方面是应用服务器软件及系统开发工具的选择。

系统开发工具的选取首先依据的是管理信息系统应用的模式。

若你的系统确定开发的应用为B/S模式，就应选择支持B/S模式的应用服务器软件及开发工具。

如果你的网络操作系统选择的是Windows 2000/2003 Server，B/S开发技术可选择ASP或ASP. NET，那么可选择微软公司的Internet Information Server（IIS）作为建立支持Web应用的应用服务器软件。

如果选择了J2EE作为B/S的开发技术，那么应用服务器可以选择IBM公司的WebSphere或BEA公司的WebLogic，另外如果预算紧张的话可以选择免费的Jboss或Tomcat。

当然，若管理信息系统采用B/S模式，则客户端计算机上还需安装浏览器软件，现在最流行的是微软公司的IE5. 0及以上版本。

C/S 模式的开发工具及运行环境一般安装在客户端计算机上，用于 C/S 模式应用开发的系统工具软件用得较多的为 Visual Basic、Delphi、Power Builder。

例 6－3　系统软件结构设计案例

例 6－2 中某供销公司计算机管理系统的系统软件配置方案为：

（1）A、B 两楼内的四台服务器均采用 Windows 2000 Server 网络操作系统。

（2）A、B 两楼内的两台数据库服务器均采用 Oracle8.0 作为数据库服务器软件。

（3）A、B 两楼内的两台应用服务器均采用 IIS5.0 作为 Web 应用服务器软件。

（4）主办公大院内的客户端应用采用 B/S 模式工作，客户端操作系统采用 Windows XP，浏览器采用 IE5.0，应用开发工具采用 ASP 和 Delphi5.0。

（5）物资仓库、产品货场、货运站的客户端采用 C/S 模式工作，这样可以减少网络上的数据传输量，操作系统采用 Windows XP，应用开发及运行环境采用 Power Builder6.0。

上述配置方案可标注在系统硬件结构图中（见图 6－2）。

第二节　数据处理流程及数据类的设计

在系统分析阶段我们得到了现行系统所有的数据处理流程和数据字典，这里的设计工作是将这些结果针对新系统的要求进行设计改造，进而得到新系统的数据处理流程及数据字典。

例 6－4　新系统的数据处理流程及数据字典的设计

设图 6－3 是系统分析阶段得到的“手工银行对账”业务的数据流图。

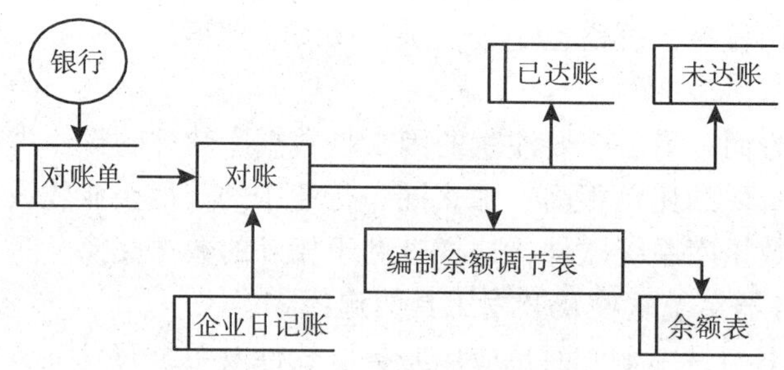

图 6－3　手工银行对账数据流

在设计新系统的银行对账处理流程时，考虑到计算机的应用，我们进行如下调整：

（1）增加“对账单”的录入功能。

（2）增加“银行对账数据”及“企业对账数据”两个数据类。

（3）增加从“企业日记账”提取并形成“企业对账数据”的功能。

（4）增加“对账结果数据”数据类。

（5）增加对账结果打印（整理输出）功能。

这样我们得到新系统的银行对账数据处理流程如图 6－4 所示。

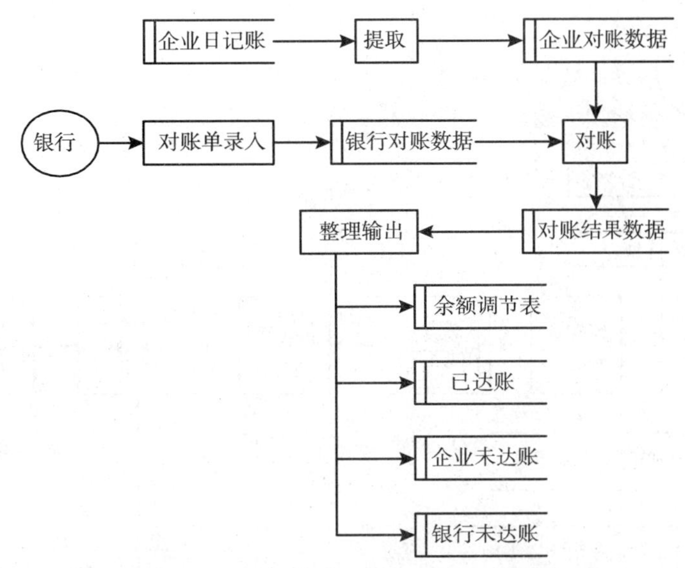

图 6－4　设计得到的银行对账数据流

新增加的“银行对账数据”数据字典为（见表 6－1）：

表 6－1　“银行对账数据”数据字典　　数据类名称：收款凭证

项名	例	类型	取值范围	备　注
科目代码	10201	数值型	3～7 位数字	日期＋票据号可唯一确定一条记录
日期	1992/05/31	日期型		
摘要	收鞍钢欠款	字符型	20 个汉字	
票据号	Z－10006	字符型	20 个字符	
收/付	收	字符型	2 个字符	
金额	150000.00	数值型	12 位数字＋2 位小数	
已达标志	已达	字符型	4 个字符	

注：其他数据类的数据字典略。

例 6－5　在例 5－3 中我们用数据流图描述了现行系统“物资采购计划制定及审批”业务的数据处理过程。这里，我们考虑到计算机应用后，设计并给出目标系统中该业务的数据处理过程（见图 6－5）。

对于上述设计得到的目标新系统中“物资采购计划制定及审批”业务的数据流图所涉及的数据类：“（分厂）物资需求计划表”、“物资需求汇总表”、“（分厂）产品产量计划”、“生产用物资需用量”、“物资消耗定额”、“库存台账”、“物资采购计划”，我们应分别设计它们的数据字典（限于篇幅这里不再给出，用数据字典描述数据类的方式可参见第 5 章）。

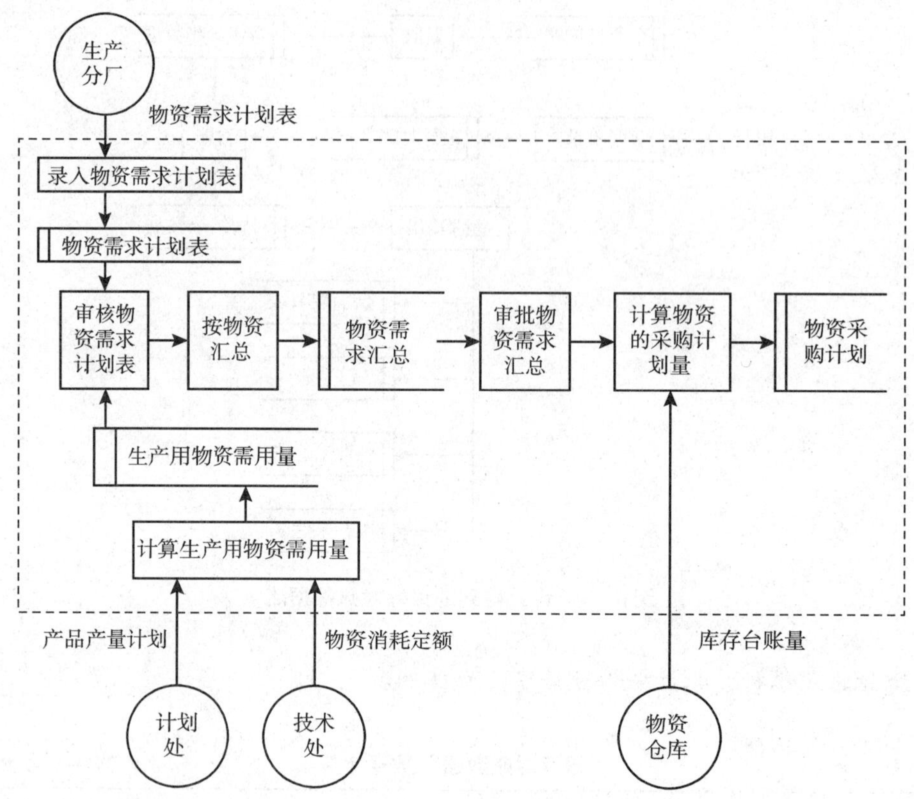

图6-5 设计得到的“物资采购计划制订及审批”业务的数据流

第三节 应用软件结构设计

和系统分析阶段一样，系统设计阶段设计的系统的功能结构也用树状（功能）模块图的形式给出。由于此时每一个模块的确定除了考虑其内在业务特征外，也考虑了软件实现的要求（如开发工具、数据接口等），因此该模块图也就是目标系统的应用软件结构。

目标系统的模块结构的设计是从数据流程图的转换开始的，一般有两种策略可供参考：即以事务为中心的设计策略（事务分析）和以变换为中心设计策略（变换分析）。

事务分析用于把一个大的、复杂的系统分解成若干个较小的、简单的子系统。变换分析从具体的数据流程图转换成模块结构图，它将数据流程图中的处理功能分解成具有输入、变换、输出功能的简单模块。

事务分析和变换分析基本上解决了如何将系统划分为若干个子系统，以及如何将各个子系统分解为若干模块的问题。

1. 事务分析。

事务分析的本质是依据系统具有的业务，将相对独立的业务直接认为是独立的数据处理事务，形成一个个子系统，得到目标系统模块图的上层部分。

如某企业的“物资管理系统”，通过系统设计得到相对独立业务的四个数据流图“采购计划制订”、“仓储管理”、“统计管理”、再从软件实现的角度，系统需要具有

"系统维护"的功能（如编码管理、数据备份等），这样就形成了目标系统模块图的上层部分（见图6－6）。

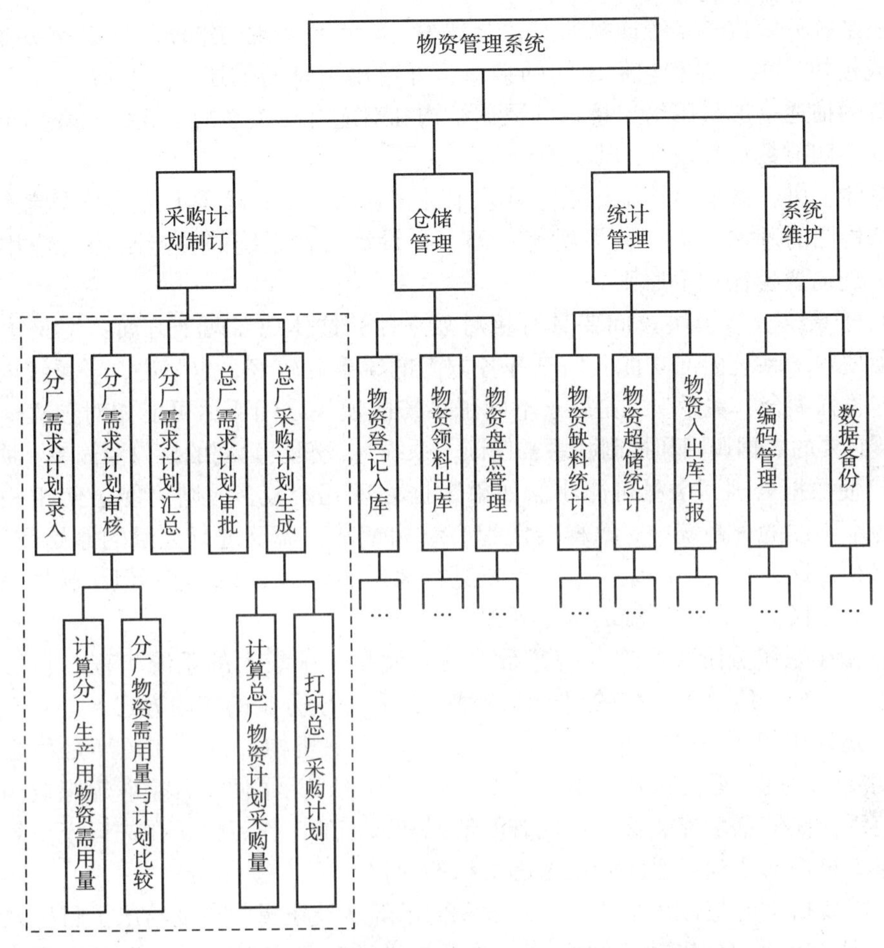

图6－6　某物资管理系统的应用软件结构

2. 变换分析。

变换分析将具体的数据流程图转换成模块结构，它首先对数据流程图中的处理功能进行分类。一般可分为三大类：第一类是输入功能，这类处理功能的特点是对数据的变换只是一些形式上的加工、编辑、验证和排列等；第二类是变换功能，也就是真正的处理功能，对输入数据流进行诸如运算、汇总等加工处理；第三类是输出功能，它对输入数据流进行形式上的加工变换，如排列显示格式等，然后输出到屏幕或打印机上。

变换分析将数据流程图所对应的三种基本类型的处理功能设计成从属模块，分别执行输入、变换、输出功能，在结构图中按流程图中出现的数据处理活动顺序排列。当某个处理活动在逻辑上比较大时，则可按上述原则继续分解划分。

按图6－5所示的"物资采购计划制订及审批"业务的数据流图，通过变换形成了图6－6所示的"物资管理系统"应用软件结构中的一部分（虚线内部分）。

实际工作中经常会综合运用上述两种分析方法推导模块结构图。事务分析提供了对系统和子系统进行化简的方法，它也可以用在从数据流程图到具体模块的转换，即首先采用事务分析将数据流图中的处理活动形成模块，然后再对流程图包含的每一活动采用变换分析进行数据流程图的转换。

当把系统分解成子系统或模块时，会减少目标系统实现的难度，但必须明确各个子系统（或模块）的边界和它们之间的接口，并给出清晰的描述。对系统（或模块）之间的接口的描述一般采用给出接口的数据结构和对应计算关系的方式，而数据结构可以采用本章第四节数据库模型的形式给出。

从总体上讲，系统设计工作是一种艺术性很强的工作，除了上述从数据流图转换得到模块结构图的基本方法（较为规范）外，在设计目标系统的功能结构（应用软件结构）时，还需要遵循如下原则。

（1）子系统（或模块）间要具有相对独立性。这体现在两个方面：一是子系统的划分必须使得子系统内部功能、信息等各方面的凝聚性较好，也就说，子系统内部各功能间具有“强耦合”关系。二是属于不同子系统的模块之间要尽可能相对独立、尽量减少各种不必要的数据调用和控制联系，保证子系统（或模块）间的接口要简单、明确。

（2）使数据处理冗余尽可能小。如果数据处理冗余较多，则可能会使相关的数据分布到各个不同的子系统中，这样会使程序结构紊乱，需要进行大量的原始数据调用，需要保存和传递大量的中间结果，并重复进行大量的计算工作，这不但给软件编制带来了困难，也会极大地降低系统的工作效率。

（3）便于系统分阶段实现。信息系统的开发是一项较大的系统工程，它的实现一般都要分步进行，所以子系统的划分应能适应这种分期分步的实施方式。

（4）适应组织管理机构的设置。一个企业的组织机构的设置在短期是稳定的，但从管理发展的角度企业的机构设置又是变化的。因此，为了便于各企业组织机构、职能部门的使用，使信息系统能够符合现有的情况和人们的工作习惯，在进行模块划分时必须兼顾组织机构的要求，但同时也考虑组织的变化。

这里需要指出的是，在系统分析阶段我们已经从纯逻辑的角度给出了目标系统的功能结构（因此也称“逻辑功能结构”），在系统设计阶段我们实际上是对系统分析阶段得到的逻辑功能结构，进一步考虑数据处理的合理性和软件实现进行的完善和设计，并最终确定目标系统的功能结构（由于考虑了物理实现，因此也称“物理功能结构”或“应用软件结构”）。

第四节　数据库设计

一、数据库设计的技术基础

（一）数据管理的发展过程

数据库技术是随着计算机技术的发展，数据处理量的不断增加而逐渐产生和发展起来的。下面回顾一下数据管理技术的发展过程。

1. 数据人工管理阶段。

在计算机应用的初级阶段，没有专门的软件系统对数据进行管理。当时比较典型的存储介质是纸带和卡片，用于存放应用程序及数据。数据的物理存储、存取方法和输入输出等都必须由程序员在应用程序中进行设计。在这种情况下，计算机应用程序和数据是不可分割的，也不可能在不同的应用之间实现数据共享。如果数据的物理存储设备发生变化，就必须修改程序。在人工管理阶段，数据管理的效率非常低下。

2. 文件系统阶段。

20 世纪 50 年代中期至 60 年代中期，计算机技术有了很大的发展。在硬件方面，出现了磁鼓、磁盘等大容量存储设备；在软件方面，对于程序和数据，操作系统都以文件形式进行管理，一个程序文件中包括的是一段程序，一个数据文件中包括的是一组数据。文件系统的应用使我们可以将程序和数据分离开来。程序文件和数据文件都存放在磁盘等存储介质上。操作系统提供了友好的界面，用户能够比较方便地运行程序文件及使用数据文件。由于程序和数据之间具备了一定的独立性，因此多个应用程序之间可以共享一个或多个数据文件。数据管理技术由人工管理阶段发展到文件系统阶段是一个质的飞跃，不仅实现了应用程序和数据的分离，也实现了数据的共享。

3. 数据库系统阶段。

随着计算机技术的发展与应用的普及，文件系统已经不能满足人们对数据管理的要求。例如，人们希望数据的组织不仅是简单的数据存储，而且要反映出数据之间的联系，并形成清晰的描述。在这些需求条件下，数据库管理系统逐渐发展起来。在数据库系统阶段，数据本身具有了便于应用程序操作的结构。

数据库管理系统是管理信息系统产生与发展的重要基础，数据库设计是管理信息系统设计的重要内容。

（二）数据库的基本概念

在数据库管理系统中，采用数据模型（Data Model）来对现实世界进行抽象，反映数据本身及其数据之间的联系。数据模型按照计算机系统的观点来组织数据。为了将现实世界中的事物抽象为数据库管理系统支持的数据模型，通常需要一个不依赖于计算机系统的中间层次——概念模型，即首先将现实世界中的事物及其联系抽象为概念模型，再由概念模型转化为数据模型。

概念模型最常用的表示方法是实体—联系模型。实体—联系模型，也称为 E—R 模型，反映的是现实世界中的事物及其相互联系。

实体—联系模型中涉及三个主要概念：实体、属性和联系。实体（Entity）是客观存在并可相互区分的事物。实体可以是一个具体的人或物，也可以是抽象的事物或概念。性质相同的同类实体的集合称为实体集。属性（Attribute）是指实体具有的某种特性。例如，物资实体可以通过物资编码、物资名称、型号、规格、计量单位、物资类别、存放仓库等属性来进行描述。联系（Relation）是指实体之间的联系，A 和 B 两个实体集之间的联系可分为如下三种形式：

（1）一对一联系。如果 A 中的每一个实体，B 中只有一个实体与其发生联系，同时 B 中的每一个实体，A 中也只有一个实体与其发生联系，称 A 和 B 是一对一联系。

（2）一对多联系。如果对于 A 中的一个实体，B 中有一个以上实体与其发生联系，而 B 中的每一个实体只与 A 中的一个实体发生联系，称 A 和 B 是一对多联系。

（3）多对多联系。如果 A 中有一个以上实体对应于 B 中一个实体，且 B 中也至少有一个实体对应于 A 中一个实体，称 A 和 B 是多对多联系。

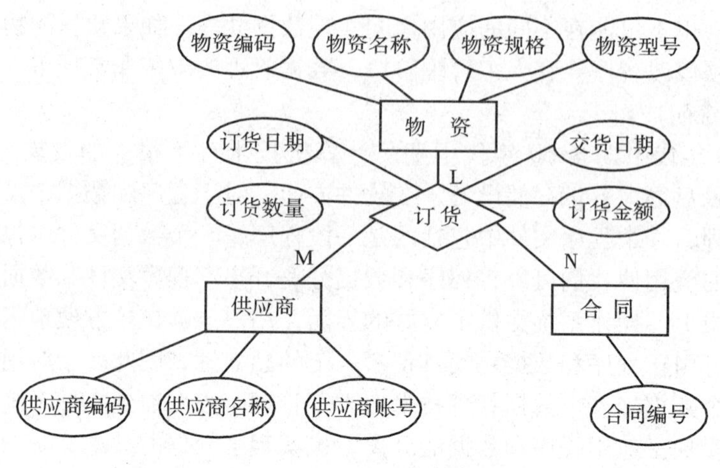

图 6－7　E—R 图举例

概念模型一般用实体—联系图（E—R 图）来描述。在 E—R 图中，用矩形表示实体，用椭圆形表示实体的属性，用菱形表示实体之间的联系，用无向边将各属性连接到其所属的实体，用无向边将矩形和菱形连接起来，在边上表明是一对一联系、一对多联系或多对多联系。实体、属性和联系也称为 E—R 图的三个图素。

图 6－7 给出了一个 E—R 图例。在该例中的实体有物资、供应商和合同。物资的属性有物资编码、物资名称、物资规格和物资型号；供应商的属性有供应商名称、供应商编码和供应商账号；合同的属性有合同编号。在该例中，联系只有一个，即订货联系。在订货联系中涉及的实体有物资、供应商和合同。一种物资可以由多家供应商供应，签订多笔合同；一家供应商也可以供应多种物资，也可能签订多笔合同，这种联系在图中用 L∶M∶N 来表示。在订货联系中的属性有供应商编码、合同编号、物资编码、订货数量和订货金额、订货日期和交货日期。

E—R 图描述的是概念模型，是从现实世界抽象到数据库管理系统支持的数据模型的中间层。数据模型是直接面向数据库中数据的逻辑结构。数据模型主要有层次模型、网状模型和关系模型。其中，关系模型在目前的数据库系统中使用最广泛，技术上也最成熟。

关系模型是用二维表结构来表示实体以及实体之间联系的数据模型。关系模型建立在严格的数学理论基础上，可以通过统一的结构来表示实体以及实体之间的联系。关系模型是目前几乎所有数据库都支持的数据模型。采用关系模型的数据库称为关系数据库。下面将主要介绍关系模型。

关系模型的基本结构是二维表，表 6－2 是一个二维表的例子。在该例子中有 3 个记录，每一个记录都具有 5 个属性，即供应商编码、合同编号、物资编码、订货数量和订货金额。实际上，该二维表描述了 E—R 图 6－7 中给出的订货联系。

在关系模型中的主要术语有：

关系：一个关系对应于一张二维表。

表 6－2　　二维表举例

供应商编码	合同编号	物资编码	订货数量	订货金额
02001	Xt0001	0101003	1000	800
03020	Yk0002	0203001	300	1800
02003	Nt0002	0204008	900	2700

元组：表中的一行称为一个元组。

属性：表中的一列称为一个属性。为了对每列加以区别，给每列取一个名字称为属性名。

域：属性的取值范围。

分量：元组中的一个属性值。

主码：表中的某个属性组，它能够唯一地标识一个元组。

关系模式：对关系的描述，用表式结构或下面的形式表示。

关系名（属性 1，属性 2，…，属性 n）

关系名＝属性 1＋属性 2，…，＋属性 n

关系模型可以由实体—联系模型（E—R 模型）转换而来，转换的过程可以参照下面几个规则：

（1）E—R 模型中的每一个实体集对应于一个关系，实体集名作为关系名，实体集的属性作为该关系的属性。

（2）E—R 模型中的联系也对应于一个关系，该联系的属性及与该联系相连的各实体集的主码作为该关系的属性。

根据上述原则，图 6－7 中的 E—R 模型转换为如下的关系模型：

①物资（物资编码、物资名称、物资规格和物资型号）。②供应商（供应商名称、供应商编码、供应商账号）。③合同（合同编号）。④订货（供应商编码、合同编号、物资编码、订货数量、订货金额、订货日期、交货日期）。

（三）关系模型的规范化理论

关系模型的好坏对数据的存储、操作有很大影响。因此，一般基于规范化理论进行关系模型的设计。规范化理论是 E. F. Codd 在 1971 年提出的，研究关系模型中各属性之间的关系，探讨关系模型应具备的性质和设计方法。

规范化体系中通过多层范式（Normal Form）结构表示关系模型的规范化程度。其结构如图 6－8 所示。

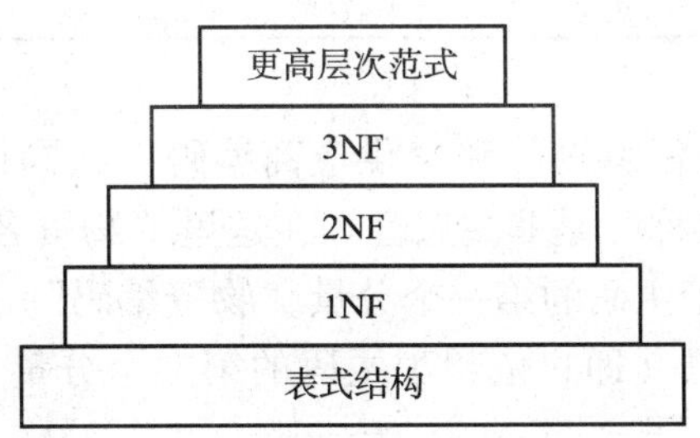

图 6－8　关系型数据模型的范式结构

在规范化体系中，如果满足最低要求，则称为第一范式（First Normal Form，1NF），在1NF的基础上进一步满足一定的条件则为第二范式（2NF），依次类推。管理信息系统的数据库设计，通常只使用1NF、2NF和3NF，因此，下面只介绍这三种范式。

1. 第一范式（1NF）。

第一范式的关系应满足的基本条件是元组中每个分量都必须是不可分割的数据项。

在表6-3中，由于“物资价税”这个数据项进一步可分割为“物资金额”和“增值税额”两个数据项，因此该关系模型不满足第一范式的条件，不是第一范式。

表6-3　　物资价税

物资编码	物资名称	物资价税	
		物资金额	增值税额
0101003	生铁	600.00	102.00
0203001	石棉	800.00	136.00
0204008	焦炭	500.00	85.00

表6-4经过了规范化处理，去掉了可分割的数据项，是第一范式。

表6-4　　规范化的物资价税

物资编码	物资名称	物资金额	增值税额
0101003	生铁	600.00	102.00
0203001	石棉	800.00	136.00
0204008	焦炭	500.00	85.00

2. 第二范式（2NF）。

一个关系称为满足第二范式的条件是指其在满足第一范式条件的基础上，进一步要求所有非主属性完全依赖于其主码。表6-5的关系模式满足第一范式的要求，但不满足第二范式的要求。

表6-5　　物资与供应商

物资编码	物资名称	供应商编码	供应商名称
0101003	生铁	0001	××钢铁公司
0203001	石棉	0002	××××商贸集团
0204008	焦炭	0001	××钢铁公司

在此关系模式中，“物资编码”和“供应商编码”共同构成此关系模式中的主码。“物资名称”和“供应商名称”是非主属性。在这里“物资名称”这个非主属性只是部分依赖于主码（即只依赖于主码的第一个分量“物资编码”），“供应商名称”这个非主属性也只是部分依赖于主码（即只依赖于主码的第二个分量“供应商编码”），因此该关系模式不属于第二范式。

不属于第二范式的关系模式会造成数据处理的以下三种问题：

（1）插入异常。一种新物资，由于没有确定相应的供应商，就不能在当前的数据库中记录下来。

（2）删除异常。要删除一种物资的数据，也不得不从数据库中删除相应的供应商数据，从而有可能丢失供应商数据。

（3）大量数据冗余的存在。

在本例中可将上述非第二范式的关系分解为如下三个满足第二范式条件的关系：

（1）物资（物资编码、物资名称）。

（2）供应商（供应商编码、供应商名称）。

（3）物资与供应商（物资编码、供应商编码）。

3. 第三范式（3NF）。

一个关系称为满足第三范式的条件是指其在满足第二范式条件的基础上，进一步要求任何一个非主属性都不传递依赖于任何主属性。

例如表 6－6 的关系模式属于第二范式，但不满足第三范式。

表 6－6　　教　师

教师代码	教师姓名	院系名称	院系负责人
Y0001	江涛	应用学院	李利华
Y0002	张为	应用学院	李利华
Y0003	何丽丽	应用学院	李利华

在该关系中，主码为“教师代码”。“院系名称”这个非主属性依赖于主码“教师代码”，而“院系负责人”又依赖于“院系名称”，因此，“院系负责人”传递依赖于主码“教师代码”。这样的关系存在着高度冗余和更新问题。消除传递依赖关系的办法是将上述关系分解为如下几个满足第三范式的关系：

①教师（教师代码、教师姓名、院系名称）。②院系（院系名称、院系负责人）。

第三范式（3NF）消除了插入、删除异常及数据冗余等问题，已经是比较规范的关系了。实际应用当中，只要所设计的数据模型是第三范式就足够了。

二、数据库设计例

例 6－6　数据库设计例

我们依据例 6－5 中“物资采购计划制订及审批”业务涉及“物资需求计划表”、“物资需求汇总表”、“产品产量计划”、“生产用物资需用量”、“物资消耗定额”、“库存台账”、“物资采购计划”等 7 个数据类为基础进行数据库的设计，步骤如下：

步骤 1. 根据前面设计得到的数据字典及数据流程确定数据库设计中需要规范化的数据类及内容。

虽然，“物资采购计划制订及审批”业务涉及“物资需求计划表”、“物资需求汇总表”、“产品产量计划”、“生产用物资需用量”、“物资消耗定额”、“库存台账”、“物资采购计划”等 7 个数据类，但因数据类“生产用物资需用量”是由数据类“产品产量计划”和数据类“物资消耗定额”通过简单计算得到的，即数据类“生产用物资需用量”是导出型数据，故不需要在数据库中长期保存，因此本例中需要进行规范化的数据类及其内容包括：

(1) 物资需求计划。

年+分厂名称+物资名称+型号规格+需用量+用途

(2) 物资需求汇总。

年+物资名称+型号规格+需用量

(3) 物资采购计划。

年+物资名称+型号规格+采购计划量

(4) 主生产计划。

年+分厂名称+产品名称+计划产量

(5) 物资消耗定额。

产品名称+物资名称+型号规格+消耗定额

(6) 库存台账。

年+物资名称+型号规格+当前库存量+合理库存量+期初库存量+累计入库量+累计出库量

步骤2. 确定每个数据类需要存储的内容，去除多余的数据元素，并研究是否有必要增加新的数据元素，如增加必要的代码项。

在本例中，物资、产品和分厂需要增加代码项，分别为物资编码、产品编码和分厂编码。

步骤3. 列出各种表格存储的1NF数据元素。

本例中各种表格存储的1NF数据元素如下：

(1) 物资需求计划表。

1NF：年+分厂编码+分厂名称+物资编码+物资名称+型号规格+需用量+用途

(2) 物资需求汇总表。

1NF：年+物资编码+物资名称+型号规格+需用量

(3) 物资采购计划表。

1NF：年+物资编码+物资名称+型号规格+采购计划量

(4) 主生产计划。

1NF：年+分厂编码+分厂名称+产品编码+产品名称+计划产量

(5) 物资消耗定额。

1NF：产品编码+产品名称+物资编码+物资名称+型号规格+消耗定额

(6) 库存台账。

1NF：年+物资编码+物资名称+型号规格+计量单位+当前库存量+合理库存量+期初库存量+累计入库量+累计出库量

步骤4. 对步骤3得到的1NF关系进行规范化，得到3NF关系。

(1) 物资需求计划表。

1NF：年+分厂编码+分厂名称+物资编码+物资名称+型号规格+需用量+用途

3NF：①分厂编码+分厂名称。

②物资编码+物资名称+型号规格。

③年＋分厂编码＋物资编码＋需用量＋用途。

（2）物资需求汇总表。

1NF：年＋物资编码＋物资名称＋型号规格＋需用量

3NF：④物资编码＋物资名称＋型号规格。

⑤年＋物资编码＋需用量。

（3）物资采购计划表。

1NF：年＋物资编码＋物资名称＋型号规格＋采购计划量

3NF：⑥物资编码＋物资名称＋型号规格。

⑦年＋物资编码＋采购计划量。

（4）主生产计划。

1NF：年＋分厂编码＋分厂名称＋产品编码＋产品名称＋计划产量

3NF：⑧分厂编码＋分厂名称。

⑨产品编码＋产品名称。

⑩年＋分厂编码＋产品编码＋计划产量。

（5）物资消耗定额。

1NF：产品编码＋产品名称＋物资编码＋物资名称＋型号规格＋消耗定额

3NF：⑪产品编码＋产品名称。

⑫物资编码＋物资名称＋型号规格。

⑬产品编码＋物资编码＋消耗定额。

（6）库存台账。

1NF：年＋物资编码＋物资名称＋型号规格＋当前库存量＋合理库存量＋期初库存量＋累计入库量＋累计出库量

3NF：⑭物资编码＋物资名称＋型号规格。

⑮年＋物资编码＋当前库存量＋合理库存量＋期初库存量＋累计入库量＋累计出库量。

步骤5. 针对上述得到的15个3NF关系，进行关系的归纳与合并，去掉重复的关系。本例经归结与合并后得到下述内容：

（1）分厂基本信息＝分厂编码＋分厂名称。

（2）物资基本信息＝物资编码＋物资名称＋型号规格。

（3）物资需求计划＝年＋分厂编码＋物资编码＋需用量＋用途。

（4）物资需求汇总＝年＋物资编码＋需用量。

（5）物资采购计划＝年＋物资编码＋采购计划量。

（6）产品基本信息＝产品编码＋产品名称。

（7）主生产计划＝年＋分厂编码＋产品编码＋计划产量。

（8）物资消耗定额＝产品编码＋物资编码＋消耗定额。

（9）库存台账＝年＋物资编码＋当前库存量＋合理库存量＋期初库存量＋累计入库量＋累计出库量。

第五节　编码设计

系统设计阶段的编码设计是未来系统数据规范化管理的基础，特别要强调的是，共享编码的设计质量直接影响到未来系统的效率。

编码设计的主要工作是完成对共享数据类中的关键字段的码结构设计并形成编码库。所谓共享类数据类是指多个子系统都要用到的数据类，如“物资基本信息”、“产品基本信息”等。

一、编码要求

1. 唯一性。

编码的唯一性要求，通过编码可唯一地确定编码对象，这是编码在数据管理中最基本的作用。

2. 规范性。

编码的规范性是指对编码对象的编码要遵循一定的规则，这些规则包括：编码的位数、编码的分段、每段的类型和含义等。

例如，某物资管理系统中数据类“物资基本信息”的关系模式为：

物资基本信息（物资编码、物资名称、规格型号）。

该数据类中的关键字段“物资编码”就是对编码对象（即物资）的编码。例如，其编码结构为：编码位数为 7 位，整个编码由类码、品种码、流水码三段组成（见图 6－9），其中第 1～2 位为物资类别码段，字符型；第 3～4 位为物资品种码段，字符型。第 5～7 位为流水码段，数字型。

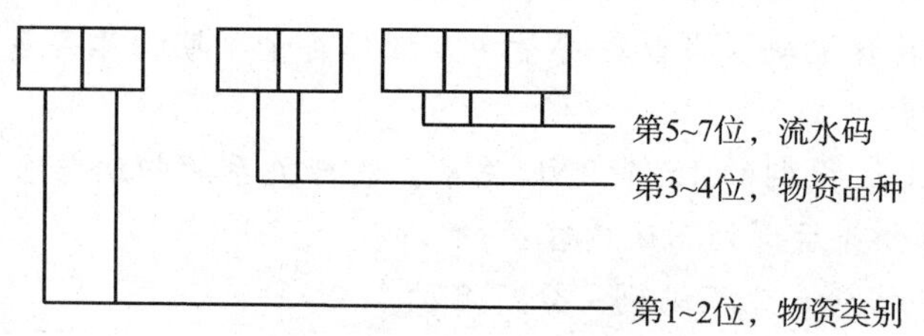

图 6－9　物资编码结构例

3. 可识别性。

编码的可识别性要求的目的是，通过编码能够比较容易地识别被编码对象。如物资编码“WJTQ002”表示类别为“五金”，品种为“台钳”的第 2 号物资。这样仓库保管员就比较容易地获知该编码代表的是哪种物资了。

4. 可扩展性。

编码的此项要求是保证系统对企业管理业务变化的适应性，即要求编码规则对已有编码对象留有足够的余量。例如，在产品编码已经按其编码规则被全部占用的情况下，若企业再开发出新产品，系统就无法对其进行编码并进行管理了。

二、编码方式

1. 数字顺序码。

这是最简单的编码形式，一般适用于被编码对象数目较少的情况。例如，某企业管理信息系统中，对6个物资仓库的编码可采用如下的数字顺序码。

表6-7　　数字顺序编码

编码对象	仓库1	仓库2	仓库3	仓库4	仓库5	仓库6
编码	01	02	03	04	05	06

2. 数字分组顺序编码。

当编码对象具有两层（或以上）的分类时，可采用数字分组（段）顺序码。如上述6个仓库中的账本的编码可采用如下的数字分组顺序码。

表6-8　　数字分组顺序编码

编码对象	仓库1的第1本账	仓库1的第2本账	……	仓库2的第1本账	仓库2的第2本账	……
编码	01001	01002	……	02001	02002	……

在该数字分组顺序码中，前两位标示账本的所属仓库，后3位标示该仓库中账本的序号。

3. 字符编码。

数字编码虽然结构简单，但也存在不容易识别和记忆的缺点。为了容易识别和记忆，可采用字符编码，如我们可对企业的6个仓库采用下面的字符编码。

表6-9　　字符编码

编码对象	五金库	化工库	劳保库	备件库	机电库	工具库
编码	WJ	HG	LB	BJ	JD	GJ

其中，我们使用了仓库汉语名称的拼音字头形成了相应仓库的字符编码，即容易识别，也容易记忆。

4. 组合编码。

当编码对象具有两层（或以上）的分类时，我们可采用数字和字符的组合编码方式使编码对某层分类的记忆和识别更直观和容易。如前述6个仓库中的账本的编码可采用如下的组合编码。

表6-10　　组合编码

编码对象	五金库的第1本账	五金库的第2本账	……	化工库的第1本账	化工库的第2本账	……
编码	WJ001	WJ002	……	HG001	HG002	……

三、编码的设计和使用

编码的设计和使用一般遵循“（设计时）分段设计，（使用时）用户标携带＋前台输入＋后台组合的”方法，这样能较好地解决管理人员难以使用编码的问题。下面将以某企业管理信息系统的产品编码设计与使用来说明上述原则。

例6－7　编码使用案例

某钢厂产品编码为7段，12位分组数字码（见图6－10）。如20#普沸通用大型工字钢的编码为421032011101，其结构为：

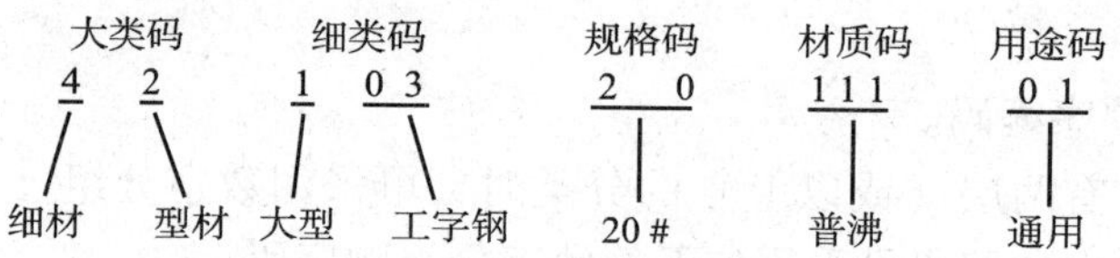

图6－10　7段12位的产品编码

在实际应用中，管理人员首先通过输入自己的用户标识（用户ID）和密码注册，从而获得相应操作（如产品入库登记）的权利。因为用户ID已经携带了用户所管理产品的某些限制信息（如一般情况下，每个业务人员只负责管理某大类下某小类的若干产品，这样，管理作人员的用户ID已限定了该用户所管理产品编码的大类码段和细类码段），因此，当用户需要输入某产品的编码时，只需输入产品的规格码段、材质码段、用途码段，最后由计算机在后台自动组合形成完整的12位产品编码。其分组组合过程如图6－11所示。

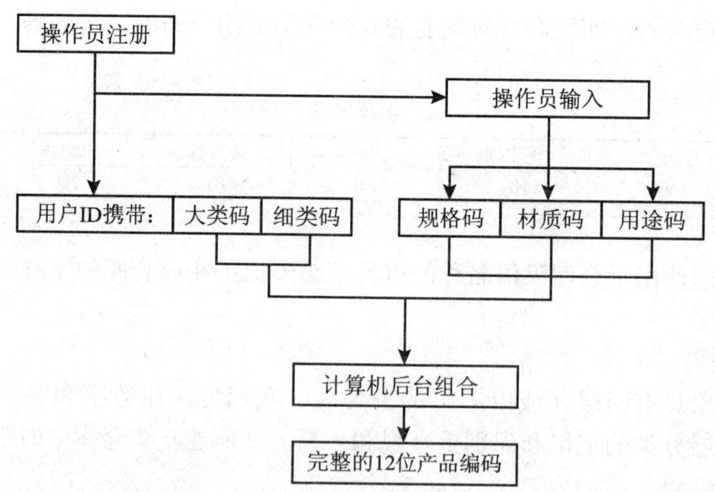

图6－11　产品编码应用中组合过程

第六节　功能模块的处理过程设计

系统的详细设计阶段，功能模块处理过程的设计和描述可以采用程序框图或过程描述语言（Procedure Description Language—PDL）两种描述工具实现，但用 PDL 语言较比程序框图更灵活、方便。

PDL 语言是介于计算机结构化程序设计语言和自然语言之间的一种描述性语言，该描述语言的关键字及语法规则有：

PROCEDURE 模块名　（指明模块名称）

IF – ELSE – ENDIF　（简单分支结构）

DO CASE – ENDCASE（多重分支结构）

DO WHILE – ENDDO　（条件循环结构）

利用上述语法结构及自然语言，我们可灵活的描述每一个功能模块的处理过程。

例 6 – 8　功能模块“删除已达账”的 PDL 语言描述

```
PROCEDURE 删除已达账
显示：请输入要删除的已达账的日期和票据号！
日期 – > RQ1
票据号 – > PJH1
显示：真要删除该已达账吗？
IF 回答 = “Y”
  删除“企业对账数据”中　日期 = RQ1 且　票据号 = PJH1 的已达记录
  删除“银行对账数据”中　日期 = RQ1 且　票据号 = PJH1 的已达记录
  显示：删除已达账工作结束！
ELSE
  显示：已达账未被删除！
ENDIF
返回调用模块。
```

第七节　输入输出设计

一、输入设计

输入设计的工作是依据功能模块的具体要求给出数据输入的方式、用户界面和输入校验方式。

进行输入设计工作时，要注意在整个系统中统一设计风格。例如，要求所有设计人员遵照图 6 – 12 的界面框架对输入型功能模块进行用户界面设计。

为了尽可能地避免错误的数据存储到系统中，在输入设计中需要考虑采用具体的检测方式对数据输入的正确性进行校验。比较常见的数据输入检测方式有二次输入校验法、静态校验法、平衡校验法、文件查询校验法、界限校验法、数据格式校验法、校验

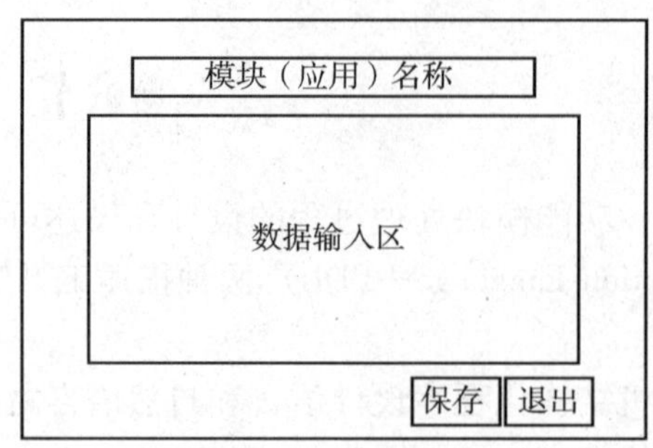

图 6－12　输入界面框架

码的方法等。

（1）采用二次输入校验法要求同一个数据内容输入两次，以两次输入内容一致作为正确性判断的依据。对于特别重要的数据输入，也可以要求输入两次以上。

（2）静态校验法是在数据输入之后采用目测的方法检查输入数据的正确性，目测一般在屏幕前进行，在输入内容复杂的情况下也可以打印出来检测。

（3）平衡校验法是根据数据之间的计算关系来检查输入数据的正确性。应用平衡校验法比较典型的例子是会计凭证数据必须满足“有借必有贷，借贷必相等”，即会计凭证中的数据必须同时有借方金额和贷方金额，并且借方金额合计和贷方金额合计必须相等。如果不满足该平衡条件，那么输入的会计凭证数据一定是错误的。

（4）文件查询校验法一般用于检查输入的数据是否为无效数据。例如，在输入物资编码时，一般需要在物资编码表中查找是否存在所输入的物资编码，如果不存在，那么输入的物资编码为无效的物资编码。

（5）界限校验法是通过给出数据的上限和下限的方法来检测输入数据的正确性。例如，日期中月份的最大取值为 12，最小取值为 1。如果输入的月份数据不在该范围之内，则认为是输入有误。

（6）数据类型格式校验法是从数据类型和数据格式的角度来检测输入数据的正确性。例如，在输入系统操作员姓名时，输入的应为字符型数据，如果输入的为数值型数据就一定是错误的输入。

（7）校验码的方法一般用于编码的校验。在采用该方法时，在数据编码的后面加一位校验码，该校验码是根据一定的计算方法由校验码前的各位编码计算出来的。如果输入的编码不满足该计算关系，则认为输入的编码有误。

上述几种校验方法可以在输入设计中根据具体情况选择使用。需要指出的是，输入校验只能在一定程度上避免数据的输入错误，但并不能保证数据输入的绝对正确性。

例 6－9　某企业管理信息系统功能模块“原料入库单录入”的输入设计

（1）用户界面。依据入库单、相关数据库设计的结果及输入型用户界面的统一风格，我们对功能模块“原料入库单录入”设计出如图 6－13 的用户界面。

（2）输入方式。入库单上除了数据项“财务记账标志”之外其他数据项都由键盘输入。其中“原料”相关信息只需输入相应编码，与“供货单位”相应的“供货单位名称”，与“原料”相应的“原料名称”、“规格”分别从供应商编码库和原料编码库中自动填入。

原料入库单录

入库单号：N(8)　　　　入库日期：N(4)年N(2)月N(2)日

供货单位编码：C(6)　　供货单位名称：C(30)

原料编码	原料名称	规格	数量	单价	金额
C(8)	C(20)	C(6)	N(12,2)	N(8,2)	N(12,2)

库管员编码：C(2)　　　　财务记账标志：C(1)

保存　　退出

图6－13　输入界面设计例

(3) 输入校验。其中“数量”、“单价”、“金额”需全部输入。输入后由计算机计算“数量×单价”并与所输入的“金额”值进行比较，若二者相等则校验通过，否则给出警告信息，由操作者进行修改、确认。

二、输出设计

输出设计与输入设计类似，需要给出输出的方式和用户界面的内容，如显示输出的屏幕格式、打印输出的格式，每个显示、打印项目的类型、长度。

输出设计时，也要注意在整个系统中统一设计风格。例如，对个体数据类（如入库单）查询功能模块的实现、输出方式和用户界面可要求所有设计人员遵照图6－14和图6－15的形式进行。

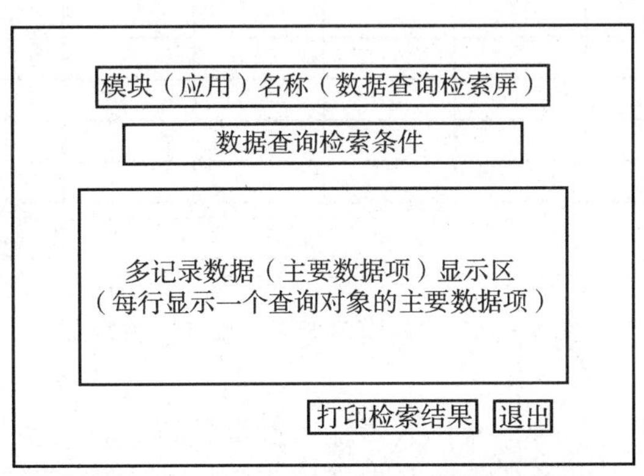

图6－14　数据查询功能模块的过滤检索界面

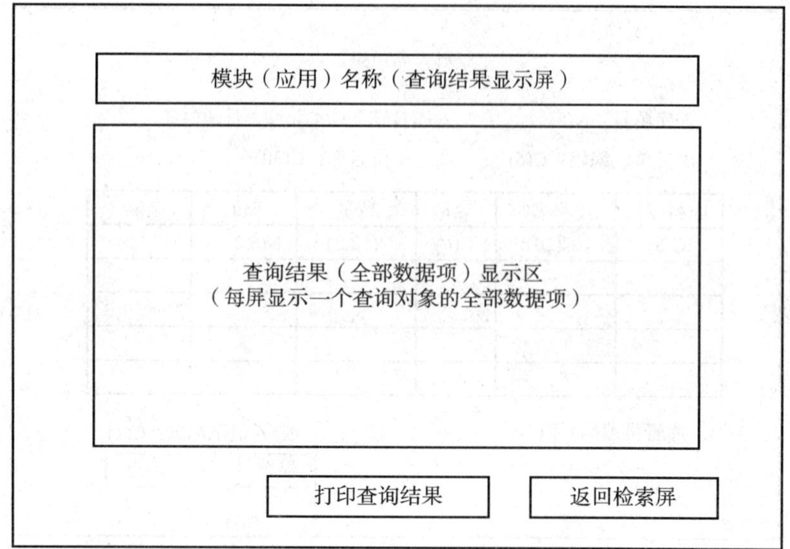

图6－15　数据查询功能模块的查询结果数据显示界面

为了说明上述的数据查询模块的用户界面和实现方式，我们以“入库单查询”模块为例，给出其具体设计结果（见图6－16、见图6－17）。

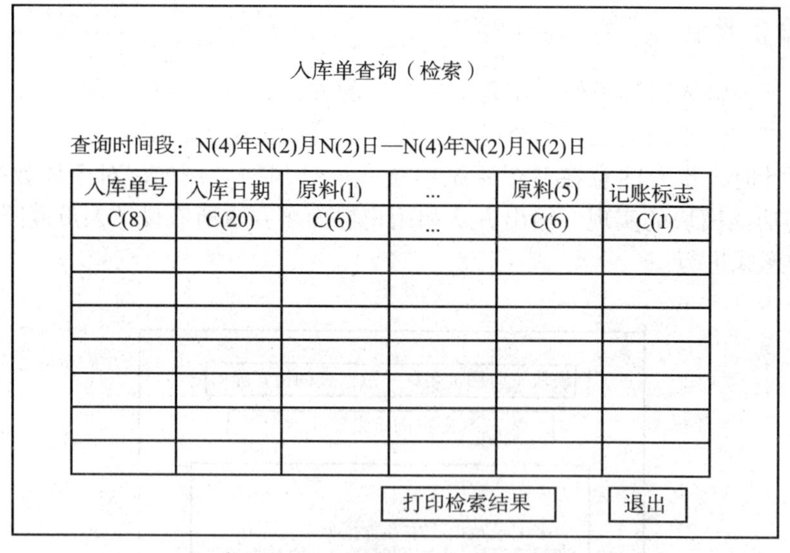

图6－16　“入库单查询”模块的检索屏

当入库单查询模块运行时，操作人员输入查询检索条件（见图6－16）后，计算机把满足检索条件的所有入库单的主要数据项以每行一个入库单的形式显示在检索屏的数据显示区。操作人员从检索结果中找到具体要查询的入库单后，按回车键或通过鼠标双击显示选中的入库单（见图6－17）。

在完成所有总体设计及详细设计工作后，可以对系统设计的工作进行整理并编写系统设计报告。

入库单查询（结果显示）

入库单号：N(8)　　　　入库日期：N(4)年N(2)月N(2)日

供货单位编码：C(6)　　　供货单位名称：C(30)

原料编码	原料名称	规格	数量	单价	金额
C(8)	C(20)	C(6)	N(12,2)	N(8,2)	N(12,2)

库管员编码：C(2)　　　　财务记账标志：C(1)

打印查询结果　返回检索屏

图 6－17　“入库单查询”模块的查询结果显示屏

系统设计报告一般包括以下内容：

（1）系统硬件结构图及设备技术参数和报价表。

（2）系统软件结构及其报价表。

（3）系统应用软件结构图。

（4）新系统的数据流图及数据字典。

（5）数据库设计及共享编码设计结果。

（6）每一个功能模块的处理流程描述及输入、输出描述。

管理与技术视点

一、网络连接设备的选择

在设计和构建一个有效的企业级网络时，网络连接设备的选择和使用是极其关键的步骤。网络连接设备的性能和功能直接关系到整个网络的性能和维护，同时也决定了所建设网络的成本。随着网络技术的发展，各个生产厂商的网络设备种类越来越多、功能越来越多，网络功能需求的多样化也使网络设备的选择更加困难，这就要求每一台网络设备必须最大限度满足用户的网络需求。

所选择设备的特性取决于所构建网络的特性。在选择网络设备时，首先需要分析所构建网络的功能要求及其规模和特点，然后据此得出所需网络设备的种类及特点，进而挑选相应的设备。

这里将首先依据不同网络的规模和功能要求，将网络划分为三个层次；然后针对不同网络层次的特点，描述每一类网络对设备的要求。

（一）企业网络层次

企业网络从逻辑上分为工作网络层、部门主干网络层和企业主干网络层（见图6－18）。

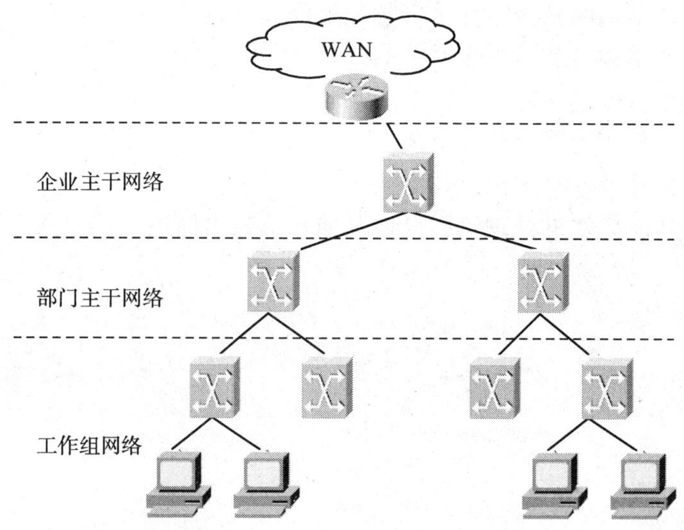

图6－18　企业网络的逻辑层次

工作组网络将用户接入网络，以房间或者工作团队为单位构建小型网络；部门主干网络负责汇聚大量工作组网络，往往以一个建筑为单位；企业级网络是整个网络的核心，负责转发大量数据包；整个企业网络通过一个网络连接设备接入外部广域网，实现远距离站点之间的传输。

（二）网络连接设备选择

1. 工作组网络连接设备。

工作组网络层的主要功能是将用户连接成工作组规模的网络。

由于工作组网络层只需简单的将用户接入网络，因此工作组网络层的网络连接设备的主要作用是传统集线器的替代产品，一般使用工作组级交换机。

工作组级交换机是较为低端的交换机，配有一定数目的10Base－T或100Base－TX以太网口，一般没有网络管理的功能。

工作组级交换机的品牌较多，在这里以Cisco-Linksys SR224G工作组级交换机为例，给出工作组级交换机需要关注的主要参数。

表6－11　　工作组级交换机的主要参数

Cisco-Linksys SR224G	
背板带宽（Gbs）	4.8
包转发率	11Mbs
端口数	25
模块化插槽	1
VLAN支持	不支持
MAC地址表	4Kbs
网管功能	不支持
堆叠	可堆叠

2. 部门主干网络连接设备。

部门主干网络的主要功能是将最底层工作组网络连接形成部门级主干网络。

因为部门主干网络必须连接多个工作组级网络，满足用户跨网络通信的需求，同时将用户的数据转发至更高层的网络。因此该层的网络连接设备必须能处理大量跨物理网段数据的传输，并且能够对大量的工作组级网络进行管理和优化的功能，并保证数据包的转发效率，同时也必须有一定的冗余能力保证网络的正常运行。

在部门主干网络层主要选择带有较高背板带宽和一定网络管理功能的部门级三层交换机，或者同时使用较高背板带宽的交换机和带有网络管理功能的路由器。

实际应用中，一般使用带有三层交换功能的部门级交换机将大量小型网络汇集连接。这类交换机一般能够实现二、三层的线性转发，可以是固定配置，也可以是模块配置，一般还带有光纤接口。部门级交换机一般具有较为突出的智能型特点，支持基于端口的VLAN（虚拟局域网），可实现端口管理，可对流量进行控制，有网络管理的功能，可通过PC机的串口或经过网络对交换机进行配置、监控和测试。同时部门级交换机往往带有简单的冗余备份功能。

这里以华为3Com Quidway S5516－DC48三层网管交换机作为部门级交换机，给出部门级交换机需要关注的主要参数。

表6－12　　部门级交换机的主要参数

3Com Quidway S5516－DC48	
背板带宽（Gbs）	64
包转发率	24Mbs
端口数	16

续表

3Com Quidway S5516 – DC48	
模块化插槽	4
VLAN 支持	支持
MAC 地址表	16Kbs
网管功能	SNMP 管理信息库（MIB）II、SNMP MIB 扩展、桥接 MIB（RFC 1493）
堆叠	可堆叠

3. 企业主干网络连接设备。

企业主干网络主要功能是将各部门主干网络汇合成企业网络，它负责连接数个部门主干网络，处于网络内部数据传输的枢纽地位。

企业主干网络连接对象较多，数据流量大。因此企业级主干网络的网络连接设备必须提供足够密度的端口并具有足够的扩展能力，能够以尽量便宜的方法实现尽可能多的端点互联，同时还要求能够支持不同的服务质量。同时企业主干网络处于网络的核心地位，因此该层的网络连接设备必须具有较高的安全性能和可靠性。因此，一般使用模块化的企业级交换机。

企业级交换机的超高背板带宽可以轻松应对大流量数据，同时企业级交换机模块化的结构可以集成多种功能模块，如通过接入模块适应网络的需求变化，降低维护成本；安全模块保障网络的安全性；网络管理模块降低网络管理的复杂性；服务模块。为用户提供多种网络通信服务，如语音通讯、视频会议等。

为了获得高可靠性，企业级交换机普遍采用诸如热备份、双电源、双数据通路等传统冗余技术。

这里以 CISCO WS-C6509（1300AC）交换机作为企业级交换机为例，给出企业级交换机需要关注的主要参数。

表 6－13　　企业级交换机的主要参数

CISCO WS-C6509（1300AC）	
背板带宽（Gbps）	720
包转发率	82Mbs
端口数	450
模块化插槽	9
是否支持 VLAN	支持
MAC 地址表	16Kbs
网管功能	SNMP 管理信息库（MIB）II、SNMP MIB 扩展、桥接 MIB（RFC 1493）
堆叠	可堆叠

4. WAN 连接设备。

WAN 连接设备将企业网络连接入外部广域网，是整个企业级网络的外部出口和入口。

WAN 连接设备处于企业网络和外部广域网中间，因此安全性是首要问题，同时它能够提供多种广域网接入方式，而且作为整个企业级网络的门户，它必须能够优化整个网络的内外部数据传输的效率。因此，WAN 连接装置一般采用企业级宽带路由器。

企业级宽带路由器一般内置有客户连接外部广域网所需的 PPPOE（Point-to-Point Protocol Over Ethernet）虚拟拨号器、DHCP 服务器、网络地址转换功能等；安装嵌入式的安全组件，有较高的安全保障；同时具备高处理性能，支持多个广域端口负载均衡和线路备份。

这里以华为 3Com Quidway AR18－63－1 路由器作为 WAN 连接设备，给出 WAN 连接设备需要关注的主要参数。

表 6－14　　　　WAN 连接设备的主要参数

华为 3Com Quidway AR18－63－1	
处理器	Mips 处理器 800MHz
最大 Flash 内存	16MB
最大 DRAM 内存	256MB
报转发率	10 Mbs：14，880 pps，100 Mbs：148，810 pps，1000 Mbs：1，488，100 pps
是否支持 VPN	是
是否支持 Qos	是
是否内置防火墙	是
安全标准	CE、FCC
堆叠	可堆叠

企业网络建设中，网络连接设备的每一个特性都需要满足其所在层次网络的功能需求。应该注意到，由于技术的发展，网络设备的性能和功能都在飞速提升；同时用户的网络需求越来越丰富。因此，不久之后以上的机型可能已经不再适用甚至已经被淘汰。在选择网络设备时必须参考当时网络设备的性能和价格。

二、信息系统安全

（一）信息系统安全问题

以计算机和通信网络为基础建立起来的各种信息系统，给人们的生活和工作带来了巨大变革。人们已经从计算机和网络技术的进步中得到了实实在在的好处，信息化已经成为现代企业发展中不可逆转的大趋势。在企业及商业应用的信息化过程中，一个制约因素被摆在了越来越突出的位置，这就是系统安全问题。

据统计，全球几乎每 20 秒全球就有一起黑客事件发生，仅美国每年所造成的经济损失就超过 170 亿美元。流行于 2001 年的“红色代码”病毒，在全球范围内造成了 26.2 亿美元损失。美国等计算机技术领先的国家信息安全状况尚且如此，我国的信息安全形势更加不容乐观。

随着信息技术在全社会的普及和深入，越来越多的主体成为了信息技术的受益者，也成为遭受信息安全威胁的对象。如何保证企业信息系统和用户双方的安全，给所有的企业提出了更高的要求和更多有待解决的课题。

世界各国的政府和企业对信息系统安全问题都给予了高度的重视，并根据本国国情制定了有关信息系统安全的标准，规范了信息安全产品的评估和认证，推动了信息安全技术的应用和发展。

企业信息系统安全一般包括如下几个方面：

（1）网络的安全性。其核心是网络是否得到控制，保证来自任何地方的访问都能够按照规定的策略被准许或禁止。

（2）用户的安全性。将用户按需求划分为不同的等级，保证被授权的用户才能够安全地使用系统中的资源。

（3）应用程序的安全性。保证应用程序的完整、可靠、合法，使用应用程序的用户具有合法的权限。

（4）数据的安全性。保证机密数据处于机密状态。

（二）网络安全产品

根据公安部公布的信息安全产品分类方法，目前的信息系统安全领域的技术产品包括七个方面：网络安全产品类、应用安全产品类、信息安全基础设施类、终端保密产品类、密码芯片与密码模块类、加密和认证类、网络安全体系结构。

管理信息系统的建设，主要涉及其中的网络安全产品。而网络安全产品又分为：防火墙、入侵检测、路由器、网络防毒、反垃圾邮件产品、物理隔离产品、安全监控过滤等。在上述产品中最常用的是防火墙、网络防毒和入侵检测被称为“老三样”产品，其中又以防火墙用的最多。

可以说，防火墙、入侵检测和网络防毒是企业信息系统网络结构中必不可少的组成元素。在一个健壮的网络结构的基础之上，三者的合理配置、协同工作对这个企业信息系统安全保障至关重要。

1. 防火墙。

正如人们有了房间就有了门一样，有了内网和外网，也就必然有了防火墙。

防火墙是在网络边界上建立相应的网络通信监控系统，用来保障内网的安全，它是一种控制技术，既可以是一种软件产品，又可以嵌入到硬件产品中。

从逻辑上讲，防火墙起分析、分隔、限制的作用。实际上，防火墙是加强 Intranet 之间以及 Intranet 与 Internet 之间安全防御的一个或一组系统，它由硬件设备及相应软件构成。所有来自 Internet 的信息或发出的信息都必须经过防火墙。这样，防火墙就起到了在设定的系统间进行信息交换安全的监控作用。

防火墙的安全性和高速转发性能是两个关键指标。目前流行的防火墙都有可供选择的安全功能，并提供多种可选的加密算法。目前，百兆防火墙的技术和产品已经很成熟，具有千兆处理能力的高端防火墙在大型企业骨干网络配置中已逐渐成为主流。

2. 入侵检测（Intrusion Detection System—IDS）产品。

随着攻击者技能、手段和企业自身网络的复杂化程度的提高，单纯的防火墙策略已经无法满足对安全高度敏感的部门的需要。与此同时，当今的网络环境也变得越来越复杂，各式各样的设备需要不断升级补漏，使得网络管理员的工作不断加重，不经意的疏忽便有可能造成安全的重大隐患。

IDS 的概念诞生于 20 世纪 80 年代，其特点是入侵管理和多项技术协同工作，建立全局的主动保障体系，构造一个积极的动态防御体系，但由于专业化程度较高，对于一般用户来讲成本较昂贵。

较防火墙而言，IDS 是安全领域的一个新成员，它位于第二道安全防线（第一安全防线为防火墙）。

入侵检测作为一种积极主动地安全保护技术，提供了对内部攻击、外部攻击和误操作的实时保护，在网络系统受到危害之前拦截和响应入侵。借助 IDS 系统，网络管理人员可以随时了解人们正在访问的信息，并且在有人试图偷窥或盗取敏感数据时及时觉察。从网络安全立体纵深、多层次防御的角度出发，IDS 日益受到人们的高度重视。

目前入侵检测的主要原理是基于不“精确”的思想，有较高的误报、漏报率；类似于防病毒技术，IDS 只能检测到已知的攻击类型，未列入数据库的新型攻击不会受到任何阻挡。但是在大型的高配置的网络中（如电信网络等），这项技术还是非常有用的。

3. 网络防毒产品。

最早的计算机病毒出现在 20 世纪 80 年代的美国，随着计算机及网络的发展和普及，计算机病毒也因此获得了它们滋生和传播的温床，越来越多的病毒都是通过网络传播的，并最终对整个网络造成危害。

互联网时代的网络防病毒体系已从单一设备或单一系统，发展成为一个整体的解决方案，并与网络安全系统有机地融合在一起。同时，用户会要求防病毒厂商提供更全面、更大范围的病毒防护，即用户网络中的每一点，无论是服务器、工作站，还是客户端都应该得到保护。这就意味着防火墙、入侵检测等安全产品要与网络防病毒产品进一步整合，考虑到它们之间的兼容性问题，用多功能一体的安全产品取代单纯防病毒产品将成为新型产品的时代选择。

（三）网络安全系统建设案例

黄海石油公司网络安全系统建设

黄海石油公司（以下称黄海公司）近年来信息化建设取得了较大进展，特别是 ERP 等应用系统的实施，使公司的管理信息化水平得到很大的提高。信息应用系统在公司的生产经营和管理工作中的作用也越来越突出。

计算机网络方面，经过近几年公司主干光纤网的建设，下属二级单位（公司大楼、炼油厂、销售、供应、信息中心）已直接通过光缆与核心层连通。

黄海公司网络主干由核心层（企业主干网络层）、汇聚层（部门主干网络层）和接入层（工作组网络层）三个层次组成。

核心层交换机由 2 台华为公司的 S8512 担任，核心设备之间采用万兆连接。汇聚层交换机由 S6506 担任，核心与主要生产单位的汇聚层设备采用双千兆链路连接。接入层交换机采用华为公司的 S3750（见图 6 – 19）。

黄海公司已经具备一个性能较高的网络系统，但整个信息系统的安全建设严重滞后，其具体安全问题有如下几点。

1. 防火墙系统不完善。

在边界区部署的防火墙系统不完整。部署在 Internet 出口和总部出口的防火墙系统技术落后，性能低下，且由于厂家停产多年，维修和维护困难，难以承担相应的安全防护任务。业务办公区和核心服务区没有建立防火墙系统，造成网络核心设备和所有应用系统服务器完全暴露在内部黑客面前。

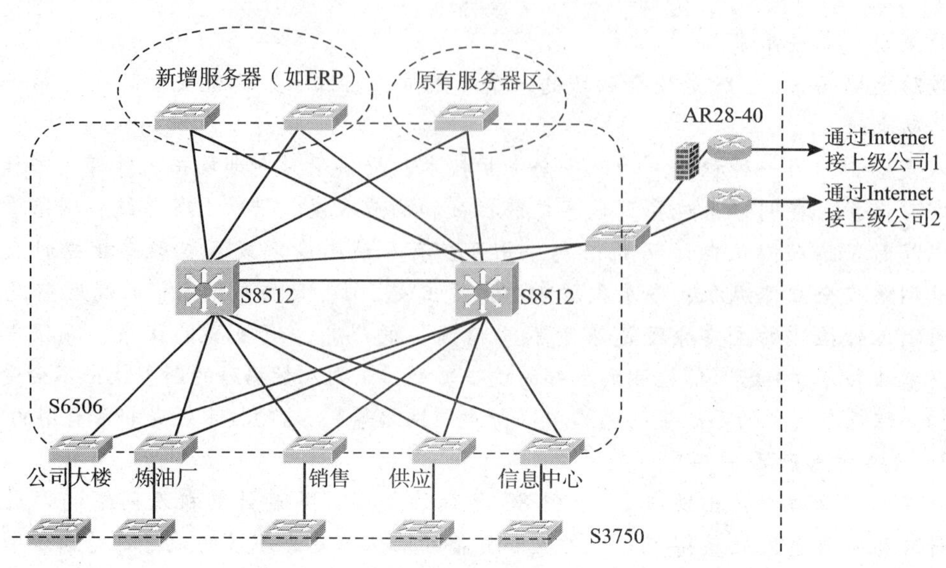

图 6－19　黄海公司网络结构现状

2. 入侵检测和漏洞扫描系统容量不足。

入侵检测和漏洞扫描系统容量不足，且与防火墙系统不配套，无法形成入侵检测与防火墙系统进行联动的立体防御体系。防火墙安全策略不能根据发生的安全事件或存在的漏洞，及时、自动地做出调整，给入侵者造成可乘之机。

3. 防病毒系统没有覆盖整个网络。

由于经费问题，部分单位的计算机不能安装统一的防病毒客户端软件。这些机器一旦感染病毒，马上在全网范围内进行传播，对整个网络系统的正常运行造成很大影响。

4. 没有安全管理中心平台。

没有统一的安全管理平台，不能实现安全制度、管理、技术和产品的集中化。如黑客对系统或网络资源进行非法访问或攻击之后，都会设法抹除系统安全日志等犯罪足迹。在没有安全管理系统的情况下，无法记录犯罪证据，造成事后无法对非法入侵行为进行分析和有针对性的防范。

根据网络安全建设的需要，把黄海公司网络分为五类安全区域：关键服务器区、普通服务器区、核心交换机区、办公区、外部边界区。

图 6－20 是黄海公司网络安全建设方案。

边界区域的安全防护方案使用百兆高端防火墙，一台入侵检测系统。入侵检测系统部署于网络与外部网络的连接处（外部边界区），对网络边界的接入端口进行实时监测。外部边界的入侵检测和防火墙系统进行联动，一旦发现不安全行为，防火墙立即调整安全策略予以阻断，确保网络不受外部网络的入侵。

核心区域的核心交换机 S8512 充分利用本身的安全功能，对访问进行有效控制，保障自身免受在规模攻击。同时，在两个核心网络交换机配置 2 台入侵检测系统，对所有通过核心交换机的网络访问进行实时监测。通过安全管理中心对监测的结果进行统一管理，为安全策略的设置提供依据。

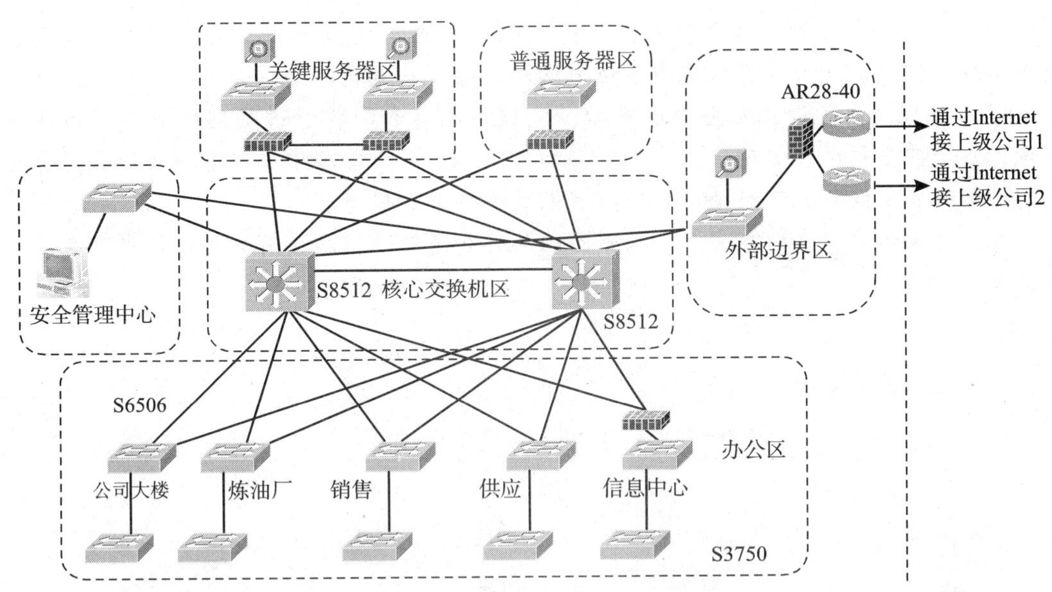

图 6－20 黄海公司网络安全建设方案

对关键服务器区，配备 2 台千兆防火墙和 2 套入侵检测系统，2 台防火墙系统互为热备份，一旦有一台防火墙系统出现故障，另外一台自动接管，从而确保用户对关键服务器区的正常访问。对普通服务器区，配备一台防火墙，实现普通服务器区与内部网络的有效隔离。

办公区域网络进行相应的安全策略调整，发挥 S6506 交换机的自身优势，设置相应的访问控制，从而构成针对办公区域的第一道防线，阻断来自办公区域的危险数据、病毒，同时保证各办公子网之间安全。

管理中心配置 1 套安全管理平台。安全管理中心采集跨厂商的多种网络、安全产品（如防病毒软件、防火墙、入侵检测系统等）的数据，经预处理，将数据转化成智能的、可采取行动的信息，支撑安全系统的快速响应；安全专家也可以依据自己的专业经验，通过安全管理平台帮助企业量化信息系统的安全风险，提出系统安全完建议、改善信息安全管理流程。

经过本项目建设后，黄海公司网络系统基本上形成“纵深防御、上下一体”的网络安全架构。

（1）防御。在安全防御方面，实现各安全区内信息流至少经过一层防护过滤，而区—区之间最多可实现两到三层防护，做到任何一个攻击者想从任何一条路径进入任何一个节点，都必须通过安全体系的检查和过滤。

（2）监控。在安全监控方面，对核心服务器区的访问流量进行实时监控；对外部边界区进行实时监控的同时，实现入侵检测系统与防火墙系统的联动，对攻击行为进行即时阻断。

（3）检查。在定期安全检查过程中，通过安全操作中心的漏洞扫描设备对重要节点进行全面安全评估，扫描数据通过主干交换机流经核心网络线路到达每个需要检查评估的目标，同时通过同样的路线返回评估结果。

（4）病毒防护。增加经费投入，与相应的防病毒软件商合作，使防病毒系统覆盖整个网络，保证每一台计算机能安装统一的防病毒客户端软件。

（5）管理。通过设立安全管理中心，能够将已有和即将引进的网络安全设备统一管理，实现安全制度、管理、技术和产品的集中化。安全管理中心可管理黄海公司全网指定的网络安全设备，可对全网安全状况做统一检查和报警。

在上述案例中，我们隐去了安全产品的品牌和型号等信息，有兴趣的读者可在网上查找相关信息。

习 题

6.1 请论述管理信息系统设计的主要任务及工作。

6.2 管理信息系统硬件结构设计中首先要进行的工作是什么？

6.3 管理信息系统应用软件结构建立的主要依据是什么？

6.4 针对数据库设计问题，举例说明若关系模式不属于第三范式，则应用该关系模式存储数据时会造成大量的数据冗余。

6.5 对每一功能模块的处理过程、输入输出的设计工作统称为系统设计的详细设计，在详细设计中用于描述模块处理过程的工具有哪些？

6.6 管理信息系统的系统设计报告包括哪些内容？

6.7 举例说明管理信息系统中，编码的使用是规范化管理数据的重要手段。

6.8 图6-21是“物资入库管理”业务的E-R图（双线表示此属性为主属性）。请按下列步骤进行数据库设计（入库单上可填写多种物资）。

（1）按E-R图转化为关系模型的规则给出“物资入库管理”的关系模型。

（2）对步骤（1）得到的关系模型，应用关系数据库的规范化理论，对“物资入库管理”业务进行数据库设计（设计满足第三范式的关系模型）。

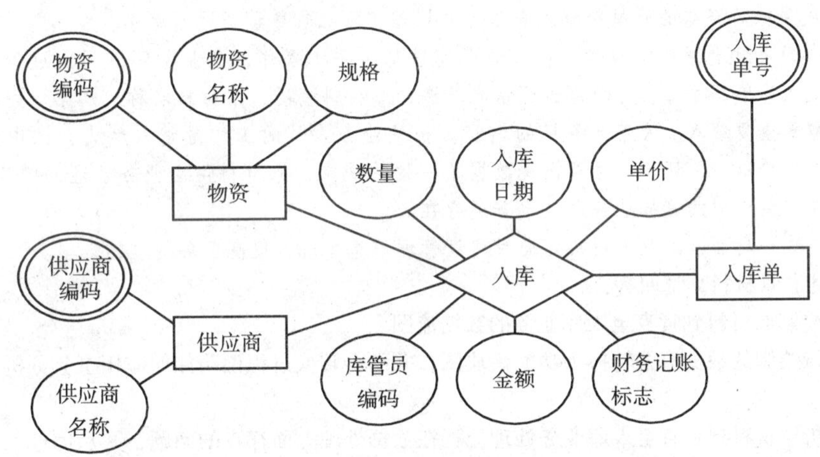

图6-21 “物资入库管理”业务的E-R图

6.9 依据本章内容，填空。

（1）管理信息系统的系统设计通过__________的方式，描述如何实现在系统分析中规定的系统功能。

（2）系统详细设计的对象为__________，其主要工作包括：__________和__________。

（3）数据管理技术的发展阶段分为__________、__________和__________。

（4）E-R图的三个图素为__________、__________和__________。

6.10 依据本章内容，选择填空（可多选）。

（1）实际应用中，数据库设计得到的数据模型只需满足________的条件就可以了。

A. 第二范式　　B. 第三范式

C. 第五范式　　D. 表式结构

E. 基本结构

（2）系统设计报告中，包括________。

A. 系统开发工具建议　　B. 系统硬件结构图

C. 编码结构　　D. 模块处理过程描述

E. 系统应用软件结构图

（3）在管理信息系统的模块设计中，可采用PDL语言描述模块处理过程，这里“PDL”的含义是________。

A. 描述语言　　B. Programming Design Language

C. 自然语言　　D. Procedure Description Language

E. 编程语言

6.11　案例分析。

案例背景

华荣公司是一家小型生产企业，其原材料供应业务包括原材料到货、过秤、质检、入库、领料、台账登记、盘点等核心环节。

其中，从原材料到货直至入库的具体业务处理流程为：

（1）首先接受运送到达华荣公司的原材料及相应的货运单，登记到货信息。

（2）对收到的原材料根据货运单进行实际到货数量检验，即过秤。

（3）对过秤后的原材料进行质量检查，达不到公司质量要求的原材料必须退货。

（4）对质量检验合格的原材料移入仓库，并根据实际到货数量登记入库单。

华荣公司尚未组建计算机网络，各项业务处理都是手工操作，各业务环节间通过到货单、过秤单、质检单、入库单等手工填写单据进行信息传递，原材料编码、原材料名称、规格、型号、供应商等大量信息需要重复填写。随着业务量的增长，相关业务人员的工作量越来越大，忙中出错，到货单、过秤单、质检单、入库单中经常出现数据不一致的现象，原材料供应业务处理的效率越来越低。类似的现象在华荣公司的其他业务环节也普遍存在。

为了扭转这一局面，华荣公司决定通过建设管理信息系统，提高业务处理的效率。

根据上述背景材料，请回答：

（1）请绘制原材料到货直至入库业务的数据流图。

（2）请将绘制的数据流图转换为功能模块图，并结合转换过程说明如何应用事务分析和变换分析两种方法。

（3）分析原材料到货直至入库业务处理流程在数据处理方面存在的问题，并从信息系统开发和建设的角度给出改进建议。

第七章 管理信息系统的实施

提要：

管理信息系统的实施就是依据系统设计的结果，建立计算机硬件环境和系统软件环境，编写、调试应用程序模块，组织系统测试和系统使用人员的培训，完成系统的切换并最终交付使用。

本章讲述管理信息系统实施的内容、实现步骤和应注意的问题。

第一节　管理信息系统实施阶段的任务

管理信息系统实施阶段的任务是根据用户确认的设计方案，实现具体的应用系统，包括建立网络环境、安装系统软件、建立数据库文件、通过程序设计与系统测试实现设计报告中的各应用功能并装配成系统、培训用户使用等。

例 7－1　系统实施情景案例——青钢管理信息系统实施

青钢集团在通过管理信息系统设计方案之后，开始着手进行具体应用系统的实施。首先，青钢集团专门设立了中央计算机房，并在相关部门设立了计算机室。然后，依据系统设计阶段给出的硬件结构和软件结构进行了设备及所需系统软件购置。为了建立计算机系统的网络环境，由太极计算机公司负责结构化布线，网络系统的安装与调试。

同时，北京科技大学项目组依据系统设计报告开始进行软件开发。为了节省成本及方便工作的进行，青钢集团在北京科技大学建立了模拟环境，专门用于软件的开发工作。

在进行软件开发之前，项目组成员在清华大学参加了专门的系统软件及开发工具的培训。在高博士的领导下，北京科技大学项目组依据系统设计报告中给出的目标系统模块设计结果实现了系统分析和设计中提出的各项功能。

在程序设计和调试完成之后，成立了一个独立于系统开发人员的系统测试小组。测试小组首先与青钢业务人员一起系统准备了能够反映实际业务需求的测试问题和具有较大规模的测试数据，然后一起完成了系统测试。系统测试是在青岛钢铁集团实际应用环境中进行的，历时一个月左右。在系统测试完成后，测试小组给出了详细的系统测试报告。

在系统测试之后，系统开发人员对系统测试中发现的问题进行了修改，并再一次进行了系统测试。

当最终完成系统测试的工作后，开始组织对系统的使用人员进行系统使用培训。由于青钢集团信息中心的网络维护人员和系统维护人员具有很高的业务水平和很强的业务能力，不需要再进行培训，因此培训的对象主要是系统操作员。

完成培训工作之后，进入系统试运行阶段。为此，还进行了基本数据的准备、编码数据的准备、系统的参数设置、初始数据的录入等多项工作。

为了保证系统的正常运行及以后的规范化管理，青岛钢铁集团公司制定了《计算机系统应用管理规范》、《计算机房管理制度》、《计算机系统安全保密制度》、《计算机系统文档管理规定》等一系列的管理规定。

系统在试运行半年后，正式交付使用。

通过上述案例可以看出，按照系统实施的过程，系统实施阶段的任务可以归结为如下几项：购置和安装设备以建立计算机网络环境和系统软件环境、应用程序设计和调试、系统测试、人员培训、系统切换并交付使用。

1. 购置和安装设备、建立网络环境。

系统实施的该项工作是依据系统设计中给出的管理信息系统的硬件结构和软件结构购置相应的硬件设备和系统软件，建立系统的软、硬件平台。一般情况下，中央计算机房还需要专业化的设计及施工。为了建立网络环境，要进行结构化布线，网络系统的安装与调试。

2. 应用程序模块的设计与调试。

应用程序设计与调试的目的是实现系统分析和设计中提出的管理模式和业务应用。在进行软件开发之前，开发人员要学习所需的系统软件，包括操作系统、数据库系统和开发工具。必要时，需要对程序设计员进行专门的系统软件培训。

3. 系统测试。

在进行计算机程序设计之后，需要进行系统的调试。实际上，在编写计算机程序时，一直在进行调试，修改程序中的错误。在完成这种形式的调试之后，还必须进行专门的系统测试。通过系统的调试与测试可以发现并改正隐藏在程序内部的各种错误以及模块之间协同工作存在的问题。

4. 人员培训。

人员培训可以分为两种类型：一种类型指的是在软件开发阶段对程序设计人员的培训；另一种类型是在系统切换和交付使用前对系统使用人员的培训。这里，人员培训指的是第二种情况。在管理信息系统投入使用之前，需要对一大批未来系统的使用人员进行培训，包括系统操作员、系统维护人员等。

5. 系统切换。

管理信息系统实施的最后一项任务是进行系统的切换，它包括进行基本数据的准备、数据的编码、系统的参数设置、初始数据的录入等多项工作。在系统正式交付使用之前，一般进行一段时间的试运行，以进一步发现及更正系统存在的问题。在系统切换和交付使用的过程中，每项工作都有很多人员参加，而且会涉及多个业务部门。因此，该阶段的组织管理工作非常重要，要做好系统切换计划，控制工作的进度，检查工作的质量，及时地做好各方面的协调，保证系统的成功切换和交付使用。

第二节 程序设计与调试

在购置和安装完各种设备、建立起网络环境之后，开始进行程序的设计与调试。程序的设计就是通过应用计算机程序设计语言来实现系统设计中的内容。程序设计工作一般由程序设计员来完成。

随着计算机技术的发展，程序设计的思想和方法也在不断地发展。目前，程序设计的方法主要有结构化的程序设计方法、面向对象的程序设计方法和利用软件生成工具的方法。不论采用哪一种程序设计方法，好的程序应具有如下特点：

（1）可靠性。对于管理信息系统的应用而言，可靠性是非常重要的，包括程序运行的安全可靠性、数据存取的正确性、操作权限的控制等。对于这些问题，在系统的分析与设计阶段就应该有充分的考虑。

（2）实用性。它是从用户的角度来看系统界面是否友好，操作使用是否方便，响应速度是否可以接受。程序设计的实用性是系统顺利交付使用的重要条件。

（3）规范性。程序的规范性指的是程序的命名、书写的格式、变量的定义和注释语句的使用等应参照统一的标准，具有统一的规范。

（4）可读性。程序的可读性是要求程序设计结构清晰、可理解性好，程序中要避免复杂的个人程序设计技巧，使他人也能够很容易地读懂，以利于对程序的修改和维护。

程序的规范性和可读性对于未来程序的维护和修改是非常重要的。如果程序的规范性和可读性不强，除了具体的程序设计人员，别人很难读懂程序，也就很难进行程序的维护和修改，影响未来的系统维护。

一、结构化程序设计

结构化的程序设计包括以下几个方面：

1. 采用四种基本的控制结构。

程序设计中尽量只采用顺序结构、简单分支结构、循环结构和多重分支结构四种基本控制结构（见图7－1），而不用或少用强制转向语句。

图7－1中C代表条件，P代表程序段，T代表条件为真，F代表条件为假。这几种程序控制结构只有单入口和单出口，结构简单，程序易理解，不容易出错。

2. 自顶向下的设计原则。

在进行程序设计时，成千上万的程序模块不可能完全同时进行，各任务之间必须有先后顺序之分，最终实现系统设计的整个方案。自顶向下的设计原则是首先设计上层模块，逐步向下，最后设计最下层的具体功能。而实现时，要首先实现下层模块，逐步向上，最后实现上层模块；结构化的程序设计采用的是自顶向下的设计原则。

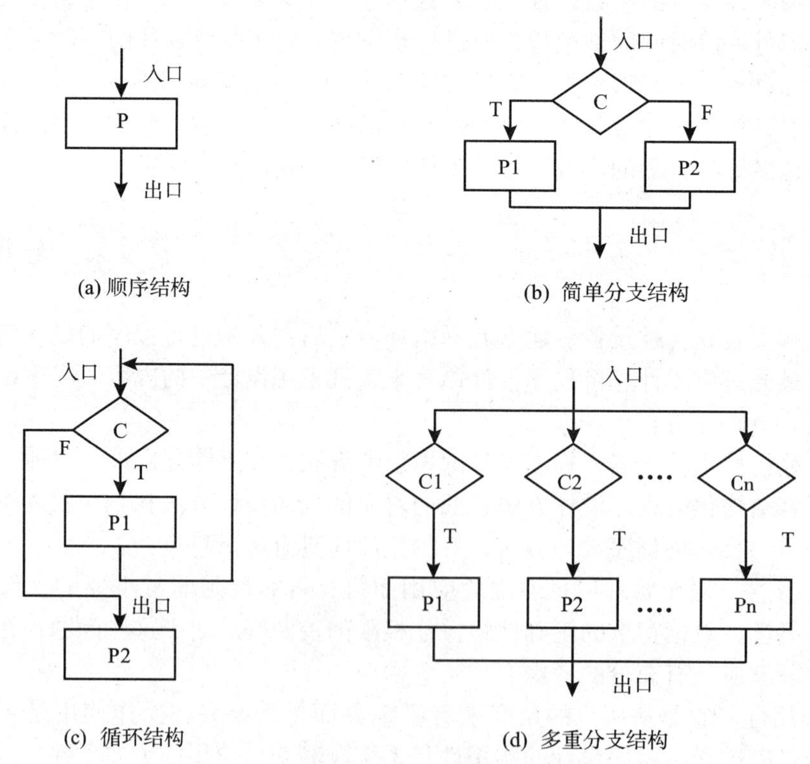

图7－1　结构化程序设计的基本控制结构

3. 功能调用层次分明。

各部分程序之间的联系采用程序调用的形式。

在实现上层程序时，注明被调用的下层程序的名称，有时还要注明参数传递关系。下层程序独立于上层程序而存在。程序调用关系如图 7－2 所示。这样设计出的程序结构清晰，易于程序的编写和调试。

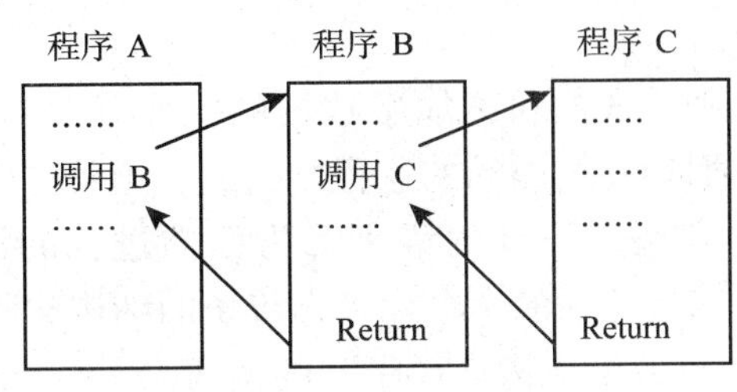

图 7－2 程序调用关系

4. 程序书写采用锯齿形风格。

一段程序一般都很长，如果在书写时不分层次，就很难阅读。在结构化的程序设计中一般采用如下形式的锯齿形风格，提高程序的可读性。

```
DO   WHILE. T.
  <程序段 1>
  DO   CASE
       CASE   <条件 1>
            <程序段 2>
       CASE <条件 2>
            <程序段 3>
       CASE <条件 3>
            <程序段 4>
  ENDCASE
  IF   <条件 4>
       <程序段 5>
  ELSE
     IF   <条件 5>
          <程序段 6>
     ELSE
          <程序段 7>
     ENDIF
     <程序段 8>
  ENDIF
  <程序段 9>
ENDDO
<程序段 10>
```

结构化程序设计的上述原则，提高了程序设计的规范性、可靠性、可读性，易于程序的调试与维护。

二、面向对象的程序设计

自20世纪80年代以来以C++为代表的面向对象的程序设计语言出现并得到广泛应用。面向对象的程序设计与传统的结构化程序设计在思维方式上有很大的差异。目前，面向对象的程序设计方法已逐渐取代了传统的结构化程序设计方法，成为当今软件开发的主要方法。

在传统的结构化程序中，数据和施加于数据的操作（算法过程）总是分离的，所有程序均由一组被动的数据和一组能动的过程所组成，通常把这类程序设计称为面向过程的程序设计，把支持这类程序设计的语言称为面向过程的语言（Procedure-Oriented Language，POL）。C语言就是其中的一个代表。传统的结构化程序设计思维方式可以概括为“操作（算法过程）+数据结构=程序”的模式。

面向对象程序设计（Object-Oriented Programming，简称OOP）将数据及对数据的操作作为一个相互依存、不可分割的整体来处理。它采用数据抽象和信息隐蔽技术，将具有相同属性和相同操作的所有对象抽象成一种新的数据类型——对象类（简称类），将属性和操作封装在类定义中。面向对象的程序设计考虑不同对象之间的联系和对象类的重用性，对象之间交互的通信过程通过消息传递来实现。面向对象程序设计思维方式可以概括为“对象+消息=面向对象的程序”。

在面向对象的程序设计中主要涉及下列一些基本机制和主要特征：

1. 对象（Object）。

在面向对象的系统中一切实体（Entity），包括客观存在的事物或抽象的概念、事件，都称为对象。对象既可以是具体的物理实体的抽象，也可以是人为的概念的抽象，如一张出库单、一名学生、一辆汽车等都是对象。每个对象都有其属性和操作。属性表示事物的静态特征，操作表示事物的动态特征。以“出库单”这一对象为例，“出库单”的属性有出库单编号、出库物资名称、出库物资型号、出库物资规格、出库日期等，可以在“出库单”对象上定义“出库单登记”操作。

2. 类和实例（Class & Instance）。

具有相同属性和相同操作的所有对象归为一个对象类，它是这些对象的抽象描述，每个对象是它所属类的一个实例。实际上，类所代表的是一个抽象的概念或事物，并不真正存在，而客观世界中实际存在的是类的实例，即对象。类的概念不但反映了对象的本质属性，而且提供了实现对象共享机制的理论基础，既可以从对象抽象出类，也可以从众多的子类中抽象出超类。这意味着可以将重用代码放在公共区域中，提高重用性。

3. 封装（Encapsulation）。

类的属性和操作都被“封装”在类的定义中。与对象发生联系只能通过类的接口来实现。也就是说，对象的“功能”是可见的，而具体实现细节是封装在类的定义中的，对象之间彼此不知内部结构。封装是一种信息隐蔽技术，保证了每个对象的实现都独立于其他对象的细节，对象间只能通过封装界面上预定义的方式进行通信，对象内部的改变不会对其他对象产生致命的影响，从而保证了对象之间的独立性，提高了系统的可维护性。

4. 消息和方法（Message & Method）。

消息是对象之间在交互中所传递的通信信息。对象的封装性使得对象之间的通信只能通过消息传递来实现。一个对象向另一个对象发送消息请求服务，接收消息的对象响应该消息，激发相应的操作，并返回操作结果。方法一方面描述了对象执行操作的算法；另一方面定义了响应消息的机制。

5. 继承（Inheritance）。

继承是子类自动共享父类中的全部属性和方法的机制。对于父类，继承意味着“遗传”，子类可以自动地共享其中的全部属性和方法；对于子类，继承意味着“变异”，子类可以放弃父类中的一部分属性和方法，并增加新的属性和操作。继承机制使得在定义子类时不必重复定义那些已在父类中定义过的属性和方法，只要声明自己是某个类的子类，集中致力于定义自身所特有的属性和方法，从而简化了子类的定义，有助于代码实现重用。

6. 多态性（Polymorphism）。

多态性指在类的层次结构中，不同层次的类可以共享一个方法名，而按各自的需要有着各自不同的实现，产生不同的结果。一个消息可以在发送给父类对象的同时发送给它的子类对象。当对象接收到发送给它的消息时，各自根据需要动态地选择实现的方法。多态性可以为整个类层次结构提供一个一致的接口，有助于提高软件的可重用性和可扩充性。

从上述面向对象的程序设计用到的对象、类和实例、封装、消息和方法、继承、多态性等概念和基本机制可以看出：面向对象的程序设计认为，客观世界是由各种各样的对象组成的，每个对象都有自己的内部状态和操作，不同对象之间的相互作用和联系就构成了各种不同的系统，面向对象的程序设计是从对象出发通过消息的传递来完成应用程序设计的。

三、程序调试

程序调试是从系统功能的角度对所实现的应用程序模块及应用程序模块间的协调运行进行检验调整，找出其中可能存在的问题，并进行更正，以达到系统设计的全部要求。程序调试工作一般由程序设计人员完成。

程序调试的过程通常由单个模块调试、模块组装调试和系统联调三个步骤完成。

（1）单个模块调试：对单个模块进行检查，保证其内部功能的正确性。

（2）模块组装调试：针对各个子系统，对本子系统内部的模块进行组装，并检查其模块间的调用关系、数据的传递是否正确，本子系统的功能是否完整。

（3）系统联调：在单个模块调试和模块组装调试确认各模块和各子系统正确完整之后，开始进行整个系统的联调。系统联调的主要目的是检查各子系统间是否能够协调运行。

采用这样的方法进行调试，各步骤间的关系如图 7－3 所示，调试范围由小到大，能及时地发现错误。

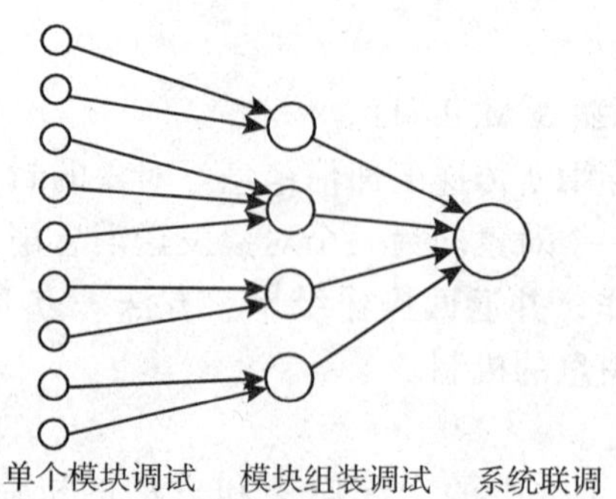

图 7－3 程序调试的过程

程序调试时，首先确定错误的准确位置，也就是找到错误是由哪个模块或哪个接口引起的，然后仔细研究相关程序代码以确定问题的具体原因，并设法改正错误。如果不能确定问题的具体原因，那么只能对错误原因进行假设，根据假设设计用例执行程序以证实所做假设。若假设失败，需要进行新的假设，直到找到错误并改正为止。在程序调试过程中，由于问题的外部现象和内在原因之间不一定有直接的联系，确定错误原因和具体的位置所需工作量一般是非常大的，而且花费的时间往往也不好确定。

第三节 系统测试

系统测试是利用测试数据及测试问题对已开发完成的系统进行专门的检验。系统测试是在系统投入运行前，对系统分析、系统设计及程序设计和调试进行的最终复审活动。

所谓测试就是用已知的输入在给定环境中执行系统或部分系统的过程。这是管理信息系统实施的一个重要环节，是保证系统质量的重要手段。

一、系统测试的原则与内容

系统测试工作应由独立于系统开发方的人员组成测试小组独立进行，必要时可请用户参加。系统测试前应充分讨论并确定测试内容，准备测试数据。系统测试完成后应给出书面、客观的系统测试报告。

进行系统测试，由于出发点不同，即使是面对同一项工作，测试目的也可能不同。从用户的角度，就是希望通过系统测试能够充分查找出系统中存在的问题和不足；而从开发方的角度，就是希望通过测试能够表明系统已经正确实现了用户的需求。一般而言，系统测试应该遵循如下原则：

（1）系统测试是为了发现错误而运行系统的过程。

（2）好的测试用例在于它能发现至今未发现的错误。

（3）成功的测试是发现了至今未发现的错误的测试。

系统测试的内容包括：数据处理正确性测试、功能完整性测试和系统性能测试。

1. 数据处理正确性测试。

检查输入和相应的输出数据的正确性，包括明确输入的数据是否正确地存入数据库系统；数据库系统中的数据能够正确地输出；数据间的计算关系是否正确；数据统计的方法和口径与需求一致；不出现任何汉字字符或其他字符乱码等。

2. 功能完整性测试。

检查开发完成的系统是否具备系统设计中所提出的全部功能，不仅要检测主要的业务功能，而且要检查所有的辅助功能和所有的细节性功能。

3. 系统性能测试。

性能测试是也是非常重要且不容忽视的一项测试内容，包括系统运行的速度、操作的灵活性和用户界面的友好性、对错误的检测能力等方面的测试。对于业务操作型管理信息系统而言，要求系统反应速度快、操作灵活，尽可能减少汉字的直接输入，不允许有错误数据的提交。

二、系统测试方法

系统测试的方法是多种多样的。从测试是否针对系统的内部结构的角度看，系统测试可以分为黑盒测试法（功能测试）和白盒测试法（结构测试）。对于测试只有最终用户才能更容易发现的错误，从开发人员是否控制测试环境的角度划分，系统测试分为 α 测试和 β 测试。

（一）黑盒测试法

黑盒测试法也称为功能测试法，它是在已知产品所应具有的功能基础上，通过测试来检测每个功能是否正常。黑盒测试法不考虑程序内部逻辑结构，针对系统功能和系统界面进行测试。在测试时，把程序看作一个不能打开的黑盒子，在完全不考虑程序内部结构和内部特性的情况下，测试人员在程序接口进行测试，只检查程序功能是否按照系统设计说明书的规定正常使用，程序是否能适当地接收输入数据而产生正确的输出信息，并且保持外部信息的完整性，如数据库或文件中的信息等。

黑盒测试法是穷举输入测试，不仅要测试所有合法的输入，而且还要测试所有不合法但是可能的输入。实际上测试情况有无穷多个，只有把所有可能的输入都作为测试用例使用，才能查出程序中所有的错误。黑盒测试方法主要包括等价类划分法、边界值分析、因果图法和错误推测法。

1. 等价类划分法。

等价类划分是一种典型的黑盒测试方法，采用这一方法测试时以系统分析和设计报告为依据，进一步仔细分析，将输入输出分解为等价类，从而可以在大量的可能数据中选取其中的一部分作为测试用例。

等价类或等价区间是指测试相同目标或者暴露相同软件缺陷的一组测试案例。等价类方法是把程序的输入域划分成若干部分，然后从每个部分中选取少数代表性数据作为测试用例。如果一个类中的一个例子发现了错误，这一等价类中的其他例子也会出现同样的错误。

等价类划分有两类，即有效等价类和无效等价类。有效等价类指的是符合系统设计说明书的有效输入；无效等价类指的是其他任何可能的无效输入（即不正确的输入值）。设计测试用例时，要同时考虑这两种等价类。因为系统不仅要能接收合理的数据，也要能经受意外的考验，这样的测试才能确保系统具有更高的可靠性。

使用等价类划分方法设计测试用例一般在划分等价类的基础上生成测试用例。其关键是在系统分析与设计报告的基础上将可能数据划分为等价类。

确定等价类的有如下一些原则：

①如果输入条件规定了一个取值范围（例如“数量可以是1～99”），那么就应确定一个有效等价类（1≤数量≤99），以及两个无效等价类（数量<1，数量>99）。

②如果输入条件规定了取值的个数（例如“汽车可登记1～6名车主”），那么就应确定一个有效等价类（1≤车主个数≤6）和两个无效等价类（没有车主，或车主多于6个）。

③如果输入条件规定了一个输入值的集合，而且有理由认为程序会对每个值进行不同处理（例如，“交通工具的类型必须是公共汽车、卡车、出租车、火车或摩托车”），那么就应为每个输入值确定一个有效等价类和一个无效等价类（例如“拖车”）。

④如果输入条件规定了“必须是……”的情况，（例如“标识符的第一个字符必须是字母”），那么就应确定一个有效等价类（首字符是字母）和一个无效等价类（首字符不是字母）。

2. 边界值分析。

边界值分析方法是对等价类划分方法的补充。实践也证明，大量的错误是发生在输入或输出范围的边界上，而不是发生在输入、输出范围的内部。因此，针对各种边界情况设计测试用例，可以查出更多的错误。

使用边界值分析方法设计测试用例，首先应确定边界情况。通常输入和输出等价类的边界，就是应着重测试的边界。应当选取正好等于、刚刚大于或刚刚小于边界的值作为测试数据，而不是选取等价类中的典型值或任意值作为测试数据。

基于边界值分析方法选择测试用例的原则有：

①如果输入条件规定了值的范围，则应取刚达到这个范围的边界值，以及刚刚超越这个范围边界的值作为测试输入数据。

②如果输入条件规定了值的个数，则用最大个数、最小个数、比最小个数少一、比最大个数多一的数作为测试数据。

③根据系统设计说明书的每个输出条件，使用前面的原则①。

④根据系统设计说明书的每个输出条件，应用前面的原则②。

⑤如果系统设计说明书给出的输入域或输出域是有序集合，则应选取集合的第一个元素和最后一个元素作为测试用例。

3. 因果图法。

等价类划分方法和边界值分析方法，都未考虑多个输入之间的相互组合、相互制约关系。但是要检查输入条件的组合不是一件容易的事情，即使把所有输入条件划分成等价类，它们之间的组合情况也相当多。从因果图生成的测试用例须包括所有输入（条件）取TRUE（用“1”表示）及取FALSE（用“0”表示）的情况，以保证用例的完整性。

因果图方法的基本思想为：根据系统设计说明书画出因果图，通过因果图生成判定表，再通过判定表生成测试用例。判定表是分析和表达多逻辑条件下执行不同操作情况下的工具，它可以把复杂的逻辑关系和多种条件组合的情况表达具体而明确。

利用因果图生成测试用例的基本步骤为：

Step1：分析系统设计说明书，确定哪些是原因，哪些是结果，并给每个原因和结果分配唯一的标识符。

Step2：分析系统设计说明书，找出因果之间的关系，根据因果图基本符号和因果图约束画出因果图。由于语法或环境限制，有些原因与原因之间、原因与结果之间的组合情况可能不会出现，因此在因果图中使用约束表明这些特殊情况。

Step3：把因果图转换为判定表。

Step4：把判定表中每一列表示的情况写成测试用例。

描述因果图中的“因”与“果”间关系的基本符号如图 7－4 所示。

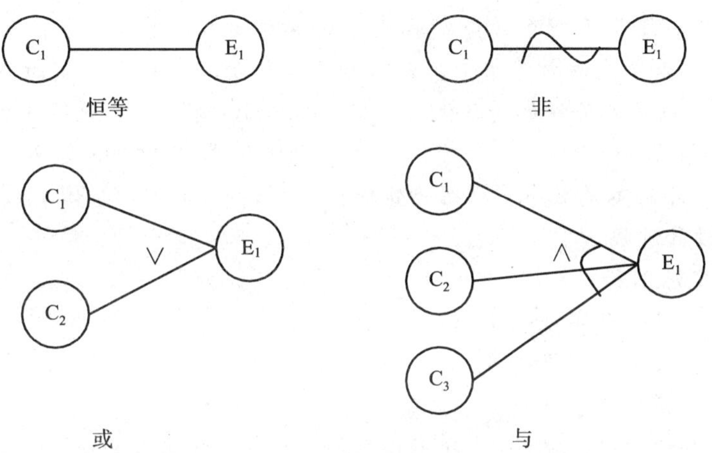

图 7－4 因果图基本符号

因果图中“输入条件约束”和“输出条件约束”类型如图 7－5 所示。

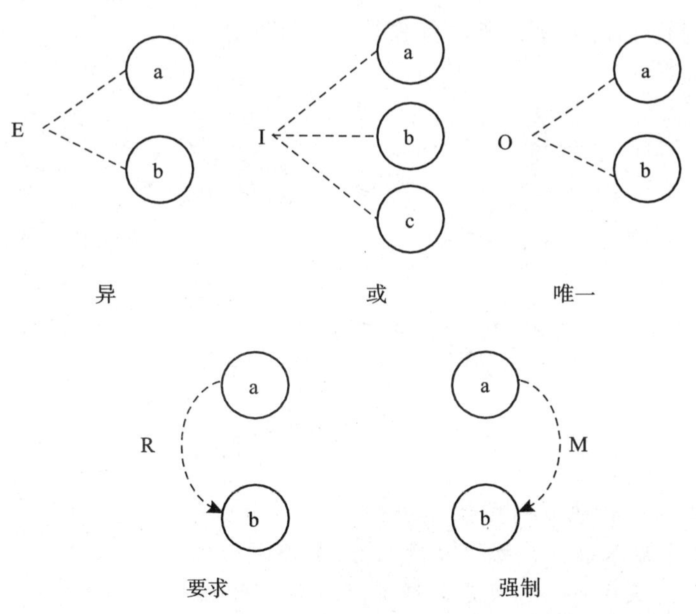

图 7－5 因果图约束

①输入条件的约束类型。

E 约束（异）：a 和 b 中至多有一个可能为 1，即 a 和 b 不能同时为 1。

I 约束（或）：a、b 和 c 中至少有一个必须是 1，即 a、b 和 c 不能同时为 0。

O 约束（唯一）；a 和 b 必须有一个，且仅有 1 个为 1。

R 约束（要求）：a 是 1 时，b 必须是 1，即不可能 a 是 1 时 b 是 0。

②输出条件的约束类型。

输出条件的约束只有 M 约束（强制）：若结果 a 是 1，则结果 b 强制为 0。

例 7－2 某校园网登录系统的功能模块设计说明书中对用户名有如下要求：用户名的第一个字符必须是 T 或 S（分别代表老师和学生），第二个字符必须是一个数字（代表编号，老师和学生的数字编号可以重复，例如 T6 和 S6 允许同时存在；并且假设编号可以为 0），满足此条件的为合法用户名，给出用户提示："此用户名合法，请继续输入密码"。如果第一个字符不正确，则给出错误信息"教师请输入 T，学生请输入 S"；如果第二个字符不是数字，则给出错误信息"请正确输入编号"。

测试用例设计过程如下：

Step1：确定原因和结果。

原因：1——第一个字符是 T

2——第一个字符是 S

3——第二个字符是一个数字

结果：a——给出用户提示："此用户名合法，请继续输入密码"

b——给出错误信息"教师请输入 T，学生请输入 S"

c——给出错误信息"请正确输入编号"

Step2：画出因果图（如图 7－6 所示）。

注：添加中间节点 4，作为导出结果的进一步原因，以简化因果图导出的判定表。

原因 1、2 不能同时发生，所以对其施加异约束 E。

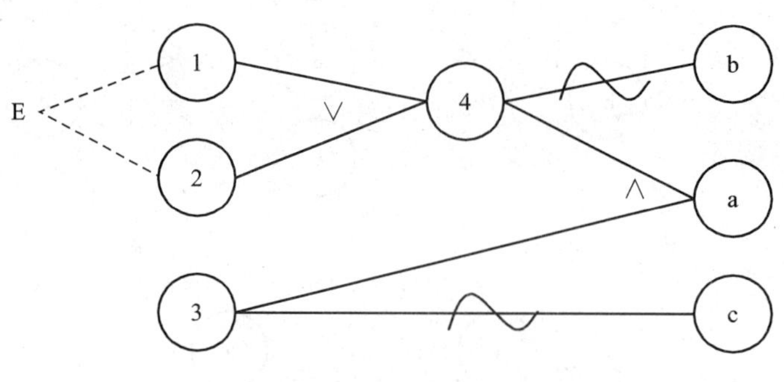

图 7－6 因果图

Step3：把因果图转换成判定表（如表 7－1 所示）。

此例共有 3 个输入条件，故组合情况为 $2^3=8$，即 8 列。

Step4：把判定表中每一列表示的情况写成测试用例。

由于此表比较简单，直接在表中附加一行给出对应的测试用例。由于 1、2 条件施加了异约束，不能同时出现，所以不对1、2两列生成测试用例。这样，一共生成6组用例（每列给出了两个用例）。

表7－1　　**判定表**

		1	2	3	4	5	6	7	8
原因	1	1	1	1	1	0	0	0	0
	2	1	1	0	0	1	1	0	0
	3	1	0	1	0	1	0	1	0
	4			1	1	1	1	0	0
结果	b			0	0	0	0	1	1
	a			1	0	1	0	0	0
	c			0	1	0	1	0	1
测试用例				T5	T#	S2	S?	A7	D{
				T1	TT	S9	S：	C5	UF

4. 错误推测法。

错误推测法是基于经验和直觉推测程序中所有可能存在的各种错误，从而有针对性的设计测试用例的方法。该方法非常依赖于用例设计者的经验，如果用例设计者经验丰富，则使用该方法可以快速的找到存在的问题。该方法一般用于用例补充。

错误推测方法的基本思想：列举出程序中所有可能容易发生错误的特殊情况，根据它们设计测试用例。例如，测试同一产品的升级版本，就可以借鉴前面版本中的用例集，把前面版本中曾经发现的错误引入新版本的测试用例集。

（二）白盒测试法

白盒测试法也称为结构测试法，是知道系统（或功能模块）内部工作过程的条件下，通过测试来检测系统是否按照系统设计说明书的规定正常运行，按照功能内部的结构测试系统，检验应用系统中的每条通路是否都能按预定要求正确运行。采用白盒测试法进行系统测试需要全面了解程序内部逻辑结构，进而对所有路径进行测试。

白盒测试法是穷举路径测试。在使用白盒测试法时，测试者必须检查功能模块的内部结构，才能确定测试内容和分析测试结果。

白盒测试分为静态测试和动态测试。静态测试不实际运行系统，主要是对系统的实现方式、结构等方面进行评估，而动态测试需要在实际环境中运行系统，并使用设计的测试用例来发现系统中的问题。

白盒测试方法主要包括：语句覆盖、判定覆盖、条件覆盖、判定/条件覆盖、条件组合覆盖。下面结合一个例子来介绍这几种方法。

例7－3　图7－7描述的是一个要进行测试的某功能模块的流程结构。其相应的C语言代码为：

```
void test ( int x, int y )
{
if (x >1 && y <2)
     {
   if (x >3 | | y <0) printf ("A") ;
```

```
    }
else printf ("C") ;
}
```

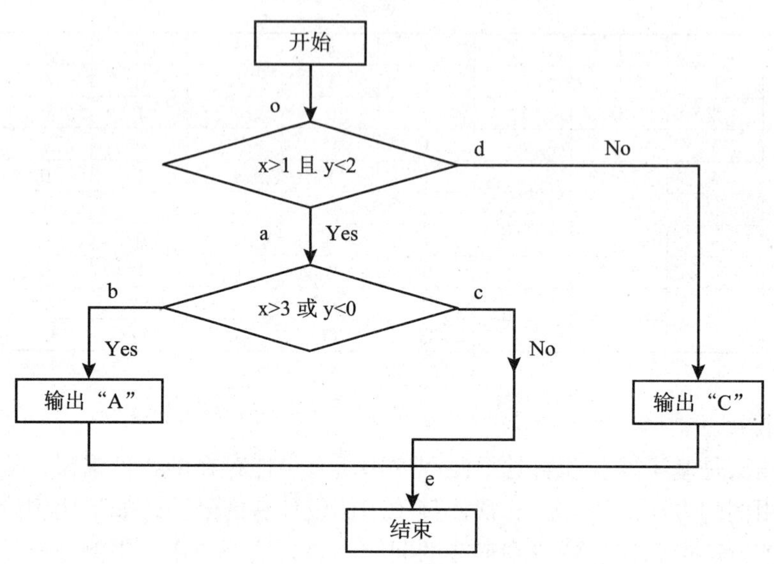

图 7－7　白盒测试举例

1. 语句覆盖。

语句覆盖是一个比较弱的测试标准，是最起码的结构覆盖要求，它要求选择足够多的测试用例，使程序中每个语句都至少被执行一次，如表 7－2 给出的语句覆盖测试用例。

表 7－2　语句覆盖测试用例

	x	y	路径
用例 1	0	3	ode
用例 2	4	0	oabe

语句覆盖测试方法基于应用的实现载体—程序进行，只能覆盖逻辑中显式存在的语句，对于隐藏的条件和可能到达的隐式逻辑分支，是无法测试的。但是我们不能排除这种以外的分支不会被执行，往往这种错误会经常出现。显然，语句覆盖只保证通过给定的测试用例测试了每个语句的运行正确性，但并不能保证对所有可能的输入、输出满足设计逻辑。因此，一般认为，语句覆盖是一种很不充分的覆盖标准。

2. 判定覆盖。

判定覆盖又称为分支覆盖，它要求设计足够多的测试用例，使得处理逻辑中每个判定至少有一次为“真”，有一次为“假”，即：处理逻辑中的每个判定分支至少遍历一次。如表 7－3 给出的判定覆盖测试用例。

表 7-3 判定覆盖测试用例

	x	y	路径
用例 1	5	-1	oabe
用例 2	3	1	oace
用例 3	3	3	ode

判定覆盖基于应用逻辑的结构确定测试用例，比语句覆盖更具可理解性和逻辑性，具有更强的测试能力。但判定覆盖具有和语句覆盖一样的简单性，不细分每个判定就得到测试用例，可能会遗漏部分测试路径。一般认为，判定覆盖是一种比语句覆盖稍强的覆盖标准。

3. 条件覆盖。

条件覆盖要求构造一组测试用例，使得处理逻辑中每个判定中的每个逻辑条件的可能值至少满足一次，即每个条件至少有一次为真值，有一次为假值。

在程序中，通常一个判定语句是由多个条件组合而成的复合判定。在这个例子中在"o"点和"a"点共有两个判定。需要设计足够的用例（见表 7-4），使得输入在"o"点出现条件 $x>1$、$x\leqslant 1$、$y<2$、$y\geqslant 2$ 的情况，在"a"点处出现 $x>3$、$x\leqslant 3$、$y<0$ 及 $y\geqslant 0$ 的情况。

表 7-4 条件覆盖测试用例

	x	y	路径
用例 1	4	-1	oabe
用例 2	0	3	ode

要达到条件覆盖，需要足够多的测试用例，但条件覆盖并不能保证判定覆盖。条件覆盖只能保证每个逻辑条件的可能值至少有一次为真，而不考虑所有的判定结果。

4. 判定/条件覆盖。

判定/条件覆盖就是设计足够的测试用例，使得判断中每个条件的所有可能的逻辑取值至少遍历一次，同时每个判断的所有可能判定结果也至少遍历一次。如表 7-5 给出的判定覆盖测试用例。

表 7-5 判定/条件覆盖测试用例

	a	b	路径
用例 1	4	-1	oabe
用例 2	2	0	oace
用例 3	0	3	ode

判定/条件覆盖满足判定覆盖准则和条件覆盖准则，弥补了二者的不足。但判定/条件覆盖准则仍然存在它的缺点，它没有考虑条件的组合情况。尽管看上去所有条件的所有结果似乎都执行到了，但由于某些特定的条件会屏蔽掉其他的条件，常常并不能全部都执行到。例如，如果"与"表达式中有个条件为"假"，那么就无须计算该表达式中

的后续条件。同样，如果“或”表达式中有个条件为“真”，那么后续条件也无须计算。因此，判定/条件覆盖不一定会发现逻辑表达式中的错误。

5. 条件组合覆盖。

条件组合覆盖要求设计足够多的测试用例，使得处理逻辑中每个判定中条件结果的所有可能组合至少出现一次。显然，满足条件组合覆盖准则必然满足判定覆盖准则、条件覆盖准则及判定/条件覆盖准则。它的缺点是增加了测试用例的数量。

对图 7－7 给出的处理过程，测试用例必须覆盖以下 8 种组合：

①a＞1，b＜2。

②a＞1，b＞＝2。

③a＜＝1，b＜2。

④a＜＝1，b＞＝2。

⑤在保证①的前提下同时满足：a＞3，b＜0，即满足 a＞3，b＜0。

⑥在保证①的前提下同时满足：a＞3，b＞＝0，即满足 a＞3，0＝＜b＜2。

⑦在保证①的前提下同时满足：a＜＝3，b＜0，即满足 1＜a＜＝3，b＜0。

⑧在保证①的前提下同时满足：a＜＝3，b＞＝0，即满足 1＜a＜＝3，0＝＜b＜2。

可以用表 7－6 给出的 7 组测试用例覆盖上述 8 种组合，并且每个条件都能单独影响判定结果。

表 7－6　　条件组合覆盖测试用例

	a	b	路径	覆盖
用例 1	4	－1	oabe	(1)，(5)
用例 2	4	2	ode	(2)
用例 3	1	－1	ode	(3)
用例 4	0	5	ode	(4)
用例 5	4	1	oabe	(6)
用例 6	2	－1	oabe	(7)
用例 7	2	1	oace	(8)

（三）α 测试和 β 测试

如果管理信息系统是为一个客户专门开发的，一般要进行一系列的测试使得这个特定的客户对系统满意（充满信心），以实现接受系统的目的。如果管理信息系统是提供给多个用户使用的通用管理信息系统，那么让每个用户都参加测试是不现实的。一般采用 α 测试或 β 测试来发现那些只有最终用户才更容易找到的错误。

α 测试是由一个用户在开发人员的工作环境进行的，软件测试过程是在开发人员的指导下完成的。开发人员负责记录测试过程中发现的错误和出现的各种问题。α 测试可以理解为是在一个受控的环境中完成的。

β 测试是由软件的最终用户在一个或多个用户的工作环境进行的，开发人员一般不在现场。由最终用户记录在测试过程中遇到的各种问题，并将这些问题反馈给开发人员。β 测试可以理解为是最终用户在一个开发人员不能控制的环境中进行的“实际”

系统应用。

α测试和β测试有着非常重要的意义。实际上，管理信息系统的分析、设计和软件开发人员不可能完全预见到最终用户是如何使用系统的。用户可能误解系统使用过程中的某些说明，还可能出现一些预想不到的数据组合或键盘操作，这样就可能出现一些莫名其妙的输出结果。而这类问题往往只有最终用户自主使用系统时才能发现。

在实际测试工作中，由于测试工作量太大，不论是采用哪种测试方法，都不可能进行彻底的测试。穷举测试无法全部完成，因此实际测试一般都是不彻底的，这样就不能保证被测试的程序中存在错误全部被发现。所以，在组织测试工作时一般要综合考虑程序的重要性、复杂性和发生故障可能带来的损失等方面来确定测试量。测试不足会遗漏错误，可能带来发生故障的危险；而过度测试会形成浪费。在决定某个系统的测试量时，可以综合考虑以下几个方面：

（1）系统目的：系统目的不同对系统所需要进行的测试量有很大的影响。有可能产生严重后果的系统必须进行更多的测试。例如，金融信息系统、企业财务信息系统等一般都要做更多的测试。

（2）系统规模：一个系统的规模在很大程度上影响了需要进行测试的程度。规模大的系统、用户数量多的系统一般要做更多的测试。

（3）开发组织：对不同开发组织开发的系统，测试策略也应不同。对于一个建立了标准和有很多经验的开发组织开发出来的系统，由于错误一般不会很多，测试量可以小一些；对于一个没有标准和缺少经验的开发组织开发出的系统，往往错误较多，需要进行更多的测试。

三、系统测试过程

在进行系统测试时，需要对整个测试过程进行有效的管理，以保证测试的质量和测试的效率。一个规范的测试过程一般包括：制订测试计划、编制测试大纲、设计测试用例、实施测试、编写测试报告几个基本的测试活动。

由于系统测试的复杂性，系统测试工作不可能快速完成。如果系统测试工作出现纰漏，会使交付的管理信息系统存在许多缺陷，潜藏运行危险。只有按照正确的系统测试过程，系统地进行测试工作，才能保证系统测试的质量和效率。

（一）制订测试计划

测试计划的内容主要包括：硬件和软件等测试环境说明、测试工具说明、测试小组的构成及职责、测试方法、系统功能性和技术性要求、测试进度。

在制定测试计划时，要充分考虑系统的开发进度、质量要求、人为因素和客观条件等，使得测试计划具有操作性。

（二）编制测试大纲

测试大纲是进行实际测试的操作指南。测试大纲应该详尽地描述在测试中针对系统的每一项功能或特性所必须完成的基本测试项目及测试完成的标准。无论采用什么样的测试方法或采用什么样的测试工具，都必须满足测试大纲的要求。

（三）设计测试用例

测试用例根据系统功能针对的具体管理业务和测试大纲设计生成。采用的测试方法不同，测试用例的设计和生成也会不同。在设计测试用例时，一般要生成测试用例文档，主要内容包括被测试的项目、输入的数据、测试过程、预期输出结果等。

设计和生成测试用例时，不仅要考虑合理的输入数据，还要考虑不合理的输入数据。另外，还要特别注意各种边界条件和意外状况。

（四）实施测试

系统测试的实施阶段，是指测试人员根据预先编制的测试大纲和准备好的测试用例，对被测试系统进行实际检验。

测试前必须做好的准备工作包括：已批准的测试计划、测试大纲和测试用例、系统概要设计和详细设计说明书、测试环境就绪、测试小组及成员就绪、系统测试可能涉及的相关文档。如果采用测试工具，还需准备自动化测试软件及编写好的脚本。

在测试实施的过程中，要及时记录检查出的任何缺陷，并对测试结果进行正确的评估，必要时组织研讨会，处理和讨论测试中的问题。

（五）编写测试报告

在系统测试完成之后，要形成系统测试报告，说明系统测试的情况，指出系统中存在的缺陷和不足，给出对测试结果的评估，得出系统测试的结论，也可以对未来系统的改进提出建议。

四、系统测试的注意事项

在进行系统测试时，要注意下列问题：

（1）系统测试环境应同未来系统实际运行环境一致。否则，在系统测试环境中没有发现的问题可能在系统实际运行环境中出现。一旦在实际应用中出现故障，不仅给用户带来不必要的损失，也可能带来很大的系统修改维护工作量。

（2）系统测试前应充分做好测试数据的准备工作，以便检查系统是否达到了正确性、完整性和性能上的要求。测试数据不同，测试结果可能产生很大差异。必须严格按照测试计划和测试大纲要求，设计和生成测试数据，避免因测试数据的特殊性检验不到系统存在的问题。

（3）应避免程序员测试自己开发的程序。程序开发是建立应用程序模块甚至整个系统的过程，而系统测试的目的是“证明系统工作不正常”。程序开发者和系统测试者之间存在着不可调和的矛盾。因此，应避免程序员测试自己开发的程序。

（4）进行系统测试时，最好能有用户参加。用户是系统的最终使用者。他们对系统的正确性、完整性和性能上的要求有较好的理解。用户参加系统测试，可以更直接更全面地发现系统中存在的问题。并且测试通过后，由于用户直接参加了测试的过程，对新系统也比较容易接受。

（5）不要希望在极短的时间内完成一个高水平的测试。有时系统测试可能进行几个星期或者几个月，这样才可以发现在较长的一段时间内系统应用数据积累到一定程度才会出现的错误。

（6）系统测试完成后，要书写测试报告。测试报告记录了系统测试实施过程中找出的所有缺陷，并且记录了测试过程中遇到的问题以及不同的处理意见和建议，为了方便以后调查和解决相关问题，必须将这些记录文档化，总结在测试报告中。

（7）在系统测试发现的错误修改后，还要进行针对性的重复测试。由于修改一个错误而引起更多错误出现的现象并不少见，重复测试必须引起充分重视。

第四节　人员培训与系统交付

在系统测试完成之后，接下来要对系统使用人员和维护人员进行培训，以及进行新旧系统的切换，最后将管理信息系统完全交付给用户。

一、人员培训

对系统使用人员和系统维护人员的培训是系统投入应用的重要前提。需要进行培训的系统使用人员包括：系统操作员、硬件及软件系统维护人员、管理决策人员、档案管理员等。对于尚未掌握计算机基本知识的人员，还要进行计算机基本知识方面的培训。

并不是系统的所有使用人员都要接受全部内容的培训。根据工作岗位的不同选择不同的内容进行培训，既可以节省时间，也便于系统的安全与管理，表7－7给出了不同类型的人员建议进行的培训内容。

表7－7　　工作岗位与培训内容

培训内容	操作人员	维护人员	管理决策人员	归档人员
系统的总体方案	√	√	√	√
系统网络的使用与维护		√		
系统的功能结构		√	√	
计算机的基本操作与使用	√		√	
数据库、开发工具等系统软件		√		
系统事务型业务功能的操作和使用	√	√		
系统维护功能型的操作和使用		√		
系统统计分析型功能的操作和使用		√	√	
系统的参数设置		√		
系统初始数据输入功能的操作和使用	√	√		
可能出现的问题及解决方法		√		
汉字的输入方法	√			
系统的使用权限与责任	√	√	√	
系统的文档管理规范		√		√

维护人员应该具有丰富的计算机知识基础并且必须接受完整的系统使用与维护培训，否则他们将不能胜任系统维护的工作。

管理决策人员的主要工作是分析决策，制定未来的发展战略，他们一般不需要进行具体业务的操作，关心的是综合性的统计信息。因此，管理决策人员除了要了解系统的业务功能结构，重点是要掌握统计分析功能的操作和使用方法。

二、系统交付

系统交付指的是系统开发完成之后新旧系统之间的转换，即终止旧系统的使用，将新系统交付使用，把新系统的控制权交给最终用户。

系统交付工作主要包括以下三部分内容：

（1）完成新系统基础数据的准备，完成必要的旧系统文件到新系统文件的转换。

（2）将系统有关资料转交用户，移交系统的控制权。

（3）协助用户使用新系统。

新系统的数据准备包括数据的整理、数据的录入。数据的整理指按实际业务需求和系统设计要求进行数据的分类和编码、数据的标准化和规范化、历史数据的格式转换、数据统计方法和统计口径的统一等；数据的录入指进行系统的初始化、输入初始数据记录、将整理好的数据输入计算机。数据准备的工作量很大，而且数据准确性要求很高，应该给予高度的重视。

进行新旧系统的转换通常有三种方式，即直接切换方式、并行切换方式和逐步切换方式。

上述三种切换方式如图 7－8 所示。

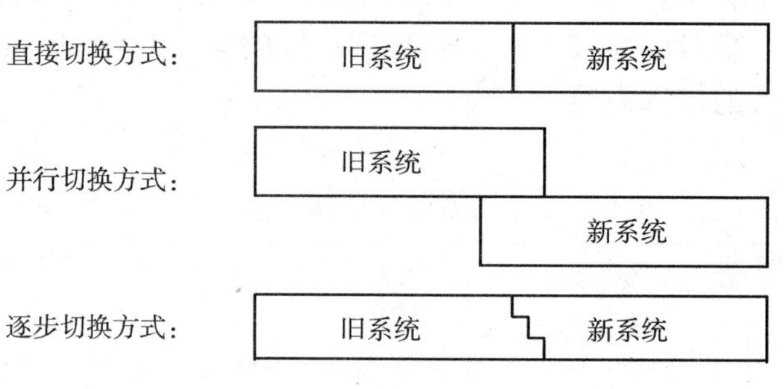

图 7－8　系统切换的方式

1. 直接切换方式。

直接切换方式采用的是一刀切的方法，在完成系统测试后且确认新系统没有问题的情况下，选定某一时刻终止旧系统的使用并开始启用新系统。采用直接切换方式，一般可以节省时间，并能减少经费支出。但是，这种切换方式具有一定的危险性，一旦新系统出现了预想不到的问题，就会影响系统的正常工作。所以该方法一般只适用于处理过程比较简单、初始数据量不大的系统。

2. 并行切换方式。

并行切换方式是在旧系统停止使用之前就开始新系统的使用，新系统和旧系统并行工作一段时间，在确认新系统正常工作一段时间之后再终止旧系统的使用。

采用并行切换方式不会因系统交付使用而引起系统工作的中断。另外，新旧系统同时工作，可以随时进行比较，对新系统运行的正确性和效率给出恰当的评价。但是，该方法需要投入的经费比较高，而且工作量也比较大，适用于非常重要的核心型系统的切换。

3. 逐步切换方式。

逐步切换方式，也称为分段切换方式，它是直接切换方式和并行切换方式两种方法的结合，其特点是新系统分阶段、逐步交付使用。

逐步切换方法避开了直接切换方式和并行切换方式两种方法的不足，既能顺利地将新系统交付使用，也不会发生过高的切换费用。但是，采用这种方式切换时，一部分新系统和另一部分旧系统同时工作，这样就增加了新旧功能、数据的衔接问题，这些问题在进行系统设计和实施切换时就应充分考虑。逐步切换方式一般在大型系统交付使用时采用，可以保证新旧系统的顺利切换，并降低切换的费用。

管理与技术视点

ERP 项目实施步骤

ERP 项目的实施是针对一个特定的企业，通过一个承载了先进生产管理方法的计算机应用系统（即 ERP 系统）进行管理思想引入、业务流程及组织机构变革，进而实现规范化、系统化、自动化管理的过程。

不同的 ERP 系统项目实施的步骤也不尽相同，这里仅介绍企业实施 ERP 的一般步骤。企业实施 ERP 系统总体上可分为三个阶段：前期工作、项目实施和业绩考核。

（一）前期工作

1. 成立筹备小组。

筹备小组的成员一般包括：企业的管理者代表（如副总经理、副厂长等公司级或厂级领导）、企业管理部门（企管部、策划部等）主要领导、计算机信息部门主要领导、各业务部门的特选业务人员或管理人员（也可以作为联络员，并不全部参与），概括地说是三种人员：领导、熟悉管理业务及熟悉计算机业务的人员。另外，企业最好请专门的咨询机构来参与企业的筹备工作，这样便于规范化开展以后的工作。

2. ERP 知识培训。

企业要准备上 ERP 项目，就先要了解什么是 ERP 及 ERP 能为企业做什么，只有这样才能为进一步的可行性分析、需求分析及后续的选型提供理论基础。

要进行 ERP 知识培训，可以外派人员去学习，也可以请一些有关的咨询机构、软件公司进企业来授课。较好的方法是请进来，最好请 ERP 领域的咨询机构。因为通过中间机构（咨询机构）可以公正地了解更多的 ERP 行业情况：ERP 的软件、实施力量、市场份额及后续服务的保证等。而且通过请进来培训，可以让企业的更多人员接触 ERP 知识。

3. 可行性分析与立项。

通过对 ERP 必要知识的理解，筹备小组要根据企业的现状提出可行性分析报告。报告一般包含：ERP 基础知识介绍、实施 ERP 所需的资源（包括管理环境、人员要求、资金预算和时间计划，并对资源的偏差做出计算与计划）、企业实施的必要性、实施的目标与实施中预计的困难等。企业领导通过可行性分析报告来进行决策。经过企业领导决策批准后，正式对 ERP 项目进行立项，做出项目的预算，并由筹备小组对有关的资源需求计划进行落实，同时启动各项计划。

4. 需求分析。

在立项后，筹备小组要对企业进行需求分析。每个企业都有自身的不同特点及不同的管理需求。需求分析的时间可能比较长，而且要求相当的专业性，分析结果的好坏关系到以后 ERP 的选型工作，因此，最好是在有关专家或咨询公司的指导下进行。需求分析报告是企业 ERP 软件实施选型的主要依据。需求分析的内容主要有：各个部门需要处理的业务需求、考虑用计算机处理的业务数据的软件使用权限的设置、业务报表需求、数据接口的开放性等。

5. 测试数据准备。

企业要从各主要业务数据中抽取一些典型数据，作为以后 ERP 选型的测试数据。

6. 选型。

在选择 ERP 软件与实施服务时一般可以参考和注意以下几个方面：

①软件的功能是否适合本企业的需求与未来一段时期的发展。

②软件供应商的维护、二次开发支持能力。

③文档资料的规范与齐全。

④实施服务的方法与质量。

⑤软件供应商与实施服务供应商的持续发展能力与服务能力。

⑥走访实施 ERP 成功的企业。

⑦注意软件的运行环境。

⑧ERP 软件与实施服务的价格。

ERP 项目的费用组成为：软件费 + 硬件费 + 二次开发费 + 服务支持费。

⑨方案比较。

可以让相对比较满意的软件、实施服务供应商提出一个系统的方案，阐述软件功能，并为企业提供管理解决方案、实施方案、预计带来的效益及预计的投资等。当然这只是粗略的方案，详细方案要在进行详细的系统调研后才能提出。

（二）项目实施

1. 成立三级项目组织。

三级项目组为：项目领导小组，项目实施小组和项目应用小组。

2. 制订项目实施计划。

项目实施计划一般由经验丰富的咨询公司制订，或在其指导下制订。由企业的项目实施组根据企业的具体情况讨论、修改，最后由项目的领导小组批准。项目实施计划一般分为两类：项目进度计划与业务改革计划。

3. 调研与咨询。

在该阶段对企业的 ERP 业务管理需求进行全面调研，并根据企业的管理情况提出管理改革方案。如果企业的业务复杂、规模较大，则花费的时间较多。调研报告与咨询方案要经实施小组与领导小组的讨论并通过。ERP 的调研报告与咨询方案通常包括以下几个部分：企业管理现状描述、ERP 的管理方式、业务实现与改革、达到的效果。

4. 系统安装。

系统安装设计包括软、硬件的设计与安装，尤其是硬件的方案可以与调研同步进行，一定要考虑企业的现有资源，并通过与硬件供应商合作，制订与建立企业的硬件系统建设方案。一般来说，该过程以安装服务器系统软件为主，以后根据需要进行工作点扩充。初步的安装是为了培训与测试的需要。

5. 培训与业务改革。

培训的目的就是为了企业顺利地实施 ERP 系统，贯彻 ERP 的思想与理论，使企业的管理再上一个台阶。ERP 培训的类型有理论培训、实施方法培训、项目管理培训、系统操作应用培训、计算机系统维护培训等。要根据不同的层次、管理业务对象制订不同的培训计划。

6. 运行数据准备。

在培训开展后，就可以开始收集业务数据，这些数据分为三类：初始静态数据、业务输入数据、业务输出数据。

7. 原型测试。

在这个阶段，企业的测试人员应在实施顾问的指导下系统地进行测试工作，因为ERP的业务数据、处理流程相关性很强，不按系统的逻辑处理，则录入的数据无法处理，或者根本无法录入。

8. 用户化与二次开发。

二次开发应该比较慎重，一般考虑以下几个方面：临时性的业务、非重要性的业务一般不进行二次开发；产出的工作效益不大的工作一般不进行二次开发。若企业的业务流程（管理思路）与ERP软件不符，要综合考虑哪个更合理，比较二次开发与管理改革的成本与效益，若没有太大意义，一般不进行二次开发。

9. 建立工作点。

工作点也就是ERP的业务处理点、电脑用户端及网络用户端。建立工作点后，要对各个工作点的作业规范做出规定，也即确定ERP的工作准则，形成企业的标准管理文档。

10. 并行运行。

在相关的工作准备（如系统安装、培训、测试等）就绪后，则进入系统的并行运行阶段。所谓的并行运行是指ERP系统运行与现行的手工业务处理或原有的软件系统同步运行，保留原有的账目资料、业务处理与有关报表等。并行是为了保持企业业务工作的连续性和稳定性，同时也是ERP正式运行之前的磨合期。

11. 正式运行。

正式运行也叫系统切换，是在并行运行过程的后期，认证了新的系统能正确处理业务数据，并输出满意的结果，新的业务流程运作也已进行顺利，人员可以合乎系统操作的要求，而决定停止原手工作业方式、停止原系统的运行，相关业务完全转入ERP系统的处理。

（三）业绩考核

业绩考核一般考核以下这些指标：库存准确率、产品准时交货率、生产周期、采购周期、产品开发周期、废品率、库存占用资金、原材料利用率、成本核算工作效率、产品销售毛利润增长等。

ERP对企业的影响是全方位的，效益也是多方面的，除可计量的经济效益外，还存在有许多无法计量的管理效益和社会效益。

习　题

7.1　简要说明管理信息系统实施阶段的主要工作。

7.2　结构化程序设计应遵循哪些主要原则?

7.3　简要说明系统交付工作的主要内容。

7.4　请说明“系统调试”和“系统测试”的异同。

7.5　依据本章内容，填空。

(1) 管理信息系统的实施是依据________的结果，建立________和________，编写、调试________，组织________和________，完成________并最终交付使用。

(2) 面向对象程序设计将具有相同属性和相同操作的所有对象抽象成一种新的数据类型——________，将________和________封装在其中。面向对象的程序设计考虑不同对象之间的________和对象类的________，对象之间交互的通信过程通过________传递来实现。

(3) 黑盒测试方法主要包括________、________、________和________。

(4) 采用白盒测试法进行系统测试需要全面了解________，进而对________进行测试。

(5) 程序调试的过程通常由________、________和________三个步骤完成。

7.6　依据本章内容，选择填空（可多选）。

(1) 系统测试的内容主要包括________。

A. 数据处理的正确性　　B. 使用者满意程度

C. 系统性能　　D. 系统功能完整性

E. 系统开发进度

(2) 关于系统测试，正确的说法包括________。

A. 系统测试是为了发现错误而运行系统的过程

B. 好的测试用例在于它能发现至今未发现的错误

C. 成功的测试是发现了至今未发现的错误的测试

D. 从用户的角度，说明系统不存在问题

E. 从开发方的角度，说明系统不存在问题

(3) 以下属于白盒测试方法的有：________。

A. 结构覆盖　　B. 语句覆盖

C. 判定/条件覆盖　　D. 条件组合覆盖

E. 判定覆盖

(4) 一个规范的测试过程的基本活动包括：________。

A. 设计测试用例　　B. 实施测试

C. 编制测试大纲　　D. 编写测试报告

E. 制订测试计划

(5) 进行新旧系统的转换通常有：________几种方式。

A. 间接切换　　B. 直接切换

C. 顺序切换　　D. 并行切换

E. 逐步切换

7.7　案例分析。

案例背景

安达集团是国家机械行业中的大型企业，以设计、制造电站、冶金、轧钢、矿山、锻压、橡胶、水泥、人造板、军工、环保等相关大型技术装备为主。

随着经济发展的全球化，安达集团领导层认识到：信息已经成为现代社会发展的重要基础，只有

科学地管理和使用信息，把信息作为一种战略资源加以开发和利用，才能够把握机遇，驾驭企业自身的命运。

安达集团领导层经讨论决定，投资建设整个集团公司的管理信息系统。在组织完成了公司信息化建设规划后，通过招标方式，确定了由乐胜软件公司作为安达集团信息系统的开发商。由于安达集团在计算机应用方面有一定的开发力量，因此采用了联合开发的形式。

一年后，经过双方的艰苦努力，安达集团开发完成了信息系统所有的功能模块，建立了与实际应用一致的系统测试环境，开始进行系统测试工作。

测试工作由原开发人员负责。由于每个开发人员只负责测试自己开发的模块，因此没有准备用户操作手册，没有编制测试数据和预期输出结果，测试工作很快宣告完成，基本没有发现问题。

系统测试结束后，专门组织了用户培训工作，培训对象是各单位的计算机骨干，对那些对计算机不太熟悉的业务人员，没有进行培训。

为了加快系统交付的进程，决定在系统运行后，边运行边准备需要的数据（包括物资编码、产品编码、会计科目编码、操作员编码、原来手工管理的报表、卡片、单据经过整理后按新系统的要求组织录入等）。

但是，系统运行过程中却出现了非常多的意想不到的问题……

根据上述背景材料，请回答：

（1）针对安达集团的信息系统建设过程，请列举四项你认为安达集团信息系统建设中做得正确的事情。

（2）安达集团信息系统的测试工作中，存在哪些不足？并说明正确的做法。

（3）你认为，安达集团信息系统运行过程中可能出现哪些问题？

管理信息系统的运行维护与评价

第八章

提要：

管理信息系统的运行维护是保证管理信息系统正常运行的手段。系统的运行和维护工作会随着系统的使用而持续。管理信息系统的评价结果是改进或完善管理信息系统的重要依据。

本章讲述管理信息系统运行的组织机构、信息系统运行管理制度、信息系统的维护、系统评价的内容和应注意的问题。

第一节 系统运行维护与评价的任务

管理信息系统交付使用后，就进入了信息系统运行管理阶段。所谓运行管理就是对管理信息系统的运行实时控制，记录其运行状态，进行必要的修改与补充，使管理信息系统在一个预期的时间内正常地工作，发挥其应有的作用。

例8-1 系统运行情景案例——青钢管理信息系统的运行与维护

青岛钢铁集团管理信息系统在交付使用后，遵照相应的管理规范，责成相关部门和个人负责具体的日常业务处理，记录系统的运行情况，青钢信息中心负责系统的维护，保证系统的正常运行，包括硬件设备的更新与升级、计算机病毒的检测与清除、软件系统的修改与完善、系统故障的排除等。

系统运行至今，系统维护工作一直没有间断，部分硬件设备已经被更新，部分软件功能也已经被修改、完善。例如，在系统应用之初，开具销售发票时必须针对一个客户的一个合同，而不能针对一个客户的多笔合同开具销售发票。系统运行后，销售部门提出，一个客户往往同本企业签订多笔合同，希望在开具发票时能够进行更加灵活的处理，不受单一合同的限制。为此，制定了相应的软件修改计划，进行了软件功能的修改和完善。

另外，在系统正常运行半年后，青岛钢铁集团还组织相关部门人员及相关领域的专家对已实施的管理信息系统的运行情况、技术性能、经济效益进行了分析和评价并依据评价结果对系统进行了完善和修改。

通过上述案例可以看出，系统运行维护与评价阶段的具体工作有：记录系统的运行情况、更新系统软硬件、完善系统功能、改善系统性能以及对系统进行评价等。

1. 提供系统正常运行保障。

系统的日常运行保障包括计算机病毒的检测与清除、机房的管理、系统运行管理制度的制定与执行等。

2. 记录系统的运行情况。

在系统运行时，需要进行系统运行情况的记录，这是未来进行系统维护修改和系统分析评价的依据。系统的运行记录应该做到及时、准确、连续、完整。

3. 维护系统的软、硬件。

在系统的运行中，需要不断地进行系统的完善和更新，包括系统硬件维护、系统软件维护和应用软件维护。

4. 分析与评价系统。

在系统不断地运行和维护过程中，还要进行系统的分析和评价，它是对已实施的管理信息系统的工作情况、技术性能、经济效益进行的分析和评估。通过系统评价，可以总结其优点和缺点，为系统的改善提供依据。

下面分别介绍信息系统的运行管理、信息系统的维护和信息系统评价方面的内容，有关文档管理的内容详见第九章。

第二节 系统运行

一、信息系统运行的管理机构

有效的企业组织形式对于提高管理信息系统的运行效率是至关重要的。目前，企业中负责管理信息系统运行的组织机构大多是信息中心、计算中心、网络中心、信息处等职能部门。

随着管理信息系统在企业应用的发展，信息管理结构的组织形式也在发生变化，信息部门在企业中的地位在逐步提高，这从信息管理机构组织形式的变化就可以看出。信息部门参与企业运营的情况及对应的组织形式反映了信息部门在企业的地位和作用。

早期的信息管理机构是零散组织形式（见图8－1），各部门拥有自己独立的信息系统，部门内部有微机室来完成相关信息管理工作，系统内部资源不能为企业的其他部门所共享。这种零散的组织形式最早出现在信息处理和计算压力大的部门，如财务部门、销售部门、供应部门、统计部门等，对加快这些部门的信息处理速度、提高这些部门的工作效率发挥了重要的作用。但是，部门管理的局限性制约了企业信息资源的综合应用。

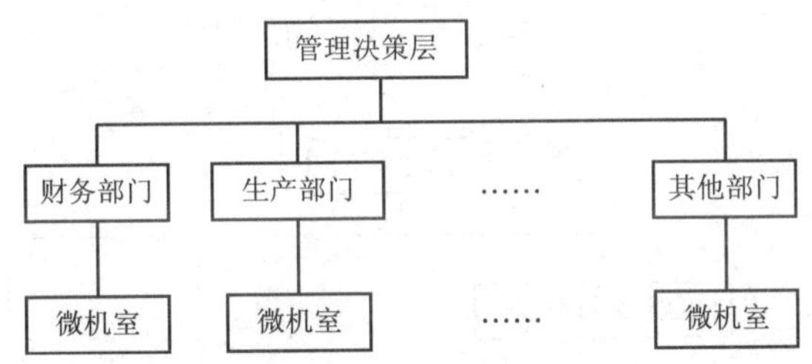

图8－1 信息管理机构的零散组织形式

信息管理机构后来演变为信息部门与其他部门并行的组织形式（见图8－2），信息系统的管理机构开始独立出来，与企业其他部门并行，享有同等的权利。这种方式改变了零散组织形式下各部门信息系统各自为政的情况，信息资源可以为整个企业共享，但信息部门的决策能力较弱，管理信息系统开发、运行维护中的协调和决策工作受到影响。

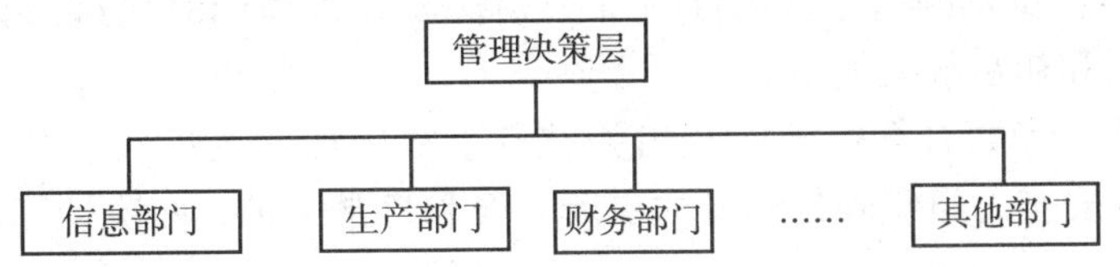

图8－2 信息部门与其他部门并行的组织形式

目前，常见的是信息部门成为核心的组织形式（见图8－3），这种信息管理机构的组织形式是由于计算机、网络、通信、企业计算模式等各项技术的快速发展而出现的。C/S和B/S模式应用系统的出现，一方面使信息部门独立存在于各业务部门之外，另一方面各业务部门也设立自己的信息处理室（IS 室），一般配有专人负责该业务部门的信息系统业务，这个专人或 IS 室又归信息部门领导。这样有利于加强信息管理和资源的共享，并且能深入了解并满足各业务部门的需要，在系统开发、运行维护过程中便于协调和决策。

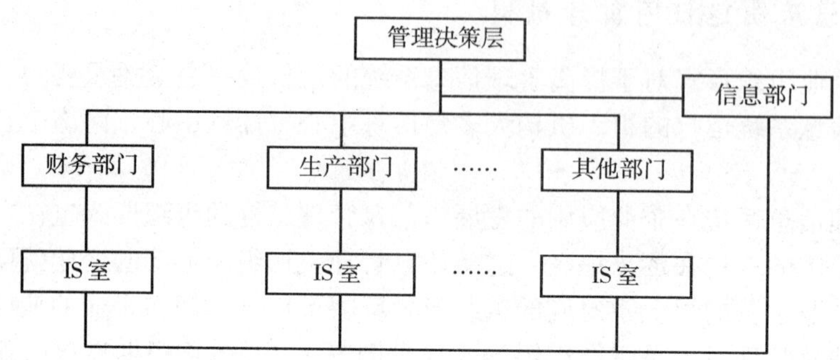

图 8－3　信息部门成为核心的组织形式

二、信息部门的人员构成

在管理信息系统的运行管理期间，信息部门的人员构成如图 8－4 所示，包括网络组、硬件组、软件组、业务组和行政组，各小组的职责如下：

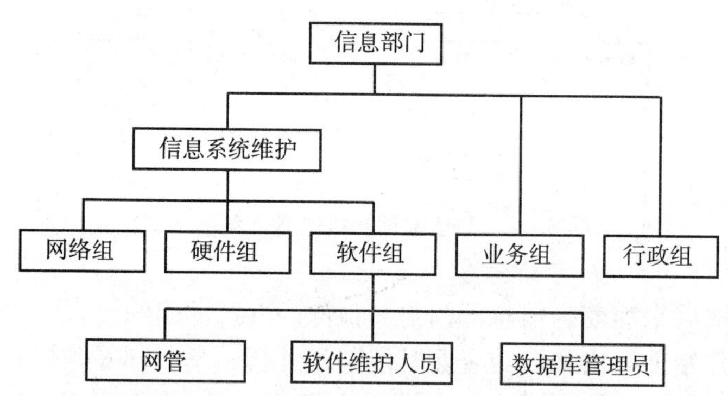

图 8－4　运行管理期间的信息部门人员构成

（1）网络组：负责网络正常运行的维护和扩展，管理网络系统及设备的安全，具备网络问题诊断和初步解决能力。

（2）硬件组：负责计算机硬件及相关设备正常运行的维护和管理，保证计算机硬件及相关设备的安全，组织硬件设备的更新升级和日常维护，解决计算机硬件及相关设备的故障。

（3）软件组：软件组包括网管、软件维护人员和数据库管理员。网管负责操作系统级的服务器资源优化配置、用户授权和网络监控。软件维护人员保证软件系统的正常运行，更新和完善信息系统功能。数据库管理员负责制定数据备份和归档策略，确定数据备份和归档方案，发生系统灾难时负责数据恢复，确保输入数据的正确性。

（4）业务组：负责管理信息系统用户与信息管理部门的沟通和联系，及时向信息管理人员反馈信息，具有业务管理和信息使用两方面的责任。

（5）行政组：负责信息部门的日常管理工作，收集各层次用户对管理信息系统应用的意见，及时通知有关小组进行处理和改进。

三、CIO

现在，越来越多的企业设立首席信息官职位（Chief Information Officer——CIO）。CIO是负责制定组织的信息发展战略、标准和程序，对整个组织的信息资源进行管理和控制的高级行政管理人员。CIO作为企业的主要高层管理人员之一，需要从企业的全局和整体需求出发，直接领导和参与企业的信息管理工作，并担负管理信息系统建设与企业高层管理之间沟通与对话的桥梁职责。

CIO的工作重点是如何管理信息，而信息技术或信息系统是CIO实现管理信息的手段。对企业而言，通过及时产生各种运营数据，及时传递到合适的人，对各种海量数据进行及时、准确的分析，并确保数据的安全和完整，以使企业建立起竞争优势。

CIO不是传统的信息中心主任，其作用不是服务性、辅助性的。CIO地位如同公司的副总经理，有的甚至更高。企业设立CIO的目的，就是通过对企业信息的管理，建立企业竞争优势。

CIO的主要任务是根据企业目标制定企业信息管理战略规划，积极参与企业的预测、决策、控制等管理活动，组织信息管理部门管理多种形式的企业内外信息，协助企业高层管理人员一起有效利用信息确定企业战略目标和实施策略，提出信息基础设施建设的基础架构，实现信息系统的引入、日常维护、决策支持和系统整合，根据商业环境的变化和新技术的动态发展调整信息技术和信息系统的应用。

CIO不仅是管理信息系统的引入者、建设者和管理者，而且要在信息化建设过程中，引发管理变革、组织变革和技术创新。因此，CIO不仅是技术专家，同时还是企业管理变革的领导者或主要负责人。

为了推动信息化建设，CIO要应对来自企业文化、管理理念、业务系统和技能等的多重挑战，CIO需要很高的领导能力，以调用各方资源，与企业各方进行沟通来推进信息化。例如：CIO需要与CEO（Chief Executive Officer——首席执行官）进行沟通，确保信息化战略能有效服务于企业商业战略；需要与CFO（Chief Finance Officer——财务主管）进行沟通，确保企业对信息化的投入；需要与业务人员进行沟通，确保信息系统对业务运营系统的匹配和支撑等。

具体来讲，CIO的工作职责有：

1. 制定企业信息化战略规划。

从企业目标出发，寻找和确定各种信息技术在企业内的应用领域，以保持并创造企业的竞争优势，从战略高度推进企业信息化建设，进而帮助企业利用IT技术降低成本、提高效率，实现战略经营目标。

2. 信息化战略的执行。

关注企业战略与信息系统的有机结合，制定信息技术应用基础架构，使企业的战略思想在信息系统中得到有效贯彻执行。了解外部技术及环境变化，根据企业的信息系统战略建立信息系统架构，帮助管理信息系统用户在业务活动中最大限度地发挥管理信息系统的价值。推广和宣传信息技术的价值，为员工组织使用信息系统的培训。

3. 企业信息的综合开发。

整合信息资源，对企业内外各方面的信息进行综合处理和分析，得到对全局更为重要的信息和知识，提供给相关管理部门，尤其是企业高层管理人员，以支持企业决策。

4. 信息管理相关的协调与沟通。

与高层管理团队和业务部门负责人进行沟通，获得高层团队及业务部门负责人对信息化战略的支持，关注信息技术与商业环境的发展趋势，与软硬件供应商及其他 CIO、咨询顾问等建立良好关系，根据业务流程的改变提出解决方案，从战略的高度关注利用信息技术实现业务创新的机会。

四、信息系统运行管理制度

信息系统运行管理制度是系统正常运行的有效保障。相关管理制度主要包括：信息系统运行的机房管理制度、信息系统维护制度、信息系统运行操作规程和信息系统运行记录制度等。

（一）信息系统运行的机房管理制度

信息系统运行的机房管理制度规定了机房设备安全管理方案和紧急情况的应对措施，也规定了信息系统应用人员的义务、权限和责任。目的是保障计算机设备良好的运行环境，并防止各种非法人员进入机房，保护计算机设备、系统软件、应用软件和数据的安全。

机房管理制度的主要内容包括：

（1）机房的环境要求，主要有机房的清洁度要求、温度要求、湿度要求、防火要求、防水要求等。

（2）进出机房人员的规定。

（3）机房的电力供应及应急措施。

（4）设备和材料进出机房的管理要求。

（5）网络安全保障、与外界信息交流的管理措施等。

（二）信息系统维护制度

系统维护是管理信息系统正常运行的保障。系统维护是一项长期的、繁杂的工作，而且维护费用也很高。良好的信息系统维护制度可以降低系统维护的成本，减少重复工作，避免因系统维护工作带来信息系统故障。信息系统维护制度的主要内容包括：

（1）系统维护组织机构设置。

（2）系统维护人员管理制度。例如：系统维护人员的岗位职责、选聘规定、绩效评价、培训制度等。

（3）重大事项维护工作流程。

（4）突发事件应急措施。

（5）日常维护工作流程。

（6）信息系统维护费用保障机制。

（三）信息系统运行操作规程

在管理信息系统交付前，一般要编写系统用户手册，来规范管理信息系统运行的操作规程。用户手册是帮助系统操作人员了解系统目标、能力及限制等内容，掌握如何使用系统的详细说明书。如果系统用户手册的管理内容不充分，需要额外制定信息系统运行操作规程相关规定。信息系统运行操作规程主要内容包括：

（1）系统操作人员资格审查规定。

（2）系统操作人员使用权限、密码管理规定。

（3）信息系统上机操作流程。

（4）输入方式、输入数据的审核、输出格式等输入/输出要求。

（5）信息系统运行病毒检测机制。

（6）数据的备份保管制度。

（四）信息系统运行记录制度

在管理信息系统运行过程中，必须对系统硬件、软件及数据等的应用情况做详细记录。系统运行无论是正常、不正常还是无法运行，都应该有记录，这对系统存在问题的分析和解决有重要的参考价值。

由于系统运行情况记录工作比较繁琐，可以在系统中设置自动记录功能。如果是系统运行不正常或无法运行，应该考虑用人工书面形式详细记录所见的现象、发生的时间、可能的原因等。信息系统运行记录的内容包括：

（1）计算机启动、应用系统运行、关机的时间。

（2）登录系统的操作人员。

（3）系统硬件、软件及数据的应用情况。

（4）异常情况发生时间、具体现象、处理人、处理过程、在场人员等。

（5）值班人员签字。

（6）负责人审核签字。

为了做好系统运行情况的记录工作，必须事先制定尽可能详尽的规章制度。系统运行情况无论是自动记录还是人工记录，都应该作为系统文档长期保存，以备系统维护时参考。

第三节　系统维护

管理信息系统的维护是为了应对管理信息系统的环境和其他因素的各种变化，保证系统正常工作而采取的一切活动，它包括系统功能的改进和解决系统运行期间发生的一切问题和错误。

随着时代的发展，管理信息系统所涉及的领域越来越复杂，系统维护费用也不断地增长。在20世纪70年代，维护费用占开发费用的比例约为35%，80年代增长到40%～60%，到90年代增长到70%～80%甚至更多。

无论在系统交付使用前还是在交付使用后，系统维护工作始终都要进行。管理信息系统开发期一般为1～3年，而系统维护期一般为5～10年，在系统开发之日起就应该考虑系统维护问题。

管理信息系统的系统维护需求主要来自如下几个方面：

（1）来自上级管理部门的命令或要求。

（2）企业管理方式、方法及策略发生变化。

（3）管理信息系统业务处理过程发生变化。

（4）随着用户对管理信息系统的理解，其需求发生变化，要求进一步提高。

（5）出现更先进的技术，例如硬件和系统软件的升级更新。

（6）原先的设计中存在问题。

一、系统维护的内容

管理信息系统的维护根据维护的内容主要分为硬件系统的维护、软件系统的维护和数据的维护。

（一）硬件系统的维护

硬件系统的维护是指对主机以及外设的维护和管理。硬件维护的目的是尽量减少硬件的故障率，当故障发生时，能在尽可能短的时间内恢复工作。

硬件系统的维护应该由专门的硬件维护人员负责，而且在很多情况下需要同硬件厂商合作来共同完成系统维护工作。硬件系统的维护主要有两种类型：一种是进行硬件系统的更新；另一种是进行硬件系统的故障维护。硬件系统的故障维护包括突发性故障处理和定期的预防性维护。突发性故障处理对于突发性的故障集中人力进行检修和更换；定期的预防性维护是按照一定的设备维护理论，定期对系统设备进行检查和保养，对机器部件进行清洗，易损部件的更换等。

在进行硬件系统的更新时，会影响系统的正常使用，进而影响企业内部使用该系统的各业务部门的工作。因此，在更新前需要制定更新计划，并与硬件供应商、企业内部有关业务部门及其他相关机构进行协调，做好充分的准备工作。另外，硬件系统更新的时间不能过长，否则会耽误系统的正常运行。

对于硬件系统的故障维护，同样也不应该拖延过长的时间。突发性的系统硬件故障一般不可预见，为了防止由于硬件系统故障引起的系统应用中断，应该配有足够的备用设备，在系统出现故障时使用。对于非常重要的应用系统，一般都采用并行服务器结构，避免在系统故障时出现应用中断或数据损失。

对于管理信息系统的硬件系统，不仅需要进行适时的更新和突发性故障的处理，而且需要进行定期的预防性维护，例如在每周或每月固定的时间对系统硬件进行常规性检查和保养。定期地进行硬件系统的维护可以减少以后的系统维护工作量，降低维护的费用。

（二）软件系统的维护

软件系统的维护涉及系统软件维护和应用软件维护两个方面。系统软件的维护可参考具体的系统软件使用、维护说明书，这里所讲述的软件维护一般指应用软件维护。

应用软件的维护包含正确性维护、适应性维护和完善性维护三部分内容。

1. 正确性维护。

通过系统测试，应用软件的错误应该已经基本排除，但是并不能保证排除了全部的错误，也不能保证不出现新的错误。因此，在系统运行之后，仍然需要进行系统的正确性维护。该阶段可能出现的错误主要有：系统测试阶段尚未发现的错误；输入检测不完善或键盘屏蔽不全面引起的输入错误；以前未遇到过的数据输入组合或数据量增大引起的错误。对于影响系统运行的严重错误，必须及时进行修改，而且要进行复查。

2. 适应性维护。

计算机技术发展非常快，操作系统的新版本不断推出，功能更强大的硬件也不断出现。因此，随着系统的运行，一般需要进行网络系统、计算机硬件或操作系统的更新。为了适应这些变化或其他环境变化，应用软件也需要进行修改，以提高系统的性能和运行效率。为了使系统适应环境（包括硬件环境和软件环境）的变化而进行的维护工作，就是适应性维护。在适应性维护工作量很大的情况下，需要制定维护工作计划，并对维护后的软件进行测试，确保适应性维护后软件系统的正常应用。

3. 完善性维护。

在软件使用的过程中，用户往往会对软件提出一些新的功能与性能要求。为了满足这些要求，需要修改或再开发软件，以扩充软件的功能、增强软件的性能等。这种情况下进行的维护活动称为完善性维护。完善性维护是为了满足用户增加或者改进已有功能的需求而进行的维护，这些系统的性能或功能要求一般是在先前的功能需求中没有提出的。

另外，除了上述三种主要类型的软件维护活动，一些软件工程师还提出了第四种软件维护活动，即预防性维护。预防性维护是为了提高软件未来的可维护性、可靠性，或为未来的修改与调整奠定更好的基础而修改软件的过程。

据统计，对于一个典型的软件系统，一般正确性维护占全部维护活动的17% ~21%，适应性维护占18% ~25%，完善性维护占50% ~66%，预防性维护占4%左右。可见，在软件系统维护工作中，完善性维护占了一半以上，是软件系统维护的重要内容。

（三）数据的维护

数据的维护主要包括数据的定期备份、数据恢复以及由于数据存放格式、要求等发生变化引起的数据内容、结构的调整等修改。

数据备份是指将计算机硬盘上的原始数据（程序）复制到可移动介质上，如磁带、光盘、移动硬盘等，在出现数据丢失或系统灾难时将复制在可移动介质上的数据恢复到硬盘上，从而保护软件系统的数据。

数据恢复是数据备份的逆过程，即将备份的数据再复制到硬盘上的操作。

数据的备份与恢复工作通常是围绕数据的存储管理进行的，主要是为了应对因介质、操作系统、应用软件和其他环境原因导致重要数据库文件严重损坏、系统运行瘫痪等灾难的发生。

另外，还有一项重要工作是数据归档，它指将硬盘数据复制到可移动介质上，并在完成复制工作后将原始数据从硬盘上删除，释放硬盘空间。数据归档一般是在一个时间周期结束或一个项目完成时将相关数据保存到可移动介质上，以备日后查询和使用，同时释放硬盘空间。

二、系统维护过程管理

系统维护工作涉及的内容多、周期长、费用高，为了保证系统维护工作的质量，系统维护必须由专门机构负责，并按照系统维护的具体步骤进行。系统维护机构一般包括硬件系统维护人员、系统软件维护人员、网络维护人员、数据库管理员等角色。一个角色可以由多人来担任，也可能一个人身兼多个角色。所有维护人员角色在维护主管的组织领导下共同完成工作。

1. 系统维护工作不应该随意进行，一般应遵循下列步骤：

（1）提出维护修改要求。修改意见应该以书面形式提出，明确需要修改的内容和需要修改的原因。维护修改要求一般不能随时满足，要在汇集分析后有计划地进行。

（2）制定系统维护计划。包括系统维护的内容和任务、软硬件环境要求、维护费用预算、系统维护人员的安排、系统维护的进度安排等。

（3）系统维护工作的实施。软件系统的维护方法同新软件的开发方法是相似的。在维护工作实施时，一定要注意做好准备工作，不能影响系统的正常使用。

（4）整理系统维护工作的文档。在实施系统维护工作时，对系统中存在的问题、系统维护修改的内容、修改后系统的测试、修改后系统的切换及使用情况等均需要有完整、系统的记录。

2. 为了保证系统维护工作的正常进行，必须重视如下几个方面：

（1）开发过程中要严格按照各阶段所规定的开发原则和规范来进行，以避免在开发过程中出现大的疏漏，保证系统的整体性和全局性，以减少系统维护的工作量。

（2）建立和健全各类系统开发文档资料，文档资料要标准化、规范化。进行系统维护的人员不一定是系统的开发人员，系统维护工作是参考系统开发过程中形成的各种文档来进行的。所有，必须提高文档的可读性，在系统开发初期就要制定文档规范，在系统开发阶段就要遵循规范建立相应的文档资料。

（3）维护文档的可追溯性。在系统开发阶段和系统运行维护阶段，都可能对系统进行修改，也就不可避免地对文档资料进行修改。要保留修改前和修改后的变化情况，这样是为系统的运行提供历史资料，在系统出现故障时提供线索，保证系统维护工作的顺利进行。

（4）避免改旧错出新错的现象发生。改旧错出新错是系统维护工作可能带来的副作用，主要有两方面的原因：一是修改程序代码造成原来正常的系统不能正常运行；二是修改数据库中的数据导致某些程序不适应已变化了数据而发生错误。为了避免这种现象的发生，不仅要严格记录修改的内容，而且需要在维护修改工作完成后严格进行系统测试。

第四节 系统评价

管理信息系统交付使用之后，需要对运行效果和效益进行评估，以确定企业管理信息系统建设的总体效益、确定管理信息系统目标的完成情况，确定管理信息系统规划与企业信息化战略及企业经营目标的结合情况，最终反映企业管理信息系统建设是否实现了企业降低成本、提高效率、增强竞争力的战略目标。

系统评价一般是在系统不断地运行和维护的过程中进行的，它是对已实施的管理信息系统的工作情况、技术性能、经济效益等进行的分析和评估。

系统评价包括系统目标完成评价、功能的完成情况评价、系统运行的性能和实用性评价、系统的直接经济效益评价和间接经济效益评价及社会效益评价等几个方面。

1. 系统目标的完成情况评价。

针对系统所设定的目标，检查已在运行中的系统的实际完成情况。例如：系统的硬件和软件环境是否能够满足系统功能上的和性能上的要求；系统是否实现了系统设计提出的所有功能；系统内部各种资源的实际应用情况如何；为了达到系统目标，支出的经费、配备的人员是否超出了计划安排等。

实际上，随着系统开发的不断进行，一些具体目标会因为具体的时间和环境而发生变化。因此，在进行系统目标的完成情况评价时，也要对所设定目标的合理性进行评价，以便为系统的修改与完善提供依据。

2. 系统运行的性能和实用性评价。

管理信息系统是一种面向应用的系统，评价系统的性能和实用性是管理信息系统评价非常重要的一个方面。系统性能和实用性评价的内容包括：系统的应用是否使采购、销售、生产、管理等的工作效率有所提高；系统的使用人员对系统的满意程度如何；系统的运行是否稳定；系统的使用是否安全保密；系统运行的速度如何；系统的操作是否灵活、用户界面是否友好；系统对误操作的检测和屏蔽能力如何等。

3. 系统的直接经济效益评价。

管理信息系统的经济效益包括直接经济效益和间接经济效益。直接经济效益是应用管理信息系统而直接产生的成本的降低和收入的提高。系统的直接经济效益体现在：由于信息的准确性和及时性，销售收入增加；更合理地利用现有的生产能力和原材料，提高了产品的产量；更有效地进行调度，组织生产，减少了停工产生的损失，提高了生产的效率；改善了企业的供应链，减少物资储备，缩短了生产循环周期；掌握客户信息，及时收回应收账款，降低费用性支出等。对于直接经济效益可以采用一般的经济效益评价方法进行评价，例如：计算由于系统应用带来的利润增长、计算投资回收期、投资效果系数法、德尔菲专家评审法等。

4. 系统的间接效益评价。

间接经济效益是指应用管理信息系统带来了企业管理的一系列变革，促进了企业管理决策水平的提高，从而为企业带来的经济效益。管理信息系统的直接经济效益一般都比间接经济效益小。对管理信息系统间接经济效益的评价虽然也有一些估算模型，但是应用信息系统所带来的企业管理水平的提高，以及所带来的综合性的经济效益，是很难准确计算的。这种综合性的经济效益往往要经过一段时间之后才会反映出来，而且会随着应用向高级阶段的发展而越来越显著。系统的间接经济效益主要表现在以下几个方面：

（1）系统的应用对企业基础数据管理的科学化和规范化起到推动的作用，信息的数量和质量得到提高。

（2）管理信息系统的应用往往意味着先进管理思想和管理方法的规范化应用，为企业的发展带来了一系列变革，为企业带来不可预计的经济效益。

（3）系统的应用使工作人员从繁重的重复性工作中解脱出来，投身到更有意义的工作中，这不仅提高了劳动的效率，更改变了工作的性质。

(4) 系统的应用会提高企业对供应、生产、销售、经营和管理数据的分析能力，并结合市场分析、竞争对手分析、行业分析等为企业制定经营战略、进行经营决策提供更强有力的支持。

总之，由于管理信息系统的应用，数据质量的提高、数据库系统的完善、工作效率的提高和经营战略的正确制定等为企业所带来的经济效益都是不易计算的，这种潜在的经济效益更体现了管理信息系统应用的重要意义。

5. 系统的社会效益评价。

企业管理信息系统建设的社会效益主要体现在使产品价格下降、优化社会资源配置、提高国民经济信息化水平几个方面。

(1) 使产品价格下降。如果企业建设管理信息系统成功，一般会降低生产成本和交易成本，从而产品价格也将下降，使广大消费者受益。

(2) 优化社会资源配置。率先成功使用管理信息系统的企业会在价格上、数量上、市场占有上取得优势。社会的人力、物力和财力等资源会通过市场机制和信息技术应用的共同作用从成本高的企业向成本低的企业流动，从效率低的企业向效率高的企业流动，从而使社会资源得到更合理和更优的配置。

(3) 提高国民经济信息化水平。企业信息化是国民经济信息化的重要组成部分。企业管理信息系统建设成功了，国民经济信息化的程度就会提高。而且，由于C/S和B/S计算模式在企业管理信息系统中的广泛应用，方便了企业的异地管理，可以改良国民经济的机构，提高国民经济的质量。

管理与技术视点

如何做个成功的CIO①

——专访微软全球CIO斯图尔特·斯克特

微软公司CIO斯图尔特·斯克特到中国参加在中国举办的“2006微软企业高层决策者峰会”时，记者对斯图尔特·斯克特进行了专访，斯图尔特·斯克特先生分享了他在微软公司担当CIO的经验和体会，并就如何做成功的CIO做了精彩睿智的回答。

记者：请谈谈您如何理解CIO这一角色在企业中的地位和面临的挑战。

斯图尔特·斯克特：不论在中国的CIO还是国外的CIO，他们面临的挑战或工作都是一样的，即成本管理。对商业企业而言，CIO的职责是如何更好地让企业使用自己的资本以及人力资源，从而推动企业新的业务以提高公司的收入，当然还要为股东提供更大的回报。作为CIO，首先要了解所在机构的目标，清楚目标之后，再考虑如何利用技术上的专长去帮助这个机构实现它的目标。

我相信随着企业在IT方面投资不断地加大，IT对于企业带来的优势也在不断地增加，CIO本身的责任也会不断地扩大，CIO以后不仅是技术方面的领导，而且也将成为公司业务的重要一员。其实在美国的CIO，他们越来越多地负有在财务方面的责任，还有对公司的社会责任，他们必须保护公司的信息、资产，而且要保证公司财务状况以准确和及时的方式做出来。

记者：您认为作为微软的CIO，在公司运营方面，微软还有哪些成功的经验，可以提供给其他企业借鉴？

斯图尔特·斯克特：我作为微软的CIO有1/3的时间都花在与客户、与合作伙伴的沟通了解上，以及对市场的研究上。我认为作为一个CIO，应该花更多的时间与客户、合作伙伴在一起，更多地了解他们的业务，以及公司的产品和服务交付的方式。一个CIO成功与否，其实取决于你手下IT部门的人员，你应该花时间与工作人员待在一起，为他们提供机会、提供培训，同时赋予他们一定的自由度，这样他们才能够想出更好的方案来满足各方面的需求。

一个CIO要做IT集中化的工作，但是又不能去压抑员工的创造性，以及创新能力，我们要给予员工一定的空间，去做自己的应用和开发——我们称之为灰色应用的开发。我对灰色应用开发的建议是要缩减到最小限度，比如在这方面的支出应该不超过我们总IT支出的10%，同时也要保证它不会影响到我们整个企业IT的资产，它对我们公司的财务不会有负面的影响，同时也不违反客户的隐私，或者本人的隐私。

记者：您刚才所说CIO的成功取决于手下，在中国，很多情况下CIO要取决于上司，中国很多CIO是没有权力决定公司里要有什么样的基础设施和应用系统的，也没有权力参与这些公司战略的制定。请问您作为一个CIO有哪些方面的权力？您怎么行

① 马飞：《如何做个成功的CIO——专访微软全球CIO斯图尔特·斯克特》，载于《商学院》2006年7月。

使您的 CIO 的权力?

斯图尔特·斯克特:首先,作为一个 CIO 你必须成为一个强有力的 IT 方面的领导者,你必须保证给自己所服务的企业提供世界一流的 IT 服务的体验。这样你才能够在自己的企业 CEO 面前建立自己作为 CIO 的可信度。

第二,你必须熟悉和了解更多的业务知识,比如说,公司所在的市场情况是什么,所面临的竞争对手的情况是怎样的。然后从 IT 的角度找到为企业带来独一无二的价值的方法。同时要善于发现机会,向 CEO 和公司展示你在业务方面的知识和洞察力。只有这样你才能够向 CEO 证明自己,不仅是 IT 方面的专业人士,而且在业务方面也是一个专业人士。

"准 CIO 如何进行企业变革"①

——我国"准 CIO"的"八大困惑"之一

经过多年的实践和市场培育,国有企业信息化已经从技术导向向管理导向、战略导向过渡,相应的大部分企业的信息主管也逐步向"准 CIO"转化。之所以称他们是"准 CIO",是因为目前国企内部名副其实的 CIO 还寥若晨星,绝大多数还只是"准 CIO"。这些"准 CIO"们正处于一种进退维谷的尴尬状态,在日益焦灼的信息化建设中陷入左右逢"冤"的困境难以自拔。他们在信息化这场没有硝烟的战争面前充满了迷茫与困惑,为什么信息化的路越走越"窄",信息化的成功之路究竟在哪里?

企业信息管理师国家职业资格面授课程中设计了一个"互辩研讨"的环节,该环节要求每一个参加培训的学员都要提出一个在信息化建设当中遇到的最突出的难题,且仅限于一个最尖锐的难题。在互辩研讨中,各位学员针对这些问题互相作答,再由专家对这些问题给予精炼的点评和解答。通过这些"互辩研讨",积累了 600 余份调查问卷,经过整理我们敏锐地发现这些问卷简直就是一本"少年维特的烦恼",发现其中有几个关键词反复出现,经过细心的整理和归纳,总结出了国企"准 CIO"的"八大困惑"。为解开"准 CIO"的这些困惑,他们采访了众多业内专家。

下面就是"准 CIO"的"八大困惑"之一:"准 CIO 如何推进企业变革?"问题的分析和专家解答。

问题:业务流程改革得不到其他部门的支持怎么办?各部门领导根本就不用我们的系统,也不遵守我们的流程,还用原来的手工操作流程怎么解决?我们部门没有他们级别高,涉及变革和调整他们根本不听我们的,怎么办?这些都是困扰"准 CIO"的难题。

企业实施信息化建设的内涵实际上就是企业进行管理变革的过程,信息技术的引入和由此引发的组织结构、业务流程的管理变革,将打破企业原有的动态平衡,不可避免地引发从企业决策层、管理层、技术层以及作业层各个层面的震荡。著名的意大利思想家、《君王论》作者马基雅维里曾指出:"没有什么事情比改变事物的秩序更困难、更危险、更受到怀疑。既得利益者的反对永远是坚定的,而支持者总是比较温和的。"那

① 刘继承:《专家解读国企"准 CIO"八大困惑》,载于中国企业信息管理师网站。

在信息化推进中，各“准CIO”怎样在“地雷阵中跳舞”呢？

专家解读：根据我国企业信息化建设项目的情况，我认为企业信息化建设中的企业变革，必然引起各方既得利益者的反对，形成信息化建设的障碍，而清除这个障碍却是从似乎“不进行变革”的角度来入手的。

在信息化推进中，“准CIO”必须制订一个有持久战心理准备的“心理和习惯蚕食计划”。

我们必须拿出足够长的时间对企业信息化的最终使用者，包括一般的业务人员和管理人员，从最基本的计算机应用开始“诱惑”他们，也就是在一开始的时候，只提供大家都很容易上手的，但很快就会离不开的最简单的、最基本的应用，如办公文件的收发、常用信息的查询、简单表格、报告模板、领导阶段性总结模板等，这些简单的信息传递、查询可帮助各层次的管理、业务人员方便地完成他们的日常工作。这种状况持续一段时间后，各层次的管理、业务人员自然就会对这些简单、基础的计算机网络和应用产生依赖性。

另一方面，企业的“准CIO”不要停止提高自己，跟踪信息化技术、理论方法的发展，并深刻理解、总结企业管理中的信息管理问题，把需要信息化的业务和管理流程按实现、应用的难易程度、资金投入逐个整理、排序，为制定企业系统化的信息化战略做相应的准备工作。

“准CIO”们剩下需要做的事就是等待机会了。

习　题

8.1　简述应用软件维护的三个方面，即正确性维护、适应性维护和完善性维护。

8.2　依据自己对管理信息系统评价工作的认识，谈一谈系统评价工作的意义。

8.3　依据本章内容，填空。

（1）管理信息系统交付使用后，就进入了信息系统________阶段，对管理信息系统的运行实时控制，记录其运行状态，进行必要的修改与补充，使管理信息系统在一个预期的时间内正常地工作。

（2）系统运行维护与评价阶段的具体工作有：________、________、________、________以及________等。

（3）越来越多的企业设立________，负责制定组织的信息发展战略、标准和程序，对整个组织的信息资源进行管理和控制。

（4）________作为企业的主要高层管理人员之一，需要从企业的全局和整体需求出发，直接领导和参与企业的信息管理工作，并负责管理信息系统建设与企业高层管理之间沟通与对话的桥梁职责。

（5）CIO不仅是管理信息系统的________、________和________，而且要在信息化建设过程中，引发________、________和________。因此，CIO不仅是技术专家，同时还是企业管理变革的领导者或主要负责人。

（6）CIO需要与________进行沟通，确保信息化战略能有效服务于企业商业战略；需要与________进行沟通，确保企业对信息化的投入；需要与________进行沟通，确保信息系统对业务运营系统的匹配和支撑等。

（7）管理信息系统的维护根据维护的内容主要分为________、________和________。

（8）________是指将计算机硬盘上的原始数据（程序）复制到可移动介质上，在出现数据丢失或系统灾难时将复制在可移动介质上的数据恢复到硬盘上。

（9）________是指将硬盘数据复制到可移动介质上，并在完成复制工作后将原始数据从硬盘上删除，释放硬盘空间。

（10）系统维护工作不应该随意进行，一般应遵循下列步骤：________、________、________、________。

8.4　依据本章内容，选择填空（可多选）。

（1）管理信息系统的日常运行保障包括________。

A. 系统运行管理制度的制定与执行　　B. 计算机病毒的检测与清除

C. 硬件系统升级　　D. 机房的管理

（2）目前企业中负责管理信息系统运行的组织机构大多是________等职能部门。

A. 信息中心　　B. 计算中心　　C. 网络中心　　D. 信息处

（3）早期的信息管理机构是________，各部门拥有自己独立的信息系统，部门内部有微机室来完成相关信息管理工作，系统内部资源不能为企业的其他部门所共享。

A. 信息部门成为核心的组织形式　　B. 零散组织形式

C. 信息部门与其他部门并行的组织形式　　D. 信息部门完全独立的组织形式

（4）具体来讲，CIO的工作职责有________。

A. 制定企业信息化战略规划　　B. 信息化战略的执行

C. 企业信息的综合开发　　D. 信息管理相关的协调与沟通

（5）信息系统运行管理制度是系统正常运行的有效保障。相关管理制度主要包括________等。

A. 信息系统运行的机房管理制度　　B. 信息系统维护制度

C. 信息系统运行操作规程　　　　　　　　D. 信息系统运行记录制度

（6）应用软件的维护包含________几部分内容。

A. 正确性维护　　B. 适应性维护　　C. 完善性维护　　D. 调整性维护

（7）________是为了提高软件未来的可维护性、可靠性，或为未来的修改与调整奠定更好的基础而修改软件的过程。

A. 正确性维护　　B. 适应性维护　　C. 完善性维护　　D. 预防性维护

（8）据统计，对于一个典型的软件系统，一般________占全部维护活动的比重最大。

A. 正确性维护　　B. 适应性维护　　C. 完善性维护　　D. 预防性维护

（9）管理信息系统的系统评价一般是在系统不断地运行和维护的过程中进行的，它是对已实施的管理信息系统的________等进行的分析和评估。

A. 工作情况　　B. 技术性能　　C. 实施计划　　D. 经济效益

（10）________是指应用管理信息系统带来了企业管理的一系列变革，促进了企业管理决策水平的提高，从而为企业带来的经济效益。

A. 直接经济效益　　　　　　　B. 社会经济效益

C. 间接经济效益　　　　　　　D. 知识经济效益

8.5　案例分析。

案例背景

圣宏公司决定投资建设整个公司的管理信息系统后，高薪聘请某名校计算机专业的优秀硕士毕业生王伟担任公司的CIO，并聘请了10余名计算机专业的大学毕业生。他们到公司报到后，为公司员工解决了各种计算机硬件软件问题，王伟尤其表现出极强的技术实力，得到一致好评。试用期过后，公司正式委派王伟负责公司管理信息系统的建设及相关各项工作，带领着10余名计算机专业的大学毕业生，经历了一系列的波折，工作几度陷入停滞，历时两年半，终于完成了公司管理信息系统建设，新系统已投入使用。

圣宏公司管理信息系统在交付使用后，责成相关部门和个人负责具体的日常业务处理。作为CIO，王伟认为自己终于可以松一口气了，但他意想不到的事情发生了……

（1）每日各种问题不断，例如：负责日常业务处理的相关部门的机房可以随便进入，计算机也可以随便使用，信息系统经常被病毒破坏；日常业务处理工作操作不规范，甚至有人随意修改系统密码，影响正常的计算机使用；信息系统维护工作职责不明确，所有问题都直接找王伟，使他忙碌不堪。

（2）公司领导层发现，信息系统并没有与圣宏公司的发展战略有机结合。虽然信息系统的建设采用了最新的技术，但公司的战略思想在信息系统中没有得到有效地贯彻执行。在公司高层会议上，王伟一再强调，圣宏公司的管理信息系统建设绝对是国内技术领先的，而从不提及公司的发展战略。

（3）公司业务人员发现，他们在系统分析阶段进行业务需求调查时提出的许多想法被王伟及其他计算机专业的大学毕业生误解，最终实现的系统与他们的需求甚远。新系统有些业务处理上的改变是合理的，但更多业务处理流程上的改变是由误解需求而造成的，甚至根本就是错误的。

根据上述背景材料，请回答：

（1）圣宏公司聘请王伟为公司CIO是否合适？为什么？

（2）作为CIO，王伟在工作中有哪些失误？

（3）圣宏公司信息系统运行管理制度有哪些缺陷？

管理信息系统的项目管理

第九章

提要：

管理信息系统的开发工作是涉及企业管理、计算机网络、数据库技术等领域的系统工程。为了更好地对管理信息系统的开发工作进行管理，本章从人员管理、进度管理、文档管理、沟通管理和信息系统监理五个方面讲述管理信息系统开发中项目管理的内容、方法和应注意的问题。

第一节 管理信息系统项目管理概述

项目是在一定的资源约束下完成既定目标的一次性任务，其目的是将有限的人力、物力和财力组织起来，在给定的时间约束范围内，按照既定的数量和质量要求，完成一项独立的、一次性的工作任务。这里涉及的资源包括时间资源、经费资源、人力资源、物质资源。

项目管理运用系统理论和方法对项目及其资源进行计划、组织、协调、控制，旨在各种约束条件下实现项目的特定目标。

一、管理信息系统项目的特点

与一般的项目相比，管理信息系统项目具有很鲜明的特点：

1. 目标的不精确性。

管理信息系统项目的目标不精确，任务边界比较模糊。在许多情况下，用户刚开始时只有一些初步的想法，提不出确切的功能需求，管理信息系统建设的具体内容很大程度取决于项目团队所做的系统规划和需求分析与设计。由于用户方对信息技术的各种性能指标并不熟悉，所以有关质量要求和技术指标更多地由项目团队来定义，用户方做得更多的是审查。为了更好地定义或审查管理信息系统项目的任务范围和质量要求，用户方可以聘请信息系统监理。

2. 需求的独特性。

每两个管理信息系统项目的需求都有区别，这种独特性在管理信息系统项目领域表现得非常突出。管理信息系统建设不仅仅是向用户提供一个软件产品，更重要的是提供企业经营管理的解决方案。即使是有现成的解决方案，也需要根据用户的独特需求进行一定的二次开发或客户化工作。

3. 时间的紧迫性。

管理信息系统项目具有紧迫性，即管理信息系统项目历时有限，当管理信息系统的目标已经实现或被迫终止时，项目就结束了。

随着信息技术的发展，管理信息系统项目的生命周期越来越短。有时市场时机稍纵即逝，如果管理信息系统的开发时间过长，项目完成者就会失去竞争优势。

4. 执行的不确定性。

用户需求随着项目的进展会发生变化，导致项目进度和费用等不断变更。在管理信息系统建设之初，尽管已经做好了系统规划、可行性研究，也签订了合同，但是随着系统分析、系统设计和系统实施的进展，用户的需求可能不断被激发，需求不断地增加，导致程序、界面、文档经常需要增加和修改。而且修改后还会带来新的问题的出现，这都使得项目计划的执行受到影响。

5. 工作的智力性。

管理信息系统的建设是智力密集型项目，受人力资源影响很大，项目成员的结构、责任心、能力和稳定性对管理信息系统项目的质量以及成功与否有着决定性的影响。相关工作需要大量高强度的脑力劳动，为了高质量地完成项目，必须充分挖掘项目成员的智力才能和创造精神。与其他项目相比，管理信息系统项目中人力资源的作用更为突出，人才激励和团队组织非常重要。

二、管理信息系统项目管理的重要方面

一般来讲，企业管理信息系统的建设是一个比较大型的项目，完全达到预先设定的系统目标几乎是不可能的。在项目的开发过程中会出现很多预想不到的问题，不得不采取相应的措施来预防和解决，而这些问题在制定系统目标时是无法体现的。

虽然不能完全达到系统的预定目标，但是必须不断地向系统目标前进，明确能够实现的目标，顺利地完成相应的工作，以最经济、资源利用最有效的方式最终满足项目相关各方的需要。

不能保证有了项目管理，管理信息系统的建设就一定能成功。但没有项目管理的管理信息系统建设，必然导致失败。

“三分技术、七分管理”是对管理信息系统项目开发与实施的高度概括，这种概括说明了项目管理的重要性。

管理信息系统项目管理的几个重要方面包括：

(1) 在管理信息系统项目开始之时，必须制订工作计划，明确项目开始和结束的时间及项目结束的基本标准。

成功地进行项目管理的关键是明确各阶段的工作内容和工作完成的标准，并监督控制工作的进行。工作内容应该明确而详细，这样在出现问题时，就能够快速地发现问题所在，并且及时地解决问题，或者及时地对工作计划做出调整。

(2) 进行管理信息系统项目的管理，需要合理安排项目的各种资源，包括办公室的分配、硬件软件系统的管理、项目经费的筹集与使用、各项工作任务的人员配备等。

项目管理工作做得好，能避免人浮于事现象的出现，节省不必要的开支。而且，如果能够做到人尽其才，不仅能够提高工作的效率，还能够为项目组留住优秀的员工，这是一笔巨大的财富。

(3) 信息系统的文档管理是信息系统项目建设的保证。

在信息系统总体规划、系统分析、系统设计到实施应用的整个过程中会形成很多的文档资料，包括工作文档和技术文档。可以说，信息系统的文档，是系统建设过程的“痕迹”，是系统维护人员的指南，是开发人员与用户交流的工具，是未来进行系统维护或升级所必需的。文档的欠缺、文档的随意性和文档的不规范，极有可能导致原来的开发人员流动以后，系统不可以维护、不可以升级，变成一个没有扩展性、没有生命力的系统。文档管理是管理信息系统项目管理中非常重要的一部分工作。在实践过程中，人们已经认识到了管理信息系统文档管理的重要意义，并且已开始体现在管理信息系统的项目管理工作中。

(4) 在项目管理的过程中，还需要不断地协调项目团队同软硬件供应商、投资企业及其他相关部门的关系。

对于投资企业，我们必须了解他们的实际需求及对项目的实际期望值。项目的投资企业直接影响着项目的计划与实施。如果不能正确地理解投资企业的需求，在出现问题时就不能成功地进行沟通协商，这样会直接影响到项目的进度，甚至会影响到项目的最终完成。

另外，近年来我国引入了信息系统监理作为项目进行过程中的监控者。管理信息系

统项目控制管理工作是由三方——建设单位（甲方）、集成单位（乙方）和监理单位（丙方）——分工合作完成的。这三方的能力和水平都会直接影响到管理信息系统的质量、进度、成本等方面。信息产业部于 2002 年 11 月 28 日发出《关于发布〈信息系统工程监理暂行规定〉的通知》。发布该暂行规定的主要目的是：推进国民经济和社会信息化建设，加强信息系统工程监理市场的规范化管理，确保信息系统工程的安全和质量。该暂行规定的发布初步确定了信息系统工程监理管理体系的框架。

下面从管理信息系统项目团队的组织、项目开发工作的进度管理、项目的文档管理、项目的沟通管理和信息系统监理等几个方面来进一步地讨论管理信息系统的项目管理工作。

第二节　项目的团队组织

管理信息系统的建设是比较大的工程项目，必须进行任务的分解，由不同的人员共同来完成。

项目团队的组建一般包括项目经理（项目负责人）、开发经理（技术负责人）、系统分析员、系统设计员、程序设计员、文档管理员等。另外，管理信息系统项目的团队还要邀请部分投资企业的业务人员参加。

项目团队中的各种角色的成员在项目开发的过程中分担着不同的工作，相互协作，共同来完成系统的开发工作。

1. 项目经理（项目负责人）。

项目经理负责管理项目的开发活动和开发方向，应该具有很强的管理才能、丰富的组织经验和协调能力，掌握项目开发过程中的转折点，在参与项目的各方之间找到一个让各方都满意的方案。项目经理负责下述工作：

①制订项目计划，明确各项具体任务需要的时间，控制项目的进度。

②有计划地分配现有的各种资源，合理安排技术人员的工作，正确处理各种资源的短缺和技术人员离开项目团队的情况。

③掌握项目参与各方的实际需求，协调项目参与各方的关系。

④控制项目的规模。随着管理信息系统项目的开发，会出现功能需求及系统规模不断增长的情况，项目经理须合理地控制项目的规模。

⑤正确地评价团队中的每一位成员，正确地评价他们的工作成绩，并给予适当的激励，肯定团队中每一位成员的贡献。

2. 开发经理（技术负责人）。

开发经理是管理信息系统项目的技术负责人，对管理信息系统的体系结构负责，确定开发所用的技术和方法，并在项目的进行过程中应用这些技术组织完成具体的工作。开发经理需要具备扎实全面的技术，掌握广泛的开发技能，超离于程序语言之上，熟悉多种管理信息系统体系结构，有丰富的开发经验，能选择并设计合理的方案。开发经理的具体工作包括：

①制订整个项目的总体架构及完整的解决方案。

②组织开发团队将客户的需求转换为规范的开发计划及文本。

③负责理解和管理非功能性系统需求，比如软件的可维护性、性能、复用性、可靠

性、有效性和可测试性，等等。

④负责对关键构件、接口和开发过程的设计。

⑤反复审查客户提出的需求，确认开发团队所提出的设计。

⑥负责系统集成与支持系统测试工作。

⑦组织项目开发相关的技术研讨会及必要的培训。

⑧对于每日设计和开发中的问题予以解决。

开发经理的主要任务不是从事具体的系统分析与设计或软件程序的编写，而是从事更高层次的开发构架工作。他必须对开发技术非常了解，并且需要有良好的组织管理能力。

3. 系统分析员。

系统分析员负责确定具体的商务需求，并正确地传达给系统设计员和其他开发人员。系统分析员应该具备丰富的相关业务领域知识，能够与企业的业务负责人员很好地交流，并明确地表达实际的业务需求。系统分析员的工作包括下列内容：

①设计业务需求调查问卷。

②同业务人员进行交流，明确具体业务需求。

③了解企业组织结构及人员配备。

④明确企业内部职能的划分及同其他部门的关系。

⑤获取相关业务的原始单据和报表。

⑥确定需要输入和输出的内容及数据的处理流程。

⑦明确数据间的计算关系。

⑧参与系统使用人员的培训。

4. 系统设计员。

系统设计员是管理信息系统项目团队中非常重要的角色，负责管理信息系统的总体设计和详细设计。系统设计员不仅要具备相关领域业务知识，理解具体的业务需求，而且要具备丰富的计算机硬件软件知识，设计如何实现系统分析中提出的业务需求。系统设计员要完成下列工作：

①根据业务需求，设计目标系统的运行模式及业务流程。

②评估并选择系统的网络设备、硬件设备和相关软件。

③确定目标系统的功能结构。

④完成数据库数据模型的设计。

⑤确定数据编码方案。

⑥对系统功能结构中的模块进行处理过程和输入、输出设计。

5. 程序设计员。

程序设计员的工作是进行程序设计，即使用应用开发工具来实现系统设计中的内容。程序设计员应该熟悉系统的硬件环境，熟练掌握所使用的数据库系统和计算机程序设计语言。程序设计员的工作包括：

①按照统一的规范书写程序源代码。

②系统交付使用前的程序调试。

③合同所规定的系统维护期内的程序维护。

6. 文档管理员。

在管理信息系统的开发过程中，存在着普遍不愿意在开发阶段书写文档的不良现象。但实际情况表明，没有完整系统的文档会给未来系统的维护带来巨大困难，也是管理信息系统项目管理的一种失败。配备专门的文档管理员来负责项目文档的书写和管理是一种比较好的选择。文档管理员应该具有比较强的写作能力，且具有无限的耐心和细心，主要负责如下工作：

①参照统一的文档书写规范，撰写及整理项目开发各阶段的文档。

②对文档分类，并编制文档目录。

③文档的日常管理。

7. 企业业务人员。

管理信息系统项目的开发需要系统开发人员和系统使用人员之间的相互配合。开发人员和使用人员的配合与协作非常重要，这主要源于以下两个方面的原因：一方面是管理信息系统的开发人员往往对计算机系统非常熟悉，但是对具体业务不是很了解，所以一般从计算机技术的角度考虑问题，在进行系统的分析与设计时不容易正确理解系统的需求；另一方面，系统的使用人员对具体业务非常熟悉，但是对管理信息系统的开发方法不是很了解，可能会提出计算机系统难以实现的要求。系统的开发人员和使用人员必须相互配合，反复讨论，才能做好管理信息系统的分析与设计工作。在项目团队中的业务人员主要负责下述工作：

①协助系统分析员了解企业的组织机构、人员配备、组织内部的职能划分及各部门之间的关系。

②直接或协助系统分析员填写相关需求调查表。

③提供相关的原始单据和报表。

④提供相关的数据指标体系及相应的计算关系公式。

⑤协调企业与项目组及其他各方之间的关系。

在管理信息系统的开发过程中，上述各角色是必需的，但工作的划分不是绝对的。例如，在很多应用系统中会出现这样的情况：系统分析员同时负责系统设计；不一定配备专门的文档管理员等。另外，在有些关键的技术问题上，还可能外聘相关领域的专家，请他们提供帮助和提出建设性的意见。

第三节 项目的进度管理

一、项目进度管理的侧重点

在实际的项目开发过程中，项目的进度管理侧重在以下几个方面：

（1）任务分配，并为各任务组提供必要的资源，做到人、财、物各方面的保证。资源的合理分配是各阶段任务顺利完成的重要保证。在出现设备短缺或使用时间冲突时，必须及时协调补充，以免耽误工作的进行。

（2）明确各阶段任务结束的标准，有效进行进度安排与控制，检查并监督各阶段任务的完成情况。将任务分配给各任务组之后，必须及时地了解各任务组的工作情况，控制项目的进度。在任务不能按计划完成时，需要及时对计划进行调整。

（3）在各项任务完成之后，组织阶段性成果的验收。不论是硬件系统的调试、系统的分析与设计，还是软件的编制，在完成之后都应该进行鉴定验收，确定是否保质保量地完成了任务。

（4）在项目的开发过程中，尽可能预见和评估项目风险。

在项目的开发过程中会出现很多我们所预料不到的事情。这些事情可能会影响系统的进度，为整个项目的完成带来风险。风险可能来自如下几个方面：

①行业市场发生变化，企业的经营战略发生变化。

②系统的使用人员提出新的需求。

③合作伙伴遇到难以解决的困难，造成硬件、软件不能及时交货。

④开发人员离开项目团队，或因接受新项目而出现项目计划冲突。

⑤项目规模不断攀升，造成项目开发成本超出预算。

⑥采用的技术不成熟。

⑦国家政策发生变化、相关法律被修订。

⑧出现火灾、洪水等不可抗力。

这些风险都可能对项目开发产生影响，使实际的项目开发滞后于计划时间表。所以，应该正确地评价这些风险，使损失减少到最小。

二、甘特图

在制定管理信息系统开发工作计划及进行进度控制时，常采用甘特图（Gantt Chart）。甘特图是一种对各项活动进行计划与控制的图表。

在甘特图中，一般以横向表示时间，纵向列出工作；水平线段表示阶段任务（或工作项目）；线段的起点和终点分别对应于任务的开始时间和完成时间；线段的长度表示完成任务所需的时间。图 9－1 是反映开发工作计划的甘特图例。

计划工作项目	2006. 5.	2006. 6.	2006. 7.	2006. 8.	2006. 9.
需求分析与总体设计					
详细设计					
建立模拟开发环境					
事务操作模块开发					
统计、查询模块开发					
报表计算打印模块开发					
编写程序说明书					
编写系统使用说明书					
编写系统维护说明书					
现场安装调试					
系统验收					

图 9－1　开发工作计划甘特图例

在甘特图中，不同任务在时间上可能存在重叠，每一项任务的完成以交付该任务应交付的文档或通过评审为标志，并不以能否进行下一阶段的任务为标志。甘特图的特点是直观性强，可以表明各任务的计划进度和当前进度，但是一旦改变进度安排甘特图就必须重新绘制。

三、关键路径法

项目中的各项任务是相互联系的，任务之间存在着一定的依赖关系。关键路径法(Critical Path Method——CPM）就是借助于网络图（见图9－2）表示各项工作与所需的时间，以及各项工作之间的关系，并找出在编制计划时及计划执行过程中的关键路径。在制定计划时间表时，应该寻找关键路径，争取在最短的时间内完成各项任务。

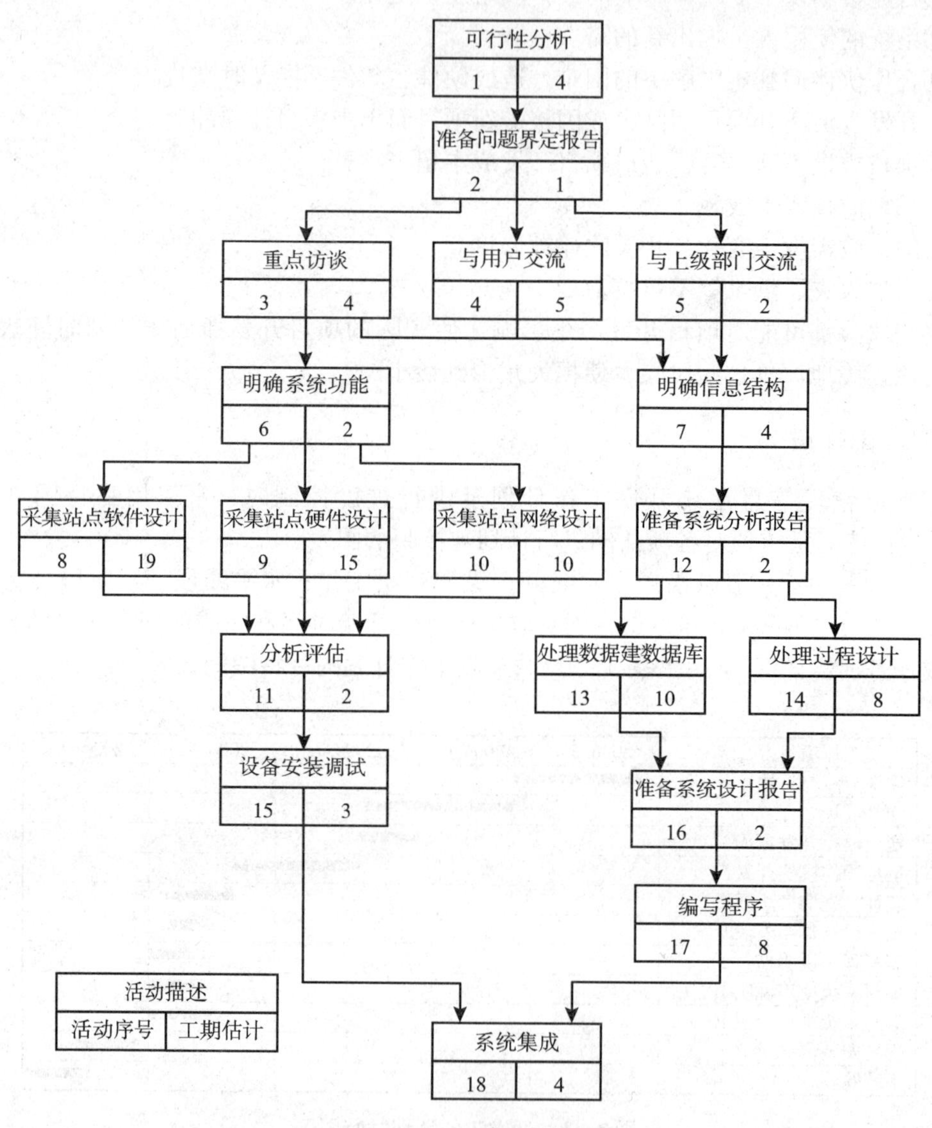

图9－2　网络图举例

CPM的核心是计算浮动时间，也就是时差，确定哪些活动的进度安排灵活性小。CPM在不考虑资源约束的情况下，计算所有项目活动的最早和最迟完成时间，作为项目计划的重要依据。时差为零的活动是关键活动，其周期决定了项目的总周期。如果项目的计划安排很紧，以使项目的总工期最短，就要有一系列时差为零的关键活动，这一系列关键活动组成的路径就是关键路径。

求项目关键路径的基本步骤为：

（1）求出所有项目活动的时间参数。

（2）计算时差。

（3）确定关键路径。

在签订项目合同时，一般都要规定项目预计的开始时间和结束时间，这两个时间或日期实际上就规定了必须完成项目的时间周期，也就是规定了完成项目的时间限制。

（一）求出所有项目活动的时间参数

首先求出各活动的最早开始时间（Earliest Start Time——ES）和最早完成时间（Earliest Finish Time——EF）。ES 指某项活动能够开始的最早时间，EF 指某项活动能够完成的最早时间，它们之间的关系为：EF = ES + 活动的时间估计。

ES 和 EF 是通过网络图的正向计算得到的，即从项目开始沿网络图到项目完成进行计算。在进行这些正向计算时，必须遵守一条原则：某项活动的最早开始时间必须相同或晚于直接指向该活动的所有活动的最早结束时间。

然后求出各活动的最迟开始时间（Latest Start Time——LS）和最迟完成时间（Latest Finish Time——LF）。LS 是指为了使项目在要求完工时间内完成，某项活动必须开始的最迟时间，LF 是指为了使项目在要求完工的时间内完成，某项活动必须完成的最迟时间。它们之间的关系为：LS = LF – 活动时间估计。

LS 和 LF 是通过网络图的反向推算得到的，即从项目完成沿网络图到项目的开始进行计算。在进行这类反向计算时，必须遵守一条原则：某项活动的最迟结束时间必须相同或早于该活动直接指向的所有活动最迟开始时间。

最后，根据图 9 – 2 中活动间的关系及各活动的工期估计，求出各活动的最早开始时间、最早完成时间、最迟开始时间、最迟完成时间见表 9 – 1。

表 9 – 1　　各活动时间参数

任务	活动	工期估计（周）	最早		最迟		时差
			开始时间 ES	完成时间 EF	开始时间 LS	完成时间 LF	
1	可行性分析	4	0	4	0	4	0
2	准备问题界定报告	1	4	5	4	5	0
3	与两部领导交流	4	5	9	6	10	1
4	与各高校相关部门交流	5	5	10	5	10	0
5	与华清公司交流	2	5	7	8	10	3
6	明确系统功能	2	9	11	10	12	1
7	明确信息采集、统计、服务结构	4	10	14	10	14	0
8	数据采集站点软件设计	19	11	30	12	31	1
9	数据采集站点硬件设计	15	11	26	16	31	5
10	数据采集站点网络设计	10	11	21	21	31	10
11	准备系统分析报告	2	14	16	14	16	0
12	分析评估	2	30	32	31	33	1
13	建立数据库	10	16	26	16	26	0
14	处理过程设计	8	16	24	18	26	2

续表

任务	活动	工期估计（周）	最早		最迟		时差
			开始时间 ES	完成时间 EF	开始时间 LS	完成时间 LF	
15	站点设备安装调试	3	32	35	33	36	1
16	准备系统设计报告	2	26	28	26	28	0
17	编写程序	8	28	36	28	36	0
18	系统集成	4	36	40	36	40	0

（二）计算时差

如果最迟开始时间与最早开始时间不同，那么该活动的开始时间就可以浮动，称之为浮动时间或时差（Float or Slack）。同理，如果最迟结束时间与最早结束时间不同，那么该活动的结束时间也可以浮动，同样称之为该活动的时差。对同一活动来说，用这两种方法所计算出来的时差是相等的。用公式表示为

时差(TS) = 最迟开始时间(LS) - 最早开始时间(ES)

时差(TS) = 最迟结束时间(LF) - 最早结束时间(EF)

各活动时差的计算结果见表 9-1。表中有许多活动的时差为 0，表明这些活动的开始时间和完成时间不可浮动。

（三）确定关键路径

整个项目的持续时间可以以活动网络图中的关键路径来度量。表 9-1 对应的关键路径如图 9-3 所示，图中以灰色标明关键路径，并标出了每个活动的最早开始时间、最早完成时间、最迟开始时间、最迟完成时间。该项目的关键路径为：

可行性分析→准备问题界定报告→与用户交流→明确信息采集、统计、服务结构→准备系统分析报告→建立数据库→准备系统设计报告→编写程序→系统集成。

所有时差为 0 的活动均在关键路径上。在关键路径上的每个任务出现延误都会导致整个项目的延迟，而不在关键路径上的活动，则存在一定的浮动时间。

四、计划评审技术

计划评审技术（Program Evaluation and Review Technique——PERT）假设项目持续时间以及整个项目完成时间是随机的，且服从某种概率分布，从而估计整个项目在某个时间内完成的概率。

项目的活动时间是一个随机变量，它会受各种因素影响，因此具有不确定性。即使经验丰富的项目管理专家事先也无法确知项目实际进行所需要的时间，而只能做近似的估计。

PERT 方法认为每个网络活动所需的时间是不确定的，近似的用三种不同情况给出工序的 3 个估计时间：

乐观时间（Optimistic Time）——任何事情都顺利的情况下，完成某项工作的时间，通常用 a 表示；

最可能时间（Most Likely Time）——正常情况下，完成某项工作的时间，通常用 m 表示；

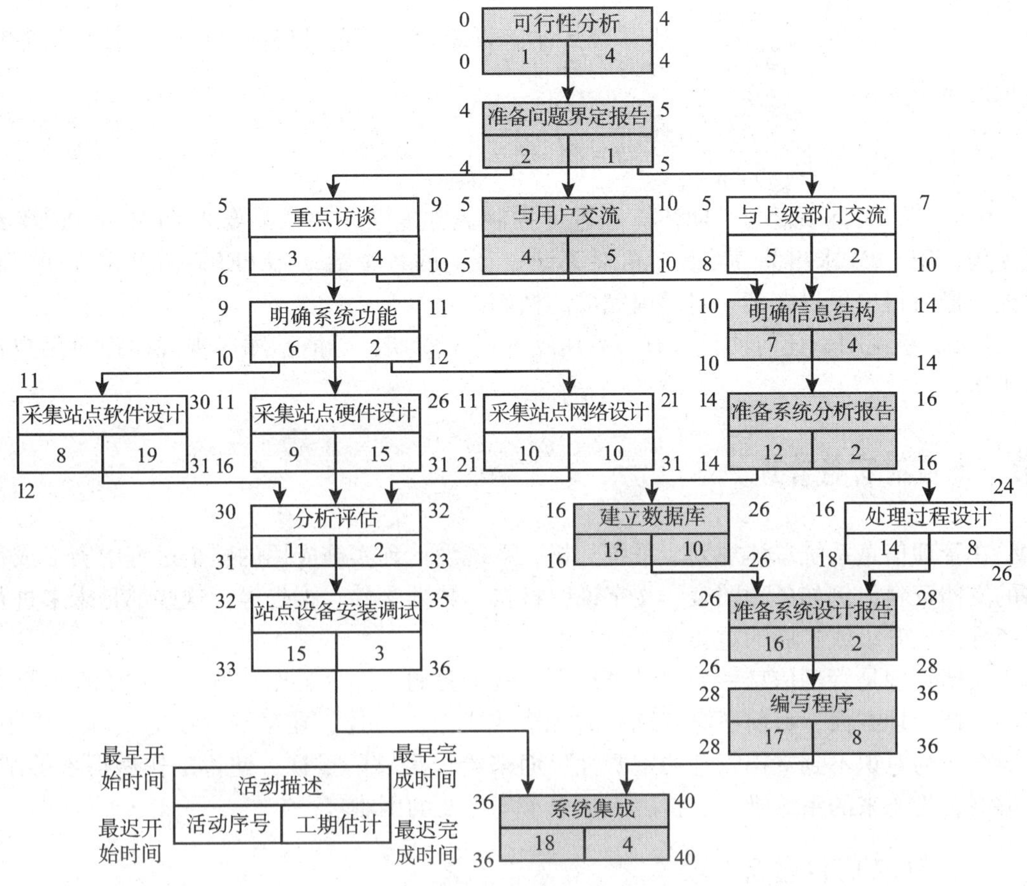

图 9－3 关键路径

悲观时间（Pessimistic Time）——最不利的情况下，完成某项工作的时间，通常用 b 表示。

假定三个估计服从 β 分布，由此可算出每个活动的期望时间 t_i：

$$t_i = \frac{a_i + 4m_i + b_i}{6}$$

其中：a_i 表示第 i 项活动的乐观时间，m_i 表示第 i 项活动的最可能时间，b_i 表示第 i 项活动的悲观时间。

根据 β 分布的方差计算方法，第 i 项活动的持续时间方差为：

$$\sigma_i^2 = \frac{(b_i - a_i)^2}{36}$$

由各工序的期望时间可以确定 PERT 网络计划的关键路径。

另外，PERT 方法认为：①各工序的持续时间是相互独立的随机变量；②网络中只有一条关键路径占支配地位，其他路径成为关键路径的概率可以忽略不计；③整个项目的完成时间是关键路径上各活动的随机时间值之和，服从正态分布。有了这样一个假设，PERT 网络计划总工期近似地应服从以 T 为期望，以 σ 为标准差的正态分布，其中：$T = \sum_{cp} t_i, \sigma = \sqrt{\sum_{cp} \sigma_i^2}$，其中 cp 表示关键路径，于是可得出项目在给定工期 S_d 内完成的概率为：

$$P\{t < S_d\} = \int_{-\infty}^{S_d} \frac{1}{\sqrt{2\pi}} e^{\frac{-(t-T)2}{2\sigma}} dt = \phi\left(\frac{S_d - T}{\sigma}\right)。$$

实际上，大型项目的工期估算和进度控制非常复杂，往往需要将 CPM 和 PERT 结合使用，用 CPM 求出关键路径，再对关键路径上的各个活动用 PERT 估算完成期望和方差，最后得出项目在某一时间内完成的概率。

PERT 还说明，任何项目都有不可压缩的最小周期，不能不顾客观规律而对用户盲目承诺。

第四节　项目的文档管理

在管理信息系统总体规划、系统分析、系统设计到实施应用的整个过程中会形成很多的文档资料，例如各种图表、文字说明材料、数据文件、报告等。这些都是未来进行系统维护、升级或扩展的重要参考。

文档管理是管理信息系统建设过程中非常重要的一部分工作。但是，在管理信息系统的文档管理方面，目前还没有统一的标准或规范。另外，在系统建设的实际工作中，有时会因为意识不到文档管理的重要性，而未给予足够的重视，使得工作做得不够细、不够好，为未来的系统维护、扩展等带来了不必要的困难。

一、文档的内容与分类

在信息系统建设过程中涉及的文档类资料多而且杂，资料的格式、内容、载体等都有着很大的区别。为了做好系统的文档管理工作，方便归档和将来使用时的检索，必须对它们进行适当的归类。下面我们针对技术类文档给出几种文档的分类方法。

按照生命周期法的五个阶段来进行划分，各阶段包含的主要文档如下：

表 9－2　　管理信息系统开发各阶段的文档

阶段	文档	相关内容
1. 系统规划	①可行性研究报告 ②系统开发计划	01. 项目背景 02. 系统目标 03. 总体功能需求和关键信息需求 04. 系统可行性分析 05. 开发进度
2. 系统分析	系统分析报告	01. 组织结构及人员配备 02. 组织职能划分及同其他部门关系 03. 业务及相关数据调查表 04. 业务及相关数据原始单据和报表 05. 调查记录和整理结果 06. 业务流程图 07. 数据流程图 08. 数据字典 09. U/C 矩阵图

续表

阶段	文档	相关内容
2. 系统分析	系统分析报告	10. 管理模型及相应的计算关系公式 11. 各种图表的辅助文字说明 12. 目标系统的逻辑功能结构
3. 系统设计	①总体设计报告 ②详细设计报告	01. 目标系统的硬件配置方案 02. 目标系统的系统软件配置方案 03. 目标系统的业务流程描述 04. 目标系统的数据类描述 05. 目标系统的功能结构 06. 数据库文件的设计 07. 安全保密机制 08. 编码方案 09. 功能模块的输入/输出设计 10. 功能模块的处理流程
4. 系统实施	①程序设计说明书 ②源程序备份文件 ③系统测试报告 ④用户使用手册	01. 变量说明 02. 程序处理流程 03. 程序间的调用关系 04. 使用的数据库文件 05. 公共程序等的特殊功能说明 06. 测试环境、数据准备 07. 测试时间、人员安排 08. 测试结果 09. 用户培训计划 10. 系统使用说明 11. 系统试运行阶段的试运行和修改记录
5. 系统运行维护与评价	①系统运行日志 ②系统修改与维护报告	01. 系统运行阶段的运行记录 02. 系统运行阶段的维护和修改记录 03. 系统的评价或鉴定结果

在表9－2中，根据生命周期法的五个步骤，我们给出了管理信息系统文档的主要内容及分类。这是普遍采用的一种管理信息系统文档归类方法，实际应用也比较广泛。

由于信息系统文档多而杂，除了上述归类方法，我们还可以根据格式或载体对系统文档进行划分。按照这种划分方法分为：原始单据或报表、存储介质（如磁盘、光盘等）文件、存储介质文件打印件、大型图表、重要文件原件等几大类。

1. 原始单据或报表。

管理信息系统的调查分析阶段会获取大量的原始单据和原始报表。这类资料一般都是以纸张为存储介质，大小、格式一般都没有统一的标准，容易散落、破损及丢失，例如入库单、领料单、过秤单、材料台账、生产日报等。对这类文档资料应编好目录，装订成册。如果需要，可以同时复印并装订一个副本。

2. 存储介质文件。

存储介质文件是目前管理信息系统文档最主要的存储方式。由于计算机办公软件的普遍使用，各类报告或说明书一般都是通过使用文字处理、幻灯片制作等软件工具生成的，例如采用软件工具WPS、Word、Excel、Powerpoint等。可行性研究报告、系统分析说明书、系统设计说明书、程序设计说明书等一般都采用这种方式编写和保存。存储介质文件的文档资料占用空间小、信息量大、易于保管。但是，如果存储介质发生损坏，会引起数据的彻底丢失。因此，需要做好备份工作。

3. 存储介质文件打印件。

存储介质文件打印件同存储介质文件是同时存在的，这主要是出于交流和使用上的方便。对于这些打印出的文档，应该装订成册，切忌散页存放，以免部分丢失。另外，各种报告和说明书都有一个反复修改的过程，要注意区分修改前的版本和修改后的版本，避免混淆带来使用上的不便，甚至出现错误。

4. 大型图表。

在管理信息系统文档中，还可能出现一些大型图表。由于这些图表需要折叠存放，因此在绘制时，一定要选择不易被折断的纸张。在保存时，需要放在档案袋或档案盒里，以免磨损。

5. 重要文件原件。

管理信息系统的文档主要是技术文档，但也有一些涉及权利义务关系的重要文件，例如：项目合同或协议书、系统验收或评审报告等。

二、文档的规范化管理

由于在管理信息系统文档管理方面尚没有统一的标准，在具体工作中也没有固定的模式。但是，在一个管理信息系统项目的由始至终，必须有一个统一的内部标准，并应该严格执行。

管理信息系统文档的规范化管理主要体现在文档书写规范、图表编号规则、文档目录编写标准、文档管理制度等几个方面。

1. 文档书写规范。

管理信息系统的文档资料涉及文本、图形、表格等多种类型，无论是哪种类型的文档都应该遵循统一的书写规范，包括：符号的使用、图标的含义、程序中注释行的使用、注明文档书写人及书写日期等。例如，在程序的开始要用统一的格式包含程序名称、程序功能、调用和被调用的程序、程序设计人等。

2. 图表编号规则。

在管理信息系统的开发过程中用到很多的图表。对这些图表进行有规则的编号，可以方便图表的查找。图表的编号一般采用分类结构。根据生命周期法的五个阶段，可以给出如图9－4所示的分类编号规则。根据该规则，我们就可以通过图表编号判断：该图表出于系统开发周期的哪一个阶段，属于哪一个文档、文档中的哪一部分内容及第几张图表。对照上一节中对系统文档的分类，我们可以知道图表编号2－1－08－02对应的是系统分析阶段系统分析报告中数据字典第二张表。

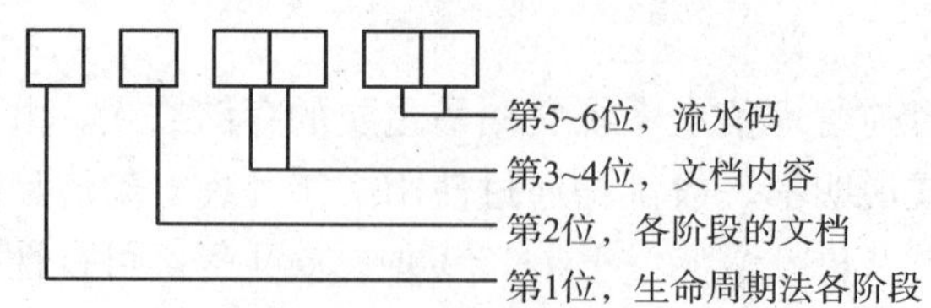

图9－4 图表编号规则

3. 文档目录编写标准。

为了存档及未来使用的方便，应该编写文档目录。管理信息系统的文档目录中应包含文档编号、文档名称、格式或载体、份数、每份页数或件数、存储地点、存档时间、保管人等。文档编号一般为分类结构、可以采用同图表编号类似的编号规则。文档名称要书写完整规范。格式或载体指的是原始单据或报表、磁盘文件、磁盘文件打印件、大型图表、重要文件原件、光盘存档等。管理信息系统文档目录的编写可以采用表9－3所示的形式。

表9－3　　×××管理信息系统文档目录

文档编号	文档名称	格式或载体	份数	页数或件数	存储地点	存档日期	保管人
1－1	可行性研究报告	软盘	2	1	507 档案柜	2001/2/9	龙东华
1－2	系统开发进度	软盘	2	1	507 档案柜	2001/2/9	龙东华
2－1	系统分析说明书	软盘	2	1	507 档案柜	2001/2/9	龙东华
2－1－04	业务原始单据和报表	原始单据或报表	1	56	507 档案柜	2001/2/9	龙东华
2－1－09	U/C 矩阵图	大型图表	1	1	507 档案柜	2001/2/9	龙东华
……	……	……	……	……	……	……	……
5－2－03	系统鉴定报告	重要文件原件	1	3	506 档案柜	2001/3/9	尹利

4. 文档管理制度。

为了更好地进行管理信息系统文档的管理，应该建立相应的文档管理制度。文档的管理制度需根据组织实体的具体情况而定，主要包括建立文档的相关规范、文档借阅记录的登记制度、文档使用权限控制规则等。建立文档的相关规范是指文档书写规范、图表编号规则和文档目录编写标准等。文档的借阅应该进行详细的记录，并且需要考虑借阅人是否有使用权限。在文档中存在商业秘密或技术秘密的情况下，还应注意保密。

第五节　项目的沟通管理

管理信息系统的开发工作受到各种主、客观因素的影响，忽略这些因素，或者回避、不解决存在的问题，必将导致开发工作的不完善，甚至于失败。因此，处理好管理信息系统开发中一些重要因素之间的关系，分析项目管理中存在的矛盾，揭示其中存在的问题并探讨解决方案就显得尤为重要。

对于管理信息系统项目来说，要科学地组织、指挥、协调和控制项目的实施过程，就必须进行有效的信息沟通。管理信息系统项目的沟通发生在项目团队和用户之间、项目团队成员之间、用户方成员之间等，也可能需要与项目其他相关方进行沟通。

这里，我们主要讨论管理信息系统开发过程中的主要角色——开发方人员和用户方人员的沟通问题。

用户方人员又细分为用户方项目管理人员、用户方业务人员和用户方决策人员。其中用户方项目管理人员是开发项目的组织者，负责开发项目的计划、系统的阶段验收及对系统整体进度的监控、经费的使用、与开发方的项目管理人员工作的协调、用户方的使用人员的组织与培训等职责。用户方的业务人员是管理信息系统的需求的提出者，也是管理信息系统的最终用户，是对应用系统开发成功与否的最终评判者。用户方的决策人员有对管理信息系统开发的最终决策权、决定系统项目经费预算以及系统所要达到的总目标等，其决策直接关系到管理信息系统的开发成功与顺利实施。

开发方人员分为开发方的项目管理人员和开发方技术人员。开发方的项目管理人员负责项目的计划、开发人员的组织与调度、开发进度的检查以及与用户方项目管理人员工作的协调。开发方的技术人员根据用户方的需求、按照项目计划及进度安排进行系统开发。

一、开发方与用户方的沟通

用户方与开发方是对立的统一体，双方均希望将开发项目做好。用户方一般对计算机系统工程缺乏全面的了解，而开发方对用户方的需求细节往往了解得不充分，这使得用户方与开发方对项目的理解从一开始就存在着差异。这种认识上的差异与理解的不同往往在开发初期不易被察觉，有时甚至是被故意忽略。当系统开发结束时（或告一段落时），双方才发现这种差异使开发出的系统与实际需求偏差甚远。因此，管理信息系统开发项目管理的重要目标便是建立一个便于开发方与用户方之间进行交流的环境。

在系统需求分析阶段，开发方与用户方的深入交流是项目获得成功的关键。但这种交流却经常由于双方的误解、疏忽而难以沟通或被故意暂时搁置。

在需求分析阶段，开发方的分析人员总是先把精力集中在整个系统的总的需求上，而不会对具体细节做过多的考查。当用户方提出一些细节要求时，开发方往往说："这些问题留待后面讨论"，而糟糕的是以后却可能永远不会再谈及这个问题。这实际上造成了这样一种情况，即一方面用户方认为已经向开发方提出了这些需求；而另一方面开发方却根本未予考虑。因此，开发初期，用户方的项目管理人员应该把这些"留待后面讨论"的需求单独记录整理，在开发方做完系统的整体需求分析后，项目管理人员应及时推动提出对系统进行进一步的、更深入的、细致的、具体的需求分析，以解决那些开发方要"留待后面讨论"的问题。

在某些需求尚未确定时，用户方项目管理人员往往会说："这部分需求我们还要考虑，不过你们可以先按现在的模式做。"遗憾的是，开发方经常就会把现在的工作模式作为将来的、确定的需求去设计开发系统，而把用户方在此需求上的未确定因素抛在脑后。当后来用户方要求对这些他们认为尚未确定的需求进行改变时，开发方便陷入了窘境。对这种情况，用户方业务人员应尽量将需求陈述清楚，对不能确定的需求，应提出几种可能的实施方案供开发方参考，以保证开发方进行分析与系统设计时，将这些尚未确定的部分设计成灵活可变的功能。

在管理信息系统的项目进行过程中，我们经常听到下面的对话：

用户方说："尽管我不太明白系统分析报告中的一些技术术语，但他们能写出这个报告，一定是对我们的需求了解得很深入了。"

开发方说："用户方已经认可了系统分析报告，这表明我们已经彻底了解了用户方的要求。"

实际上，由于系统分析报告是对系统需求的书面表达形式，是采用系统分析的术语编写的，因此常常令管理信息系统背景知识较少的用户方难以理解，也就很难发现系统报告中与实际需求不符之处，更难提出建设性的意见。特别是那些编写得较差的系统分析报告，用户方更是不知所云。因此，用户方的项目管理人员一定要要求开发方对需求分析报告进行进一步更详细的解释，以便用户方准确地理解需求分析报告的内容，能及早地发现需求分析与实际的偏差。另一方面，开发方技术人员也应尽力用通俗易懂的方式在系统分析报告中描述系统需求，并耐心地听取用户方业务人员对这些需求的意见，这也是对需求分析工作的总结与确认。除此之外，对用户方人员进行管理信息系统方面知识的培训也有助于提高用户方人员对系统分析报告的理解能力。

用户方往往还容易过高地估计计算机的软件开发工具的能力，总认为它一定能实现任何功能。我们在管理信息系统开发过程中有时会听到用户方说："计算机应该能实现这个功能，为什么会做不到?"尤其是用户方项目管理人员或业务人员对用户方决策人员说："您对系统有哪些功能要求，尽管提出来，一切都没有问题"，这对正确地理解管理信息系统所能真正达到的功能，以及对未来管理信息系统的正确期望有非常不利的影响。期望值过高是对所设计开发的管理信息系统大失所望的重要和关键的原因。其实任何技术均有其一定的局限性，计算机系统也不例外，系统开发的最终结果只能达到有限的目标。因此，双方应详细、务实、具体地制定系统最终实现的目标，切不可用一些简单的术语来笼统概括需求，例如："实现办公自动化"、"建立现代化的计算机管理系统"。这种抽象、笼统的描述只能导致用户对管理信息系统的错误理解，认为管理系统应该实现他所期望的所有功能。

从上面的论述可知，用户方与开发方的关系是项目管理所要处理的最重要的关系，增加沟通、减少误解是处理好这个关系的关键。所以项目管理人员要注意安排开发方人员与需求方使用人员的交流，保证有效畅通的交流渠道。在交流中用户方要尽量避免含糊不清的需求，而开发方要杜绝敷衍了事、得过且过的行为。

二、用户方成员之间的沟通

管理信息系统应用使业务人员减轻工作强度、提高工作效率；而另一方面，由于管理信息系统会改变现行的管理工作模式，使业务人员失去一定的灵活性和随意性。

应当说，管理信息系统的成功与否在一定程度上与使用人员是否接受该系统有关。再好的系统，如果使用人员不愿意用，也不能说获得了成功。特别是在管理信息系统的试运行阶段，使用人员对管理信息系统的使用实际上是对系统的深入测试，他们将发现许多在系统调试和测试时疏漏的错误，从而有助于帮助开发方进一步完善系统功能，提高系统的实用性、稳定性及可靠性。因此，如何鼓励使用人员使用管理信息系统，帮助他们克服对新的工作模式的恐惧情绪，也成为项目管理的任务之一。

用户方的决策人员是用户方项目管理人员的领导者。由于行政手段是推行管理信息系统使用的有力手段之一，因此决策人员对项目的支持是使管理信息系统开发成功的关键与顺利实施的保证。用户方项目管理人员应随时与决策层沟通，取得其有力支持。

任何一种新的工作方式，都有其适应及完善过程，用户方的项目管理人员、决策人员及使用人员必须充分认识到这一点。当出现问题时，用户方项目管理人员应迅速分析问题，正确判断哪些问题属于不适应新的工作模式引起的，哪些问题属于操作不当引起的，哪些问题属于管理信息系统本身不完善引起的。对于由于不适应新的工作模式引起的问题，项目管理人员应引导使用人员迅速适应新的工作模式，必要时也要说服用户方的决策人员采用行政手段推动实施；对于那些由于操作方法不当引起的问题，项目管理人员应培训使用人员正确操作系统；而对于那些由于管理信息系统本身不完善引起的问题，项目管理人员应迅速与开发方协调，尽快排除系统中的错误。

在系统试运行初期，使用人员常抱怨说："这个界面不方便，不好用。"为了避免和减少这种情况发生，用户方管理人员应注意提醒开发方注重系统的实用性、简便性、易操作性并尽量提出具体的建议和要求。

综上所述，用户方项目管理人员应时刻注意取得决策人员的理解与支持，帮助使用人员尽快地适应新的工作方式、解决使用中遇到的问题，并使系统在使用中不断地得以完善。

三、项目管理人员与开发方技术人员的沟通

用户和开发方的项目管理人员与开发方技术人员的关系将直接影响开发方技术人员的积极性。

在管理信息系统项目开发中，项目管理人员经常处在两面夹攻的地位。一方面是使用人员；而另一方面是开发方技术人员。当使用人员对系统提出问题，并要求改动时，开发方技术人员往往总是找出各种理由（如影响进度、系统结构会打乱、性能会受影响等）予以否定。而这正是引起开发方与用户方矛盾的最经常的原因。

经常可以听到技术人员人员抱怨："用户的需求老是变，我的开发进度又延误了"，"无法增加这个功能了，因为需求分析报告中没有"。

作为开发方项目管理人员，遇到这种情况，首先要考虑的是一定要满足用户方合理的需求变化，然后和技术人员研究、协商这些需求变化对开发工作进度的影响及这些需求变化是否可以实现。

如果开发方项目管理人员认为由于需求变化造成开发工作的增加有必要追加开发经费时，就需要和用户方项目管理人员讨论、协商。

四、硬件与软件问题的沟通

管理信息系统系统的硬件与软件都是组成管理信息系统系统的重要部分。管理信息系统的建设中，硬件方面的投资一般占总投资额的70%～80%，而软件投资占20%～30%。

目前在管理信息系统的建设中，经常出现重硬轻软的情况。我们经常能听到用户方要求："设备要目前最好的、最先进的"，也经常能听到用户方抱怨："系统开发费用怎么会这么高?"

由于计算机硬件设备及系统软件发展速度很快，为了避免没必要的资金占用和很快过时，根据业务需求"统一规划、分步实施"是系统开发时应遵循的原则。在规划时认真考虑业务发展、技术的进步，时刻要将硬件配备的重点放在设备稳定、性能可靠及可扩充、可升级等方面。

一个高质量的管理信息系统，是靠技术人员来开发的。如果投入的应用软件开发费用资金过少，必造成开发人员不能全身心地投入到某一个项目的开发工作中，当开发方认为他们的投入已与用户方的付出相当时，便不愿意继续投入精力，从而造成开发工作

的不完善。管理信息系统达不到预期效果，再好的硬件也难以发挥它们的作用。

由于用户方对项目组织、开发工作量、技术含量分析等诸方面开发因素估价困难，很难正确计算出合理的软件开发价格。用户方项目管理人员可以聘请有关专家，或参考同行业国内外开发情况加以核定。

五、系统性能与灵活性问题的沟通

性能与灵活性是管理信息系统建设中的一对矛盾，很多人认为这是系统设计人员而不是项目管理人员应该考虑的问题。但实际上，由于国内的许多管理信息系统的失败都与这个问题处理的不当有关。因此，我们认为应该在项目管理中充分考虑性能与灵活性的关系，随时提醒系统设计人员处理好这个矛盾。

性能是系统可用性的重要因素，很难想象一个响应速度很慢的系统能得到最终用户的认可。而灵活性是系统适应变化能力的重要因素，一个无法适应工作模式变化的系统也是难以推行的。然而，增加系统的灵活性将使系统复杂性加大，降低系统性能。

在这个变革的时代，企业的管理模式都处在探索阶段，可能引起变动的因素很多，因此根据现行的管理模式设计出的管理信息系统将面临使用单位管理模式变化的考验。所以管理信息系统在设计时要充分预测可能的变化，并尽量适应这些可能的变化。

当听到系统技术人员说："为了提高运行速度，我们假设某个参数是不变的"、"如果想加一种查询方式，可能要改动表结构"时，项目管理人员应引起足够的重视。提醒开发人员要充分考虑到用户方需求的灵活性要求，在软件设计中，要尽量避免用牺牲系统灵活性来换取系统性能的提高，而是应在程序设计方面通过优化程序结构来提高系统性能。

第六节　信息系统监理

2002 年 11 月 28 日，信息产业部在广泛征求意见和开展试点工作的基础上，正式颁布《信息系统工程监理暂行规定》，并于 2002 年 12 月 15 日正式生效。信息系统监理是独立的第三方机构为管理信息系统工程提供的规划与组织、协调与沟通、管理与控制、监督与评价方面的服务，其目的是支持与保证管理信息系统工程成功达到预期的目标。

一、管理信息系统监理的含义

信息系统监理机构是指在政府工商管理部门注册的且具有信息系统工程监理资质的单位，它受建设单位委托，依据国家有关法律法规、技术标准和管理信息系统监理合同，对管理信息系统项目实施的监督管理。

管理信息系统监理的重要特点之一就是服务性，管理信息系统监理单位应是知识密集型的机构，它本身不是直接的生产者，它是为管理信息系统建设单位提供智力服务的机构，管理信息系统监理单位的劳动与所得报酬是技术服务性的。它不能承包工程，不能参与工程承包的盈利分配。

信息系统工程监理的工作体现在：建立业主与承建方之间的沟通渠道，使承建方能够全面准确了解业主的实际需求，同时用户及业主能及时了解项目的进展情况，使项目处于受控状态；保证项目运行的全过程有一套明确、合理、可行的计划或者规程，以及与之相应的审核、监督机制和手段；对项目全过程或部分过程进行质量、进度控制；保证系统的关键技术指标在项目实施过程中处于受控状态，及早预测和发现可能影响施工计划的各种因素，及时纠正可能影响系统功能与性能的缺陷。

信息产业部规定下列信息系统工程应当实施监理：

（1）国家级、省部级、地市级的信息系统工程。

（2）使用国家政策性银行或者国有商业银行贷款，规定需要实施监理的信息系统工程。

（3）使用国家财政性资金的信息系统工程。

（4）涉及国家安全、生产安全的信息系统工程。

（5）国家法律、法规规定应当实施监理的其他信息系统工程。

二、管理信息系统监理的内容

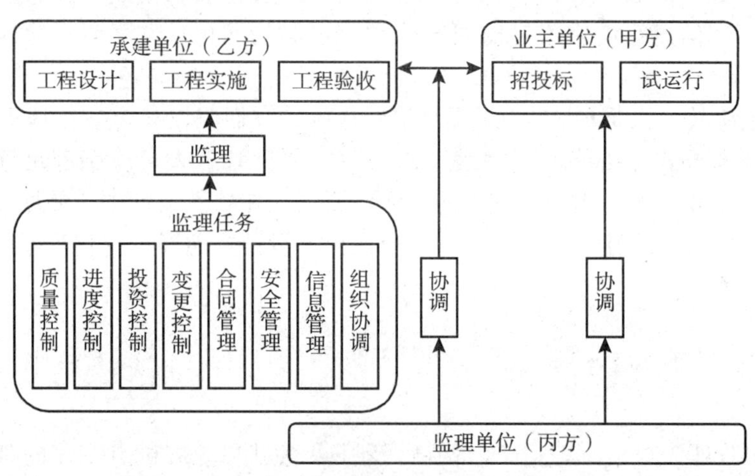

图9－5　管理信息系统监理的内容

对于信息系统工程监理的内容，信息产业部正式颁布的《信息系统工程监理暂行规定》第九条规定是对信息系统工程的质量、进度和投资进行监督，对项目合同和文档资料进行管理，协调有关单位间的工作关系。根据管理信息系统工程的实际状况，可以概括为“四控制”（即质量控制、进度控制、投资控制和变更控制）、“三管理”（合同管理、安全管理和信息管理）和“一协调”。

1. 质量控制。

质量控制要贯穿在项目建设从可行性研究、设计、实施、验收、启用及用后维护的全过程。主要包括组织设计方案评审，控制设计变更；在实施前通过承建单位资质；在实施中通过多种控制手段检查监督标准、规范的贯彻；以及通过阶段验收和竣工验收把好质量关等。

2. 进度控制。

进度控制首先要在建设前期通过周密分析研究确定合理的工期目标，并在实施前将工期要求纳入承建合同；在建设实施阶段，做好协调与监督，排除干扰，使单项工程及其分阶段目标工期逐步实现，最终保证项目建设总工期的实现。

3. 投资控制。

投资控制的任务，主要是在建设前期进行可行性研究，协助业主单位正确地进行投资决策，在设计阶段对设计方案、设计标准、总概（预）算进行审查；在建设准备阶段协助确定标底和合同造价；在实施阶段审核设计变更，核实已完成的工程量，进行工程进度款签证和索赔控制；在工程竣工阶段审核工程结算。

4. 变更控制。

变更控制主要内容是对接受工程建设过程中的变更申请，收集变更信息资料，对发生的所有变更情况按照一定的程序进行处理，并对变更的内容、方式、范围、影响进行评估和控制。

5. 合同管理。

合同管理是进行投资控制、工期控制和质量控制的手段。因为合同是监理单位站在公正立场采取各种控制、协调与监督措施，履行纠纷调解职责的依据，也是实施三大目标控制的出发点和归宿。

6. 安全管理。

确保信息系统安全设计上没有漏洞；督促业主的信息系统工程应用人员在安全管理制度和安全规范下严格执行安全操作和管理，建立安全意识；督促承建单位按照技术标准和建设方案实施等。

7. 信息管理。

确保项目信息管理工作规范化，保证项目信息的准确性、完整性和可用性，确保项目信息交流、信息沟通渠道畅通，规范信息组织及信息管理，为项目实施管理及决策提供信息依据。

8. 协调。

在项目建设过程中，协调工作是十分重要的，监理方的“协调”就是围绕实现项目的各项目标，以合同管理为基础，协调各相关单位配合项目的实施，形成高效的建设团队，共同努力去实现项目建设目标的过程。

三、管理信息系统监理的流程

按照管理信息系统工程的特点和业主对监理工作的不同需求，工程监理一般划分为五个阶段（见图9－6）：

图9－6　管理信息系统监理的阶段

（一）管理信息系统监理的准备阶段

准备阶段监理的主要任务是：

（1）协助甲方确定需求。

（2）协助甲方准备招标文件。

（3）协助甲方进行招标工作。

（4）协助甲方监督招标过程、参与评标定标。

（5）协助甲方确定与乙方商务合同与技术合同的具体条款，参与合同谈判。

（二）管理信息系统分析设计阶段的监理

分析设计阶段监理的主要任务是：

（1）协助乙方进一步分析需求并细化各部分需求。

（2）监督乙方制订详细设计方案。

（3）协助甲方对设计方案进行评审。

（4）协助甲方邀请国内相关领域专家广泛论证，优化最终设计方案。

（5）监督乙方制订施工质量计划。

（6）监督乙方制订实施进度计划。

（7）协调乙方和甲方的有关工作，使设计阶段工作顺利进行。

（8）监督乙方设计变更。

（三）管理信息系统实施阶段的监理

实施阶段监理的主要任务是：

（1）监督乙方执行施工质量计划。

（2）督促、检查乙方严格按工程承包合同、相关规范进行施工。

（3）检查工程采用的主要设备及关键材料是否符合设计图纸或标书所规定的厂家、型号、规格和质量标准。

（4）跟踪并及时发现施工中的质量问题，提出专项监理报告。

（5）审核乙方提交的施工进度月表，监督乙方执行进度计划。

（6）组织召开进度协调会议，解决进度控制中的重大问题，签发会议纪要。

（7）一旦发现乙方工作出现进度问题，及时向乙方提出建议并向甲方报告。

（8）督促乙方进行阶段性验收和工程竣工初步验收，并对此给出书面意见。

（四）管理信息系统验收阶段的监理

监理单位应按照项目合同查看承建单位提供的各种审核报告和测试报告内容是否齐全，再根据平时对承建单位工作情况的了解，可以初步判断开发方是否已经进行了足够的测试。

（1）监督合同各方做好竣工准备工作，按规定准备技术资料。

（2）督促乙方制订验收方案，审查乙方提交的验收计划，验收必须根据有关规范和规定进行。

（3）参加由甲方、乙方和监理单位三方组成的竣工验收。

（4）监督工程试运行。

（5）检查工程是否经过验收测试，各项系统功能、性能达到设计要求，并处于正常工作状态。

（6）检查工程是否完成用户化工作，经试运行能满足用户使用要求。

（7）检查工程是否完成用户技术培训和操作培训。

（8）检查工程是否符合上级主管部门的有关工程竣工的文件和规定。

（9）进行监理总结，移交监理资料和其他有关资料。

（五）管理信息系统监理的工程保质期阶段

（1）评审乙方的服务计划。

（2）抽查乙方在工程保修期内履行服务计划的情况。

（3）抽查乙方在工程保修期满后履行服务计划的情况。

（4）抽查乙方在工程软件升级和维护过程中履行服务计划的情况。

（5）协助确定本工程设备乙方的设备备存情况。

（6）协助确认乙方的后续服务能力。

（7）抽查乙方对服务的响应时间。

系统验收通过后可以进行系统移交，移交后的监理重点是确保文档及软件的完整、版本一致，并确保承建单位按照合同和甲方要求及时高效地提供系统保障服务。

管理与技术视点

IT企业技术总监（CTO）

技术总监（Chief Technology Officer—CTO），是企业内负责技术的最高负责人。这个名词在20世纪80年代从美国开始流行，起源于做很多研究工作的大公司，如General Electric，AT&T等。

CTO是技术资源的管理者，职责是把握总体技术方向，对技术选型和具体技术问题进行指导和把关，完成所赋予的各项技术任务。通常只有高科技企业、研发单位才设立CTO职位。

在科技日益发展的今天，加强企业技术管理与研发尤为重要，IT企业更是如此。作为企业的最高技术领导，CTO要担任起企业内部技术管理、熟悉市场需求、跟踪最新技术发展、平衡需求和技术瓶颈、解决各类专业中的技术难点、制定技术标准、确定技术方案、预测技术质量风险、开发科研项目、宏观把握企业技术发展的方向的重要职责。因此，现代技术总监必须具有良好的战略性思维能力、市场敏锐力、研发能力、计划与控制能力、沟通与说服能力、管理和辅导下属能力，以适应形势要求。

到20世纪90年代，因计算机和软件的影响越来越大，很多公司把CTO职位给予了管理计算机系统和软件的负责人。有时CTO和CIO是同一个人（尤其在软件公司），有时CTO归于比较精通科学技术的CIO手下。在不同领域的公司，CTO工作性质不同；即使在同一领域，工作性质也可能大不相同。一般而言，IT企业的CTO会有以下责任：

（1）跟踪并及时与企业高层沟通信息技术与信息系统发展的能力与状况，并协同企业高层共同制定公司经营战略。

（2）为完成企业经营目标，规划企业信息产品与服务的发展方向，以保证研发与技术服务能力支持公司的商业战略。

（3）制定年度技术体系的产品研发新计划，并跟踪监督实施结果，确保发展符合市场战略。

（4）确保短期研发与长期研发的协调，以提高研发的经济效益。

（5）与市场、销售部门共同协作，管理产品创新和研发的重要环节，确保向市场提供符合需求和潮流的产品，并获得最大的效益。

（6）审核研发与技术服务结果，处理研发滞后，产品质量降低与技术服务不满足客户重大的问题。

（7）负责公司核心项目的总体设计、技术决策。

（8）促进信息技术团队的成长和发展，建设、指导和培训公司的技术团队，培养优秀的信息技术人才。

（9）根据公司的整体人力资源战略，协同人力资源部制定本部门的人力资源发展计划，并监督实施结果。

（10）与供应商及客户建立良好的合作关系。

我国企业信息化建设与管理的典型问题

企业信息化在我国的发展从1979年开始，经历了企业信息化管理的思想孕育、实践探索、蓬勃发展三个阶段。

1979年，政府大力号召企业“解放思想，引进国外先进技术”。沈阳第一机床厂响应政府号召，及时提议“引进一套外国信息管理系统”，以此为标志开始了“企业信息化建设与管理”思想、战略、模式的论证、孕育。

1981年4月，中德双方达成“沈阳第一机床厂的计算机生产管理系统”建设的协议，该项目同时也被列入“六五科技攻关计划”。沈阳第一机床厂背负着光荣的使命，以消费“西洋大餐”（引入的一套MRPII系统）的形式开始了“中国企业信息化”实践、探索的漫漫征程。

2003年，党的十六大报告中提出“以信息化带动工业化，以工业化促进信息化”的战略方针，企业信息化的建设与管理成为了企业发展的动力和目标，企业信息化的建设与管理工作变成了不可缺少的企业管理工作，我国的企业信息化管理进入了蓬勃发展阶段。

我国企业信息化20年的探索过程，虽然鲜有极其成功的案例，但从中得到的经验、教训却是我们在新的历史时期信息化建设与管理的一笔宝贵财富。总结这20年中我国企业信息化建设的典型关键问题，对指导我国企业信息化建设，减少建设工作盲目性，提高建设的成功率，有非常重要的意义。

我国企业信息化的建设与管理中存在的典型问题表现在如下几个方面。

1. 在需求不明确的情况下开始信息化建设工作。

这个问题是导致信息系统建设失败的最主要原因。从事任何工作，首先要确定的就是“要做什么”？信息化建设的需求不明确，实际上就是“不知道做什么”！

应该说，信息化建设的工作者们都知道信息化建设中确定系统需求的重要性。而导致需求不清就开始信息系统开发的主要原因在于，不是没有想到要明确信息化建设的需求，关键原因是我们往往忽视“信息化建设中确定系统需求的工作应该由谁做？或以谁为主来做”？对于这个问题的解决，从道理上并不难。由于所开发的信息系统是服务于企业的，因此回答“未来系统应具备哪些功能，处理哪些数据？”的问题理应以企业为主来进行。

既然知道“确定信息系统需求”的工作在信息化建设中的重要性，“这项工作应该由谁做”也非常明确，为什么企业信息系统的需求还总是弄不清楚呢？这个问题的答案也很简单，那就是“确定信息系统需求”的工作不是该做这个工作的主体完成的。

2. 认为企业信息化建设仅仅是开发商的事。

“企业信息化是企业的事，也是开发商的事，但归根结底是企业的事！”这个观点，大概没有人反对。可我国企业信息化建设过程中，普遍存在的现象是，当企业指定了开发商后就认为万事大吉了。

企业信息系统的建设，不同于一件普通的消费品（如一台电视机）的购买那么简单，交了钱运回家就可以使用。企业信息系统的建设过程中，需要企业和信息系统开发方的全程合作，在某些方面，比如企业信息系统需求的确定，还应以企业为主来进行，只有这样做，才能最后开发出符合企业要求的信息系统。

上述问题的从另一个方面是，计算机应用软件开发商试图替企业决定“企业需要什么样的信息系统”。前几年，我国电子商务的发展历程就是一个典型例子。当时，计算机应用软件开发商就试图替企业决定“企业需要什么样的电子商务系统”，认为“我们给你们做，你们用就可以了。”这种错误做法不但没有推动我国电子商务的应用，还使很多人对电子商务敬而远之了。还是那句类似的话，“电子商务是企业和消费者的事，也是计算机应用软件开发商的事，但最终还是企业和消费者的事。”

3. 认为企业信息化建设与管理只是企业信息部门的事。

关于企业信息化的建设与管理问题，我国企业的决策层经常犯的一个错误是，他们认为“企业信息化的建设与管理仅仅是企业信息部门的事”!

在大部分企业中，信息部门一般都被当作“计算机维修队”。当企业决定要制订企业信息化发展规划或实施这些规划时，往往认为这些事交给信息部门就可以了。

实际上，无论是企业信息化发展规划的制订，还是信息系统开发这种执行层面上的工作，都需要整个企业的全力配合。像企业信息化发展规划的制订这种战略层面的信息化任务只能由企业最高决策层参加并主持才能很好地完成。企业信息部门既没有纵观企业全局的能力，也没有调动整个企业各种资源的权力来完成这些工作。

4. 忽视对企业“信息”的整体规划。

信息化建设给企业带来的最终好处是企业能够通过对企业的“信息”进行系统管理，并且利用这些信息提高企业管理的效率，为企业创造利润。这实际上明确了一个非常重要的战略问题：“企业信息化建设的根本目的是管理好企业的信息、利用好企业的信息!”

可事实上，我们大部分企业是如何做的呢？应该说，经过二十几年的探索实践，我国企业在信息化建设过程中，已经非常重视信息化发展规划的研究制订问题了。但如果我们研究一下这些发展规划就会发现，虽然企业制订信息化战略规划的初衷是保证企业信息化建设对整个企业的“信息”管理具有全局考虑，却常常忽略整个企业的“信息”规划，仅仅关注整个企业的“功能”规划。可以说，这样的信息化发展规划，只保证了企业信息管理“功能”的完备性、系统性，却忽视了所采集和管理的“信息”在整个企业中的完备性、规范性、可用性。

上述问题是企业信息化发展过程中，从局部应用向覆盖企业全部管理业务、包括决策活动转变时必然要面对的问题。

企业必须清醒地认识到，能够对企业信息实现系统化管理并能充分利用好信息的前提是做好整个企业的“信息”规划。

习　题

9.1　简要总结管理信息系统项目管理的主要内容。

9.2　管理信息系统项目组一般应包括哪几大类人员？他们各负责哪些工作？

9.3　依据本章内容，填空。

（1）关键路径法是借助于________表示各项工作与所需的时间，以及各项工作之间的关系，并找出在编制计划时及计划执行过程中的________，争取在________完成各项任务。

（2）________是一种对各项活动进行计划与控制的图表，一般以横向表示________，纵向列出________。

（3）项目经理负责管理项目的________和________，应该具有很强的________、丰富的________和________。

（4）关键路径法在不考虑资源约束的情况下，计算所有项目活动的________和________完成时间，作为项目计划的重要依据。________的活动是关键活动，其周期决定了项目的总周期。

（5）求管理信息系统项目关键路径的基本步骤为：________、________、________。

（6）如果________与________不同，那么该活动的开始时间就可以浮动，称之为浮动时间或时差。同理，如果________与________不同，那么该活动的结束时间也可以浮动，同样称之为该活动的时差。对同一活动来说，用这两种方法所计算出来的时差是________的。

（7）信息系统监理是________为管理信息系统工程提供________、________、________、________方面的服务，其目的是支持与保证管理信息系统工程成功达到预期的目标。

（8）信息系统监理机构是指在政府________注册、且具有________的单位，它受________委托，依据________、________和________________，对管理信息系统项目实施的监督管理。

（9）管理信息系统监理的重要特点之一就是________，管理信息系统监理单位应是________密集型的机构，它本身不是直接的生产者，不能________，不能参与工程承包的________。

（10）根据管理信息系统工程的实际状况，可以概括为"四控制"（即________控制、________控制、________控制和________控制）、"三管理"（________管理、________管理和________管理）和"一协调"。

（11）按照管理信息系统工程的特点和业主对监理工作的不同需求，工程监理一般划分为五个阶段：________、________、________、________和________。

（12）管理信息系统文档规范化的内容包括________、________、________、________四个方面。

9.4　依据本章内容，选择填空（可多选）。

（1）以下哪项工作不属于项目经理的工作范围________。

A. 制定项目计划，控制项目进度　　B. 确定开发所用的技术和方法

C. 控制项目规模　　D. 确定数据编码方案

（2）与一般的项目相比，管理信息系统项目具有如下________很鲜明的特点。

A. 目标的不精确性　　B. 需求的独特性

C. 时间的紧迫性　　D. 执行的不确定性

E. 工作的智力性

（3）以下哪个文档属于系统规划阶段所做的文档________。

A. 系统分析报告　　B. 程序设计说明书

C. 系统运行日志　　D. 可行性研究报告

（4）由于用户方对信息技术的各种性能指标并不熟悉，所以有关质量要求和技术指标更多地由项目团队来定义，用户方做得更多的是审查。为了更好地定义或审查管理信息系统项目的任务范围和质量要求，用户方可以聘请________。

A. CIO　B. CTO　C. 信息系统监理　D. 项目经理

（5）在管理信息系统项目的开发过程中可能会出现________风险，影响进度。

A. 企业扩大规模　B. 系统的使用人员提出新的需求

C. 硬件、软件不能及时交货　D. 开发人员离开项目团队

（6）以下哪项属于系统分析员所做的工作________。

A. 设计业务需求调查问卷　B. 确定目标系统的功能结构

C. 数据库系统的升级　D. 软件系统的升级

（7）以下哪项属于系统设计员所做的工作________。

A. 明确数据间的计算关系　B. 确定目标系统的功能结构

C. 完成数据库数据模型的设计　D. 硬件系统的升级

（8）________假设管理信息系统项目持续时间以及整个项目完成时间是随机的，且服从某种概率分布，从而估计整个项目在某个时间内完成的概率。

A. 时间管理　B. 甘特图

C. 关键路径法　D. 计划评审技术

（9）计划评审技术认为每个活动所需的时间是不确定的，近似地用________给出的三个估计时间。

A. 乐观时间　B. 最可能时间

C. 悲观时间　D. 最佳时间

（10）管理信息系统项目的沟通发生在________等，也可能需要与项目其他相关方进行沟通。

A. 项目管理人员和业务人员之间　B. 项目团队和用户之间

C. 项目团队成员之间　D. 用户方成员之间

（11）信息产业部规定下列信息系统工程应当实施监理________。

A. 国家级、省部级、地市级的信息系统工程

B. 使用国家政策性银行或者国有商业银行贷款，规定需要实施监理的信息系统工程

C. 使用国家财政性资金的信息系统工程

D. 涉及国家安全、生产安全的信息系统工程

（12）管理信息系统监理准备阶段的主要任务是________。

A. 协助甲方确定需求　B. 协助甲方准备招标文件

C. 协助甲方进行招标工作　D. 监督乙方制订详细设计方案

（13）管理信息系统监理分析设计阶段的主要任务是________。

A. 协助甲方确定需求　B. 协助甲方对设计方案进行评审

C. 监督乙方制订施工质量计划　D. 监督乙方制订详细设计方案

（14）管理信息系统监理实施阶段的主要任务是________。

A. 督促、检查乙方严格按工程承包合同、相关规范进行施工

B. 一旦发现乙方工作出现进度问题，及时向甲方提出建议并向乙方报告

C. 审核乙方提交的施工进度月报表，监督乙方执行进度计划

D. 监督乙方执行施工质量计划

（15）管理信息系统监理验收阶段的主要任务是________。

A. 协助甲方确定需求　B. 监督工程试运行

C. 监督乙方制订施工质量计划　D. 监督合同各方做好竣工准备工作

（16）管理信息系统监理质量保质期阶段的主要任务是________。

A. 评审乙方的服务计划　B. 协助甲方对设计方案进行评审

C. 协助确认乙方的后续服务能力　D. 监督乙方制订详细设计方案

9.5　案例分析。

案例背景

广德公司（一家成立三年多的IT企业）承接的一家民营制造企业东立公司的CRM项目很不顺利。该CRM项目合同签订时，由于人员紧张，临时任命技术骨干海涛为项目经理，并组建了项目小组，负责东立公司的CRM项目，计划一年内完成。海涛作为程序设计员已参与了多个项目的程序设计工作，对管理信息系统的系统设计工作也表现出很强的技术能力。海涛接手项目经理工作后，首先对所负责项目小组的成员进行了数据库设计和应用程序开发等技术培训，然后组织专题调查会开始进行需求调查。

需求调查总共历时一个多月。开始时，业务人员非常热情，全力配合，对管理信息系统的建设充满期待。但情况很快就发生了改变。海涛等提出的问题技术性很强，业务人员很难听懂；业务人员的回答经常被打断，海涛常说的一句话是"这些问题留待后面讨论"。业务人员日常工作也很繁忙，不能每天参加专题调查会，有些问题还没有深入讨论，需求调查就结束了。

海涛等很快完成了东立公司CRM系统需求分析报告，东立公司的业务人员不太明白系统分析报告中的一些技术术语，但认为海涛等既然能写出这份报告，一定是对需求了解得很深入了，没有提出异议。海涛认为用户方已经认可了系统分析报告，开始进入后续工作。

为了尽早完成项目工作，海涛没有再安排项目组成员与东立公司业务人员的进一步交流。对系统需求方面的所有疑问，海涛根据自己的理解逐一解答。项目组成员没有明确分工，遇到各种问题，海涛随时出面解决。半年后，系统程序设计全部完成，开始着手进行系统测试，邀请东立东立公司业务人员一起参加。这时，东立公司业务人员发现系统实现的功能与他们的需求有很大的分歧，拒绝进行系统测试，要求进行功能上的修改和完善。随着需求的不断提出或修正，海涛带领项目组成员每日加班，不断地进行功能上的扩充和修改，项目规模和成本不断攀升。半年过去了，项目不能按时完成已在所难免，海涛也变得比较急躁，对东立公司业务人员和广德公司项目组成员提出的各种问题表现得很不耐烦。东立公司对项目执行很不满意，广德公司项目组成员也开始牢骚满腹。

根据上述背景材料，请回答：

（1）海涛在工作中有哪些明显的失误？

（2）广德公司与东立公司的沟通存在哪些问题？这些问题应如何解决？

习题参考答案

第一章

1.1

信息处理方式从功能上经历了电子数据处理系统（EDPS）、管理信息系统（MIS）、决策支持系统（DSS）三个阶段。

这三个阶段的特点分别是：①电子数据处理系统的特点是数据处理的计算机化，目的是提高数据处理速度。电子数据处理系统数据处理方式为集中式数据处理方式。②管理信息系统应用数据库管理系统及计算机网络技术而使系统本身具备了分布式数据处理能力，从而实现了真正意义上的信息管理的系统化。③决策支持系统通过人和计算机交互帮助决策者探索和评价可能的方案，为管理者决策提供所需的信息，其特点是通过信息服务辅助决策者进行决策，所涉及的数据处理是面向决策分析主题的分析型数据处理。

1.2

管理信息系统结构有概念结构、功能结构、硬件结构和软件结构四种。

功能结构描述的是管理信息系统的功能构成及功能联系。对现有管理信息系统的分析及对未来系统的设计都离不开管理信息系统功能结构的描述工作，所以管理信息系统的功能结构是管理信息系统规划，分析和设计的主要对象。

1.3

结构化的生命周期法把管理信息系统的开发过程分为系统规划、系统分析、系统设计、系统实施、系统运行与评价五个阶段，强调用系统工程的方法严格区分上述工作阶段，在整个开发过程中强调文档的规范化与标准化。

结构化的生命周期法注重管理信息系统开发过程的整体性和全局性，适合开发大型的信息系统。但开发周期较长、用户参与程度差。

快速原型法首先凭借开发人员对用户需求的理解，利用强有力的开发工具，实现一个实实在在的系统原型，并以用户为主对这个模型的不足之处提出改进意见。然后开发人员对原型进行修改。如此反复直到用户完全满意为止。快速原型法有如下特点：①可与用户更好地交流，容易获取用户的真正需求。②加强了用户的参与程度。③能较早发现系统实现后潜在问题。但用快速原型法开发管理信息系统容易走上机械模拟手工操作的轨道。

快速原型法适合规模较小、用户需求较难获得的管理信息系统的开发。

1.4

需要。

1.5

(1) 需要具有能够快速生成系统原型和方便修改系统原型的开发工具。(2) 需要用户参与整个管理信息系统开发的全过程。

1.6

EDPS——电子数据处理系统；MIS——管理信息系统；DSS——决策支持系统；ERP——企业资源规划。

1.7

(1) 电子数据处理系统，管理信息系统，决策支持系统。

(2) 开发周期长，与用户交流困难。

(3) 单项数据处理，综合数据处理。

(4) 人机，计算机及网络通讯技术，管理和决策方法，现代化的管理思想和手段，业务管理和决策。

(5) 系统规划，系统分析，系统设计，系统实施，系统的运行与评价。

(6) 系统的思想，系统工程的方法，工作阶段，文档的规范化与标准化。

(7) 自顶向下，自底向上，整体性，全局性，大型。

(8) 事务型，分析型。

(9) 系统原型，开发人员，使用人员。

(10) 快速原型法。

1.8

(1) ABC; (2) ABCD; (3) A; (4) A; (5) B; (6) ABCD; (7) BCD; (8) B; (9) AB; (10) ACD。

第二章

2.1

(1) 计算机网络是由两台或以上的计算机通过连接设备组成的一个系统，在这个系统中计算机与计算机之间可以进行数据通讯、数据共享及协同完成某些数据处理工作。

(2) 计算机互联网是指将两个或两个以上的计算机网络连接而成的更大的计算机网络。

(3) 计算机网络的拓扑结构是指计算机网络中计算机及网络设备在空间上的排列形式。网络拓扑结构有星型、总线型和环型三种。

(4) 服务器是计算机网络中向其他计算机或网络设备提供某种服务的计算机。

(5) 网络协议是网络中计算机之间在通信中必须遵守的约定和规程，以保证能够相互之间正确交换信息，这些约定和规程是事先制定的，并以标准的形式固定下来。

(6) Intranet 是基于 Internet 标准和协议组建的局域网和广域网。Intranet 主要运行于企业内部，可以连接到 Internet，并通过防火墙保护自己。

2.2

(1) 中继器：中继器的作用是将收到的信号重新整理，使其恢复原来的波形和强度，然后继续传递下去，以实现更远距离的信号传输。

(2) 网桥：网桥是用于两个相似网络连接的设备，并可对网络的数据流进行简单管理，它不但能扩展网络的地理范围，而且可使网络具有一定的可靠性和安全性。

(3) 路由器：路由器是用于连接不同技术网络的网络连接设备，为不同网络之间的用户提供最佳的通信路径。

(4) 网卡：在计算机网络中，网卡负责计算机之间数据的发送和接收。

2.3

Internet 的基本功能有：①网络通信。②计算机远程登录。③文件传输。④网络信息服务。

2.4

IP 地址是一个由 4 个字节，共 32 位的二进制数，逻辑上分网络标识和主机标识两个部分。由于 202.204.60.11 的第一组十进制数 202 化为二进制数为：11001010，其前三位为 110，因此本题所给 IP 地址为 C 类 IP 地址。

2.5

统一资源定位器（URL）的一般结构为：访问方法：//服务器［：服务端口号］/目录/子目录/文件名。

例如：http：//www. ustb. edu. cn/management/html/zhuanye. htm。

绝对 URL 指明网络信息资源所在的绝对位置。相对 URL 指明网络信息资源所在的相对位置。相对 URL 为存放一组相关文件提供了一种便利的手段，把这些相关文件放在一个公共目录下，在一个文件被访问后接着访问另一个文件时，只需用文件名做 URL。另外，要移动这一组文件也相当方便，无须对每个 URL 进行修改。

2.6

星型网络有级连和堆叠两种扩展方式。星型网络的级连式扩展简单方便，普通的集线器与交换机均可做级连式扩展，连接在级连的两个集线器或交换机上的计算机不对等；堆叠式的扩展要求用堆叠的集线器或交换机支持堆叠功能（成本较高），且物理位置上必须集中摆放，但连接到堆叠的不同的集线器或交换机上的计算机在逻辑上是地位相同的。故前者多用于需扩展的数量不多（如办公室内从墙座到多台计算机的级连式扩展），或客观上无法在空间上摆到一起（如从主交换机到各楼层交换机）；而后者一般用于需扩展的数量较大且空间位置相对较集中的情况，如学生机房等。

2.7

假定某台小型机安装有数据库管理系统，但没有安装打印机，而该小型机所在的网络中某台与该小型机相连的台式机安装有打印机并共享了该打印机。当该台式机访问小型机上的数据库时，此时台式机为客户机，而小型机为服务器；而当该小型机中的打印作业发给装有共享打印机的台式机时，此时该台式机为服务器（打印服务器），而小型机为客户机（享受打印服务）。

2.8

不对称数字线路（Asymmetrical Digital Subscribe Line——ADSL）是一种较新的远程

连接技术，它利用变通的电话线路，理论上可提供高达34Mbs的传输速率，而且ADSL对现有电话线路不需进行任何改造，因此可以节省许多费用。这里的不对称，指不同方向（发送或接收）数据传输速率不一样。ADSL一般分为三个信道，一个高速下载信道（1.5~8Mbs），一个中速双工信道（640Kbs用于上载）和一个标准电话服务信道。ADSL非常适合用于连接Internet来下载浏览大容量信息。

2.9

总线型网络结构简单，组建容易且组网成本低，在网络发展的初期迅速推广从而成为当时网络的主角。但由于总线型网络受网络全长和容量的限制，加上其可靠性较差且不易扩展，最终随着网络规模的扩大和网络应用的复杂而逐渐被淘汰。

星型网络正是针对总线型网络的不足而提出来的。星型网络配置灵活，可靠性高，且可综合运用级连与堆叠大大地增强星型网络的规模，适应了网络规模膨胀的需要，从而得以迅速发展，成为目前构建局域网的主流拓扑结构。

2.10

从技术角度上看，无线局域网综合应用局域网技术和无线传输技术，用无线电波取代传统局域网的有形介质（如双绞线），保证一定范围内的无线信号的强度，从而实现移动计算和移动办公等无线网络应用。远程无线连接技术则是将远程连接技术和远程无线通讯技术结合起来，实现在更远范围内的无线网络覆盖范围。相对来讲，远程无线连接技术成本更高，技术难度更大。

从应用角度来看，无线局域网技术一般应用在某个局部，如一间办公室、一座办公大楼等，主要强调其无线信号覆盖范围和信号强度等，如通过无线漫游、无线中继等方式将无线网络覆盖范围扩大到一个校园、一个厂区等。而远程无线连接更多地应用在点对点，借助高增益地定向天线实现两个点之间远距离、大带宽的无线连接，然后再以该点为中心通过有线或无线局域网技术拓宽其网络服务覆盖范围。

2.11

（1）级连的集线器个数超过了5台。

（2）从集线器A、E接出的计算机中各有一台网线长度超过100米。

（3）集线器A、B之间和集线器C、D之间的距离都超过了5米。

2.12

Hub——集线器；Router——路由器；Server——服务器；Repeater——中继器；Switch——交换机；Modem——调制解调器；PSTN——公共交换电话网；ISDN——综合业务数字网；ADSL——不对称数字线路；OSI/RM——开放系统互连参考模型；ISP——Internet服务商；VPN——虚拟专用网；TCP/IP——Internet标准网络协议；FTP——文件传输协议；HTTP——超文本传输协议；HTML——超文本标识语言；URL——统一资源定位器（网址）；DNS——域名服务（器）；IIS——Internet信息服务器；Firewall——防火墙。

2.13

（1）三种。（2）略。

2.14

答案略，可以用于课上讨论。

2.15

（1）B；（2）C；（3）D；（4）A；（5）D；（6）C；（7）B；（8）D；（9）C；（10）ABC；（11）AB；（12）A；（13）B；（14）B；（15）ABC。

2.16

（1）各楼层没有设备间不影响该楼的综合布线。因为该楼的长＋宽＋高为：35＋10＋16＝61（米），信息点距中心机房的距离不超过100米，这意味着所有的信息点可直接通过一根双绞线接入中心机房而不受线缆长度的约束。

（2）

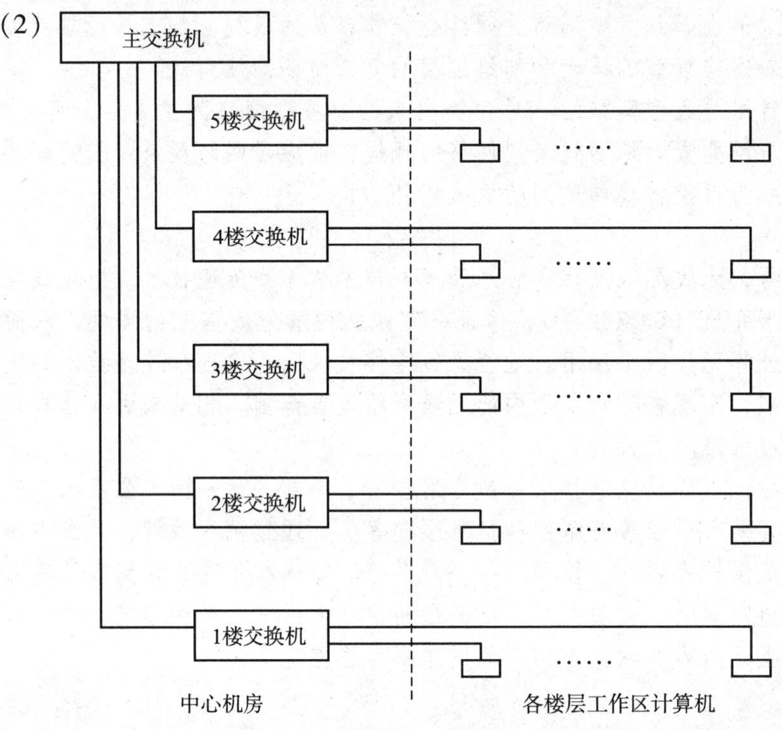

（3）因每个楼层约需20台计算机，考虑一定的余量，可购置5个24口的交换机用作各楼层支交换机。另需1台主交换机。

第三章

3.1

计算机应用系统中数据与应用（程序）的分布方式称为企业计算机应用系统的计算模式，也称为企业计算模式。企业计算模式经历了单主机计算模式、客户/服务器计算模式、三层客户/服务器计算模式、浏览器/服务器计算模式四种计算模式。

3.2

在单主机——多终端的计算模式中，用户通过终端使用计算机，计算机分时轮流为每个终端用户服务。数据和应用（程序）集中在主机上，是典型的集中式的企业计算模式。

在客户/服务器模式中，计算机被分为服务器和客户机两大类。计算机之间通过网络协同完成数据处理工作。应用程序被分散地安装在每一台客户机上，这些应用程序通过计算机网络访问数据库服务器中的数据。

3.3

在B/S模式中，客户端浏览器通过统一资源定位器（URL）发出运行某个应用程序（被保存在Web服务器上）的请求，通过URL定位、运行相应的应用程序，并解释运行结果。

3.4

B/S——浏览器/服务器；C/S——客户/服务器；DB——数据库；ASP——动态服务器网页；ODBC——开放数据库接口；SQL——结构化的查询语言。

3.5

C/S模式中，访问本地数据库和访问远程数据库在技术上的差异在于：访问远程数据库时，相应的客户机必须安装数据库的客户端驱动程序，而访问本地数据库时不需安装客户端的数据库驱动程序。

3.6

在客户/服务器模式中，网络中的计算机被分为两大类：一类是向其他计算机提供各种服务的计算机，称为服务器；二是享受服务器提供服务的计算机，称为客户机。客户机将用户的数据处理请求发送到数据库服务器，数据库服务器分析用户请求，实施对数据的访问与控制，将处理结果返回给客户端。

3.7

三层C/S结构是在传统的C/S模式的基础上，将业务逻辑层从客户层中独立出来而形成的。由于业务逻辑层从客户层中独立出来，故当企业业务处理规则发生改变时，只需修改应用服务器上的业务层程序即可，无需改动客户端程序，从而大大减少了系统维护的难度和强度，降低了系统维护的成本。随着中间件的丰富和完善，开发人员在实现三层C/S系统时，可集中精力开发与业务相关的部分，而基本功能由第三方中间件实现，既降低了开发成本，也提高了应用系统的质量。

B/S计算模式是一种典型的三层C/S结构，在这种计算模式下，用通用的浏览器充当三层C/S结构中的客户层，实现了客户端的统一，从而彻底解决了由于客户端数量大且物理上分散带来的应用系统部署和维护的困难，极大地扩展了应用系统的功能覆盖范围和扩张速度，并方便系统的潜在用户使用系统，从而革命性地改变了计算机应用系统的面貌。但B/S模式开发周期长、开发成本高，且在安全性、网络负载等一些技术上的难点，故在一段时间内，计算机应用系统的计算模式将是C/S模式和B/S模式共存的局面。

3.8

（1）C；（2）B；（3）C；（4）B；（5）ABCDE；（6）CE；（7）ABE。

第四章

4.1

管理信息系统开发过程中系统规划阶段的主要任务有：

（1）确定管理信息系统的目标及总体功能结构。

（2）了解企业资源现状，估计管理信息系统的费用，规划开发进度。

（3）从企业管理全局出发，规划企业运作方式及主要业务流程。

管理信息系统的系统规划阶段的具体工作有：

（1）建立相应的组织机构来具体推动信息系统的开发工作。

（2）对企业主要管理人员进行培训，以获取他们对信息管理系统开发工作的支持。

（3）对企业进行初步调查，并确定企业的关键信息需求及功能需求。

（4）从整体上规划系统的总体功能结构及初步方案。

（5）进行成本估算、制定时间进度计划并确定近期要建设的系统功能。

（6）与开发组签订合作协议。

4.2

（1）关键成功因素法（CSF），其作用是确定管理信息系统的关键信息需求。

（2）战略目标集转化法（SST），其作用是确定管理信息系统的关键功能需求。

（3）企业系统规划法（BSP），其作用是确定管理信息系统的总体功能结构。

（4）企业流程再造（BPR），其作用是重新规划系统的业务流程。

（5）平衡记分卡（BSC），其作用是确定管理信息系统的战略信息需求。

4.3

企业系统规划的企业系统规划法（BSP）依据企业过程之间的数据联系（即企业过程间的信息相互可达性），对企业过程进行聚类，得到管理信息系统的总体功能结构。

4.4

“不是自动化，而是重新开始”的本质含义是：管理信息系统的建设，不是直接对现有业务开发计算机应用系统。在管理信息系统的建设的系统规划阶段需要从企业管理全局出发，规划企业运作方式及主要业务流程，以提高流程的运行效率。

企业现有的业务流程有时甚至存在数据处理的逻辑问题（如重复形成某个数据类、不能实现数据共享等）和其他导致流程运行效率低下的问题（如无用的运输、过长的等待等），如果直接对现有业务开发计算机应用系统，将仅仅减轻了管理人员的数据处理强度，但并没有真正提高流程的运行效率。因此，企业信息化不仅仅是管理工作的自动化。

4.5

CSF——关键成功因素法、BSP——企业系统规划法、SST——战略目标集转化法、BPR——企业流程再造、IPO——输入—处理—输出。

4.6

在企业流程再造过程中，“流程”和“再造”的角色分别是“再造的对象”和“打破旧的观念，从零（直接依据某项业务的资源和目标，重新设计该业务的流程，而不参考已有流程！）开始”的思想。

4.7

（1）企业资源状况，企业整体信息管理需求，当前技术环境，系统目标，总体功能结构，关键功能需求，关键信息需求，开发进度。

（2）客户，业务流程，学习与成长，财务，企业发展战略信息需求。

4.8

（1）ABDE；（2）BCD。

4.9

（1）任何组织的发展，都伴随着管理模式、业务模式的不断变革和优化。而管理和业务模式的变革有时必须依托相应的技术支持。信息技术的应用，一方面加快了当前流程的运转；另一方面也促进了新的管理模式和业务模式的出现。医院患者就医流程的改善，借助于IC卡的应用，极大地加快了流程的运行，提高了患者交费和审验的效率，达到了改革的目的。

（2）原有看病流程的薄弱环节是排队、等候耗时太多，而这些活动又不是可以避免的。在新流程中，应用预付费IC卡，解决了这一问题。患者只需要在挂号时存入一定量的费用，以后每次缴费只需在相应的读卡器上，通过简单的操作即可完成。

第五章

5.1

系统分析的具体工作有：

（1）对现行系统详细调查。

（2）描述组织机构及各部门的业务。

（3）描述现有系统的业务流程。

（4）描述现有系统的数据需求。

（5）依据业务及数据的逻辑关系，分析现有系统的业务流程及数据类。

（6）建立新系统的逻辑方案。

5.2

（1）TFD和DFD都是描述业务数据处理过程的图形工具。

（2）TFD强调业务过程中每一项处理活动和具体业务部门的关系。而DFD更注重描述业务内数据间的关系及业务的“系统”特征，标识业务通过外部实体与其环境交换信息。

（3）从使用者的角度来看，用TFD描述企业各项业务的数据处理过程更容易与用户进行交流。DFD较TFD抽象，描述的是业务处理过程的数据处理模式，但难以描述系统的控制流。

5.3

一致性和完备性检查是指通过比较每一个调查表所填写的内容，检查所填内容是否正确，是否完全描述了所调查部门的机构任务、信息等方面的情况。这要求调查表格在设计时，对于关键问题要以不同形式、不同层次在两个或两个以上表中出现。业务需求调查的填表方法一般要设计3张表格，即：组织机构调查表、目标功能调查表、信息需求调查表。

5.4

系统分析报告的内容包括：

（1）组织结构、目的及任务。

（2）全部数据流程图及业务流程图。

（3）全部数据字典。

（4）新系统的功能结构。

(5) 新系统拟采用的管理方法和模型。

5.5

功能/数据分析的目的在于检查系统调研及描述工作中的疏漏及现有系统中的数据处理存在的逻辑问题和不足，以便优化企业业务流程并给出新系统的逻辑方案。

5.6

“图书借阅”业务的业务流程图：

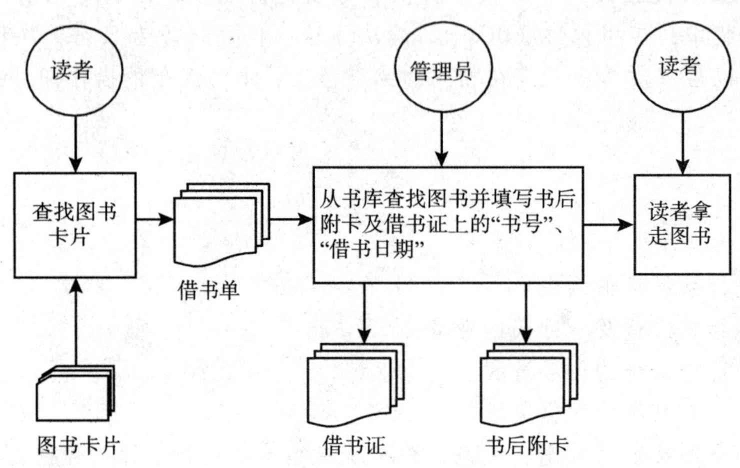

“图书借阅”业务的数据流图：

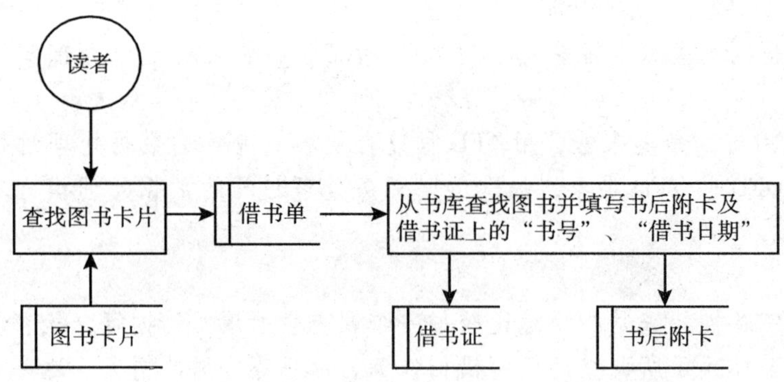

图书卡片、借书单、书后附卡、借书证四个数据类的数据字典略。

5.7

(1) 对管理业务的详细调查，逻辑方案。

(2) 数据字典，数据项，数据项名，类型，取值范围，内容举例，备注。

(3) 业务流程结构，相关数据类。

5.8

(1) ABDE；(2) AD。

第六章

6.1

遵循自顶向下的设计原则，首先进行总体设计，逐层深入，直至完成系统每一模块的详细设计和描述工作。系统设计细分为：(1) 总体设计（或概要设计)；(2) 详细设计。

总体设计工作内容：①设计新系统的硬件结构及系统软件结构。②根据选定的硬件平台及系统软件的特点，设计新系统的数据处理流程及数据类。③由新系统的数据处理流程确定新系统的应用软件结构。④依据数据类完成新系统的数据库设计及共享编码的设计。

详细设计又称物理模型设计，真正回答新系统如何做的问题。详细设计的对象为构成系统的每一个功能模块，其主要工作为：①功能模块的处理过程设计。②功能模块的输入、输出设计。

6.2

依据系统的数据处理方式、要处理的数据量及数据处理的功能要求，确定企业计算模式。

6.3

应用软件结构设计工作的主要依据是系统分析阶段得到的系统功能结构、业务流程描述（数据流图和业务流程图）以及未来计算机应用相关考虑。

6.4

参考答案略。

6.5

详细设计中描述模块处理过程的常用工具有程序框图和 PDL 语言。

6.6

系统设计报告一般包括以下内容：

(1) 系统硬件结构图及设备技术参数和报价表。

(2) 系统软件结构及其报价表。

(3) 系统应用软件结构图。

(4) 新系统的数据流图及数据字典。

(5) 数据库设计及共享编码设计结果。

(6) 每一个功能模块的处理流程描述及输入、输出描述。

6.7

参考答案略。

6.8

按 E－R 图转化为关系模型的规则给出“物资入库管理”的关系模型。

①物资＝物资编码＋物资名称＋规格。

②供应商＝供应商编码＋供应商名称。

③入库单＝入库单号。

④入库＝供应商编码＋入库单号＋物资编码＋数量＋单价＋金额＋入库日期＋库管员编码＋财务记账标志。

前三个关系模型已经是第三范式了。对第四个关系模式，可由如下两个第三范式取代：

入库单号+供应商编码+入库日期+库管员编码+财务记账标志。

入库单号+物资编码+数量+单价+金额。

这样，我们得到如下五个满足第三范式条件的关系模型。

①物资=物资编码+物资名称+规格。

②供应商=供应商编码+供应商名称。

③入库单=入库单号。

④入库单号+供应商编码+入库日期+库管员编码+财务记账标志。

⑤入库单号+物资编码+数量+单价+金额。

对得到的五个第三范式进行归并整理，得到最后的数据库设计结果。

①物资=物资编码+物资名称+规格。

②供应商=供应商编码+供应商名称。

③入库单基本信息=入库单号+供应商编码+入库日期+库管员编码+财务记账标志。

④入库单物资信息=入库单号+物资编码+数量+单价+金额。

6.9

(1) 给出目标系统物理模型。

(2) 组成系统应用软件结构的功能模块，功能模块的处理过程设计，功能模块的输入、输出设计。

(3) 人工管理阶段，文件系统阶段，数据库系统阶段。

(4) E-R图的三个图素为实体，属性，联系。

6.10

(1) B；(2) ABCDE；(3) AD。

6.11

(1) 参考数据流图。

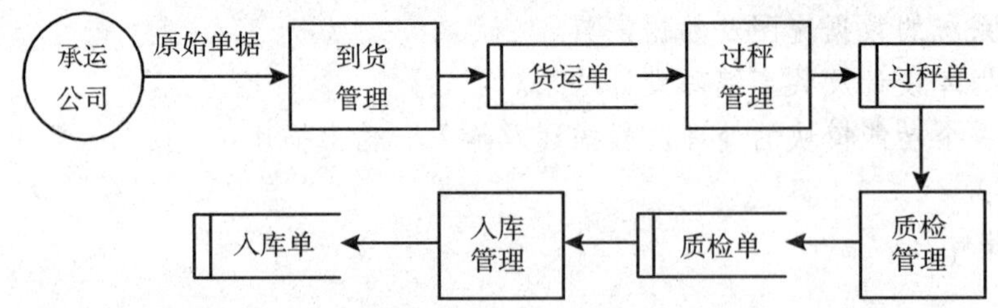

(2) 参考功能模块图。

事务分析用于把一个大的、复杂的系统分解成若干个较小的、简单的子系统。变换分析从具体的数据流程图转换成模块结构图，它将数据流程图中的处理功能分解成具有输入、变换、输出功能的简单模块。如：由物资原材料管理经过事务分析得到货物管理、过秤管理、质检管理、入库管理等；对“到货登记”活动经过变换分析得到货运单输入、查询和打印等模块。

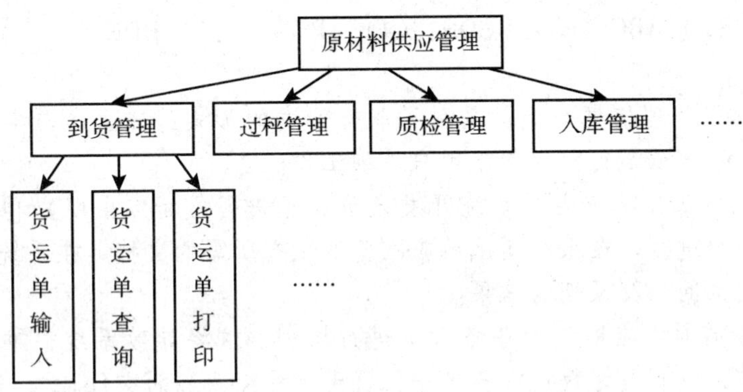

(3) 华荣公司现行系统业务流程中的问题是：各项业务处理都是手工操作，各业务环节间通过到货单、过秤单、质检单、入库单等手工填写单据进行信息传递，原材料编码、原材料名称、规格、型号、供应商等大量信息需要重复填写，工作量大而且容易出错。修改建议为：组建计算机网络，实现数据共享，原材料编码、原材料名称、规格、型号、供应商等大量信息不再重复填写，提高工作质量和工作效率。

第七章

7.1

管理信息系统实施阶段的主要工作有：①建立计算机网络环境和系统软件环境。②设计计算机应用程序。③调试和测试系统。④培训各类人员。⑤切换系统并将系统控制权交给用户。

7.2

①只采用四种基本的程序结构。②遵循自顶向下的设计原则。③功能调用层次分明。④程序书写采用同级缩进（锯齿形）方式。

7.3

①完成新系统基础数据的准备，完成必要的旧系统文件到新系统文件的转换；②将系统有关资料转交用户，移交系统的控制权；③协助用户实际使用新系统。

7.4

提示：从系统调试和系统测试的：先后顺序、完成与参加人员、需要专门准备的工作方面论述。

7.5

(1) 系统设计，计算机硬件环境，系统软件环境，应用程序模块，系统测试，系统使用人员的培训，系统的切换。

(2) 对象类，属性，操作，联系，重用性，消息。

(3) 等价类划分法，边界值分析，因果图法，错误推测法。

（4）程序内部逻辑结构，所有路径。

（5）单个模块调试，模块组装调试，系统联调。

7.6

（1）ACD；（2）ABC；（3）BCDE；（4）ABCDE；（5）BDE。

7.7

（1）决定建设管理信息系统；采用了联合开发的形式；建立了与实际应用一致的系统测试环境；系统试运行前组织了用户培训工作。

（2）系统测试工作不应由原系统开发人员自己进行，而应由用户和第三方人员组成专门的测试小组进行。在系统测试前应准备好所有所需的文档。在系统测试前应准备好测试数据、测试问题及预期的结果。

（3）由于没有对本应培训的业务人员进行培训，这将导致系统很难实施应用。由于在系统运行前，没有做好数据准备工作，将大大拖延系统的交付。

第八章

8.1

应用软件维护中，正确性维护的目的是保证系统功能正确，主要解决系统测试阶段尚未发现的错误、输入检测不完善或键盘屏蔽不全面引起的输入错误、以前未遇到过的数据输入组合或数据量增大引起的错误等。适应性维护的目的是保证系统性能满足使用和运行的要求。适应性维护主要进行：网络系统、计算机硬件或操作系统的升级、更新，应用软件功能的完善、改进。应用软件的完善性维护指的是为了改善系统的性能或者扩充应用系统的功能而进行的维护，这些系统的性能或功能要求一般是在先前的功能需求中没有提出的。

8.2

参考答案略。

8.3

（1）运行管理。

（2）记录系统的运行情况，更新系统软硬件，完善系统功能，改善系统性能，对系统进行评价等。

（3）CIO。

（4）CIO。

（5）引入者，建设者，管理者，管理变革，组织变革，技术创新。

（6）CEO，CFO，业务人员。

（7）硬件系统的维护，软件系统的维护，数据的维护。

（8）数据备份。

（9）数据归档。

（10）提出维护修改要求，制订系统维护计划，系统维护工作的实施，整理系统维护工作的文档。

8.4

（1）ABD；（2）ABCD；（3）B；（4）ABCD；（5）ABCD；（6）ABC；（7）D；

（8）A；（9）ABD；（10）C。

8.5

（1）王伟是技术专家，不合适担当 CIO 的重任。CIO 是负责制定组织的信息发展战略、标准和程序，对整个组织的信息资源进行管理和控制的高级行政管理人员。企业设立 CIO 的目的，就是通过对企业信息的管理，建立企业竞争优势。因此，CIO 不仅是技术专家，同时还是企业管理变革的领导者或主要负责人。

（2）没有从企业目标出发，制定企业信息化战略规划，没能使企业的战略思想在信息系统中得到有效贯彻执行；没有制定对整个组织的信息资源进行管理和控制的标准和程序；不熟悉不了解业务知识，对业务需求理解有误。

（3）没有制定管理信息系统运行的机房管理制度、维护制度和操作规程。

第九章

9.1

管理信息系统项目管理涉及人员管理、进度管理和文档管理、沟通管理和信息系统监理几个方面。

9.2

管理信息系统项目组应包括：①项目经理（项目负责人）；②开发经理；③系统分析员；④系统设计员；⑤程序设计员；⑥文档管理员；⑦企业业务人员七种类型的人员（角色）。在上述七类人员中：①项目经理负责管理项目的开发活动和开发方向。②开发经理是管理信息系统的技术负责人，确定开发所用的技术和方法，并在项目的进行过程中应用这些技术组织完成具体开发工作。③系统分析员负责确定具体的商务需求，并正确地传达给系统设计员和其他开发人员。④系统设计员负责设计如何实现系统分析中提出的业务需求。⑤程序设计员的工作是进行程序设计，即使用应用开发工具来实现系统设计中给出的系统功能。⑥文档管理员负责项目文档的分类和管理。⑦企业业务人员协调企业与项目组及其他各方之间的关系，从企业业务过程方面协助项目组其他人员的工作。

9.3

（1）网络图，关键路径，最短的时间内。

（2）甘特图，时间，任务。

（3）开发活动，开发方向，管理才能，组织经验，协调能力。

（4）最早，最迟，时差为零。

（5）求出所有项目活动的时间参数，计算时差，确定关键路径。

（6）最迟开始时间，最早开始时间不同，最迟结束时间，最早结束时间不同，相等。

（7）独立的第三方机构，规划与组织，协调与沟通，管理与控制，监督与评价。

（8）工商管理部门，信息系统工程监理资质，建设单位，国家有关法律法规、技术标准，管理信息系统监理合同。

（9）服务性，知识，承包工程，盈利分配。

（10）质量，进度，投资，变更，合同，安全，信息。

（11）准备阶段，分析设计阶段，实施阶段，验收阶段，工程保质期阶段。

（12）文档书写规范，文档及图表编号规则，文档目录编写标准，文档管理制度。

9.4

（1）BD；（2）ABCDE；（3）D；（4）C；（5）BCD；（6）A；（7）BC；（8）D；（9）ABC；（10）ABCD；（11）ABCD；（12）ABC；（13）BCD；（14）ACD；（15）BD；（16）AC。

9.5

（1）没有制订切实可行的项目计划；项目组成员没有明确分工；没能正确掌握东立公司的实际需求；项目规模和成本不断攀升；没有做好项目团队成员的激励，也没协调好与用户方的关系。

（2）存在的问题：对系统需求细节了解得不充分，未对具体细节作过多地考查，这使得双方对项目的理解从一开始就存在着差异；对东立公司管理信息系统需求调查不宜大规模采用专题调查会的形式；东立公司没有详细审阅系统需求分析报告，盲目信任广德公司的工作；为了尽早完成项目工作，广德公司项目经理海涛没有安排项目组成员与东立公司业务人员的进一步交流，对系统需求方面的所有疑问，海涛根据自己的理解逐一解答；在发现系统实现的功能与他们的需求有很大的分歧后，广德公司项目经理海涛仍然没有采取有效的措施；广德公司和东立公司双方都没有采取积极主动的交流沟通方式。

问题的解决方法：开发初期，东立公司业务人员应该把这些“留待后面讨论”的需求单独记录整理，实现后面讨论；采用多种切实可行的需求调查方式；东立公司业务人员一定要要求广德公司对系统需求分析报告进行进一步更详细的解释，以便准确地理解需求分析报告的内容，能及早地发现需求分析与实际的偏差；广德公司项目组也应尽量用通俗易懂的方式在系统分析报告中描述系统需求，并安排项目组成员与东立公司业务人员的进一步交流；对系统需求方面的所有疑问，应耐心地听取东立公司业务人员的意见，这也是对需求分析工作的总结与确认；广德公司对项目小组的成员要进行业务知识培训；广德公司和东立公司双方都应积极主动地进行交流沟通。

参考文献

中文部分

[1] 高学东，武森，喻斌：《管理信息系统教程》，经济管理出版社 2002 年版。

[2] 黄梯云，李一军：《管理信息系统》，高等教育出版社 2000 年版。

[3] 薛华成：《管理信息系统》，清华大学出版社 2000 年版。

[4] 姜旭平：《信息系统开发方法——方法、策略、技术、工具与发展》，清华大学出版社 1997 年版。

[5] 陈国青，李一军：《管理信息系统》，高等教育出版社 2006 年版。

[6] 张金石，钟小平：《无“网”不胜——构建自己的 Intranet》，人民邮电出版社 1998 年版。

[7] 曾明，李建军：《Internet 访问管理与代理服务器》，人民邮电出版社 2000 年版。

[8] Mark A. Sportack 等著：《计算机联网技术大全》，机械工业出版社 1998 年版。

[9] 刘鲁：《信息系统设计原理与应用》，北京航空航天大学出版社 2000 年版。

[10] 曹锦芳：《信息系统分析与设计》，北京航空航天大学出版社 1989 年版。

[11] 唐晓波：《管理信息系统》，科学出版社 2005 年版。

[12] 朴顺玉，陈禹：《管理信息系统》，中国人民大学出版社 1995 年版。

[13] Michael J. Corey 等：《Oracle 8 数据仓库分析构建实用指南》，机械工业出版社 2000 年版。

[14] 朱福东：《管理系统设计》，中国人民大学出版社 1995 年版。

[15] Myers，G. J. 等著，王峰译：《软件测试的艺术》，机械工业出版社 2006 年版。

[16] 季延平，郭鸿志：《系统分析与设计——由自动化到企业再造》，华泰书局 1995 年版。

[17] 荣泰生：《资讯管理学》，华泰书局 1999 年版。

[18] 罗晓沛，侯炳辉：《系统分析员教程》，清华大学出版社 1992 年版。

[19] 萨师煊，王珊：《数据库系统概论》，高等教育出版社 1991 年版。

[20] 施伯乐，丁宝康，楼荣生：《数据库系统导论》，高等教育出版社 1994 年版。

[21] 高洪深：《决策支持系统理论·方法·案例》，清华大学出版社 1996 年版。

[22] 张基温：《信息系统开发案例》（第一、二、三集），清华大学出版社 1999 ~ 2001 年版。

[23] 曹汉平，王强，贾素玲：《信息系统开发与 IT 项目管理》，清华大学出版社 2006 年版。

[24] 柳纯录，杨娟，陈兵：《信息系统监理师教程》，清华大学出版社 2005 年版。

[25] 廖平，陈倩玉，白馨棠，潘郁：《资讯系统与分析——突破暨总整理》，儒林图书公司 1999 年版。

[26] 邝孔武，王晓敏：《信息系统分析与设计》，清华大学出版社 1999 年版。

[27] 葛世伦，代逸生：《企业管理信息系统开发的理论和方法》，清华大学出版社 1998 年版。

[28] J. 佩帕德，P. 罗兰著，高俊山译：《业务流程再造》，中信出版社 1999 年版。

[29] 刘志涛：《计算机会计学》，中国人民大学出版社 1994 年版。

[30] 徐罕，吴玉新：《网站 ASP 后台解决方案》，人民邮电出版社 2001 年版。

[31] A. Russell Jones 著，邱仲潘等译：《Active Server Pages 3 从入门到精通》，电子工业出版社 2000 年版。

英文部分

[1] Stephen Haag，Maeve Cummings，James Dawkins. Management Information Systems for the Information Age，影印版，机械工业出版社 1998 年版。

[2] IBM，Business System Planning—Information System Planning Guide，Third Edition，July 1981.

[3] Robert S. Kaplan and David P. Norton.，The Balanced Scorecard—Measures That Drive Performance. Harvard Business Review，January-February 1992.

[4] Robert S. Kaplan and David P.，Norton. Linking the Balanced Scorecard to Strategy. California Management Review，39（1）Fall 1996.

[5] Robert S. Kaplan and David P. Norton.，Putting the Balanced Scorecard to Work. Harvard Business Review，September-October 1993.

责任编辑：李　雪
责任校对：杨晓莹
责任印制：邱　天

管理信息系统基础教程

高学东　武　森　喻　斌　宫　雨　编著
经济科学出版社出版、发行　新华书店经销
社址：北京市海淀区阜成路甲 28 号　邮编：100142
总编部电话：010－88191217　发行部电话：010－88191522
网址：www.esp.com.cn
电子邮件：esp@esp.com.cn
天猫网店：经济科学出版社旗舰店
网址：http://jjkxcbs.tmall.com
北京汉德鼎印刷有限公司印刷
三河市华玉装订厂装订
787×1092　16 开　19.25 印张　450000 字
2007 年 12 月第 1 版　2017 年 3 月第 7 次印刷
印数：17001—20000 册
ISBN 978－7－5058－6748－2/F·6009　定价：34.00 元
（图书出现印装问题，本社负责调换。电话：010－88191510）